⊙ 本书获得教育部人文社会科学重点研究基地——河北大学宋史研究中心基地建设经费、河北大学历史学强势特色学科经费、河北大学中国史"双一流"学科建设经费资助出版

王菱菱 著

河北大学宋史研究中心博导丛书

ON MINING AND SMELTING IN SONG DYNASTY

采冶集

中国社会科学出版社

图书在版编目（CIP）数据

采冶集／王菱菱著 . —北京：中国社会科学出版社，2021.3

（河北大学宋史研究中心博导丛书）

ISBN 978 - 7 - 5203 - 8032 - 4

Ⅰ.①采… Ⅱ.①王… Ⅲ.①中国经济史—研究—宋代
Ⅳ.①F129.44

中国版本图书馆 CIP 数据核字（2021）第 038310 号

出 版 人	赵剑英
责任编辑	宋燕鹏
责任校对	闫　萃
责任印制	李寡寡

出　　版	中国社会科学出版社
社　　址	北京鼓楼西大街甲 158 号
邮　　编	100720
网　　址	http://www.csspw.cn
发 行 部	010 - 84083685
门 市 部	010 - 84029450
经　　销	新华书店及其他书店

印　　刷	北京君升印刷有限公司
装　　订	廊坊市广阳区广增装订厂
版　　次	2021 年 3 月第 1 版
印　　次	2021 年 3 月第 1 次印刷

开　　本	710×1000　1/16
印　　张	21.75
插　　页	2
字　　数	326 千字
定　　价	98.00 元

凡购买中国社会科学出版社图书，如有质量问题请与本社营销中心联系调换
电话：010 - 84083683

前　　言

本选集收入笔者从 20 世纪 80 年代起至今发表的论文 25 篇，按研究主题分为 3 组编排。

第一组采冶编，收入 12 篇论文，主要涉及宋代矿冶业生产与经营、采冶技术、矿冶业机构与管理政策、矿冶业突发事件等方面的内容。其中，前 9 篇论文是笔者于 1982 年本科毕业留校工作后主要探讨的领域，即宋代矿冶业中的矿冶户状况、生产经营方式、矿冶业机构设置、政府的矿冶业管理政策与实施效果等内容。在这期间，笔者师从漆侠教授在职攻读了硕士研究生和博士研究生，上述发表的论文内容大部分出自笔者的硕士论文和博士论文。1998 年博士毕业后，笔者又继续对宋代矿冶业的产地、岁课额、采冶技术进行了探讨，选入本编的宋代胆铜生产和金银生产技术 2 篇论文就是这一时期的成果。2005 年笔者出版了《宋代矿冶业研究》一书后，因忙于完成其他已申报的课题，没有继续进行宋代矿冶业这一课题的探讨。直到 2011 年承担主持教育部人文社会科学重点研究基地重大课题《宋代突发事件与地方政府应对研究》，才得以弥补《宋代矿冶业》里的缺失，发表了两篇论文，系统地探讨了宋代矿山矿场各类突发事件及政府采取的应对措施，收入采冶编的第 12 篇论文就是笔者对南宋淳熙八年发生的铁冶业主汪革"谋反"事件进行的讨论，这篇论文刊发在《宋史研究论文》第十五辑，这次收入论文集，增加了对刘光祖等人的考证内容。

第二组金属制造编，收入 6 篇论文，是笔者承担教育部人文社会科学课题《宋代的金属制造业》的中期成果。这一课题，虽然已于前两年结项，但尚未完成，仍需修改、补充、完善。本编前 4 篇分别探讨了宋代两大官营手工业机构都作院、文思院的设置与发展状况，生产种类与规模，管理职能等内容。另外 2 篇分别探讨了宋代的金银生产技艺特点和宋代官府禁行销金不力与私营金银制造业的发展状况。

　　第三组考证与其他编，收入 7 篇论文，第 1 篇论文《明代陆容〈菽园杂记〉所引〈龙泉县志〉的作者及时代——兼论宋代铜矿的开采冶炼技术》，2001 年发表于《中国经济史研究》，论文的观点后又收入《宋代矿冶业研究》中。笔者后来发现上述文章对作者的考证出现了重大错误，但当时掌握的资料不足，迟迟未予修正。直到 2013 年，拜读了北京大学邓小南教授发表的《何澹与南宋龙泉何氏家族》一文，从中获得了重要的线索，笔者才得以在 2014 年的宋史年会上提交了《对南宋〈龙泉志〉及其作者的重新解读——兼论南宋〈青田志〉〈缙云志〉的编纂》，并于 2016 年发表于《宋史研究论丛》第十八辑，纠正了第 1 篇论文中对作者下的错误论断。第 3 篇考证了《宋会要辑稿》中三条处理信州铅山县采铜情况史料的时间是"淳熙"年间而非"绍兴"年间。因考证涉及的内容较多，故专成此文，仅在《宋代矿冶业研究》的相关脚注中简要注明了史料的年号错误。第 4 篇论文《宋人吴应龙与刘才邵不是同时期人——匡正刘才邵〈樵溪居士集〉之误》纠正了宋理宗时期为提点坑冶官吴应龙写的制词错收入宋高宗时期的刘才邵文集中这一谬误。当时论文写成后投往《史林》，笔者并没有接到是否录用的通知，却发现论文已被刊载在 2005 年的《史林》增刊上，由于未经过笔者校稿，编辑又粗心，导致刊发出来的论文出现了不少文字错误，目录页的论文副标题竟然丢失了"之误"两个字。笔者虽不满，却也无可奈何。好在借这部论文集，终于可以恢复其本来面目。第 5 篇论文《论宋政府对遗孤财产的检校与放贷》，是与笔者的博士研究生王文书合作完成的。王文书读博士期间选定了宋代借贷研究课题，当时王中良、王文书两位年轻人以《辽宋金元国有借贷研究》系列论文申报河北省社会科学发展研究课题项目时，邀笔者作为主持人。既然做了主持人，当然要亲自完成相关的研究内容。王文书从借贷的角度提交了宋代检校库的论文后，笔者发现这一课题的研究成果很少，可再作探讨；而宋代检校库又涉及宋政府对遗孤财产的检校与后续放贷政策的演变，更有进一步探讨的必要，遂收集史料，扩大讨论的范围，完成此文。第 6 篇论文《宋代永州、邵州经济发展考析——从"湖南名郡，甲永乙邵"说起》，是与笔者的博士研究生彭志才合作完成的。此文构思及初稿由彭志才提出，笔者增删修改后完成。但发表时，《河北大学学报》编辑部限定了版面字数，不得已以《宋代永州、邵州农业经济发展考析——从"湖南名郡，甲永乙邵"说起》为题发表，仅谈农业经济，删掉了后面的内容。这次借出版论文集之机，将未发表的部分全文收入，还其本来面目。最后一篇是笔者于 1988 年为漆侠先生刚刚出版的《宋代经济史》所作的读书笔记。这篇读书笔记是笔者唯一一篇用"史宇"作为笔名发表的文章。笔者读硕士期间，漆先生的《宋代经济史》是我们的必修课之一，笔者曾认真地研读多次，还参与了这部书的校稿和编写参考书目工作。从漆先生开设的这门课中，笔者收获极多，还从而确定以宋代矿冶业作为此后的研究方向。《宋代经济史》出版后，笔者不揣浅陋，斗胆写了这篇读书笔记，但由于自身学识浅薄，又是个无名小辈，担心所述未中要旨，故隐去真名实姓。今将此文收入论文集中，希望能为初读《宋代经济史》的学子们提供一个了解本书基本内容的窗口，并借此感谢漆先生在笔者求学之路上的悉心培育之恩！

收入本论文集的论文除个别篇章文字有所增补，错字纠正外，其余保持原样，只在注释等格式方面进行了规范化的处理。

本论文集的出版得到了河北省强势特色学科经费和河北大学中国史学科双一流建设经费的资助，河北大学宋史研究中心为博士生导师出版论文集作了大量的前期工作，中国社会科学出版社宋燕鹏认真审校订正此书，在此一并表示衷心的感谢！

王菱菱

2019 年 12 月 26 日于北京房山

目　　录

采冶编

金属制造及机构编

考证及其他编

采 冶 编

论宋代的矿冶户

宋代矿冶业生产是中国封建社会矿冶业发展史中的一个兴盛时期。尤其是北宋一代，金、银、铜、铁、铅、锡六种重要矿藏得到了全面的开发。以神宗熙丰时期（1068—1085）的岁课额为例，铜二千一百七十四万四千七百四十九斤，铅九百一十九万七千三百三十五斤，锡六百一十五万九千二百九十一斤，这些数字分别是太宗至道末（997）岁课额的5.3倍、11.6倍、22.9倍左右①，与唐代宣宗时期（847—859）的铜、铅数字相比，则分别为33倍、80倍以上。② 可见，宋代矿产开采量有大幅度的增长。与此相应，从事矿冶业生产的人户数量也显著增加，大、中型矿场有数千乃至数万人劳作已不少见，信州铅山场和韶州岑水场两大产铜地的生产者都曾多达十余万人③，这种大规模的生产在前代极为罕见。宋代之所以出现上述高度发展的局面，有诸多因素，如社会生产力的提高、社会需求的增加以及商品经济的日益活跃等等给予的影响，但主要还在于宋代矿冶业经营方式的变革减轻了封建国家对各类矿冶户的人身束缚和奴役，提高了劳动者的社会地位和经济状况，从而激发了他们从事矿冶生产的积极性。因此，本文力图对宋代矿冶户进行具体的分析，探讨他们所体现的时代特点，为全面认识宋代矿冶业的高度发展提供一些粗浅的看法。错谬之处，恭请赐教。

---

① 马端临：《文献通考》卷一八《征榷考五·坑冶》。

② 《新唐书》卷五四《食货四》。

③ 江少虞：《宋朝事实类苑》卷二一《诸监炉铸钱》；《续资治通鉴长编》卷二四〇，熙宁五年十一月庚午。

北宋前期，封建国家在矿冶场地除推行招募制生产外，还沿袭了落后的劳役制生产。不少地区的民户在官府的强迫下从事矿冶采炼，交纳固定课额，不能随意改业。① 当他们因家产销折或矿苗不兴而亏欠课额时，官府往往不予蠲减，仍旧"监勒途纳元额"，致使坑冶人户"破荡资业。沿及子孙不能免者，比比皆是"②，甚至常常被拘系于官，遭受刑罚，孤寡之人亦不能免。③ 此外，官府还在矿场实行差役法，差派上等坑冶户充任衙前（或称"主吏"），由他们负责向官府交纳矿产课额，其主要目的是以上等坑冶户的丰富家财作为交纳矿课的担保抵押之物，以免因纳课亏欠造成官府收入的减少。因此，衙前一旦失陷官课，即被官府"尽籍其家财以偿"④，"破产""败家业"者时有所见⑤，矿场也往往荒废不兴。以上说明，在劳役制生产场地，封建国家不管是强迫人民从事采冶，还是差派衙前交纳岁课，都以超经济强制——人身支配和指令性课额——为主要手段。显而易见，这种手段已不能唤起人们从事矿冶生产的热情，因此，在招募制和私人承买制日益强盛的冲击下，劳役制形态逐渐衰落，神宗变法后，已退居次要的地位。

招募制生产以支付雇值的形式招徕劳动者，这种经济性手段减轻了以往封建政权对劳动者的人身支配和束缚，因此更能激发人们的生产积极性。宋初以来，许多实行招募制的官营矿场常常聚集大批自愿应募的劳动者，与劳役制矿场采冶不兴、人户逃亡的现象形成鲜明的对比，如信州铅山县自宋太宗年间开发铜矿，募人采凿"常十余万人"⑥，仁宗年间韶州铜矿兴发也出现这一盛况，"四方之人弃农亩、持兵器，募利而至

① 《宋会要辑稿》食货三四之一三；包拯：《包孝肃公奏议》卷七《请罢同州韩城县铁冶务人户》。
② 《包孝肃公奏议》卷七《乞开落登州冶户姓名》。
③ 王安石：《临川先生文集》卷九三《司封郎中张君墓志铭》；张方平：《乐全集》卷三六《李公神道碑铭》。
④ 《续资治通鉴长编》卷四八，咸平四年四月辛亥。
⑤ 《续资治通鉴长编》卷四九，咸平四年十月癸卯；卷六七，景德四年十二月壬寅；韩琦：《韩魏公集》卷一三《家传》。
⑥ 《宋朝事实类苑》卷二一《诸监炉铸钱》。

者不下十万"①。由于劳动者按自己生产成果的多少得到相应的雇值，又具有相对自由的人身关系，因此他们的社会地位和经济收入都比劳役制时期有明显的提高。

私人经营矿山采冶由来已久，但明确出现"承买"（或"买扑"）一词，则在北宋仁宗时期。② 它是指官府将某一矿场的生产经营权交给私人管理的经营方式，承买者可以自家采冶，也可以募人生产，产品的一部分作为承买矿场的租税无偿抽纳入官，其余部分归承买者所有，通过交易（主要由官府收买）换取钱物。与招募制一样，承买制也是以经济手段为主，将矿产量的兴衰与承买者本人的利益紧密地联系在一起，从而促进了矿冶业的开发。神宗、哲宗以后，私人承买各类矿场的记载屡见不鲜，正说明了承买者对这种经营方式是持欢迎态度的。

下面具体分析招募制、承买制下各类矿冶户的地位和经济状况，以及有别于前代的新变化。

宋代从事矿冶生产的人户有多种称谓，如"坑户""冶户""炉户""坑冶户""佃户"等，受募的生产者除称作"坑丁""冶夫""浮浪之人""无籍之徒"等名称外，也常被称为"坑户"。因此，仅从上述称谓看，无法分清矿冶户的不同类别。本文以其拥有生产资料和财富的多少，以及生产经营的差别和权势地位的高低等为标准，将矿冶户划分为上等、中等、下等三个类别，这样，大致可以反映出宋代各类矿冶户的基本情况。

上等坑冶户：

上等坑冶户具有十分雄厚的经济力量，多承买矿场，募人生产。如元丰元年（1078）利国监的三十六家冶户，"冶户昔大家，藏镪巨万"，每户募"采矿伐炭"之人均达百余名③；南宋舒州宿松县的汪革经营两座铁冶，所募工徒竟"有众五百余"④。此外，福州福清县东窑铁场"绍兴

---

① 余靖：《武溪集》卷五《韶州新置永通监记》。
② 《续资治通鉴长编》卷一八一，至和二年十一月丁巳。
③ 苏轼：《东坡全集》卷五二《上皇帝书》。
④ 岳珂：《桯史》卷六《汪革谣谶》。

二十三年发，佃户岁纳钱七百四十六千七百五十三文省"①，这里的佃户也是承买矿场、经营采冶的上等坑冶户。他们是矿冶户中的剥削阶级，自己不从事生产，虽然要向官府交纳租课，但实际上只是将从受募者身上搜刮来的财富分割一部分给官府而已。他们的身份也很少是单一的，往往还拥有大片的农田、山林等生产资料，有些人甚至同时兼营商业或其他手工业作坊。如上述汪革，除经营铁冶、炭山外，还承买酒坊，大获其利，"岁致官钱不什一"，又承佃了望江县广袤七十里的湖水，"民之以渔至者数百户，咸得役使"②。又如筠州上高县土豪，嘉定六年（1213）"请买"银场，"招集恶少采银山中，又于近山清嶅创立市井，贸通有无"③。可见，宋代以来，地主、手工业主、商人三位一体的结合已日趋明显，并从此发展成为封建社会后期剥削阶级身份构成的一个特点。

两宋时期，有不少人户由于从事矿冶业生产而发家成为上等户。舒州望江县的陈国瑞就是"以铁冶起家"的，之后，不仅拥有从事铁冶生产的劳动者，而且还出三百贯钱买下一片山林作为葬母之地，成为当地的"富翁"。④ 那些因家道中落而改营矿冶业者，也时有转机，"平江有富人谓之姜八郎，后家事大落，索逋者如雁行立门外"，姜八郎出逃到信州，发现银矿而致力采炼，"其后竟以坑冶致大富"，遂"召昔所凡负钱者，皆倍利偿之"。⑤ 汪革的例子更有典型性，他原为严州遂安人，离家出走，"闻淮有耕冶可业"，遂定居于此，他凭借着强大的经济实力，"在淮以武断称"，"出佩刀剑、盛骑从。环数郡邑官吏有不惬志者，辄文致而讼其罪，或莫夜啸乌合，殴击濒死，乃寘"，于是官吏们"争敬畏之，愿交欢奉颐旨"。⑥ 汪革之所以在他乡也具有气指颐使之权，其原因就在于拥有经济财富的多少已成为当时衡量人们社会地位的重要标志之一。

上等坑冶户是封建统治政权的社会基础，他们除有经济实力和地方

① 梁克家：《淳熙三山志》卷一四《炉户》。
② 《桯史》卷六《汪革谣谶》。
③ 《宋会要辑稿》职官四八之一四六。
④ 《桯史》卷二《望江二翁》。
⑤ 《北窗炙輠》卷下。
⑥ 岳珂：《桯史》卷六《汪革谣谶》。

权势外，常可从封建政权中分享到一席地位。北宋仁宗嘉祐五年（1060）两制、台谏官集议罢去"主铁冶者，旧得补班行"的规定，并弹劾、降黜了与此议不合的官员，但不久，承买兴国军磁湖铁冶的"大姓程叔良"因"于国兴利"，仍按原规定而得到官职。① 此外，坑冶户还能以其他劳绩得官，元丰二年九月，岑水场坑炉户汤潮因"数出私钱捕获强盗"，被补官为下班殿侍、广南东路钤辖司指使。② 虔州的坑冶户齐之才，则因"自备才（财）力，不借官本，赍到净利"以佐国用，而"依格补官"为承信郎。③ 南宋以来，为鼓励矿产开采，屡次降低坑冶户授官的标准，绍兴二十七年，朝廷规定：承买坑冶人户"自备钱本采炼，卖纳入官，从绍兴格特与减壹半数目，依全格推赏补官"。④ 到孝宗乾道二年（1166），因"折减一半数目推赏，尚虑太多，难得预赏之人"，又改为"于所减一半数目上以三分为率，再减一分，依全格推赏补官"⑤。可见，原来的授官标准要求交纳极多的矿产品，连上等坑冶户都很难达到，孝宗虽降低了数额，但也往往只适用于上等户，中下等坑冶户跻身于官场的机会是很少的。

中等坑冶户：

有关中等户具体经济状况的资料比较少，总的看，中等户一般拥有一定数量的家产和土地，能够承买小型矿场（坑），或设置炉冶进行生产。大部分中等户是以家庭成员为基本生产单位的自食其力者，也有一部分较富裕者除自营采冶外，还要雇募少量人工，这种现象在设置冶炉的富裕户中比较常见。《淳熙三山志》一书为我们提供了这方面的材料：福州各县有六十九家炉户，其中四十五家拥有高炉，每年纳税钱从三千一百十七文省到六千一百十七文省不等；十四家拥有平炉，每年税钱各一千九百五十文省；三家有小炉，各税钱一千三百省到二千省。此外，

① 《续资治通鉴长编》卷一九一，嘉祐五年四月甲申；《宋史》卷三百零二《吴及传》；郑獬：《郧溪集》卷二一《吴公墓志铭》。

② 《续资治通鉴长编》卷三〇〇，元丰二年九月庚午。

③ 许翰：《襄陵文集》卷一《虔州坑墟火齐之才可承信郎制》。

④ 《宋会要辑稿》食货三四之一九。

⑤ 《宋会要辑稿》职官四三之一五八至一五九。

宁德县的七家炉户，"岁输二千二贯省"，如平均计算，每家岁输近三百贯省，与前面诸炉户纳税额相比，多寡悬殊，估计其中应有上等坑冶户①。参考现代考古发掘提供的情况，宋代冶炼炉的大小确有不同规格。最大的是河北省邯郸矿山村发现的冶铁炉，高约六米，炉底直径三米，炉腹大于炉底，它的四周还有四座大小相同的炉址。② 河北省沙河县綦阳村发现的十七八个炼铁炉遗迹同矿山村的炉型及构造基本相同，两地都是大型冶铁炉，由于綦阳村遗址正是宋代官营冶铁务之地③，因此能设置大型高炉冶炼的应是拥有众多人力、物力的官营矿场，私人中也只有家财丰饶的上等坑冶户才能经营之。至于中小型炼铁炉，从河南省林县铁牛沟遗址发现的十一座宋代炼铁炉中可知为数不少，其炉膛内径分别为0.9—2.6米不等。④ 安徽繁昌县发现的宋代冶铁炉，直径也只有1.16米左右。⑤ 这些炉的大小，估计与福州私人设置的高炉、平炉、小炉相似，从福州炉型名称和交纳税钱数额判断，这些高炉之家仅依靠家庭劳动力难以兴冶，必须还要雇募人工进行生产，因此，经营高炉一般是具备中等以上经济力量的人户，即中等户中较富裕者。而平炉、小炉的生产规模不大，所需人工、物料相应也少，以一户中等之家的人力经营之，估计是可行的。

《淳熙三山志》还记载了不少承买矿场的"佃户"岁纳课额的数字，如长溪县新丰可段坑，"乾道九年，佃户岁二分抽收铁四百斤，八分拘收买一千六百"，古田县垅溪坑"崇宁三年岁输二千八百省，铅百八十斤"；莒溪坑，"淳熙三年，佃户借工料钱二百十省，烹炼得铜一百一十六斤，准钱五十八千二百三十四省'⑥ 等等。上述承买者应属中等户范围。

中等坑冶户的经济状况并不十分稳固，常有向两极分化的现象，但像姜八郎、陈国瑞那样上升为富户的人还是少数。当国家赋税剥削加重，

---

① 《淳熙三山志》卷一四《炉户》。
② 陈应祺：《邯郸矿山村发现宋代冶铁炉》，载《光明日报》1959年12月31日第3版。
③ 《沙河县的古代冶铁遗址》，载《文物参考资料》1957年第6期《文物工作报导》。
④ 《中国冶金简史》，科学出版社1978年版，第148—149页。
⑤ 胡悦谦：《繁昌县古代炼铁遗址》，载《文物》1959年第7期《文物工作报导》。
⑥ 《淳熙三山志》卷一四《炉户》。

或矿脉衰竭、天灾人祸发生时，大多数中等户常常陷入艰窘境地。北宋吕陶在元祐初年上《奉使回奏十事状》中，曾提到这些现象，兴州有铁矿，"炉户为累年采矿，颇多土窟深恶，并林箐疏浅，烧炭渐稀，倍有劳费"，但官府却还降低收买铁价，之后当地又"数遭大水，漂坏冶灶"，炉户已无力抵御，乃"破荡抵产，逃避亦多"①。雇值和物价的上涨对中等人户也是一个较大的威胁，南宋绍兴十三年（1143）臣僚上言："近年人工物料种种高贵，比之昔日增加数倍，是致炉户难以兴工"②，即可证明。

中等坑冶户的经济力量虽然有限，但他们为开发宋代矿产做出了不小的贡献，凡矿苗微细、官府不愿置场之地，大都由这些中等户来承买。从福州各类炉户和众多承佃坑场的佃户数目上看，中等户在矿冶户总数中的比例也是不可低估的，对他们开发矿冶业的作用更应给予相当的注意。

下等坑冶户：

下等坑冶户在宋代矿冶业总人口中占比例最大，它既包括那些只有微薄土地或家产、靠自食其力还不足以生存的贫困之户，也包括大批四处流徙、受募于官私矿场的坑丁冶夫。之所以把上述两种人统归为下等坑冶户，是因为他们之间的划分界限并不明显，贫困之户虽然可以承买小矿坑自营生产，但产量极低，所得根本不足以养家活口，孝宗淳熙年间，福州古田县承佃矿坑者"季输铅二十觔"，一年也不过八十斤，而宁德县承佃新兴坑的佃户一年输铜才三十斤，所得赢利微不足道，他们往往还得从事其他生产，包括受募于人以为生计。而受募的坑丁冶夫虽多为"四方游手"，但也同样被称为"坑户"，可以向官府预借本钱，从事采冶，产品卖官。两者之间的经济收入并无多大差距。而且，他们是同受封建国家或上等坑冶户压榨剥削的被统治阶级，是创造财富的直接生产者，其社会地位亦相同。

在招募制生产方式下，收买矿产品和支付雇值的经济关系排挤了强

① 吕陶：《净德集》卷四《奉使回奏十事状》。
② 《宋会要辑稿》食货三四之一七。

制性的奴役关系。使劳动者具有比较自由的人身关系，南宋人王之望曾对这种情况作过描述：潼川府铜山县有"新旧铜窟二百余所，匠户近二百家"，但"铜矿有无不常"，"诸村匠户多以耕种为业，间遇农隙，一二十户相纠入窟，或有所赢，或至折阅，系其幸不幸。其间大半往别路州军铜坑盛处趁作工役，非专以铜为主而取足于此土也"。由于本地铜矿已无采凿之利，这些匠户除以农业为主外，农闲之时主要去外地矿场受募劳作，这种沿袭已久的劳动力的自由流动现象，不仅说明他们对封建国家和业主的人身依附已大大削弱，而且还反映了下述事实：宋代的贫困之户，仅靠自己的少量土地或为人佃耕很难养家糊口，为了瞻补家用，他们还必须利用空余时间兼营其他生产，当他们受募于矿场时，就成为靠出卖劳动力为生的坑丁冶夫。这种人在下等坑冶户中估计占有一定的比重。

在官营场监，劳动者常常利用相对自由的人身关系，反抗封建国家的沉重剥削，最常见的手法就是解除受募关系，离开矿场，迫使封建国家减轻剥削量，提高收买矿产品价格。如北宋太宗时期，信州铅山场劳动者曾因官府"议减铜价"而离去，当恢复原收买价时，才又"工徒并集"。① 哲宗元祐七年，利州路兴州青阳镇铜场买"铜价仅减一半"，"采铜之人，遂旋散溃，所收渐少，课利日亏"，朝廷不得不下令："于利州路常平钱内借钱五万贯充买铜本钱，每斤依本处见买价钱"收买，以招徕劳动者。② 南宋淳熙年间，信州铅山场因"百物翔贵，官不增价收买（铜），坑户失利，散而之他"，只剩数百名兵匠生产。朝廷虽派官前去措置，于地头"榜谕"两月，仍"无情愿应募之人"。③ 福州矿苗衰微的场地，也经常出现"未有承者""境无佃者"④ 的现象。这些充分体现了广大坑冶劳动者为争取自身经济利益而斗争的精神。

宋代的封建官员常常以"饥寒亡命强力鸷忍之民"⑤ "轻生抵禁、亡

---

① 《宋朝事实类苑》卷二一《诸监炉铸钱》。

② 《续资治通鉴长编》卷四七二，元祐七年四月甲寅。

③ 《宋会要辑稿》食货三四之二七至二八。

④ 《淳熙三山志》卷一四《炉户》。

⑤ 《东坡全集》卷五二《上皇帝书》。

所忌惮"① 等词语形容下等坑冶户，这是因为下等坑冶户之中的大多数是靠出卖劳动力为生的无家业之民，他们在官府的剥削压榨下，有共同的境遇和思想基础，有聚集一处共同斗争的有利条件，他们常常采取十分激烈的反抗手段，对封建统治政权造成一种威胁。对此，统治者们也一直严密加以防范。皇祐二年（1050），就有臣僚上言："应采取金银铜矿及鼓铁（铁）［铸］币聚集群众之处，宜密设方略，常为警备"②。许多官营矿场甚至私人承买场地也由官府设置武官、派兵驻守，行使监督与警备之职。③ 神宗时期还以保甲法编排坑冶户④。但上述措施和禁令并不能阻止劳动者们的反抗斗争，元丰年间，福州宁德县车盂场"私铸之民相聚为盗，吏民无敢呵者"⑤；南宋时期，兴国军"大冶县三山产铁，为私铸窟穴，奸盗云集"⑥，到孝宗、光宗年间，兴国军、沔州、鄂州之间"私铸聚众至数千人"⑦。闽、粤两地，北宋熙宁年间"贩盐铸钱为业"者，"结连党与，动以千数，州郡兵卫寡弱，莫能抗御"。⑧ 直到南宋庆元三年（1197），仍有官员哀叹道："今之盗贼所以滋多者，其巢穴有二：一曰贩卖私盐之公行，二曰坑冶炉户之恣横。二者不能禁制，则盗贼终不可弥。"⑨ 这类斗争不仅体现了广大坑冶劳动者对封建法律制度的蔑视，同时也是对封建国家沉重剥削的有力回击。

但是，在封建剥削制度下，广大劳动者能争取到的经济利益还是很微小的。正如余靖形容韶州采矿者的情形那样："闽吴荆广人，奔走通昏旦，千夫即山铸，毕给未酬半。"劳动者创造的财富多被封建国家占有，他们经常是在维持较低生活水平的艰苦条件下从事生产。南宋以来，战乱频仍，社会局势动荡不定，坑冶兴少废多，国家却还一意搜刮矿产品，

---

① 《武溪集》卷五《韶州新置永通监记》。
② 《宋会要辑稿》兵一一至二三。
③ 《续资治通鉴长编》卷二五六，熙宁七年九月丙辰；《宋会要辑稿》职官四三之一六八。
④ 《续资治通鉴长编》卷二六六，熙宁八年七月癸酉；卷二九三元丰元年十月己未。
⑤ 黄裳：《演山集》卷三四《法曹俞君墓志》。
⑥ 周必大：《文忠集》卷七一《宋故连州彭使君墓志铭》。
⑦ 楼钥：《攻媿集》卷八九《陈公行状》。
⑧ 《续资治通鉴长编》卷二八四，熙宁十年八月丙午。
⑨ 《宋会要辑稿》兵一三至三九。

科扰人民。有的地区只要发现有矿苗，即不加勘验"而遽行之"，结果"冶户以亏额坐深文鬻产以偿者数百家"。① 官府的买矿本钱也常支遣不敷，采矿者"工役之费卒不能给"。② 此外，南宋时期对矿冶户的差派和人身束缚也有所抬头，兴国军官府"不时差科坑丁作匠应奉官司坊，废采坑"。③ 理宗时期，都大坑冶司甚至将蕲州进士冯杰之家"抑为炉户，诛求日增"，其全家之人被逼无奈，先后忧病、自经而死。④ 总之，南宋政府对矿冶生产的搜刮和对各类矿冶户的役使赋敛均重于北宋，遂使矿冶户的经济状况和人身地位出现下降趋势，这也是南宋矿冶业始终没能恢复到北宋全面兴盛时期水平的主要原因。

以上是对宋代各类矿冶户的具体分析，下面再来看一看矿冶户与宋代社会商品经济之间的关系。

宋代矿冶户与社会商品经济之间的关系较之前代更为密切，其标志主要是以下两点：

第一，由于矿冶业中普遍推行招募制、承买制等生产经营方式，以货币直接支付雇值或收买产品，遂使商品经济活动在矿冶户的经济生活中占了相当大的比重。下等坑冶户用货币换取米面盐布等基本的生活日用品和简单的生产工具，赡补一家生计；高赀之家则多用于购买土地、经营商业，扩大矿冶业生产规模以及用于其他奢侈性的消费等等。这些需求，促进了宋代商品生产和流通的活跃。史料迹象表明，凡坑冶采炼集中、聚集了大批劳动者的地区，亦是商业兴盛、商人辐辏之地。例如："信州阴山（寺）［等］处铜坑自咸平初兴发，商旅竞集"。⑤ 福州宁德县宝瑞场"元祐中发，绍圣元年以官监，盛时岁收银四十四万两，商税五百余缗……靖康中，宝山十八所停废，惟西山六坑岁犹收千二百六十七

---

① 《攻媿集》卷一〇〇《朝请大夫致仕王君墓志铭》。
② 《宋会要辑稿》职官四三之一八〇。
③ 《宋会要辑稿》职官四三之一五七。
④ 《宋史》卷四一《理宗本纪一》。
⑤ 《续资治通鉴长编》卷八七，大中祥符九年五月丁未，参见章如愚《群书考索》后集卷六〇。

两，商税钱四十缗"。①《宋会要辑稿》中也详细记载了熙宁十年各产矿场地征收商税的数额，如韶州岑水铜场二千一百一十三贯二百三十七文，黄阮银场一千一百六十贯一百三十五文②，英州的竹溪、钟峒、尧山、师子、贤德等五银场共征收三千三百多贯③；北方仅陕西虢州栾川冶一地就征商税二千二百三十九贯九百二十二文④；而主要铁产地之一利国监，商税竟高达六千一百四十四贯八百文⑤。以上仅列举了几个大矿场或产区的数字，其他各中小型坑冶场地的商税则多如牛毛，不胜枚举。由于产矿地区多处于深山穷谷之中，仅交纳过税的商人很少来往于其间，例如福州车盂场，坐落"在深山之中，去州县二百余里"，元丰年间，俞备任监官，以方略去私铸之民，"商旅坑户稍稍来归，宝货发露，场用以兴"。⑥说明矿产地商旅的主要目的是与众多的矿冶户进行商品贸易活动。如果大致估计一下，北宋全国矿冶业劳动者总数至少经常保持在二三十万人以上。他们以众多的人口，与商品经济活动结成广泛的联系，不仅使偏僻地区的封建自然经济受到冲击，而且促进了全国商品流通网的形成和农产品、手工业品等商品性生产的发展。

第二，部分地区有以货币形式交纳矿产岁课的现象。北宋哲宗元祐元年三月，成都府路转运判官蔡朦奏曰："比年坑冶兴（废）［发］，铸钱有限，铁货积滞，而人户坑冶净利并输见钱，过限则罚，迫于罚限，则必贱售，乞命以合纳净利钱折纳铁应副铸钱，愿输见钱者听。"朝廷从之。⑦从时间上看，至少神宗元丰后期已出现货币税，是伴随成都府路坑冶兴发，官府又无须收买全部矿产品而产生的。但当时其他矿区却很少有交纳货币税的现象，据《淳熙三山志》记载，徽宗崇宁年间，福州古田县有三个坑场兴发，均交纳货币税。此后到南宋高宗、孝宗统治时期，

① 《淳熙三山志》卷一四《炉户》。
② 《宋会要辑稿》食货一七之一至二。
③ 《宋会要辑稿》食货一七之四至五。
④ 《宋会要辑稿》食货一五之一六。
⑤ 《宋会要辑稿》食货一五之五。
⑥ 《演山集》卷三四《法曹俞君墓志》。
⑦ 《续资治通鉴长编》卷三七一，元祐元年三月戊辰。

货币税又从古田一县扩大到连江、长溪、福清等县，均为产铁之地。为什么福州产铁之地货币税如此兴盛？从各种情况推断，主要有两个原因：第一，福州地处东南沿海，与"自来不产铁"的两浙沿海交通十分便利，为调济赢缺，北宋仁宗时期就允许福州的铁由"商贾通贩于浙间"；第二，自徽宗政和以来，福州"铁坑特多，如长溪至四十一所"，直到淳熙年间，仍"矿脉不绝"。① 在铁产量大增之时，官府的需求却很有限，高宗后期福州知州沈调言，"福建路产铁至多，客贩遍于诸郡……若尽令中卖入官，则无所用"②，即说明了这一点。可见，福州的铁产品除卖纳给官府的数额外，还应该有一部分允许坑冶户自由贸易，而官府满足需求后，也会允许坑冶户以货币税形式交纳铁课。这大概就是福州货币税兴盛的原因。

当然，以宋代全国范围来看，矿产品交纳货币税的现象还不多，但这种纳税形式的出现，至少说明封建国家对某些地区、某些矿产品的垄断已开始放松，矿冶户获得了自由处置一部分产品的权利，并与商人或手工业主发生直接的交易活动，扩大了民间商品流通的范围。③ 铁作为商品进入民间交易市场，对以铁为原料的手工制造业的发展和社会经济的兴盛无疑也具有积极的作用。

总之，宋代广大矿冶户与封建国家依附关系的减弱、与货币经济关系的加强，及其与社会商品经济联系的密切，反映了当时社会的时代特点。研究矿冶户的基本状况，不仅是全面认识宋代矿冶业兴盛发展的必要前提，而且对认识宋代封建社会的经济发展水平亦有益助。

（原载《河北大学学报》1987 年第 3 期，中国人民大学书报资料中心复印报刊资料《宋辽金元明清史》1988 年第 2 期全文转载）

---

① 《淳熙三山志》卷四一《铁》，卷一四《炉户》。
② 《建炎以来系年要录》卷一七七，绍兴二十七年五月庚午。
③ 金银矿产品在宋代的某些时期也允许自由贸易，见《宋会要辑稿》食货三四之一六。其中银的贸易活动体现了宋代货币形态的演变趋势，限于篇幅，此文不予论述。

宋代矿冶经营方式的变革和演进

宋代是中国封建社会矿冶生产全面兴盛的时期。这一时期，矿冶业中曾同时或先后采用了劳役制、招募制、承买制三种生产经营方式，它们之间此消彼长的变革运动，对矿冶业的发展产生了极为重要的影响。但目前对这一问题的研究还很不够，因此，本文拟对上述三种经营方式的变革历史作一探讨，力求揭示宋代矿冶业高度发展的内在因素。错谬之处，请加指教。

一 劳役制生产的削弱与招募制生产的兴盛

劳役制生产的典型特点在于封建国家或地主阶级依靠超经济强制手段，无偿役使劳动者并直接占有剩余劳动成果。这种生产形式盛行于封建社会的前期，自唐中期两税法改革以后，开始逐渐削弱，但在宋代前期的各类生产部门中仍占有一定的地位，矿冶业中劳役制的主要表现是：封建国家对矿冶户有较强的人身支配权，随意调发民户从事采冶，差派上等户担任衙前之役，硬性规定交纳的课额数量，以及役使厢兵、杂犯进行生产等等。

宋太宗即位之初，欲增铸铜钱，患铜少，乃委转运使张齐贤措置开发铜矿，"尽知饶、信、处等州山谷出铜，即调发诸县丁夫采之"。① 淳化五年（994），因信州"铜货兴发"，朝廷又专设宝丰县，"虚占官吏、劳

役人民"①，一意搜刮矿产。某些地区虽无矿产，也要向国家交纳岁课，遂使劳苦之家承受沉重的负担。如邵武军归化县金场"虚有名额，并无坑井"，官府却"专副人匠千一百余人配买金六百余两"，致使"百姓送纳不逮，以至弃命自刎"。② 不少矿产地的劳动者由于纳课数额亏欠，还常常被迫变卖家产或被拘系入狱。宋真宗时，南剑州将乐县采银之户因交纳的课额亏减，被官府拘系者"常数百人"。③ 仁宗年间，登州有十八家铁冶户因"家贫无力起冶，递年只将田产货卖抱空买铁纳官"，曾上状乞求停止纳铁课。包拯为此专门作了调查，"臣访闻得旧来州郡最出铁货，缘人户先乞起冶，之后或遇家产销折，无铁兴作，官中并不认孤贫，一面监勒送纳原额铁数，以致破荡资业，沿及子孙不能免者，比比皆是"。不仅贫者无力起冶，就连富户也"惧为后患，莫肯兴创"，结果"铁货日削，经久不兴"。④ 这时的劳役制生产已使矿冶业中的劳动力和矿山开发受到严重破坏。

官府除了对直接从事生产的矿冶户进行人身束缚和剥削外，还规定由经济力量雄厚的上等户充任主吏、衙前之役，负责向国家交纳一定数量的矿产课额。担任主吏、衙前的上等户虽然是封建政权的社会基础，靠剥削直接生产者的剩余劳动为生，其中有些人甚至借任衙前之机，获取厚利，称雄乡里，但是矿冶业中大多数衙前的差役则是无偿和被迫的。官府的主要目的是以上等户的丰饶家财作为欠纳官府岁课收入时的抵押之物，课额往往定得较高，即使矿源衰竭，也不予减免。因此，衙前一旦亏欠岁课，常常陷入倾家荡产的困境之中。北宋初到仁宗时期，这类记载较多。如真宗咸平年间，秦州小泉银坑"矿久不发，而岁课不除，主吏破产备偿犹未尽"。⑤ 兖州莱芜监是一个产铁之地，宋初曾拥有十八个铁冶⑥，真宗时期，其中的道士冶"岁课铁二万余斤，主者尽力采炼，

---

① 《宋会要辑稿》食货三四之二〇。
② 《宋会要辑稿》食货三四之一三。
③ 王安石：《临川先生文集》卷九三《司封郎中张君墓志铭》。
④ 包拯：《包孝肃公奏议》卷七《乞开落登州冶户姓名》。
⑤ 《续资治通鉴长编》卷四九，咸平四年十月癸卯。
⑥ 乐史：《太平寰宇记》卷二一。

常不能及，有坐是破产者"。① 其他冶也采取这种"第徭民输铁课"的劳役形式，"凡高赀家率以冶败，至没入田产、械系孤（娑）［孅］"，遂使"莱芜冶废不鼓"。② 到仁宗庆历年间，莱芜监十八冶所剩"惟三，冶户犹破产而逃"。③ 相州利城军铁冶劳役制现象更为严重，真宗时期，利城军铁冶兴发，官府"差衙前二人岁纳课铁一十五万觔，自后采伐，山林渐远，所费浸大，输纳不前。后虽增衙前六人，亦败家业者相继。本州遂于六县中白差上等人户三十家充军户，更不兴扇，止令岁纳课铁，民甚为苦"，直到仁宗至和年间（1054—1056）韩琦知相州时，才奏罢了这项衙前役。④

综合以上两方面情况可以看到，从宋初到仁宗时期，封建国家不论是役使劳动人民采矿冶炼，还是差派衙前交纳硬性的指令课额，都以超经济的强制——人身支配——为主要手段，劳役制形态相当严重。不少采矿地区由于实行了这种生产经营方式，矿冶户的家财被消耗殆尽，生产力受到破坏，或无力兴采，或避役逃亡，遂使矿产量逐年减少，矿山荒废。很显然，劳役制生产已阻碍了矿冶业的发展，而且其弊病暴露得越来越充分了。

在劳役制日益阻碍矿冶生产发展的同时，另一种经营方式即招募制却蒸蒸日上、日益兴盛起来。所谓招募制，是指劳动者不再被官府随意差使，他们有择业和迁移的自由，受募于官私矿场并按付出劳动量的多少支取雇值。这种生产经营形式不仅早在私营矿场普遍采用，不少官营场监也积极推行。信州铅山县铜场就采用了招募制生产，自宋太宗时期开发以来，"出铜无算，常十余万人采凿"。曾因铜产供过于求，"有司议减铜价"，"凿山者稍稍引去"，直到官府增设了铸钱监，调整了供求关系的矛盾，铜"即有所泄，价乃复旧，而工徒并集"。⑤ 不仅充分体现了招募制生产的特点，而且还说明，受募的劳动者甚至可以利用自己自由的

---

① 《续资治通鉴长编》卷六七，景德四年十二月壬寅。
② 张方平：《乐全集》卷三六《李公神道碑铭》。
③ 王珪：《华阳集》卷三七《梁庄肃公适墓志铭》。
④ 韩琦：《韩魏公集》卷一三《家传》。
⑤ 《宋朝事实类苑》卷二一《诸监炉铸钱》。

人身争取得到比较合理的劳动报酬。另一大型官营铜场韶州岑水场也发生过此类现象，宋仁宗时期铜产兴发后，官府买铜曾一度不及时支付价钱，"止给空文，积逋距万"，受募者无以为生，于是"大事私铸，奸游群聚，与江西盐盗合"①，采取了更为激烈的反抗手段。朝廷只得采用蔡抗之言，"命铜人即偿直"，于是"民尽乐输，私铸遂绝"。② 可知也是采用的招募制生产。仁宗时期，实行招募制生产的矿场已遍及各地，如西部成都府路的彭州，就曾有人上言："请置（金）场，募人夫采取之"。③北方的登、莱等州金产兴发，"四方游民废农桑来掘地采之"，产品由官府榷买，皇祐年间曾"岁课三千两"。④ 可以说，至少在仁宗时期，招募制生产已在矿冶业中占据了重要的地位。

招募制的强大不仅在于上述矿场的普及推广，还在于对原有的劳役制矿场实行的变革。早在宋太宗时期，一些封建官员便已上言陈述改革之意，至道二年（996），陕西转运使奏："成州界金坑两处，先是州遣吏掌之，岁课不能充，望遣使按行，更立新制。"⑤宋真宗、仁宗时期，不少地区的官员则直接罢废劳役制，改用招募制经营矿冶生产。薛奎知兴州时，发现"州旧铸铁钱，用功多，人以为苦"，于是，"募民有力者，弛其山使自为利，而收其铁租以铸，悉罢役者，人用不劳"。⑥ 宋仁宗庆历年间梁适知兖州时，芜莱监因实行差派衙前纳课之法已衰败不兴，梁适乃改为"募有力者使主冶，十年予一官，于是冶无破户，而岁有羡铁百余万"⑦，充分显示了招募制生产对矿冶业发展的促进作用。正是在这种变革中，劳役制日益削弱，招募制日益强大，终于在宋神宗变法时期，国家以法律条文的形式废除了差役法，从而正式确立了招募制在矿冶业中的统治地位。

---

① 《乐全集》卷四〇《蔡公墓志铭》。

② 《续资治通鉴长编》卷一九七，嘉祐七年十月甲午。

③ 《宋史》卷三〇一《高觌传》。

④ 吴曾：《能改斋漫录》卷一五《登莱州产金》。

⑤ 《宋会要辑稿》食货三四之一三。

⑥ 欧阳修：《欧阳文忠公文集》卷二六《资政殿学士尚书户部侍郎简肃薛公墓志铭》，参见《宋史》卷二八六《薛奎传》。

⑦ 王珪：《华阳集》卷三七《梁庄肃公适墓志铭》。

招募制生产形式下劳动者的报酬表现为以货币形式支取雇值。标准一般为两种：一种以矿冶户生产的矿产量为标准，官府收买时按斤两计价支付雇值；另一种以矿冶劳动者付出的劳动时间、劳动强度等为标准折为雇值。前一种标准适合于招募个体矿冶户、由其独立完成采冶中各道工序生产的官营场监，其中也包括了韶州岑水铜场和信州铅山铜场。第二种标准主要实行于私营场冶和一部分采取分工协作方式生产的官营场冶。据南宋嘉定十四年（1221）七月十一日臣僚奏言："旧来铜坑必差廉勤官吏监辖，置立隔眼簿、遍次历，每日书填：某日有甲匠姓名几人入坑，及采矿几箩出坑；某日有矿几箩下坊碓磨；某日有碓了矿末几斤下水淘洗；某日有净矿肉几斤上炉烊炼，然后排烧窑次二十余日……经涉火数敷足，方始请官监视，上炉匣成铜。"① 这种官营铜场已采用大规模的分工协作、流水作业的形式，由于采矿、碓磨、洗矿、冶炼等每道工序都由一定数量的劳动者专门生产，凝聚在矿产品上的已不是一家一户或某个个体劳动者的单独劳动，而是众多生产者的共同劳动，因此，劳动者只能按其劳动时间的长短或劳动强度的大小支取相应的雇值，产品则直接归官府所有。私营场地募人生产的经营者也是采取这种直接支付雇值的方法，从绍兴十三年（1143）臣僚上言"近年人工物料种种高贵，比之昔日增加数倍，是致炉户难以兴工"② 所述情况推断，炉户在雇募人工、购买物料时都是要用现钱支付的。但这方面的记载较少，还不能作出更多的说明。

招募制生产之所以能取代劳役制生产并成为矿冶业中占统治地位的生产经营方式，在于它具有更适合社会生产力发展和增加社会财富的优越性。首先，招募制生产解除了在劳役制形式下对矿冶户的严重人身束缚和役使，使他们获得了相对自由的人身关系，从而减少了冶户逃亡、矿山荒弃的现象，为矿冶业生产的稳定发展提供了有利条件。其次，招募制生产改变了超经济强制的硬性课额手段，实行收买矿产品或支付雇值等经济性剥削手段。劳动者的经济收入不仅得到一定的保障，还有希

---

① 《宋会要辑稿》食货三四之二四。
② 《宋会要辑稿》食货三四之一七。

望通过付出更多的劳动得到更高的报酬，从而大大激发了他们从事矿冶生产的兴趣。封建国家也可以从中获得更多的矿产品和有关的财税收入。此外，北宋前期社会生产力的普遍提高和商品经济活动的日益活跃也为招募制的兴盛提供了必要的社会基础，缩小旧的落后的劳役制生产，代之以更先进的招募制生产已成为当时整个社会发展面临的重要问题。因此，招募制的兴盛是宋代封建社会生产力水平高度发展的必然结果。

宋神宗变法以后，劳役制形态在矿冶生产中只占很小的比重，但当封建国家剥削加重时，这种现象就会多一些。南宋时期，由于战乱频繁、国家财政开支窘迫、疆域缩小和矿山开采量锐减等一系列原因，封建国家对矿冶户的人身束缚和对生产方面的干预重又加强。绍兴十三年，韩球任都大提点坑冶铸钱公事，"必欲尽铸新钱"，因铜矿不兴，便"调民兴复废坑，至于发冢墓、坏庐舍而终无所得，又请籍冶户姓名约定买纳铜数，民大以为扰"。① 有的地区刚发现矿苗，还不知是否有开采价值，"官不熟计，而遽行之"，结果徒费人力物力，"冶户以亏额坐深文鬻产以偿者数百家"。② 理宗年间，都大坑冶司甚至将蕲州进士冯杰一家"抑为炉户，诛求日增"，逼得冯杰家破人亡。③ 就连一些招募制矿场也加重了对矿冶户的经济盘剥。孝宗淳熙年间，"百物翔贵"，矿冶户在生产和生活消费方面的支出增加了不少，但信州铅山场买铜仍按旧价支付，"坑户失利，散而之他"，仅剩下不到四百名兵匠从事生产，与往昔"常募集十余万人昼夜采凿"④ 的情景相比，已如天壤之别。理宗嘉定十五年（1222），官府支出的矿冶本钱又从十九万缗减少到十三四万，"工役之费卒不能给"⑤，严重地影响了矿冶开采。可见，南宋的招募制生产已发生局部变化，对矿冶业的促进作用也大为降低。

下面再简述一下矿冶业中厢兵、杂犯的生产。

从事矿冶业生产的厢兵虽然大都来自招募，有雇值、衣食之给，但

---

① 《建炎以来朝野杂记》甲集卷一六《铸钱诸监》。
② 《攻媿集》卷一〇〇《朝请大夫致仕王君墓志铭》。
③ 《宋史》卷四一《理宗本纪一》。
④ 《宋会要辑稿》食货三四之二七。
⑤ 《宋会要辑稿》职官四三之一八〇。

他们对封建国家有很强的人身隶属关系，地位也比较低下。他们不仅从事艰苦繁重的劳作，有时甚至毫无生命保障。如北宋熙宁五年（1072）以前，陕西运输铜锡之兵，"二人挽一车，日铺运铜锡五千斤……道路有雨雪之艰，士卒有风霜暴露之苦"，以致"死亡无处无之"①。因此，厢兵生产含有十分浓厚的劳役性质。但在两宋矿冶业中，厢兵人数并不多，这种生产形式也只占很小的比重。

除厢兵外，宋代还役使犯罪之人从事矿冶生产。商州的官冶就是专门役使杂犯生产的场地，"其徒皆四方流人，常絷之以役"②。韶州岑水场及潭州铁场等地也有杂犯配隶之人从事重役劳作③。这是封建政权运用暴力手段和封建法律对危害封建社会统治秩序者实行的一种特殊制裁，刑徒们的生产条件十分恶劣，劳动强度大，所受待遇也极为低下，他们是矿冶业中最底层的劳动者。

二　私人承买制经营方式的推广和二八抽分制的演变

私人承买制是指封建国家将某一产矿场地的生产经营权转交私人管理的经营方式，有"承买""买扑""请佃""扑断"等多种称呼。在宋代，由于封建国家垄断了一切矿山资源的土地所有权，因此，即使是原属私人所有的土地，其下一旦发现矿藏，也要转归国家所有，不能自由处置。私人承买矿场，必须先与官府订立契约，商定承买年限、产品分配比例或交纳课利的数额，然后自备资金，筹措生产。一般情况下，规模稍大的矿场由家业雄厚的上等户经营，募人生产，小型矿坑则由中下等人户以一家一户的个体劳力独立生产。

值得注意的是，私人承买与官营场冶募人生产两种经营方式在宋人记载中有时不易分辨。前引宋真宗时期薛奎知兴州变革旧制为"募民有

---

① 《续资治通鉴长编》卷二三〇，熙宁五年二月壬戌。
② 沈遘：《西溪文集》卷一〇《洛苑使英州刺史裴公墓志铭》。
③ 《宋会要辑稿》职官四三之一六五；《宋会要辑稿》刑法四之六八。

力者，弛其山使自为利，而收其铁租以铸"的记载，其含义就很模糊，说它指承买制经营方式，也未为不可。另外，受募于官营场地的劳动者当独立从事采冶生产时，可以向官府预借工本钱，就像杨时说的那样："凡坑户皆四方游手，未有赍钱本而往者，全籍官中应副，令烹炼到银铜入官"。① 私人承买者虽应自备本钱，但某些时期官府也允许预借官钱，如政和二年十二月尚书省言："应采访（矿冶）兴发或有苗脉处，并躬诣检踏得实，即许雇募人工采打，或召人户开采，应一行用度以至灯油之类，并许召保借支官钱应副，候烹采到宝货先行还官外，余充课利。"② 在这条记载中，雇募人工生产（招募制）与召人户开采（承买制）均可借支官钱，采到矿产后的规定亦相同，因此很难区别开来。对这类记载，应视具体情况和寻找其他佐证作出判断。

宋代矿冶业中的承买制溯源于唐代，唐前期曾下令："凡天下诸州出铜铁之所，听人私采，官收其税。"③ 宋初乐史的《太平寰宇记》也有一条记载：唐上元二年（675），饶州德兴县有取银之利，"因置场监，令百姓任便采取，官司什二税之"。④ 但当时还没出现"承买"一词，此后的数百年间也极少见到这类记载。宋代何时开始实行承买制，尚无明确记载。《宋史》中虽有一处提及，曰："宋初，旧有坑冶，官置场监，或民承买以分数中卖于官，初隶诸路转运……崇宁以后，广搜利穴，榷赋益备。凡属之提举司者，谓之新坑冶。"⑤ 但这段记载不足为凭，它仅仅是一段综述性的文字，前面虽冠以"宋初"两字，实际上"旧有坑冶"不是仅指宋初开发的坑冶，而是指包括从宋初到崇宁二年（1103）一百四十多年间开发的坑冶⑥，时间跨度极大。因此，宋代承买制的起始年代姑且置疑。就现在接触到的史料来看，最早出现"承买"一词的，是仁宗

---

① 《杨龟山先生集》卷四《论时事》。
② 《宋会要辑稿》职官四三之一二九。
③ 《唐六典》卷二二《掌冶署》。
④ 《太平寰宇记》卷一〇七《江南西道五·饶州》。
⑤ 《宋史》卷一八五《食货下七·坑冶》。
⑥ 《宋会要辑稿》职官四三之一四三。

至和二年（1055）十一月丁巳诏："同州铁冶自今召人承买之。"① 同州铁冶设在韩城县，承买之前一直实行劳役制生产。据包拯皇祐年间（1049—1053）上奏所述：自真宗时期，韩城铁冶已"定占七百余户"从事生产，官府每年收铁只有十余万斤，却要花费大量本钱及专差监官管理坑冶事务，获利极少。更严重的是，"二百余户厚有物力"的上等矿冶户中第一等者，"每户逐年供给冶务诸般所出钱不过三百贯文外，更别无所费"，反而全部垄断了一县之中有利可获的上等力役，"及致下等人户差役频并，供应不前。"为此，包拯请求罢官营冶务，令一县百姓取便采铁烹炼，均摊课额，而让上等铁冶户"兼充重难役次"。当时这一建议虽未被采纳，但很快官府就于至和二年改为由私人承买，足以说明同州铁冶劳役制生产已严重阻碍了矿冶业的发展，官府不得不将其罢废。

同一时期，其他一些产铁之地也出现私人经营的现象。嘉祐三年（1058），袁州贵山官营铁冶务改由私人"买扑"②，嘉祐五年，买扑兴国军磁湖铁冶的程叔良因经营冶铸"于国兴利"，还被赐官③，估计其买扑铁冶的起始年代还应更早。以上材料说明，至少在仁宗后期，铁产地已开始推行私人承买制经营方式。

宋神宗时，又将承买制推行于金、银矿场，允许"召百姓采取，自备物料烹炼"，所得矿产，以"十分为率，官收二分，其八分许坑户自便货卖"。④ 哲宗元祐五年（1090），潮南转运司上言："应金银铜铅锡兴发不堪置场官监，依条立年额课利召人承买"。⑤ 可见最迟在哲宗时期，铜、铅、锡矿场也已允许私人承买。从此，承买制经营方式遍及六类矿场，开始占据了矿冶业生产中的一席重要地位。

承买制的进步意义在于：私人经营权的推广，冲击了矿冶业生产的官营垄断地位，减弱了封建国家以行政手段对生产过程的干预；承买矿

---

① 《续资治通鉴长编》卷一八一，至和二年十一月丁巳。
② 《宋会要辑稿》食货三三之四。
③ 郑獬：《郧溪集》卷二一《户部员外郎直昭文馆知桂州吴公墓志铭》，参见《续资治通鉴长编》卷一九一，嘉祐五年四月甲申。
④ 《宋会要辑稿》食货三四之一六。
⑤ 《续资治通鉴长编》卷四四一，元祐五年四月癸丑。

场的私人，一般均自备工本钱组织生产，其中有相当一部分人拥有较雄厚的经济力量，募人生产，这种经营方式的推广促使大量的私人资金投入矿冶业中，从而对缓解封建国家财政困难具有一定的积极作用；承买制以抽分形式分配矿产品，除官府无偿抽收一部分作为私人承买矿场交纳的地租外，其余归私人所得，中卖入官（某些时期允许自由贸易），这种分配形式使矿产量的高低与承买者本人经济收益的多少紧密相连，从而推动了矿山开采和产量的提高。上述三种变化中，最见成效的是矿产量的显著提高，例如同州韩城铁冶，官营时每年课铁只及十余万斤，私人承买后，两场铁课曾各达六百万斤①，以一场铁课与官营时相比至少增长了五十倍左右。又如处州一地，北宋后期产铅仅七百八十斤，南宋高宗末期，又降为五百一十一斤②，铜、银的产量不见记载，乾道七年以后开始措置采矿生产，到乾道九年初，已有五处银场、四处铜场交由私人承买，"据逐人状，各甘自备工费采打……已各出交帖给佃"。③ 当年八月，处州"一年收到银二万二千八百余两，铜四万五千余斤"，两年后，又出现"岁收铜十万斤，铅十五万斤"④ 的兴盛局面。可见承买制经营方式确实起到了推动矿冶业生产发展的作用。

下面谈谈承买制下矿产品分配形式的演变情况。

前面提到，承买制下的产品分配形式是抽分制，一部分产品作为地租无偿纳官，其余归私人所有。由于铜、铅，锡三类矿产是制造铜钱的重要生产原料，其开发的多少与宋代封建国家财政经济诸政策的制定和实施关系极大，因此被规定为由官府严格控制的禁榷之物。⑤ 这类矿场的承买者基本上没有自由处置产品的权力，不能与民间百姓私下交易，必须全部卖给官府。而金、银、铁三类矿产的禁榷时紧时松，有时也允许矿冶户与民间进行自由贸易。

抽分制的官私分配比率一般为二八抽分，即以十分为率，官抽二分，

----

① 《宋会要辑稿》职官四三之一三五。
② 《宋会要辑稿》食货三三之二四。
③ 《宋会要辑稿》职官四三之一六八。
④ 《宋会要辑稿》职官四三之一七二，食货三四之二三。
⑤ 《庆元条法事类》卷二八《榷禁门》。

承买者得八分。这一比率早在唐前期的饶州德兴银场采用过，因记载失
之简略，无以见其全貌。直到宋神宗熙丰时期（1068—1085），私营的
金、银矿场才开始推行二八抽分制。据南宋高宗绍兴七年（1137）工部
上言：熙丰时期将金银坑场"召百姓采取，自备物料烹炼，十分为率，
官收二分，其八分许坑户自便货买"。① 可知神宗时期二八抽分制的特点
在于矿冶户拥有的八分产品允许自由贸易。与以前的硬性课额制相比，
这一政策不仅体现了封建国家对矿产品支配权的放松和剥削量的降低，
而且为矿冶户自由从事矿产品贸易确立了法律保障，促进了矿产品商品
化的发展。神宗时期为实现"富国强兵"实施了一系列变法运动，金银
产品的二八抽分制就是当时在矿冶业中施行新法的具体措施之一。

　　私人经营的铁产地在神宗时期是否也实行了二八抽分制，史料并无
明确记载。但从其他现象推断，当时的承买者有自由贸易产品的权利。
以利国监为例，元丰元年（1078），利国监有三十六冶，"冶户皆大家，
藏镪巨万"，每冶招募"各百余人"进行采冶，规模不小。从当时"河北
转运司奏乞禁止利国监铁不许入河北，朝廷从之……自铁不北行，冶户
皆有失业之忧"② 的情况可知，冶户自己的矿产是允许自由贸易的，而且
在元丰元年以前曾有相当一部分产品流通于河北路。另外据毕仲衍的
《中书备对》记载，元丰元年利国监官收铁额为三十万八千斤。③ 如果这
是全部的生产额，那么每冶平均年产铁仅八千五百多斤，每人仅生产八
十五斤，这样低下的生产效率与当时的生产力水平极不相符。如果以二
八抽分制计算，官收的三十万八千斤铁是总产量的十分之二，那么总产
量就应是一百五十四万斤，每人的年生产量也相应提高到四百多斤，这
一数字应该是比较可信的。元丰六年京东转运使吴居厚上奏："欲乞将两
监（徐州利国监、兖州莱芜监）铁冶就逐处官依邢、磁二州例，并从官
中兴扇，计其所得比旧可多数倍"。④ 这条记载说明，元丰六年将私营铁
冶转为官营生产的主要目的，就是要得到"比旧可多数倍"的铁产品，

---

① 《宋会要辑稿》食货三四之一六。
② 苏轼：《东坡全集》卷五二《上皇帝书》。
③ 《宋会要辑稿》食货三三之一二。
④ 《续资治通鉴长编》卷三三九，元丰六年九月丁卯。

从而证实了此前私营铁冶的大部分产品是由冶户进行自由贸易的。因此，神宗时期的私营铁产地极可能也实行了产品二八抽分的自由贸易政策。

宋哲宗继位后，新法一一罢废，矿冶业中金、银、铁的自由贸易权也开始受到限制。元祐元年（1086）四月乙巳，"永兴军路提点刑狱司言：'准朝旨相度虢州卢氏县栾川、朱阳县银煎、百家川两冶和买及抽分利害，今乞依旧抽收二分，和买三分，以五分给主，……从之"。① 同年十月，陕西转运兼银铜坑冶铸钱司又上奏曰："虢州界坑冶户（听）〔所〕得银货除抽分外，余数并和买入官，费用不足，乞依旧抽纳二分，只和买四分，余尽给冶户货卖"，朝廷又从之。② 上述材料说明，在很短的时间内，矿冶户自由贸易产品的数量已从十分之八依次减为十分之五、十分之四，而且就连十分之四也还是由于官府缺乏买银本钱才实行的权宜之策。宋徽宗时，又进一步对矿产品实行严厉的禁榷政策，崇宁三年（1104）十月，百姓赵畴告发石泉军金窟，"坑冶司榷定十分为率，二分官课不支钱，八分支钱收买"。③ 政和三年（1113）福州长溪县师姑洋坑"佃户岁二分抽收铁七百斤，八分拘买二千八百"④。政和末年，又明确下令："（铁矿）苗脉微者听民出息承买，以所收中卖于官，私相贸易者禁之。"⑤ 南宋以来，铜、铅、锡、铁四类矿场基本上遵循了二分抽收，八分榷买的政策⑥，只有金、银矿场曾一度在江、浙等地恢复了神宗时期由承买者自由贸易八分产品的政策。

从总的情况看，元祐以后直到南宋期间实施的二八抽分制虽然分配比率没有变化，但由于矿冶户必须将全部产品卖给官府，遂使官府完全控制了矿产品的收买价格，以便从劳动者身上剥夺更多的剩余劳动成果乃至必要劳动成果的一部分，矿产品作为商品在民间的流通也受到严格的限制。因此，这时的矿产品二八抽分制与熙丰时期相比实际上已倒退

---

① 《续资治通鉴长编》卷三七五，元祐元年四月乙巳。
② 《续资治通鉴长编》卷三八九，元祐元年十月丙申。
③ 王象之：《舆地纪胜》卷一五二《成都府路》。
④ 梁克家：《淳熙三山志》卷一四《炉户》。
⑤ 《宋史》卷一八五《食货下七·阮冶》。
⑥ 《宋会要辑稿》职官四三之一五八。

了一步。

南宋年间，某些矿产还出现了更高的抽分率。高宗末期，秘书省正字冯方曾反对潼川府铜山县产铜立定岁课之数，"乞更不立额，令窟匠自采打，尽赴官中卖，依条抽三分入官"。① 此议虽未被采纳，但说明当时已有抽收三分之制。此后大约在宁宗时期，建宁府松溪县瑞应银场也采用了三七分之制，官府"与坑户三七分之，官收三分，坑户得七分"。② 个别地区甚至出现官抽六分的现象，孝宗乾道九年（1173），处州承佃银坑者"自备工费采打"，炼出银"六分给官，四分给业主"③，官府无偿得到的矿产品已达过去二八抽分制的三倍。此外，官府对承买者催逼勒索的现象也日趋严重，遂使承买制生产日趋衰微。

三　结　语

宋代矿冶业经营方式的变革演进主要体现为北宋前期从劳役制向招募制、从官营垄断向允许私人承买两个方面的发展变化。在招募制、承买制生产经营方式的推广下，封建国家对矿冶户的强制性人身役使和束缚退居次要地位，广大劳动者获得了比较自由的人身关系和更合理的劳动报酬，从而推动了矿冶业生产的迅速发展，并使这种发展在神宗时期达到全面兴盛的最高点。现制成下表以供参考④：

表1

年代	金(两)	银(两)	铜(斤)	铁(斤)	铅(斤)	锡(斤)
宋太宗至道末 （997）		145000	4122000	5748000	793000	269000

① 李心传：《建炎以来系年要录》卷一八四，绍兴三十年一月乙巳。
② 赵彦卫：《云麓漫钞》卷二。
③ 《宋会要辑稿》职官四三之一六八。
④ "山泽之入"的数字载《宋会要辑稿》食货三三之二七至二八，其他时期的数字载《文献通考》卷一八《坑冶》。其中天禧末的金、银数字包括了丁税、和市、课利折纳、互市所得等其他方面的收入。另外，无数字记载的矿产余数省略。

续表

年代	金（两）	银（两）	铜（斤）	铁（斤）	铅（斤）	锡（斤）
宋真宗天禧末 （1021）	14000	883000	2675000	6293000	447000	291000
宋仁宗皇祐中 （1049—1053）	15095	219829	5100834	7241000	98151	330695
宋英宗治平中 （1064—1067）	5439	315213	6970834	8241000	2098151	1330695
山泽之入 （1068—1077）	1048	129460	21744749	5659646	7943350	6159291
宋神宗元丰元年 （1078）	10710	215385	14605969	5501097	9197335	2321898

　　如表所示，从宋初到神宗时期个别矿产岁课额曾一度下降，但总的情况则呈基本上升的趋势，其中铜、铅、锡岁课额在神宗时期的增长速度最快，分别比宋太宗时期增长了 4 倍、10 倍、21 倍多，其余金、银、铁岁课额虽有所减少，但由于神宗时已允许私人承买上述矿场，并实行了产品官抽二分，承买者自由贸易八分的政策，大部分产品直接流入民间，因此官府岁课额的减少并不意味着金、银、铁矿产量的下降。

　　北宋哲宗以后直到南宋末期，由于财政窘迫、战争破坏、疆域缩小等一系列原因，封建国家对矿冶户的经济剥夺日益加重，劳役形态的人身支配和勒索也逐渐增强，招募制、承买制经营方式发生局部变化，丧失了对矿冶业的促进作用，遂使南宋矿冶生产出现衰败不兴的局面。

　　两宋矿冶生产波浪式的发展中，宋神宗时之所以达到最高点，即在于这时期确立了招募制的统治地位，推动了私人承买制的发展，并以自由贸易产品的二八抽分制代替了硬性课额制，从而扩大了矿冶生产者的队伍，促进了矿产的开发。这就充分说明，变革经营方式亦即矿冶生产关系，是矿冶生产得到发展的重要因素。

　　（原载《中国经济史研究》1988 年第 1 期，中国人民大学书报资料中心复印报刊资料《经济史》1988 年第 5 期全文转载）

宋代"山泽之入"矿课时间考

——兼论宋神宗时期的铜钱岁铸额

宋代有关矿冶岁课的材料中，一组标为"山泽之入"的官收矿课数字极为重要。其中，铜课高达二千一百七十多万斤，铅七百九十多万斤，锡六百一十多万斤，除铅课额稍逊于神宗元丰元年岁课额外，铜、锡岁课均远远超出两宋时期其他岁课之数。遗憾的是，这组反映当时矿冶生产兴盛发达的数字却不知统计于何年，因此成为探讨宋代矿冶业兴衰发展而必须解决的一个重要课题。本文主旨即在于考证"山泽之入"矿课的统计年代，并进而探查以这一高额矿课为前提的铜钱岁铸额情况。

一

目前所能见到的宋人文献中，"山泽之入"岁课材料仅载于《宋会要辑稿》和《玉海》两书①。然而《玉海》所记不仅注明引自《会要》，而且内容简略，只引录了各类矿产岁课总额而删去原载《会要》中各路矿产岁课细目。因此，考证"山泽之入"的统计年代，只能依据《宋会要辑稿》提供的线索。

在《宋会要辑稿》中，记载"山泽之入"等材料的末尾附注曰"以上《国朝会要》"，此话为确定年代范围提供了依据。王云海先生在《宋

---

① 《宋会要辑稿》食货三三之二七至二八；《玉海》卷一八〇《咸平铸钱使》。

会要辑稿研究》一书中指出,《宋会要辑稿》中凡注明引自《国朝会要》
的事条,均出自《庆历国朝会要》和《元丰增修五朝会要》。① 可见,只
要查明上述两部《会要》的编修年代及记事起讫年代,就可得知"山泽
之人"岁课的大致年限。查仁宗庆历四年四月己酉,"监修国史章得象上
新修《国朝会要》一百五十卷"②,记事内容从北宋立国起,"止修至庆
历三年,后事莫述"③,后人称此为《庆历国朝会要》;神宗熙宁三年,
翰林学士王珪请续修《会要》,历十二年之久,于元丰四年九月己亥上于
神宗,记事内容"续庆历四年,止熙宁十年,通旧增损成三百卷"④,后
人称此为《元丰增修五朝会要》(或称《六朝国朝会要》)。这两部会要
紧密相连,记载了从北宋初到宋神宗熙宁十年间一百一十八年的史事,
"山泽之人"矿课既然包括在上述两部《会要》的记事范围内,其统计年
代最晚应止于神宗熙宁十年。

　　日本学者最早注意到"山泽之人"的年代问题。加藤繁先生在《唐
宋时代金银之研究》一书中作了初次探讨,他以《玉海》中与"山泽之
人"矿课同条记载的金、银矿产地情况为佐证,认为矿课应为神宗熙宁
时期(1068—1077)的统计。⑤ 之后,日野开三郎、河上光一等学者又进
一步把"山泽之人"的统计时间确定为熙宁前半期,即熙宁四、五年左
右。⑥ 笔者认为,上述两种结论,前论不够精确,而后论显属错误。因为
"山泽之人"的统计恰恰作于熙宁后半期,即熙宁七年至十年之间。对此
略述己见,以求匡正。为便于考证,现将"山泽之人"矿课的统计数字
制成表1⑦:

---

① 王云海:《宋会要辑稿研究》,河南师范大学学报增刊1984年版,第136—137页。

② 《续资治通鉴长编》卷一四八,庆历四年四月己酉。

③ 《玉海》卷五一《庆历国朝会要》。

④ 《玉海》卷五一《庆历国朝会要》。

⑤ [日]加藤繁:《唐宋时代金银之研究》上册二〇三页、下册一二四页,中国联合准备
银行译,1944年6月出版。加藤繁的日文原版书于1926年由日本东洋文库出版。

⑥ [日]日野開三郎:《北宋時代に於ける銅、鐵の産出額に就いて》,[日]《东洋学报》
第二二卷第一号;[日]河上光一:《宋代の経済生活》,第152—153页,[日]吉川弘文馆昭和
五十七年十月出版。

⑦ "山泽之入"中还有水银、朱砂岁课额,因这两类产品课额甚少,又与此文无密切关
系,故未制入表内。

表1　　　　　　　　**"山泽之入"各路矿课数额一览**

各路名称	金（两）	银（两）	铜（两）	铁（两）	铅（两）	锡（两）
京东东路	511	2603		472999		
京东西路				197400		
京西南路①	429					
河北西路				1067232		
河东路				64786		
永兴军路	4	14240	91145	1256663		
秦凤路		483		137557		
两浙路		512	74541		135800	
福建路	53	10887	442851	69224	2315874	
江南东路		86693	46820	21769	73267	
江南西路		1571	114	1741809	19510	425760
荆湖南路		3427		312724	555036	313724
广南东路		9044	21088819	31344	4641736	3018011
成都府路				76611		
利州路				203965		
梓州路			459	5711		
总额	1048	129460	21744749	5659646	7943350	6159291
实际统计额②	997	129460	21744749	5659854	7942250	7160291

　　根据记载，当时岁收金、银、铜、铁、铅、锡六类矿课来自十六个路，而这十六路的设置时间有的起于宋初，有的迄于神宗时期，因此，查清其设置时间便成为确定"山泽之入"矿课年代的关键之点。鉴于唐末以来藩镇之弊，宋初即"罢节镇统支郡，以转运使领诸路事"，但诸路名称及辖区范围屡有变动，"分合未有定制"。太宗至道三年（997），"始定为十五路"，即：京东路、京西路、河北路、河东路、陕

---

① "京西南路"原文误写为"西京路南"。

② "实际统计额"为笔者累计各路课额数得出，其中金、铁、铅、锡四种矿产额与"山泽之入"所记总额数字有差异，两浙路的铅、锡数字又完全相同，疑有舛误。笔者姑以"山泽之入"总额数字为准。

西路、淮南路、江南路、荆湖南路、荆湖北路、两浙路、福建路、西川路、峡路，广南东路、广南西路。① 在"山泽之入"十六路中，与至道十五路名称相符的只有河东、两浙②、福建、荆湖南路、广南东路等五路，其余十一路均在真宗以后才陆续确定名称。下面请见十一路的设置变化情况：

1. 江南东路："太平兴国初，分江南东、西路，后并焉。天禧四年（1020）分为两路"③。

2. 成都府路、利州路、梓州路："乾德三年平两川，并为西川路；开宝六年分峡路；咸平四年（1001）分益、梓、利、夔四路，嘉祐四年（1059）以益州路为成都府路"④。

3. 京西南路：京西路于"太平兴国三年（978）分南、北路，后并一路；熙宁五年（1072）复分二路"⑤。神宗熙宁五年八月己亥，"诏以京西路分南、北两路……"⑥

4. 永兴军路、秦凤路："熙宁五年十二月十三日，诏以陕西路分为永兴军、秦凤两路"⑦。

5. 河北西路："太平兴国二年分河北南路，雍熙四年分东、西路，端拱二年（989）并一路，熙宁二年（1069）复分二路，熙宁六年（1073）七月二十七日，诏以河北路分东、西两路"⑧。

---

① 《续资治通鉴长编》卷四二，至道三年十二月。参见《玉海》卷一八《至道十五路》。

② 据《宋史》卷八八《地理四》记载，两浙路于"熙宁七年分为两路，寻合为一；九年，复分；十年，复合"。又据《续资治通鉴长编》卷二五二，熙宁七年四月壬辰条及李焘注文：依沈括所请将两浙路分为浙东、浙西两路，同年九月又下诏不分路。九年三月下诏分路。实际上，不管熙宁后期两浙路怎样分合不定，转运司的职责并未分开，仍统管两路。参见《舆地纪胜》卷二《两浙西路·监司沿革》。

③ 《文献通考》卷三一五《舆地考一》。

④ 王存：《元丰九域志》卷七《成都府路》；参见《宋会要辑稿》方域七之一，《续资治通鉴长编》卷一九〇，嘉祐四年十月癸酉。

⑤ 《宋会要辑稿》方域五之一七。

⑥ 《续资治通鉴长编》卷二三七，熙宁五年八月己亥；参见《宋会要辑稿》方域五之一八。

⑦ 《宋会要辑稿》方域五之三六；参见《元丰九域志》卷三《陕西路》。

⑧ 《宋会要辑稿》方域五之二六；参见《续资治通鉴长编》卷二四六，熙宁六年七月乙丑。

6. 京东东路、京东西路：神宗熙宁七年（1074）四月甲午，"分京东路为东、西两路，以青、淄、潍、莱、登、密、沂、徐州、淮阳军为东路；郓、兖、齐、濮、曹、济、单州、南京为西路"①。

综合以上材料可以看到，真宗时期，西川、峡路划分为益、梓、利、夔四路，江南路划分为东、西两路，十一路中有四路名称已经出现；仁宗嘉祐四年益州路改名为成都府路后，尚剩六路名称不符；直到神宗熙宁五年至七年间，才陆续出现将京西路划分为南、北路，陕西路划分为永兴军、秦凤路，河北路及京东路各划分为东、西路等一系列变动，变动后的路名与所剩六路名称正相契合。由此可知，"山泽之入"矿课统计绝不可能作于河北、京东等路变动之前的熙宁四、五年间，正确的统计年代应在熙宁七年至十年之间。

"山泽之入"矿课年代的确定，对认识两宋三百多年内矿冶业生产及矿课的兴衰变化有十分重要的意义。为了说明这一问题，现将收集到的宋代史料中官府收买铜、铅、锡三类矿课额按年代先后顺序排列，制成表2，以资比较：

表2　　　　　　　　宋政府收买铜、铅、锡矿课

时间	铜（斤）	铅（斤）	锡（斤）	材料来源
宋太宗至道末（997）	4122000	793000	269000	《文献通考》卷十八《坑冶》
宋真宗天禧末（1021）	2675000	447000	291000	《文献通考》卷十八《坑冶》
宋仁宗皇祐中（1049—1053）	5100834	98151	330695	《文献通考》卷十八《坑冶》
宋英宗治平中（1064—1067）	6970834	2095151	1330695	《文献通考》卷十八《坑冶》
宋神宗熙宁七年至十年（1074—1077）	21744749	7943350	6159291	《宋会要辑稿》食货三三之二七至二八

————————

① 《续资治通鉴长编》卷二五二，熙宁七年四月甲午。

续表

时间	铜（斤）	铅（斤）	锡（斤）	材料来源
宋神宗元丰元年（1078）	14605969	9197335	2321898	《宋会要辑稿》食货三三之一二至一七
宋徽宗时期（1101—1125）	7057263	3213622	761204	《宋会要辑稿》食货三三之一九至二五
宋高宗绍兴末（1162）	263169	191249	20458	李心传：《建炎以来系年要录》卷一四八绍兴十三年闰四月丁酉注
宋宁宗前期（1195—1202）	395813	377900	19875	李心传：《建炎以来朝野杂记》甲集卷十六《铸钱诸监》，年代由本人推算得出

根据表 2 列举的数字，从北宋初到神宗熙宁、元丰之际（除真宗天禧时期一度降低外），是铜、铅、锡岁课逐步增长而达到顶点的时期，熙宁后期的岁课额均远远高于以前四朝，充分显示当时矿业开采的兴盛发达。北宋后期，上述三类矿课减少，但仍可与宋英宗时期相伯仲。南宋以后，矿课骤减，一落千丈。目前虽然缺少南宋末期矿课材料，但据方回《续古今考》所载："宁庙既位，在宥三十年，理庙四十一年，度庙十年，德祐一年勿问，总计八十一年，新铜钱并入内藏库，未尝行用。庆元至咸淳几易年号，民间无此新铜钱一文，尽在内帑，计铜钱一千二百万贯"①，可知南宋自宁宗至度宗的八十一年间，每年铸铜钱平均仅十五万贯。这一现象说明，在南宋后期相当长的时期内，作为原料的铜、铅、锡已无法满足铸钱需求，矿冶生产一直处于衰败不兴的局面中。

总之，在两宋铜、铅、锡岁课额的增减变化中，神宗熙宁后期的"山泽之入"矿课占有极突出的地位，它既是神宗变法时期在矿冶业生产中采取一系列新的经济政策的成果②，同时也是两宋矿冶生产发展到最高点的标志。

---

① 方回：《续古今考》卷十《附少府禁钱及近世铸钱说》。
② 参见拙文《宋代矿冶经营方式的变革和演进》，载《中国经济史研究》1988 年第 1 期。

二

北宋一代，虽然法定货币除铜钱外，还有铁钱、纸币，但国家对铁钱、纸币的流通区域和数量均有严格的限制，铜钱仍是政府用以统计财政收支的主要标准，也是民间进行广泛的商品交易活动的主要媒介物，其重要地位是其他货币所不可取代的，因此，国家一直控制着铜钱铸造和流通的大权。

宋代铸造铜钱的主要原料是铜、铅、锡，因此这三类矿产的兴衰及岁课额的多寡成为铸造铜钱数额的主要因素。从前面列出的宋代铜、铅、锡岁课变化情况看，宋神宗熙宁、元丰之际的岁课额远远高出其他时期，从而为当时铜钱岁铸额的大幅度提高提供了必要的前提条件。

宋太宗、真宗、仁宗、英宗四朝时期，国家虽曾在各地陆续设置过十多个铜钱监，但不少钱监寿命较短，先后罢废。到宋神宗熙宁初，沿袭下来的只有饶州永平监、池州永丰监、江州广宁监、建州丰国监、韶州永通监五监①，加上英宗治平四年新设置的惠州阜民监②，共有六监。宋神宗熙宁四年至元丰六年，情况发生极大的变化，除原有六铜钱监外，国家又在各地新设置了十三个铜钱监。现将其置设地点、年代排列如表3：

表3　　　　　　熙宁四年至元丰六年间设置铜钱监

设置地点	钱监名	设置年代	材料来源
永兴军路华州 陕州 京兆府	各设一钱监	熙宁四年	《元丰九域志》卷三《陕西路》。又：《宋史》卷八十七《地理三》记陕州钱监为"熙宁三年置"，与《元丰九域志》不同

---

① 五监的设置年代见《续资治通鉴长编》卷一八，太平兴国二年二月壬辰；卷四〇，至道二年十月己未；卷一六五，庆历八年九月癸亥；《宋会要辑稿》食货一一之五至六；余靖：《武溪集》卷五《韶州新置永通监记》；王禹偁：《小畜集》卷一七《江州广宁监记》。

② 《宋会要辑稿》职官二七之九；《玉海》卷一八〇《食货·钱币·开宝钱监》。

续表

设置地点	钱监名	设置年代	材料来源
西京（河南府）	阜财监	熙宁七年	《元丰九域志》卷一《西京》。又：《长编》卷二六三熙宁八年闰四月丁巳日"置河南府河清县钱监"
两浙路睦州	神泉监	熙宁七年置，八年十一月定名	《元丰九域志》卷五十一《两浙路》，《长编》卷二七〇熙宁八年十一月壬申
荆湖南路衡州	熙宁监	约熙宁七年左右	刘挚：《史肃集》卷十二《直龙图阁蔡君墓志铭》，《元丰九域志》卷六《荆湖南路》
河北西路卫州	黎阳监	熙宁七年三月	《续资治通鉴长编》卷二五一熙宁七年三月辛酉
荆湖北路鄂州	宝泉监	熙宁八年	《元丰九域志》卷六《荆湖北路》，又：《宋史》卷八八《地理四》记宝泉监熙宁七年置
河东路绛州	垣曲监	熙宁八年八月以前置	《长编》卷二六七熙宁八年八月丙辰
淮南西路舒州	同安监	熙宁八年十二月	《长编》卷二七一熙宁八年十二月
江南西路兴国军	富民监	约熙宁七、八年间	据《长编》卷二四六熙宁六年七月乙巳神宗诏令："京西、淮南、两浙、江西、荆湖六路各置一铸钱监"并考照其余五路设监年代推断之
广南西路梧州	元丰监	元丰六年五月	《长编》卷三三五元丰六年五月戊寅
秦凤路渭州	博济监	元丰六年八月	《长编》卷三三八元丰六年八月甲戌，《玉海》卷一八〇《元丰二十七监》

　　以上十三个铜钱监中，有熙宁年间设置的十一监和元丰年间设置

的两监，加上原有的六监，熙宁后期共有十七监，元丰六年以后增为十九监，此时，铜钱监数是两宋的最高峰。但这一高峰期时间很短，以哲宗嗣位后的元丰八年十二月"罢增置铸钱监十有四"① 而宣告结束。

关于宋神宗时期的铜钱监，有一点必须说明：日野开三郎先生在《北宋时代铜铁钱的铸造额》② 一文中，没把渭州博济监统计在内，却把元丰四年在秦州设置的钱监视为铜钱监，笔者认为这是错误的。他引证秦州钱监是铜钱监的材料源于《长编》，然而长编此条仅有"置秦州铸钱监"③ 六字，不能说明钱监类别。经查阅《元丰九域志》、《宋史·地理志》等书，发现秦州无产铜记载，不少地名却均带有"铁"字，如"铁冶镇"、"得铁"堡、"上下铁窟"堡等，从字面意思推断，秦州应有产铁矿之地。此外，《长编》卷三三八元丰六年八月甲戌记事亦曰："废秦、陇州铁监"。分析上述材料，将秦州钱监视为铁钱监似更为可信。

北宋前期，国家每年铸铜钱一般均保持在 100 万至 200 万贯之间，仅在仁宗庆历年间达到 300 万贯。④ 到神宗时期，由于增置十数个铜钱监，岁铸额随之大幅度提高。关于这个时期的铜钱岁铸额，宋人大致有以下三种记述：

其一，《宋会要辑稿》载徽宗宣和七年一条诏令云："熙丰诸路铸钱监十九处，岁铸新钱仅六百万，富国裕民，具载典彝。"陈均的《皇朝编年备要》亦有同样数字记载⑤。

其二，沈括在《梦溪笔谈》中记曰："熙宁六年以后，岁铸铜、铁钱六百余万贯。"⑥ 此后，江少虞的《宋朝事实类苑》、章如愚的《山堂群

---

① 《续资治通鉴长编》卷三六三，元丰八年十二月戊寅。

② ［日］日野開三郎：《北宋时代铜铁钱的铸造额》，高叔康译，载《食货》一九三五年六月二卷第一期。

③ 《续资治通鉴长编》卷三一一，元丰四年二月辛未。

④ 《宋史》卷一八〇《食货下二·钱币》；《宋会要辑稿》食货一一之八至九。

⑤ 《宋会要辑稿》职官四三之一四〇；《九朝编年备要》卷二八，政和六年十一月《置提举坑冶官》。庄绰《鸡肋编》卷中《蒋仲本论铸钱事》中有亦有类似记载，曰："岁铸六百余万贯。"

⑥ 沈括：《梦溪笔谈》卷一二《官政二》。

书考索》亦沿用此说，但均漏掉"铁"字，错写成"岁铸铜钱六百余万贯"。①

其三，《文献通考》和《宋会要辑稿》均收录了毕仲衍在《中书备对》中的统计："诸路铸钱总二十六监，每年铸铜、铁钱五百九十四万九千二百三十四贯，内铜钱十七监，铸钱五百六万贯；铁钱九监，铸钱八十八万九千二百三十贯。"其下还一一胪列了各钱监的岁铸额，记载最详尽。现将《中书备对》记载的十七个铜钱监岁铸额列表4如下，以资参考：

表4　　　　　　　　《中书备对》记载的十七铜钱监岁铸额

铸钱监	铸钱额（万贯）	铸钱监	铸钱额（万贯）
西京阜财监	20	衡州熙宁监	20
卫州黎阳监	20	鄂州宝泉监	10
京兆府钱监	20	江州广宁监	34
华州钱监	20	池州永丰监	44.5
陕州钱监	20	饶州永平监	61.5
绛州垣曲监	26	建州丰国监	20
舒州同安监	10	韶州永通监	80
睦州神泉监	10	惠州阜民监	70
兴国军富民监	20	总计	506

考察上述三种记载：第一种虽以徽宗诏令的形式出现，细审其内容却有可疑之处。十九铜钱监固然为宋代设置钱监的最高峰，但仅存在于元丰六年八月以后至元丰八年十二月之间的短暂时期内，梧州元丰监岁铸仅十五万缗②，博济监则无记载，因此，在此期间岁铸总额是否能增加

① 江少虞：《宋朝事实类苑》卷二一《岁铸钱数》；章如愚：《群书考索》后集卷六〇《财用门·铜钱类》。

② 《续资治通鉴长编》卷三三五，元丰六年五月戊寅。

到近六百万贯,很值得怀疑。何况元祐元年四月户部尚书李常还有如下之言:"岑水等场自来出产铜矿'最为浩瀚,近年全然收买不敷'"①。岑水场自仁宗时期建立以来,一直是宋朝铜矿采炼的重要基地之一,元丰初,岑水、中子两场岁收铜曾高达一千二百八十万八千四百三十斤,占当年铜课总额的87%以上。② 这样重要的产铜地岁课在元丰后期竟已"全然收买不敷",势必严重地影响原定铜钱岁铸额的完成的。因此,从客观情况看,岁铸铜钱近六百万贯的可能性很小。

第二种说法指出岁铸铜、铁钱六百余万贯为熙宁六年以后。其实确切时间还应推后两年。熙宁六年七月,神宗仅下诏令"京西、淮南、两浙、江西、荆湖六路各置一铸钱监"③,直到熙宁八年十二月,各钱监才陆续建成并投入生产。此外,由于岁铸六百余万贯是两种钱币的总额,其中铜钱铸额无法得知,因此沈括的记载仅能作为参考。至于江少虞、章如愚的记述,因其漏写"铁"字,已失去了参考价值。

第三种说法较准确地反映了神宗熙宁末至元丰前期的铜钱岁铸情况。《中书备对》始撰于元丰元年,至元丰三年八月成书④。根据成书时间及书中所记十七铜钱监监名推断,岁铸五百零六万贯应为熙宁九年至元丰三年八月以前时期内的统计。如果进一步对《中书备对》中同时统计的铁钱监情况加以考证,上述时间范围还可缩小。例如:《中书备对》统计当时兴州铁钱监岁铸额为"四万一千贯"⑤,之后,这一岁铸额发生了变化,据元丰元年八月利州路转运使之言:"兴州济众监每岁旧铸钱四万一千缗……今依蒲宗闵奏请,增铸常使钱三万一千余缗,通旧铸及额钱总七万二千余缗"⑥,可知原以四万一千贯为岁铸额的兴州铁钱监最迟于元丰元年八月已决定将岁铸额增为七万二千贯。因此,《中书备对》统计的

① 《续资治通鉴长编》卷三七六,元祐元年四月己酉。

② 《宋会要辑稿》食货三三之一一至一二。

③ 《续资治通鉴长编》卷二四六,熙宁六年七月乙巳。

④ 《续资治通鉴长编》卷二八七,元丰元年闰正月戊戌;卷三〇七,元丰三年八月庚子。

⑤ 《文献通考》卷九《钱币考二》;《宋会要辑稿》食货一一之八。

⑥ 《续资治通鉴长编》卷二九一,元丰元年八月乙丑。参见《玉海》卷一八〇《食货·钱币·开宝钱监》。

五百零六万贯铜钱应是熙宁九年至元丰元年之间的岁铸额。需要提及的是，日野开三郎先生在《北宋时代铜铁钱的铸造额》中亦对五百零六万贯系何年岁铸额进行过考证。他援引《玉海》中的材料①，认为是元丰三年的铸造额。对此，笔者有不同的看法。《玉海》虽在铸钱额前标有"元丰三年"之句，但此句的可靠性值得怀疑。《玉海》中的材料并非直接引自《中书备对》，而是来源于《会要》，但现今保留下来的《宋会要辑稿》材料中却无"元丰三年"之句，估计《玉海》中此句极有可能来源于《中书备对》的成书年代。此外，从《中书备对》的成书时间来看，也决不可能将当年的岁铸额编入书内。因此，仅以《玉海》之言为依据不能令人信服。

如前所述，神宗熙宁后期铜、铅、锡岁课额已达历史上的极盛点，那么，到底需要多少铸钱原料，才能满足当时岁铸五百零六万贯铜钱的需要呢？据宋人记载，自真宗咸平五年（1002）后，铸钱"用铜、铅、锡五斤八两，除火耗，收净五斤"②；"凡铸铜钱用剂八十八两，得钱千重八十两③。十分其剂，铜居六分，铅、锡居三分，皆有奇赢"④。之后，这一用料比例时有变化，但在神宗时期，仍"依旧法，用五斤八两收净五斤"⑤，熙宁八年的诏令亦可证明这一点⑥。这些记载虽然提供了当时铸一贯铜钱所用原料的总量，但有关三类原料各自所占百分比的记载却十分粗略。可喜的是，近几年国内外学者已对北宋铜钱所含金属成分进行了多次化学分析和测试，根据其测试结果，即可推算出神宗时期熙宁元宝、元丰通宝中平均含铜、铅、锡比例。请见表5⑦：

---

① 《玉海》卷一八〇《元丰二十七监》。

② 《鸡肋编》卷中《蒋仲本论铸钱事》。

③ 宋代1斤=16两。

④ 《续资治通鉴长编》卷一一六景祐二年正月壬寅；《文献通考》卷九《钱币考二》。

⑤ 《鸡肋编》卷中《蒋仲本论铸钱事》。

⑥ 《续资治通鉴长编》卷二六七，熙宁八年八月戊申。

⑦ ［日］水上正胜：《志海苔出土古钱的金属成分》；戴志强、王体鸿：《北宋铜钱金属成份试析》。以上两篇文章载《中国钱币》1985年第3期。赵匡华、华觉明、张宏礼：《北宋铜钱化学成分剖析及夹锡钱初探》，载《自然科学史研究》1986年第3期。

表5　　　　　　　　　熙宁元宝、元丰通宝含金属成分百分比

测试钱样者	熙宁元宝含金属百分比				元丰通宝含金属百分比				备注
	钱样枚数	铜	铅	锡	钱样枚数	铜	铅	锡	
[日]水上正胜	9	69.31%	21.41%	7.67%	10	68.6%	20.1%	8.24%	水上正胜及戴志强钱样中平均含铜百分比为戴志强计算,其余数字均由笔者根据每枚钱样结果计算得出
戴志强等	5	65.09%	23.04%	9.23%	6	64.75%	25.68%	7.43%	
赵匡华等	9	65.95%	23.63%	9.09%	16	67.09%	24.02%	8.04%	
总平均百分比	23	66.78%	22.69%	8.66%	32	66.81%	23.26%	7.9%	

从上述百分比可以看出,熙宁元宝和元丰通宝的总平均含铜量为66.78%—66.81%,含铅量为22.69%—23.26%,含锡为7.9%—8.66%,三种钱样之间的差别不大。如果按照铜、铅、锡各占最低百分比之数计算,一贯铜钱用料五斤八两,五百零六万贯铜钱用料二千七百八十三万斤,其中铜至少在一千八百五十八万斤以上,铅在六百三十一万斤以上,锡在二百一十九万斤以上。显而易见,用熙宁后期的"山泽之入"矿课数来应付是绰绰有余的,元丰元年矿课中的铅、锡课额亦足以应付,铜课额虽然少一些,但考虑到会累积有盈余铜料,基本上也可以满足岁铸五百零六万贯铜钱之需。总之,两宋之际铜钱岁铸最高额之所以出现在神宗熙丰时期,应与当时矿冶生产的发达、矿课收入的大幅度增加有着直接的因果关系。

（原载《中国史研究》1989年第2期）

宋代提点坑冶铸钱司与矿冶业

"提点坑冶铸钱司"是宋政府派驻地方、管理矿冶铸钱事务的最高机构，简称提点司、坑冶司或铸钱司。这个机构的建立和发展，曾经经历了北宋前期、后期和南宋时期三个阶段，其变化同矿冶生产本身的发展变化有密切的关系。本文侧重这一关系而对提点司的建置状况进行系统的探讨，以期有助于对宋代矿冶业的全面了解。

一 北宋初至宋神宗时期江南提点坑冶铸钱司的创置与调整

宋代以前，各矿区事务一般只由基层矿冶机构主管，或由地方其他高级机构兼管。宋代三百年间，虽然兼管之职仍旧存续，且参与兼管的机构很多，但引人注目的是，宋仁宗时期出现了高级专职矿冶机构——提点坑冶铸钱司，对江南诸路矿冶生产行使统管之权，其后又逐渐扩展到全国各路，形成一个行政体系。可以说，这是封建社会矿冶机构建置史上的一个重要阶段，它体现了宋代国家政权对日益发展的矿业生产的重视和管理职权的加强。

早在宋太宗继位不久，矿冶铸钱生产就已列为国家急待解决的重要问题。当时南方诸路仅有饶州一铜钱监，岁铸仅 7 万贯，根本无法满足国家财政收支和社会经济发展对货币的需求。因此，宋太宗即命官员寻踏矿地，在饶、信、处等州调集人力，进行大规模地开采。史载：信州铅山县铜场募人采凿"常十余万人","出铜无算"。①　在宋政府的关注下,铜、铁、铅、锡等矿产量迅速提高,到宋太宗至道末(977),上述 4 种矿课已分别比唐宣宗时期(847—859)提高了 5 倍至 13 倍多②,从而为增铸铜钱提供了原料。到宋真宗咸平三年(1000),已在江南、福建等路设 4 铜钱监,岁铸额达 125 万贯③,成为有史以来的最高纪录。此时,宋政府为便于统一管理南方各地的矿冶铸钱生产,随即命"冯亮为江南转运副使兼都大提点江南福建路铸钱事,内供奉官白承睿同提点铸钱事"。④　虽然矿冶职事仍由转运司官员兼领,但专职机构已在这时萌芽了。

宋真宗末年,各采矿场务已达 200 余处,除铁以北方为主要产区外,金、银、铜、铅、锡的开发大多集中在南方诸路。⑤　宋仁宗以后,随着矿冶生产在地域和规模上的日益扩大,政府对各类矿场的采冶经营、岁课收纳、矿产品的储运管理以及对各铜钱监用料的统筹调拨等职事也日渐纷繁,特别是矿区和钱监集中的江南诸路,迫切需要改变由其他机构兼管的状况,代之以独立的机构进行决策和管理。为此,宋仁宗景祐二年(1035)八月,正式创置了统管江南诸路矿冶铸钱事务之机构——提点坑冶铸钱司,最高官员称"浙江荆湖福建广南等路提点银铜坑冶铸钱公事"⑥,简称"提点官","俸赐同提刑"。⑦　起初,提点司官署设于江南东路饶州,大约在嘉祐年间(1056—1063)移置江南西路洪州。⑧　这个机构建立后,直接管辖南方诸路矿冶业,不仅便利了各项措施的迅速落实,而且责有所归,课无不办,直到英宗时期,南方矿业一直呈稳步发展趋势。⑨

---

① 江少虞:《宋朝事实类苑》卷二一《诸监炉铸钱》。

② 据《新唐书》卷五四《食货志》载唐宪宗时期矿课数字及《文献通考》卷十八《征榷考五·坑冶》载宋太宗至道末矿课数字计算得出。

③ 王应麟:《玉海》卷一八〇《钱币·开宝钱监》。

④ 王益之:《职源撮要》。

⑤ 李焘:《续资治通鉴长编》卷九七,天禧五年末。

⑥ 《玉海》卷一八〇《钱币·咸平铸钱使》。

⑦ 《续资治通鉴长编》卷一一七,景祐二年八月己卯。

⑧ 余靖:《武溪集》卷一九《故尚书户部郎中致仕李公墓碑》;王安石:《临川先生文集》卷九七《广西转运使李君墓志铭》;《文献通考》卷一八《征榷考五·坑冶》。

⑨ 《文献通考》卷一八《征榷考五·坑冶》。

　　宋神宗熙丰年间（1068—1085），在政府积极发展矿冶铸钱政策的推动下，矿业生产达到了宋代的鼎盛时期。各地的矿藏开采中，尤以南方诸路成效最著；南方诸路中，又以广南东路独占鳌头。例如，熙宁末期，全国岁课铜 2174 万斤，其中广南东路竟在 2100 万斤以上，占总额约 97%①，一路"铜冶不下数十，岁藏日收，委堁官帑"②。那里有全国最大的铜产地韶州岑水场，生产者多达十余万人③，官府每年所收之铜除供给本州永通监、惠州阜民监铸造铜钱外，"其余尽输岭北诸监"。④ 因此又是铸造铜钱的主要原料输出地。此外，广南东路还是铅、锡的主要产地，熙宁末铅、锡岁课分别达 460 万斤和 300 万斤以上。⑤ 由于矿产开采的兴盛发展，熙宁后期，全国铜钱监从原有 6 个增设到 17 个，其中南方的 11 监，岁铸铜钱 380 万贯，占岁铸总额 506 万贯的 75% 以上。⑥ 此时，神宗政府已意识到全国矿业及铸钱业的迅速发展实则依赖于广南东路矿藏的开采，为保持其兴旺发达，必须紧紧把握住对广南东路矿业的管辖权。然而当时江南提点司设于洪州，远离广南，巡查不便，很难实行有效的管理。因此，元丰二年七月，经三司建议在江南地区增设一司，"分路提点"。饶州设一提点司官署，分管淮南、两浙、福建、江南东路区域；虔州设一提点司官署，分管荆湖、广南、江南西路区域。⑦ 从而解除了一司监管不力，官员巡按不周的弊病。

　　宋代前期，政府对北方诸路的矿冶业事务一般仍委以本路转运司、提刑司等官员兼管，仅陕西曾一度设置坑冶铸钱官。宋仁宗康定元年（1040），陕西沿边与西夏交战后，军费支出剧增，货币日绌。为解决这一问题，皮仲容建议就近采商、虢两州铜铸钱以助边费，得到允肯，遂

---

　　① 《宋会要辑稿》食货三三之一七至二八，参见拙文《宋代"山泽之入"矿课时间考》，载《中国史研究》1989 年第 2 期。

　　② 黄裳：《演山集》卷三三《中散大夫林公墓志铭》。

　　③ 《续资治通鉴长编》卷二四〇熙宁五年十一月庚午。

　　④ 章如愚：《山堂群书考索》后集卷六〇《财用门·铜钱类》。

　　⑤ 《宋会要辑稿》食货三三之一七至二八。

　　⑥ 《文献通考》卷九《钱币考二》，《宋会要辑稿》食货一一之八至九。

　　⑦ 《续资治通鉴长编》卷二九九，元丰二年七月癸酉，《宋史》卷一六七《职官七·提举坑冶司》。

受命"知商州，兼提点采铜铸铁（疑'铁'为衍文）钱事"。① 庆历四年二月，皮仲容又受命提举整个陕西路银铜坑冶铸钱。② 翌年三月，范祥继任此职。③ 范祥之后再无记载，因此现已很难搞清当时陕西路是否建立了专职矿冶机构，提点官似乎也仅为暂设之官，只限于仁宗庆历时期。

二　宋哲宗至北宋末期各路坑冶铸钱司的设置变动及其影响

宋神宗时，政府员对全国矿业的蓬勃发展采取了强化机构管理的措施，但是由于为收买巨额矿课准备的资金不足，致使一些矿场常拖欠坑户本钱，影响了采冶生产的持续发展。这一情况到元丰末期已十分严重，特别是最大的产铜地韶州岑水场，因坑户无钱采冶，岁课已"全然收买不敷"④，依赖其铜料供应的南北诸铜钱监也随之陷入窘境。元丰八年宋哲宗嗣位后，反变法派政府既无力于解决资金不足的问题，乃于十二月下诏罢废熙宁以来增置的 14 个铸钱监（包括铁钱监）⑤，又于元祐元年二月采纳提点官李深的建议，将江南两提点司合并为一，官署复置洪州⑥，统管江南诸路矿冶，以减少冗官冗费。

陕西路在宋哲宗时始设坑冶司。绍圣初，户部尚书蔡京以"岑水场铜额寖亏，而商、虢间苗脉多"为由，建议在陕西"择地兴冶"。⑦ 哲宗乃在陕西转运司兼管之时⑧，命许天启为"同管勾陕西坑冶铸钱公事"，"奉使陕西经画铜利，京西、川路亦许措置。"⑨ 绍圣四年（1097），许天

---

① 《续资治通鉴长编》卷一二九，康定元年十二月戊申。

② 《续资治通鉴长编》卷一四六，庆历四年二月壬子。

③ 《续资治通鉴长编》卷一四六，庆历四年二月乙未注，《宋史》卷三〇三《范祥传》。

④ 《续资治通鉴长编》卷三七六，元祐元年四月己酉。

⑤ 《山堂群书考索》后集卷六〇《财用门·铜钱类》。

⑥ 《续资治通鉴长编》卷三六三，元丰八年十二月戊寅。

⑦ 《宋史》卷一八五《食货下七·阬冶》。

⑧ 据文彦博《文潞公集》卷一七《奏陕西铁钱事》，至和二年，陕西转运司已管辖矿冶事务。

⑨ 《续资治通鉴长编》卷四八七，绍圣四年五月己未，参见《宋会要辑稿》食货三四之三〇。

启"欲专其事，虑有所牵制，乃请川、陕、京西路坑冶自为一司，许检束州县、刺举官吏，而漕司不复兼坑冶"①，正式建立了统管陕、川、京西诸路的陕西坑冶司。不久，坑冶司所辖范围缩小②，元符三年（1100），因其管辖不力，六年间"新旧铜止收二百六万余斤，而兵匠等费繁多，故罢之"，改由本路提刑司兼管。③

总的来看，宋哲宗时期矿冶机构活动较沉寂，作用不大，矿冶生产除个别地区有发展外，大都处于相对低落的时期。

宋徽宗在位期间，一改哲宗朝的沉寂状态，采取"仰地宝为国计"④，"取货于地而修坑冶之官，复鼓铸之法"⑤ 的矿冶政策，在南北诸路普遍设置提点司，大兴采冶铸钱以攫占矿利。政和以后至宣和末期，宋政府更以聚敛生财为首要目的，在矿产区滥设机构，增派官员肆意搜刮、骚扰，对矿业生产造成极大的危害。

宋徽宗前期，北方诸路开始普遍设置坑冶司。据记载，最晚在崇宁五年以前，河东、河北、京西三路已各设坑冶铸钱司，其后一度罢废，但很快又于大观二年至政和二年间（1107—1112）陆续恢复。陕西则于政和二年七月复设坑冶官，政和二年九月，京东坑冶官也见诸记载。其后，政和三年正月，宋徽宗因"川路甚有金银等坑冶兴发，窃虑无专差官提辖措置，因循随废，走失山泽利源，深为可惜"，又令陕西坑冶司统管川路坑冶。⑥ 至此，北方诸路矿冶均归专职机构管辖，形成全国性的路级矿冶机构体系。

全国路级矿冶机构体系的形成，加强了对各路矿冶事务的监督管理，对采冶生产起到了一定的促进作用。例如蒋彝于政和二年受命提辖陕西坑冶铸钱事，上任后"条析所应废置"，皆见施行，离任时，"计所铸息无虑数百万缗，凡所采金、银、丹砂、汞、铅、铜、铁称是，宝货入中

---

① 《宋史》卷一八五《食货下七·阬冶》。
② 《续资治通鉴长编》卷四九〇，绍圣四年八月辛卯。
③ 《宋史》卷一八五《食货下七·阬冶》。
④ 梁克家：《淳熙三山志》卷一四《炉户》。
⑤ 《山堂群书考索》后集卷六〇《财用门·铜钱类》。
⑥ 《宋会要辑稿》职官四三之一二一、一四二。

都相属"①。但同一时期，某些路坑冶司对坑户的剥夺骚扰也十分严重②，不得不予以罢废。在政和六年至宣和三年间，北方诸路坑冶司曾屡设屡罢③，这种频繁的变动，使全国路级矿冶机构体系呈现出不稳定状态。

　　南方矿冶生产在宋徽宗崇宁、大观年间开始恢复和发展，取得一定成效。广南东路韶、连、英、惠、南雄五州于大观年间银矿兴发后，仅岁纳上供银（矿课除外）就达310000多两。④崇宁年间，南方的铜、铅、锡等矿产量也十分可观，岁铸铜钱额曾达到2890400贯⑤，仅稍逊于仁宗庆历年间300万贯⑥而居两宋岁铸第三位。特别需要提到的是，宋徽宗时期南方推广的胆水浸铁成铜法（简称"胆铜法"）及铁矿开采兴盛起来。建中靖国元年（1101），政府为增加铜产量以解决铸钱原料的供给，开始大力推广自哲宗时期在个别矿区采用的胆铜法生产，并专门成立了主管机构"铜事司"，措置韶、潭、信、饶等10州军11场的胆铜生产。⑦这一机构建立后，胆铜产量日增，崇宁五年，岁收胆铜约100万斤，已占当年铜课总额的七分之一还多。⑧大观四年罢铜事司，将其职事"并入铸钱司"⑨后，胆铜产量仍保持着相当的比重，为胆铜生产提供原料的铁矿开采活动也达到了南方最鼎盛的时期。例如福州地区，"政和以来，铁坑特多，如长溪（县）至四十一所"⑩。宋神宗时期岁收铁仅5万多斤的广南东路，在政和六年，铁场多达92所，"岁额收铁二百八十九万余斤"⑪，一跃成为全国产铁的重要地区。

　　为了适应南方矿冶生产的复兴，徽宗政府最晚在大观三年（1109）已恢复江南分设两提点司之制，但冶署及管辖路分与神宗时期稍有不同：

---

① 程俱：《北山小集》卷三〇《朝散郎直秘阁赠徽猷阁待制蒋公墓志铭》。

② 王安礼：《初寮集》卷三《论妄兴坑冶札子》。

③ 《宋会要辑稿》职官四三之一四二。

④ 《永乐大典》卷一一九〇七《广州府志·田赋·连州》。

⑤ 《山堂群书考索》后集卷六〇《财用门·铜钱类》。

⑥ 沈括：《梦溪笔谈》卷一二《官政二》，《玉海》卷一八〇《钱币·开宝钱监》。

⑦ 《宋会要辑稿》食货三四之二五，职官四三之一二一。

⑧ 《山堂群书考索》后集卷六〇《财用门·铜钱类》。

⑨ 《玉海》卷一八〇《钱币·咸平铸钱使》。

⑩ 《淳熙三山志》卷一四《炉户》。

⑪ 《宋会要辑稿》食货三三之一四，《宋史》卷一八五《食货下七·阬冶》。

虔州设一司，主管江南西、广南东西、两浙、福建路；潭州设一司（政和四年五月复移饶州），主管荆湖南北、淮南、江南东路。① 政和七年六月，为解决两提点司各自为政，"不务通融铜宝"的弊病，又命"两司官轮年于虔、饶州守任，交互巡历，检察管下坑冶应干收支、见任铜料，各具关报，通融应付，依格鼓铸，庶各供备无有不足之患"。② 从而打破了机构建置上的限制，将南方广阔的区域融为有机的整体，便利了矿产的流通和调拨。

从以上情况看，宋徽宗前期矿冶机构设置和采冶生产均取得显著成效，但政府对矿利的攫取也开始加重。到政和后期，宋徽宗集团为了弥补财政亏漏以及满足自己的奢侈之欲，变本加厉地搜刮矿利，甚至在南方坑冶司管辖地域内滥设机构。政和五年（1115），"蔡京方居宰府，有徐裎者增广鼓铸之说以媚京。"③ 在蔡京的蛊惑下，宋徽宗遂令徐裎措置东南铜事，后又令其"将东南路旧坑所出宝货一就措置"，为此，专门设立了"措置东南坑冶宝货司"。④ 徐裎出使各地，不仅将"图绘之数增旧十倍，"虚报矿场和岁课，而且派出官员"凿空扰下，抑州县承额"，使人力、财力遭受极大的损害。对此，徐裎却以寻"希世珍异、古之宝器"为名以求得宋徽宗的庇护，但因这一虐政加重了对矿冶户的剥夺，破坏了矿冶业的正常生产，遭到朝野上下的强烈反对。政和八年七月，宋徽宗被迫罢废"宝货司"，并将徐裎"编置千里"⑤，以平息民愤。

宣和以后，"御府之用日广，东南钱额不敷"⑥ 的局面越来越严重，宋徽宗急于聚敛生财以救危机。宣和六年末蔡京第四次秉政，即迎合宋徽宗之意，再次主张广设矿冶机构，兴复冶铸。这一建议立即被付诸实施，自宣和七年正月至三月，在宋徽宗多次下诏督促下，各路坑冶司很

---

① 《宋会要辑稿》职官四三之一二二、一三一、一三四。

② 《宋会要辑稿》职官四三之一三七。

③ 《正德建昌府志》卷一《宫室·恒山精舍》，载《天阁藏明代方志选刊》第34册。

④ 《宋会要辑稿》职官四三之一三三。

⑤ 《初寮集》卷三《论妄兴坑冶札子》；《宋史》卷一八五《食货下七·阬冶》；《续资治通鉴长编拾补》卷三五，政和六年十一月《置提举坑冶官》引《九朝编年备要》。

⑥ 《宋史》卷一八〇《食货下二·钱币》。

快设置就绪。这次机构设置变动较多，现根据宣和七年五月七日尚书省所列各路矿冶机构名称及官员人数制成下表，以供参考①：

表1

各路矿冶机构名称	提举官	管勾文字	勾当公事	检踏官
提举荆湖南北路坑冶司	1	1	2	10
提举京西路坑冶司	1	1	2	10
提举陕西、河东路坑冶司	1	1	2②	10
提举广南东西路坑冶司	1	1	2	10
提举江南东〔西〕路坑冶司	1	1	2	10
提举京东、淮南路坑冶司	1	1	2	10
提举两浙、福建路坑冶司	1	1	2	10

据上表，宣和末期全国共设7个坑冶司，此次诸司所管路分和官员编制额的变动显示了新的特点：一是打破南方9路最多设两司之旧规，增为5司（包括京东淮南司），重心在南方，表明宋徽宗政府急于恢复宋神宗时期南方矿冶铸钱"富国裕民，具载典彝"的盛况。二是派往各司主管措置矿苗兴发、检定岁课的检踏官名额剧增为70名，与此相比，政和年间虽也曾设7个坑冶司，但检踏官总共才16名，其他时期名额更少。上项措施，清楚地暴露了蔡京之徒"以利惑人主"③的心态，以及宋徽宗政权企图通过大兴矿冶铸钱生产以弥补挥霍无度和财政窘迫的真实意图。它的施行势必会给矿冶生产带来严重后果。宣和七年四月，当新的机构体系刚刚形成之时，杨时就在《论时事》策中一针见血地指出其弊病："今遣使诸路，未必有新坑可采，鼓铸亦未必有铜。使者持节而往，必不肯坐视不为之计也，不过督责州县认定岁额，取诸民而已。一

---

① 《宋会要辑稿》职官四三之一四〇至一四三，原文中无江南西路、河北路、四川诸路，江南东西路应合设一司，估计漏写"西"字；河北、四川诸路情况不详，待考。

② 陕西、河东路坑冶司勾当公事，原文记为"一员"，不符合徽宗三月命各置两员之敕，亦与他路员额不同，应为笔误。故改之。

③ 《宋会要辑稿》职官四三之一四〇至一四三。

不应办，则以不职罢之，谁敢不从？"① 其结果，只能使从事生产的矿冶户遭受到更沉重的压榨，使已面临危机的矿冶业生产更迅速地衰落下去。

三　南宋时期的提点坑冶铸钱司与矿冶业

南宋政权偏安于江左，矿产地管辖范围与北宋相比已大为缩小。提点司基本沿袭南方一司总管或两司分治之规，其废置变动主要发生在高宗、孝宗两朝。但在整个南宋时期，提点司未曾有效地促进矿冶业发展，矿产量一直呈低落不兴之态。

据载，最晚在南宋绍兴元年（1131），江南诸路已恢复在虔州、饶州分设两司之制。② 绍兴二年，宋政府因铸钱原料短缺，被迫罢江、池两州钱监，是岁铸铜钱才八万贯③，几乎降到两宋岁铸最低点。其后，高宗以"近岁所发额钱比旧十亏八九，盖以两司并兼坑冶铸钱，责任既不专一，职事多致弛废"为由，于绍兴五年改为一司总管，"饶州司官吏除留属官一员外，其余官属人吏并行减罢，应干见行事务等权并归虔州司管"，实际上，主管之司多设于饶州，虔州（绍兴二十三年改称"赣州"）"只系巡历"。④ 机构合二为一后，高宗又允准在提点官衔上加"都大"二字⑤，恢复提点官在初创时期的称谓和权限。绍兴十一年十月，都大坑冶司为能及时掌握和处理各地情况，将原驻饶州司官署的六员检踏官派驻饶、信、建、韶、潭等州，"分头检踏逐处坑冶，催趱课利物料"⑥，形成坑冶司属下的几个子机构。这一措施效果如何还缺乏史料说明。

到高宗绍兴后期，矿冶生产仍毫无起色，为了改变这一状况，宋政府对矿冶领导权的归属进行了频繁的变动。绍兴二十六年十二月，因尚

① 杨时：《杨龟山先生集》卷四《论时事》。
② 李心传：《建炎以来系年要录》卷七〇绍兴三年十一月癸亥；吴曾：《能改斋漫录》卷一三《铸钱费多得少》。关于南宋始分两司时间，《文献通考》、《古今合璧事类备要》、《山堂群书考索》等书均记为绍兴二年，谬也。
③ 留正：《皇宋中兴两朝圣政》卷十三绍兴二年八月癸巳。
④ 《宋会要辑稿》职官四三之一四七。
⑤ 《宋史》卷一六七《职官七·提举坑冶司》。
⑥ 《宋会要辑稿》职官四三之一四九。

书省指责坑冶司官吏设置过多，所费不赀，而"近年以来所铸岁额全亏"，高宗遂罢都大提点司，"令逐路转运司交割措置"。① 没过一年，又于绍兴二十七年九月因"诸路铜料有无不等，运司不相统辖，无以通融鼓铸"罢各路转运司兼管，改在行都临安设提领诸路铸钱所。② 然而临安偏于东隅，属官不职，上令下情壅滞不通又成弊病。绍兴二十九年七月，在左司谏何溥、中书舍人洪遵等朝臣的强烈要求下，高宗下令重新恢复了江南提点坑冶司，于饶、赣二州置司，提点官轮年守任（实际仍以饶州司主管），但为了防止出现提点官事权太重之患，将其降为与转运判官序官，其下属官予以削减，其中，检踏官只置 3 员，分驻韶、建、饶 3 州。③ 此后数年间，矿冶管辖权虽暂时稳定，但因政府奉行的仍是以搜刮勒索为主要目的的政策，采治生产一蹶不振，绍兴末全国岁收铜仅 26 万斤，铅 19 万斤，锡 2 万斤，已跌至两宋史料记载的最低点。④

宋孝宗继位后，曾在乾道六年罢坑冶司，翌年正月复置。⑤ 八年十二月，又将饶州司主管改为两司分管，确定了两司的管辖地域。饶州司分管江南东路、淮南路、两浙路、潼川府路、利州路，以及江南西路内的江、吉、抚州、兴国军、隆兴府等地区；赣州司分管江南西、荆湖、广南、福建等路。为避免两司互不通融，命两提点官"应行移并连衔通行按察刺举"。⑥ 但这种分路而治仅实行三年，孝宗淳熙二年十二月，重新并为一司总管，官署设于饶州。淳熙五年六月，又恢复提点官"衔内带'都大'二字，与提刑序官"⑦ 的规制。此后直至南宋灭亡，都大提点司

---

① 《宋会要辑稿》职官四三之一五一，参见《建炎以来系年要录》卷一七五绍兴二十六年十二月甲寅。

② 《宋会要辑稿》职官四三之一五一。

③ 《宋会要辑稿》职官四三之一五三至一五五，参见《建炎以来系年要录》卷一八二绍兴二十九年闰六月辛未。

④ 李心传：《建炎以来朝野杂记》甲集卷一六《铜铁铅锡阬冶》。

⑤ 《宋会要辑稿》职官四三之一八〇；《皇宋中兴两朝圣政》卷五〇乾道七年春正月；《续宋编年资治通鉴》卷九乾道七年正月。按：《文献通考》、《古今合璧事类备要》等均记为乾道八年复置坑冶司，误。

⑥ 《宋会要辑稿》职官四三之一六七、一六九、一七一。

⑦ 《皇宋中兴两朝圣政》卷五四淳熙二年十月，《宋会要辑稿》职官四三之一七四至一七五。

一直作为地方最高矿冶管辖机构。至于各处矿场的具体事务，则"有检踏布于江浙湖广之间，分司以董之"。① 笔者所见的史料，南宋后期设检踏官之地，除饶州本司外，仅韶州、吉州②有确切记载。但宋理宗末期，知郴州王㻖在《封铁冶疏》中还曾提道："景定三年（1262），乃有永兴县奸民邓雷玉者朵颐垂涎，妄指郴县葛藤坪坑之左右，经衡州分司请佃（指承买矿场）。"③ 上述"衡州分司"，很可能就是设置检踏官的子机构。

南宋政府除了设置都大提点司管理诸路矿冶事务外，还于光宗绍熙二年（1191）专设江淮湖北铁冶铸钱司，管辖所属地区的铁矿开采及铸造铁钱之事。这一机构是针对南宋以来铜钱铸造额剧减以及铜钱向境外泄漏严重而建置的。早在高宗末年，政府就已禁止铜钱"用于淮而易以铁钱"④，孝宗乾道年间，为保障南宋在长江以北与金接界的地区流通铁钱，形成阻止铜钱外流的隔绝区域，朝廷乃差官于淮西，"专一往来寻踏（铁矿）苗脉兴发"，并命许子中兼"措置淮西鼓铸铁钱"。⑤ 光宗绍熙二年，遂正式建立江淮湖北铁冶铸钱司，提点官一般由淮西漕臣⑥、提刑⑦等监司官员兼任，下设专职属官：干办公事一员，就无为军置司；检踏官二员，"一员舒州置司，往来兼管舒州、光州钱监事，一员蕲州置司，往来兼管蕲州、汉阳、兴国军钱监事"。⑧ 这一机构自建立后直到理宗景定年间（1260—1264）仍有记载。⑨ 可见机构建置比较稳定，但具体活动已无法考知。

综观南宋时期矿冶机构，自高宗绍兴二十六年至孝宗淳熙二年的二十年间，提点坑冶司罢置调整达七八次之多，最后才以一司总管作为定

---

① 《宋会要辑稿》职官四三之一八〇。

② 周必大：《文忠集》卷七四《承直郎知东安县赵君彦语墓志铭》；《永乐大典》卷六六六《雄·南雄府三·杂文》引《南雄路志》；《宋会要辑稿》职官四三之一七八。

③ 《万历郴州志》卷一一《坑冶》，载《天阁藏明代方志选刊》第58册。

④ 《宋史》卷一八一《食货下三·会子》。

⑤ 《宋会要辑稿》职官四三之一六一、一六三。

⑥ 《建炎以来朝野杂记》甲集卷一一《提点铸钱》，卷一六《淮上铁钱》。

⑦ 《永乐大典》卷一四六二七《六暮·部·吏部十四》引《吏部条法·荐举门》。

⑧ 《宋会要辑稿》职官四三之一七六至一七七。

⑨ 《永乐大典》卷一四六二七《六暮·部·吏部十四》引《吏部条法·荐举门》。

制。机构的频繁变动虽反映了统治者阶级欲极力挽救衰落的矿冶业生产，但实际上却造成矿冶管辖权的不稳定和职事废弛的现象，不利于生产的恢复。淳熙以后，机构虽已稳定，但当权者仍奉行以聚敛搜刮为主的矿业政策，例如，北宋时期曾"募集十余万人昼夜采凿，得铜铅数千（百？）万勒"的信州铅山场，南宋以来，因百物翔贵，官不增价收买，坑户失利。散而之他，到淳熙十二年，"官中兵匠不及四百人，止得铜八九万斤，人力多寡相去几二百倍"①，形成天壤之别。又如宁宗嘉定十四年（1221）臣僚上奏曰：东南地区虽有丰富的铜、银矿藏，但"诸处检踏官吏大为民殃，有力之家悉从辞避，遂致坑源废绝，矿条湮闭"。许多自备工本采凿之家，则因"检踏官吏方且如追重囚，黥配估籍，冤无所诉"而破荡家业。② 理宗时期，都大坑冶司官吏甚至将蕲州进士冯杰之家"抑为炉户，诛求日增"，使其家破人亡。③ 在这种强迫性的搜刮政策下，不仅广大贫困的矿冶户失去从事生产的必要条件，就连较为富裕的矿冶户也惧怕从事矿冶开采。加上社会经济的衰落、战乱频繁等破坏性因素，致使南宋矿冶生产一直处于败落不兴的低谷地带，与北宋时期矿冶业的高度发展形成了鲜明的对比。

以上探讨了提点坑冶铸钱司的设置变化情况及其与矿冶业生产的关系。其实，如果仅从机构设置的角度看，造成宋代矿冶业生产起伏涨落的也还有其他诸种因素，其中，转运司、提刑司、常平司及地方行政机构等行使的矿冶兼管职权则起了一定的作用。关于这一点，将另文探讨。

（原载《中日宋史研讨会中方论文选编》，河北大学出版社
1991年版）

---

① 《宋会要辑稿》食货三四之二七，按：原文为"绍兴十二年"，年代错了。现根据此条所注《孝宗会要》及同书职官一八之五九淳熙十二年七月九日记载改为"淳熙十二年"。

② 《宋会要辑稿》食货三四之二三至二四。

③ 《宋史》卷四一《理宗本纪一》。

论宋代矿业管理中的奖惩制度

宋代的矿业生产在中国封建社会矿业发展史上处于一个超越前代的高峰阶段，与宋代矿业生产的兴旺发达同时，矿业管理机构设置及其职能亦随之完备。宋政府对矿业管理官员的考课极为重视，逐步制定出一套完整的奖惩制度管理矿业之官，不管是专职监官，还是兼职之官，只要在任期内兴置矿场有功、开采治理有方、矿产课额不断增长，都能受到奖励擢拔；而课额亏减、治绩败坏者，也都要依其情节轻重分别给予展磨勘、降官、除名、籍没家财等等的处罚，尤为严重者，则以刑律制裁。这一制度的确立和完善，对宋代矿业生产起了积极的促进作用。但其中一些条令的制定，也反映出官府在矿业管理中的某些时期急功近利、目光短浅，以至指导有误，反而不利于矿业生产的发展。

一 北宋时期的奖惩制度

北宋初期，矿业生产正处于战乱后的恢复阶段，矿业管理机构的建制尚不健全，奖励与惩处亦未制度化。对于那些在矿业治绩上表现出色的官员，政府往往因事而奖，例如宋太祖开宝元年（968），因原管辖凤州七房冶的主吏盗隐官银，改由周渭主管，周渭上任仅一年就增收银课数倍，由于这一出色的治绩，周渭被"赐绯鱼，又迁知棣州"。[1] 又如宋真宗时，葛宫知南剑州，当地"多产铜银，吏挟奸罔利，课岁不登，宫

---

① 《宋史》卷三○四《周渭传》。

一变其法，岁羡余六百万。三司使闻于朝，论当赏。"① 在惩处方面，北宋前期往往采用籍没管理官吏家财的经济性惩罚手段。其中，一些矿场由于开采已久，矿脉衰竭而亏欠岁课，有司往往不加以详究，以致出现惩罚不当之事，如秦州小泉银坑"矿久不发，而岁课不除，主吏破产备偿犹未尽"，又如凤翔专知官宋福，"逋官课水银三百余斤，籍其家赀，并监官王佑之追纳钱百二十余万"。上两件事都是在宋真宗的过问下，才得以蠲除岁课，返还赀产。② 对于那些确属贪污受贿之徒，政府则严加惩处，宋太祖开宝八年（975），太子中舍郭粲就是因监管莱芜铁监时受冶官景节的私赂而被除名。③

宋仁宗时期，开始对矿业管理官员实行奖惩制度。康定元年（1040），权三司使公事郑戬上言："国家承平八十载，不用兵四十年，生齿之众，山泽之利当时倍其初。而近岁以来天下货泉之数、公上输入之目返益减耗，支调微屈，其故何哉？由法不举，吏不职，沮赏之格未立也。"郑戬提出应该实行考课法，"立沮赏之格"以使官员尽心于职守。这一建议被仁宗采纳。④

宋神宗时期，由于采取了以招募制代替衙前课额制，推广私人承买制等新的经营政策，矿业生产迅速发展。这时，管理矿业生产不仅仅是专职监官之责，亦是矿场兴发之地州县长官兼职的一项重要内容。因此，矿业管理奖惩制度的对象亦随之扩大。如沈遘任信州推官有"兴置银坑之劳"，宋神宗特地于熙宁九年十月庚申下诏，给予沈遘"改一官，与堂除"之奖赏。⑤ 另一例是：金州金坑兴发，知州张仲宣"檄巡检体究，无甚利。土人惮兴作，遂以金八两求仲宣不差官比较"，张仲宣接受了贿赂，结果被判为"坐枉法赃罪致死"，法官援李希辅例，"贷死，杖脊、黥隶海岛"⑥，经苏颂奏言，讲明张仲宣李希辅虽均为枉法，但情节有轻

---

① 《宋史》卷三三三《葛官传》。

② 《续资治通鉴长编》卷四九，咸平四年十月癸卯；卷五七，景德元年九月乙亥。

③ 《续资治通鉴长编》卷一六，开宝八年三月乙未。

④ 《宋会要辑稿》食货四九之一三。

⑤ 《续资治通鉴长编》卷二七九，熙宁九年十一月庚申。

⑥ 邹浩：《道乡集》卷三九《故观文殿大学士苏公行状》。

有重，量刑亦应有别，最后改为"免决与黥，流岭外"①。从中还可以看出，宋神宗时期对贪赃枉法者的制裁已加进了刑法条文，而且制裁措施相当严厉，从而保障了矿业开采的发展。

至迟在宋哲宗时期，对矿场监官及州县兼职官的管理已出现根据其职责重轻而分奖惩等级的赏罚条文。例如，宋哲宗绍圣四年（1097）户部上言中提道："凡创置场冶处知州、监官已有第赏之令，而钱本乃转运司应副，今不预赏，恐加沮抑，且无以激劝。请监官合得第一等酬奖者，本司官各减二等磨勘"②，紧接其后，元符元年（1098）二月，户部又申请将"潭州知、通任内应副铜场买铜赏罚条请著为法"。③ 这一阶段的矿业，正处于宋神宗兴盛时期之后的低落阶段，各类矿产量的跌落幅度很大，急需调动管理官员的积极性，扩大矿产地、提高采矿量。因此，上述具体而又明确的赏罚条令的出台，就成为宋哲宗政府为挽救低落徘徊的矿业生产而加强管理的表征之一。

宋徽宗在位的二十多年间，崇宁至政和前期的矿业举措尚可称道。这时，宋政府除致力于组建北方各路的专职管理矿业机构外，仍旧继续加强对县级兼职官的监督考核。大观二年三月敕令提道："诸有冶处并县令兼管，与正官一等赏罚。"由于县令忙于一县政务，不可能置其他于不顾而将主要精力放在矿业方面，因此，同年九月，宋政府及时修改了这一不切实际的敕令，县令"赏罚各减正监官一等"。④ 在筹措矿场的开发上，政和二年（1112）十二月尚书省规定：踏勘新矿场时，"其本县官不肯用心，许申提举提辖司改差他官；如委有苗脉者，前官重行黜责；若能检踏兴发立成课额者，其检踏并被差官并依检踏官增赏一倍"。同时，在铜、铅、锡等铸钱原料的开采方面，因"比岁以来，课利大段亏少，致趁办铸钱年额常是不敷，有误岁计，其逐司提点官坐视阙乏，全不用心措置"，故尚书省亦对专职提点官"严立殿最之法"，以岁铸铜钱额为标准，增额者从减磨勘直至转官，亏额者从展磨勘以至降官，并且规定：

---

① 《宋史》卷三四〇《苏颂传》。
② 《续资治通鉴长编》卷四八九，绍圣四年六月丙午。
③ 《续资治通鉴长编》卷四九四，元符元年二月丙申。
④ 《宋会要辑稿》职官四三之一二三。

"如旧法别有专立赏罚者，自合依旧各行引用，若内有相妨者，即从重施行。"① 据笔者所见到的史料记载，上述奖惩规定得到了实施，如政和二年九月，"措置陕西坑冶蒋彝奏：'本路坑冶收金千六百两，他物有差'。诏输大观西库，彝增秩，官属各减磨勘年"②。程俱为蒋彝作的墓志铭中也提道："朝廷嘉其能，诏迁通直郎。"③ 政和三年，陕州阌乡县知县聂敏修措置产金，一变近几年止纳百余两的状况，"措置收趁比之政和元年二年各增五（陪）［倍］，"达到原七百两之祖额。宋徽宗特诏聂敏修"转一官"，还要"别加赏典"。④ 政和五年四月，韶州岑水场因"措置创兴煎铜之法"，胆铜产量从以前年额三十余万斤增加到六十余万斤。虽然用胆土煎铜比此前早已施行的胆水浸铜法费工少利，但是胆水浸铜主要靠春夏雨季胆水充沛时从事生产，受季节、气候的影响很大；而胆土煎铜，其土无穷，生产又不受季节影响，"其煎淋铜功利不小，永远岁岁得铜铸钱，补助上供"。因此宋徽宗大力褒奖，将"提点官并措置官各与转一官"。⑤ 由于以上奖惩制度的贯彻实施，宋徽宗前期的矿业生产曾有所回升，取得一定成效。

但是，上述政策并不完善，由于奖励制度只针对管理人员而言，并不直接过问生产环节，因此，一些官员或为趋利邀功，或为应差免罪，唯务拘刷。政和后期至宣和间，宋徽宗集团为了弥补财政亏漏以及满足奢侈之欲，"仰地宝为国计"，对矿利的攫取越来越重。不仅遣使诸路滥设机构，还虚立课额凿空扰下，加重了对矿冶户的剥夺。杨时在宣和七年（1125）三月的《论时事》策中尖锐指出："使者持节而往，必不肯坐视不为之计也，不过督责州县认定岁额取诸民而已，一不应办，则以不职罢之，谁敢不从？"⑥ 在这样的形势下，奖惩制度的实施反而成了促使矿业生产迅速衰落的催化剂。

---

① 《宋会要辑稿》职官四三之一二七至一二九。

② 《文献通考》卷一八《征榷考五·坑冶》。

③ 程俱：《北山小集》卷三〇《朝散郎直秘阁赠徽猷阁待制蒋公墓志铭》。

④ 《宋会要辑稿》食货三四之一六。

⑤ 《宋会要辑稿》职官四三之一三二至一三三；食货三四之二五。

⑥ 《杨龟山先生集》卷四《论时事》。

二　南宋时期的奖惩制度

南宋的奖惩制度，详于高、孝两朝，宁宗以后史料缺乏，故本节内容主要论述南宋前期情况。

南宋建立于战乱之际，从北宋末期就迅速衰落的矿业，在动荡的社会形势下凋敝现象更加触目惊心。为了说明这一问题，现将两宋年间有代表性的几组数字作一比较①：

表1

	铜（斤）	铁（斤）	铅（斤）	锡（斤）
宋太宗至道末 （997）	4122000	5748000	793000	269000
宗仁宗皇祐中 （1049—1053）	5100834	7241001	98151	330695
宋神宗熙宁后期 （1074—1077）	21744749	5659646	7943350	6159291
宋徽宗时期 （1101—1125）	7057263	2162144	3213622	761204
宋高宗绍兴末 （1162）	263169	880302	191249	20458
宋宁宗前期 （约1195—1202）	395813	2328000	377900	19875

据表中单类矿课数字看，铅课最低额为宋仁宗皇祐中，锡课最低额在宋宁宗时期。但是，如果综合四类矿课数字来看，宋高宗末年的矿课额已降至两宋最低点。这组数字与北宋徽宗时期相比，铁占4.1%，铅占6%，铜、锡仅占3.7%和2.7%，如果与宋神宗时期相比，差距可达数百

---

① 《文献通考》卷一八《征榷考五·坑冶》；《宋会要辑稿》食货三三之二七至二八；《建炎以来系年要录》卷一四八，绍兴十三年闰四月丁酉注；《建炎以来朝野杂记》甲集卷一六《铸钱诸监》。

倍。由于原料短缺，宋高宗朝铸造铜钱年仅十余万贯，亦不到北宋后期铸造额的 5% 。这一状况，严重影响了宋政府的财政收支。因此，宋高宗一朝一直致力于搜刮铜器、开发铜矿，以解燃眉之急。绍兴二十六年九月，潼川府路转运判官王之望受朝廷之命措置铜山县铜事。当地有新旧铜窟二百余所，但可采者仅十七所。由于官府规定的矿课额很高，乡民哀诉减额，并特意提道："某等伏者见榜示，知朝廷搜刮铜宝甚急，于使司赏罚非轻。"① 从上述句中可知，宋高宗一朝面临矿料短缺的巨大压力，对矿冶机构官员的督查考课丝毫不敢松懈。然而这种刻意追求岁课的指导思想一旦反映到奖惩条文中，反而会引发许多弊病。宋高宗一朝矿业生产裹足不前之状况，很大程度上应归咎于此。

宋孝宗继位后，为改变矿业的凋敝状况，很快便于隆兴二年（1164）推出新的赏格，明确规定：坑冶监官岁收买金及四千两，银及十万两，铜锡及四十万斤，铅及一百二十万斤者转一官；守倅部内岁比祖额增金一万两、银十万两、铜一百万斤亦转一官；令丞岁收买及监官格内之数减半推赏。② 这一规定，本意是以官位升迁激发官员管理矿业生产的热情，以达到增加矿产量的目的。但从要达到的岁收额来看，则远远高于北宋时期的奖赏标准，以致成为不可能兑现的一纸空文。鉴于此，乾道六年（1170），都大发运使史正志在兼管矿业机构之后即上言建议重新确定县令丞兼管矿业的赏格标准，"一年内趁发过铜一万斤、铅三万斤、锡五万斤、铁十万斤，各减一年磨勘；更增及五分，减一年半磨勘；增及一倍以上，减二年磨勘"③。这一赏格标准虽然起点较低，但它更符合南宋时期矿业开采的状况，使县令丞兼管矿业之奖赏成为切实可行的措施，因此被获准实施。此后，淳熙二年（1175），处州"岁收铜十万斤，铅十五万斤"，通判、令丞就是按上述赏格各减二年磨勘，其余守臣，检踏监官等也得到推赏。④ 史正志在任期间，还对信州铅山场官员收买铜、铅的

---

① 《建炎以来系年要录》卷一七四，绍兴二十六年九月己酉；《汉滨集》卷八《论铜坑朝札》。
② 《宋会要辑稿》食货三四之三六至三七。
③ 《宋会要辑稿》职官四三之一六二。
④ 《宋会要辑稿》食货三四之二三。

赏罚规定进行了修改，将原规定收买铅达二十万斤后还必须收买铜十三万斤才予以奖赏改为"两项赏罚各不相效"，即铜、铅课只要一项及额就予以奖赏。[1] 以上两例说明，修改后的方案，在很大程度上放宽了官员受赏之标准，对当时矿业生产的恢复和发展具有积极的意义。

宋孝宗时期，一方面奖掖有为，另一方面处罚也十分严厉。当时，各州通判是本州主要兼管矿场的官员，其职责包括措置采冶，催督矿课，起发矿料等。对通判兼管矿业治绩的检查，则由提点坑冶铸钱司官员负责。"（通判）内有不可倚仗及弛慢之人"，由提点司劾奏，差官对移。基于这一规定，乾道七年十月，提点官江璆弹劾吉州通判赵埙疏于职守。赵埙主管"催趱铁课、修葺纲船、起发铁料等事，经及累月，并无一字报应，积压铁料七十余万斤"。江璆指出：如不将赵埙重赐黜责，恐其他州军递相仿效，难以责办。宋孝宗遂"诏放罢"。[2] 另一例子是：乾道八年，南雄州通判林次韩主管往韶州岑水场运铁，充浸铜原料。当年，南雄州收铁五十八万余斤，但林次韩只运到岑水场二十七万余斤，致使岑水场仰赖春水浸铁的胆铜生产受到阻碍。乾道九年正月曹纬接任南雄州通判后，至十月份已运过铁五十八万余斤。两任官员治绩如此不同，为了奖勤罚惰，提点官李大正上奏请求特赐处分，宋孝宗下诏"林次韩特降一官，曹纬特转一官"。[3] 以上是对疏忽职守者的处罚。而对于那些贪赃枉法者的处罚，下面一例很有代表性。乾道八年九月，因专门措置处州库山等处银铜场官管准"销钱为铜以应官课，却将银铜场合得银更不抽收归官，入己盗用"，"大理寺定断合决重杖处死"，宋孝宗下诏将管准免死，但要"追毁出身以来文字，除名勒停，决脊杖二十，刺面配连州牢城，仍籍没家财"。[4] 管准虽然留下一条命，但官帽丢了，家财被籍没了，自己也沦为配隶之徒去服苦役。这种惩处在当时确实具有强大的威慑力，打击了贪赃枉法者的气焰。

南宋宁宗以后，当权者益发奉行聚敛搜刮的矿业政策，宋宁宗嘉定

① 《宋会要辑稿》职官四三之一六一。
② 《宋会要辑稿》职官四三之一六四。
③ 《宋会要辑稿》职官四三之一七二。
④ 《宋会要辑稿》职官四三之一六六；刑法六之三八。

十四年（1221），臣僚上奏提道：东南地区虽有丰富的银、铜矿藏，但"诸处检踏官吏大为民殃，有力之家悉从辞避，遂致坑源废绝，矿条湮闭"，许多自备工本采凿之家，因"检踏官吏方且如追重囚，黥配估籍，冤无所诉"而破荡家业。① 宋理宗时期，都大坑冶司将蕲州进士冯杰家"抑为炉户，诛求日增，杰妻以忧死，其女继之，弟大声因赴诉死于道路，杰知不免，毒其二子一妾，举火自经而死"。此事经臣僚上奏后，理宗下诏将都大提点官魏岘罢职②，以示惩戒。

　　总之，两宋期间，矿业管理奖惩制度随着矿业生产的发展、矿业管理机构的健全而逐步完善，成为宋政府考查矿业官员治绩的重要依据。除北宋徽宗后期、南宋高宗时期及南宋末期外，两宋的大部分时期均较好地执行了奖惩制度，保障了矿业生产的恢复和发展。而宋徽宗宋高宗时期，由于矿业衰落及宋政府财政支出短绌等方面的原因，对矿业官员治绩的考课和奖惩带有明显的急功近利的倾向。一方面重视官员岁收矿课的数量，极力褒奖；另一方面，却忽视对邀功请赏、剥削矿户的官员的惩处。因此，尽管机构健全、条令完备，仍不能发挥管理监督之职能，从而阻碍了矿业生产的发展。

（原载《河北大学学报》1996 年第 3 期，中国人民大学复印报刊资料《经济史》1996 年第 6 期全文转载）

---

① 《宋会要辑稿》食货三四之二三至二四。
② 《宋史》卷四一《理宗本纪一》。

论宋代矿产品的禁榷与通商

在宋代，由于金、银、铜、铁、铅、锡六类矿产在国计民生之需求中充当了重要的角色，因此，矿产地的所有权均掌握在封建国家手中，各类矿场必须经官府检踏试采之后，才能进行生产。政府严禁私人非法开采冶炼，违者一经发现，即受严厉制裁。与此相应，上述矿产品的分配或流通也处于宋政府的监控之下，政府依据时局的变化、国家财政及社会经济的需求而实行禁榷、有限度的通商或自由贸易政策。一般而论，金、银、铁三类矿产品有时被视为禁榷品，有时又属于自由贸易品；而铜、铅、锡三类矿产品却因是宋代货币——铜钱——的主要制造原料而被政府明确划定为"榷货"之物，即只能由政府垄断其买卖的物品。本文试对上述各类矿产品的禁榷与通商作一探讨，不当之处，敬请赐教。

一　金银的禁榷与通商

北宋前期，产金场地大多实行官府榷买的政策。例如广南恩州磨铜等产金处曾有客商借入便钱往恩州之机，"皆于淘金人户处偷买金货兴贩，侵夺官中课利"。天圣六年（1028），政府为了维护金场贸易的垄断权，下令不许客商入便钱往恩州。① 京东路登州一地产金，天圣二年官府置买金场，收买淘采之金，"禁人私取"。② 天圣四年，京东转运副使上官佖奉诏相度登州蓬莱县淘金利害后，制定出细密的条例并加以实施。条

---

① 《宋会要辑稿》食货三四之一五。
② 《宋会要辑稿》食货三三之一。

例的主要内容包括：（1）私人土地一经证实产金，即不许再经营农业作物；原地主可以自己经营采金或转赁他人经营；如原地主占据土地不愿采金，官府即另差人生产，所得全部归官府所有。（2）官府规定了收买金的等级、价格，以及淘金户超额多纳金后相应免除差徭科配的年限。（3）所产金全部中卖入官，对私下违法交易或私自带出州界者实施笞、杖刑等严厉处罚。① 此法实行后，登州采金在天圣六年"岁益数千两"②，买金之利完全掌握在官府手中。天圣七年，因莱州莱阳县产金，官府按照登州之法，"各置官收市，及设巡逻，勿听私相贸易"③。景祐三年（1036）十月，这种榷买制度又扩展到整个京东路产金之地。④ 只是曾在饥荒之年，短期内"罢登、莱州买金场"，"诏弛金禁，听民自取，后（候？）岁丰，然后复故"。⑤ 到皇祐年间（1049—1053），登、莱州产金骤增，"四方游民废农桑来掘地采之……县官榷买，岁课三千两"⑥。以上种种记载说明，北宋前期的金产地一直执行了官府榷买的政策。

　　不过，在个别产地，榷买政策亦有所变化。例如："饶州自来官买金，禁客旅兴贩"，但违禁私下交易者时时有之，以致"或有论告，逮系满狱"，官府疲于查禁，平民惧于烦挠。到宋真宗大中祥符年间，在凌策的建议下，改为"纵民贩市，官责其算，人甚便之"。⑦ 也就是说，除官府收买外，亦许民间私人收买，官府依私人买金数额的多少按比例收取税金。这种沟通民间交易渠道的做法，既不会影响官府的征收；又可将违禁私下交易活动纳入官府管辖之下，从中获取交易税；还大大减少了对违禁犯罪的查处。因此这一变化比榷买政策具有更为积极的意义。

　　银在北宋前期也一直被视为"禁物"。例如："密州民田产银，或盗取之，大理当以彊"，而同中书门下平章事曾公亮却认为这种处罚太重，

---

① 《宋会要辑稿》食货三四之一四。
② 《续资治通鉴长编》卷一〇五，天圣六年二月戊寅。
③ 《宋会要辑稿》食货三四之一五。
④ 《续资治通鉴长编》卷一一九，景祐三年十月癸亥。
⑤ 《续资治通鉴长编》卷一二〇，景祐四年十一月癸亥；《文献通考》卷一八《坑冶》。
⑥ 吴曾：《能改斋漫录》卷一五《登莱州产金》。
⑦ 《宋会要辑稿》食货一一之五；《宋史》卷三〇七《凌策传》。

"（银）禁物也，取之虽彊，与盗物民家有间矣。固争之，遂下有司议，比劫禁物法，盗得不死。初，东州人多用此抵法，自是无死者"。① 虽然经曾公亮力争，条文改变了，处罚也减轻了，但这条材料仍表明官府对采银活动控制极严。

宋初的产银场所主要实行官营生产或差派上等户交纳固定岁课的制度。如秦州太平监，宋初有银冶八务，到太宗太平兴国三年（978），升为太平监，下辖十九务。"诸务内主客（户）一千三百九十七"，每年官府课利"收钱银共三万二千八百四十八贯两"。② 又如桂阳监，辖区内银矿储量丰富，"历代以来或为监，出银之务也"。宋太宗太平兴国年间，全监主客户 4047 户，每月共纳银 1998 两，计一年约纳 23976 两。③ 由于当时均按官府规定的课额交纳矿产，所以一旦遇到矿源枯竭、天灾人祸，矿场往往难以完纳课额。宋真宗咸平年间（998—1003），秦州太平监主吏柳延义等人"专主银冶，岁输定课，更三岁，亏常额者四万二千余两"。④ 其中小泉银坑就是因为"矿久不发"，而岁课不除，以致"主吏破产备偿犹未尽"，在知州马知节三次上奏请蠲岁课后，主吏家产才被归还，银产"仍许以日收为额"。⑤ 南剑州将乐县的情况更为严重，银冶户因课额亏减，被拘系于官者"常数百人"。⑥ 从上述记载看，北宋前期的固定课额是相当沉重的，官府收取了绝大部分的银产，矿冶户除交纳岁课外，大概所余无几。

到宋神宗时期，金银矿产的榷买政策随着私人承买制及招募制的普及而发生变革，进入自由通商时期。关于自由通商法颁布的具体时间及详情，北宋史料记载阙如。现只能从南宋史料中窥其基本要点：

（绍兴）七年，工部言："知台州黄岩县刘觉民乞将应金银坑场

---

① 《宋史》卷三一二《曾公亮传》。
② 乐史：《太平寰宇记》卷一五〇《太平监》。
③ 《影宋太平寰宇记补阙》卷一一七。
④ 《续资治通鉴长编》卷四八，咸平四年四月辛亥。
⑤ 《续资治通鉴长编》卷四九，咸平四年十月癸卯。
⑥ 王安石：《临川先生文集》卷九二《司封郎中张君墓志铭》。

并依熙丰法召百姓采取，自备物料烹炼。十分为率，官收二分，其八分许坑户自便货卖。今来江西转运司相度到江州等处金银坑冶亦依熙丰二八抽分，经久可行，委实利便。"从之。①

绍兴七年，诏江浙金银坑冶并依熙丰法召百姓采取，自备物料烹炼。十分为率，官收二分。然民间得不偿课、本，州县多责取于民以备上用。三十年，用提点官李植言，更不定额。②

上述两条材料说明：金银矿产通商法实行于熙宁元丰年间；官府不干预生产过程，由民户自己筹措工本钱及物力从事生产；采炼成金银后，官府只无偿抽收产额的十分之二，其余十分之八属坑冶户所有，可以自主处置货卖。这一时期，金银产品通商法在全国的普遍实施，不仅推动了劳动者的生产积极性，促进了矿山的开采，而且促使矿冶户与商人或手工业主发生直接的交易活动，扩大了金银作为商品的流通数量和范围，同时亦促进了金银货币化的发展。

需要说明的是，宋神宗时期不是所有金银矿场都采用二八分配制，仍有一部分官营场冶，产品归官府所有。例如，广南西路邕州填乃金场位于宋朝西南边境地带，聚众边地采矿，极易引发争斗与动乱，加之当地产金极多，无论从经济利益还是从军事意义上看，都不允许由私人买扑，因此，熙宁六年一经兴发，即由官府置场生产。其后，还采取了戒备森严的防守措施，由广南西路经略安抚司"举使臣二人为监押巡检兼监坑"，"增防守兵三百人"。③

熙丰通商法仅实行了十几年，宋哲宗元祐以后即被逐步废除。据《长编》记载：

（元祐元年四月乙巳）永兴军路提点刑狱司言："准朝旨，相度虢州卢氏县栾川、朱阳县银煎百家川两冶和买及抽分利害，今乞依

① 《宋会要辑稿》食货三四之一六。
② 《宋会要辑稿》食货三三之一。
③ 《续资治通鉴长编》卷二五六，熙宁七年九月丙辰。

旧抽收二分，和买三分，以五分给主。兼银煎冶百家川等处入官分数与栾川冶一同，并乞如旧。"从之。①

（元祐元年十月乙未）陕西转运兼提举银铜坑冶铸钱司言："虢州界坑冶户（听）[所] 得银货，除抽分外，余数并和买入官，费用不足。乞依旧抽纳二分，只和买四分，余尽给冶户货卖。"从之。②

这两条记载表明，宋哲宗时，虽然官府无偿抽收份额仍为十分之二，但银矿产的自由贸易权已受限制。元祐元年四月，冶户尚拥有十分之五的份额，到同年十月，官府即准备将抽分以外的数额全部收买入官，只是由于尚缺少买银经费才暂且收买十分之四。其后，绍圣三年（1096）湖南转运司上言潭州益阳县金矿兴发之事时，特意强调，"先碎矿石，方淘净金，抽分（权）[榷] 买入官。"③ 因此，最晚在宋哲宗绍圣三年，熙丰法已被改成除二分依旧抽收外，其余八分官府榷买的禁榷法。矿产贸易权重新垄断在宋政府手中。

宋徽宗当政后，奉行"仰地宝为国计"④ 之策，变本加厉搜刮矿利。在"御府之用日广，东南钱额不敷"⑤ 的局面下，金银矿产的禁榷正好可以弥补国家财政的亏漏，满足宋徽宗之流的奢侈之欲。因此，终宋徽宗一朝，矿产品禁榷一直奉行不殆。有的场冶还恢复了北宋前期征收固定课额的做法，由于课额过高，以致坑冶户难以承受。据《靖康要录》卷五记载，当时官府"科立重额"，坑冶户"不能输纳，或至潜买金银，以为坑冶所出之物"。以上种种，只能导致矿冶业更迅速地衰落下去。

南宋150多年间，总的看政府对矿利的攫取是加重了。虽然在宋高宗时期，曾在江浙等路采用了熙丰法，允许矿冶户自由买卖十分之八的金银矿产，但在实际执行中往往走样，出现"民间得不偿课、本，州县多责取于民以备上用"的现象。因此，绍兴三十年在提点官李植的建议下，

① 《续资治通鉴长编》卷三七五，元祐元年四月乙巳。

② 《续资治通鉴长编》卷三八九，元祐元年十月乙未。

③ 《宋会要辑稿》食货三四之一五。

④ 《淳熙三山志》卷一四《炉户》。

⑤ 《宋史》卷一八〇《食货下二·钱币》。

政府收买"更不定额"，大概是依据实际产额收买。宋孝宗时期，又出现银产三七抽分之制：建宁府松溪县瑞应银场兴于绍兴间，初为乡民私采，隆兴初官府获知，始置监官。坑户采矿烹炼成碎银后，官府即"与坑户三七分之，官收三分，坑户得七分。铅从官卖，又纳税钱，不啻半取矣"。[①] 坑户炼银需用铅作辅料，而铅属榷货之物，只能向官府购买，加上交纳税钱，所以坑户实际得到的银产仅占总额的一半。之后，在宋孝宗乾道年间，两浙路处州的石堰、季湖等两处银坑的承买者经"自备工费采打"得银后，按照政府的规定，"银以十分为率，六分给官，四分给业主"。[②] 由于这条记载太简略，还不能判定政府是否无偿征收十分之六的银产。但与熙丰法相比，南宋的剥削量明显增重则是不可否认的事实。

　　此外，还必须看到，自北宋后期起一直到南宋，东南各路金银矿区常由官府设场买发以完上供、大礼、圣节金银之需。[③] 这类活动虽名其曰购买，可实际上却带有强迫和掠夺的性质，继坑冶岁课之后几乎把坑冶户所得搜刮殆尽。正是借于此，宋王朝始终掌握了金银矿产品的流向。

二　铁的禁榷与通商

　　有宋一代对铁的需求多种多样，其迫切性远远超过前此任何一个封建朝代。从国计所需的角度看：第一，铁钱先后在四川、陕西、河东、两淮等路被作为主要货币投入流通。北宋熙宁末期铸造铁钱曾高达88万贯，南宋铁钱岁额一般也在30万贯以上。第二，两宋时期先后与辽、夏、金、蒙开战，打制的铁兵器不仅种类多，数量也相当大。第三，自北宋哲宗时起，政府为缓解铜料缺少、铜钱"钱荒"现象，推广了以铁作为原料的胆铜法生产，每生产一斤胆铜耗铁二斤四两。北宋后期，岁收胆铜曾高达187万余斤，至少耗铁420万斤[④]；南宋绍兴末期，用于浸

---

① 赵彦卫：《云麓漫钞》卷二。

② 《宋会要辑稿》职官四三之一六八。

③ 参见拙文《论宋代金银矿业发展的社会因素》，载《宋史研究论文集》，河北大学出版社1996年版。

④ 《宋会要辑稿》食货三三之一九。

铜的铁亦达 88 万斤。① 由于以上诸方面是宋王朝赖以维持国家财政收支、稳定社会经济、保障国土的必要手段，因此政府必须对铁的生产和铁产品的流向予以严密的监控和禁榷。但是从民生所需的角度看，宋代的农业、手工业及各种家庭副业生产已达到封建社会生产的高度发展阶段，各种铁制器具在生产中的作用日益重要，它们的制造和使用具有极为广泛的民间性，仅仅依靠官营作坊制造和榷卖，不仅行不通，而且也无必要。因此在两宋期间，历朝政府在铁产品的贸易上，依据各时各地之情况，采取了禁榷与通商并行或交替实施的政策。

北宋初至宋英宗期间，铁矿地的生产主要采用以下三种经营形式：（1）官营场监，铁产品归官府所有。（2）由官府差派主吏、衙前经营生产，以家产抵押作保交纳固定课额。（3）民户承买铁场，按承买数额交纳铁产，剩余产品应归私人支配，但实际上很可能受到官府的干涉。

先看第一种官营场监。这类场监往往是规模较大的铁矿产区，产铁量多，故而在铁的生产总额中占据了重要地位。铁产量归官府支配，用以满足铸钱、制兵器等需求。例如河东路大通监，置于宋太宗太平兴国四年（979），所产之铁供应京师作坊制作兵器。由于铁坯运到京师后，"复加烹炼，十裁得四、五"，为了减省运输费用和人力，太平兴国八年，宋太宗令"宣谕本冶，今制成刀剑之朴，乃以上供"。② 此外，大通监铁也用于制造铁钱。宋真宗咸平二年，河东转运使宋搏"言大通监冶铁盈积，可供诸州军数十年鼓铸，请权置采取以纾民。诏从其请"。③ 河北西路的磁州固镇冶务、邢州綦村冶务、相州铁冶务也都是官营场所。河北诸州军"不以远近，并于磁、相般请生铁"，"散在逐州军打造"兵器。庆历四年，为了提高兵器质量，还于磁州、相州各设一都作院，集中打造河北边备军器。④ 宋神宗元丰元年，磁、邢两州官营铁场岁课多达 400

---

① 《宋会要辑稿》食货三三之二二至二三。

② 《永乐大典》卷五二〇四《原·太原府六·古迹》；《续资治通鉴长编》卷二四，太平兴国八年九月癸酉。

③ 《续资治通鉴长编》卷四四，咸平二年四月丙寅。

④ 欧阳修：《欧阳文忠公文集》卷一一八《乞条制都作院》。

余万斤①，占当年全国岁课总额的75%强。事实证明，只要掌握这些大型的官营冶务，就可以控制铁产品的基本流向。

第二种差派衙前经营的矿场与前述银矿场的情形完全一样。由于官府规定的课额过高，又加之遇到矿源衰竭等变故亦不及时减免课额，以致"凡高赀家率以冶败"。② 在这种情况下，虽然官府收买的铁不等于全部生产量，冶户自己能够支配的剩余产品恐怕也少得可怜。

第三种由私人承买的铁场在北宋前期数量很少，宋仁宗时期才逐渐增加。笔者因原来掌握的材料还不充足，无法断定宋代承买（或称"买扑"）铁冶的起始年代，仅在《宋代矿冶经营方式的变革和演进》一文中提道："最早出现'承买'一词的，是在仁宗至和二年（1055）十一月丁巳，诏令'同州铁冶自今召人承买之'。"并依据嘉祐五年，买扑兴国军磁湖铁冶的程叔良因经营冶铸"于国兴利"而被赐官之事，"估计其买扑铁冶的起始年代还应更早"③。关于买扑磁湖铁冶的程叔良被赐官一事，当时朝臣们为此曾发生过争执。据《长编》记载："谏官陈旭建议裁节班行补授之法，下两制、台谏官集议已定。（吴）及、（沈）起乃擅改议草，令买扑兴国军磁湖铁冶仍旧与班行。主磁湖铁冶者，大姓程叔良也。"④郑獬为吴及撰写的墓志铭中也提到此事："磁湖程氏以冶铸世得一官，言者以为幸，请罢之。公（吴及）以谓程氏于国兴利，不宜罢，与议者亦不合，遂以工部员外郎出知庐州。公既去，朝廷究其事，以公议为是，而赐程氏官。"⑤ 笔者在读蔡襄的《端明集》时，看到蔡襄为程叔良撰写了墓志铭。由于蔡襄的弟弟蔡高娶程叔良女儿为妻，因此蔡襄十分清楚程叔良的家世与经历，他撰写的墓志铭是可信的。蔡襄写道："程君居兴国军大冶县，世为著姓，右班殿直。讳叔良，字仲卿……父讳绍，字某，三班奉职，以材智自高。金陵平，浮江而上至慈湖，依铁山冶以通吴蜀之利，积数十年致巨资……君承父兄之旧……年五十有六以疾终，皇祐

---

① 《宋会要辑稿》食货三三之一三。
② 《乐全集》卷三六《李公神道碑铭》。
③ 此文载《中国经济史研究》1988 年第 1 期。
④ 《续资治通鉴长编》卷一九一，嘉祐五年四月甲申。
⑤ 郑獬：《郧溪集》卷二一《户部员外郎直昭文馆知桂州吴公墓志铭》。

二年闰十一月六日也。"① 这一段话将程叔良家世交代得清清楚楚，再加上前面的两条材料，可大致勾勒出程氏的经营过程：自程叔良的父亲起，就开始承买磁湖铁冶，大概是因经营有方而被补授为三班奉职。程叔良接替父兄承买磁湖铁冶后，仍旧纳铁甚多，"于国兴利"，理应"世得一官"，于是也被补授为右班殿直。因此，可以说承买铁冶这一经营方式早在宋太祖开宝八年（975）收南唐后不久就实行了，只是承买的场冶尚少。宋仁宗以后，才逐步扩大到其他地区。那么，这一时期私人承买者与官府如何分配矿产品？史料记载阙如。但蔡襄在程叔良的墓志铭中提道：有个贪官因欲望没得到满足，后借出使南方之机，"犹泄前怒，增君官课铁岁百万，指期必破产。"说明私人承买的数额不是固定不变的，而这种变动权又掌握在官府手中，因此，在这类私人承买的场所，官府可以运用强制权力首先满足榷买之需，然后允许矿冶户有限度地通商。

与金银矿产一样，北宋前期也存在着商人直接从矿产地贸易铁的现象，但这样的通商仍须经过官府的允准才可进行。如宋真宗咸平四年七月诏令："泽州大广铁冶许商旅于泽、潞、威胜军入纳钱、银、匹帛、粮草折博，及于在京榷货务入中（传）［博］买。"② 最典型的例子见于福建路泉州、福州等地。据《淳熙三山志》记载，北宋前期泉州、福州生铁已由"商贾通贩于浙间"。宋仁宗庆历三年（1043），"发运使杨告乞下福建严禁法，除民间打造农器、锅釜等外，不许贩下海"。两浙运司则上奏反驳杨告："当路州处自来不产铁，并是泉、福等州转海兴贩，逐年商税课利不少，及官中抽纳、折税、收买，打造军器。"由于泉、福等州地处东南沿海，与"自来不产铁"的两浙沿海地区海运交通十分便利，商人将在福建路供过于求的铁转贩到两浙以求利，实际上起到了调济赢缺的作用，对福建路、两浙路官民双方均有利无害。因此，官府仍允许通商，并加强了管理。"令有物力客人兴贩，仍令召保出给长引，只得诣浙路去处贩卖。"③ 此后，这一政策一直延续到南宋。宋高宗时知福州沈

---

① 蔡襄：《端明集》卷三九《右班殿直监慈湖都铁冶务程君墓志铭》。
② 《宋会要辑稿》食货五五之二二。
③ 《淳熙三山志》卷四一《物产》。

调就曾提道："福建路产铁至多，客贩遍于诸郡……若尽令中卖入官，则无所用。"① 正因为如此，所以南宋时期，福州的某些铁场出现了在其他地区极少见到的不纳铁课、只纳货币税的现象。如连江县蒋洋南北山铁坑，"淳熙三年佃户岁输五千省，五年，增一千省"。福清县东窑场铁砂场，"绍兴二十三年，佃户岁纳钱七百四十六千七百五十三文省"②。这类例子很多，不再一一列举。这些事实进一步证明，当地部分铁产品已通过通商法直接投入民间流通领域，从而对以铁为原料的手工制造业的发展和社会经济的活跃产生了积极的作用。

到宋神宗时期，矿产品分配法发生了变化。如前所述，金银矿产品实行了二分抽收、八分自由贸易的政策。那么铁矿产品是否也实行了这一新的政策呢？据史料记载，官营场监仍旧由官府支配全部产品，而私营场所确实发生了变化。以利国监为例，苏轼在元丰元年十月奏议中提道："（利国监）自古为铁官商贾所聚，其民富乐，凡三十六冶，冶户皆大家，藏镪巨万……近者，河北转运司奏乞禁止利国监铁不许入河北，朝廷从之……自铁不北行，冶户皆有失业之忧，诣臣而诉者数矣。"③ 苏轼建议废此禁令以济冶户。据苏轼奏言判断，此前利国监冶户肯定拥有自由贸易铁产品的权利，否则不会在官府限制铁的流向后产生"失业之忧"。另一条记载也可说明这一点：元丰六年九月，"京东都转运使吴居厚奏：'本路徐、郓、青三州都作院及诸州小作院每岁制造诸般军器及上供镔铁之类数目浩瀚，今将徐州利国监、兖州莱芜监年计课铁充使外，所少极多。欲乞将两监铁冶就逐处监官依邢、磁二州例，并从官中兴扇，计其所得，比旧可多数倍。'从之"。④ 由此可见，利国监、莱芜监诸冶在元丰六年改为官营生产以前，确曾有官府抽课额"数倍"以上的产品归矿冶户自由支配。因此，私营铁矿场在宋神宗时期很可能也采用了二八抽分制。

然而，由于吴居厚的奏言得到采纳，宋神宗元丰六年九月至元丰八

① 《建炎以来系年要录》卷一七七，绍兴二十七年五月庚午。
② 《淳熙三山志》卷一四《炉户》。
③ 苏轼：《东坡全集》卷五二《上皇帝书》。
④ 《续资治通鉴长编》卷三三九，元丰六年九月丁卯。

年间，实行了约两年的全面禁铁政策。铁原料除用于制造军器和上供外，还制造各类器用以鬻于民。元丰七年，在吴居厚建议下，政府又于徐州设置了宝丰下监铸造铁钱。上述种种举措，激起了民愤。据刘安世云："元丰末，京东剧寇数千，欲取掊克吏吴居厚投之铁冶中，赖居厚觉早，间道遁去。"在朝野上下的一致谴责下，元丰八年四月，吴居厚被降知庐州，五月，罢宝丰下监铸钱。① 元丰八年十一月，新上任的京东转运使鲜于侁"奏罢莱芜、利国两监铁冶"②。即重新恢复了私营生产。

宋哲宗时期，铁冶似未实行榷买。但在矿产量少的小矿场，则实行"许民封状承买"③ 的方法。此外，在生产中，"冶户煽生铁如有隐落不尽数上历，虽未出冶并许人告。得实依漏税法给赏"④。表明宋政府十分重视对生产过程的监督管理，以免漏失岁课。

从宋徽宗时期起，局部地区开始实行榷买政策。大观初（1107），入内皇城使裴洵奏上渭州通判苗冲淑之言，谓"石河铁冶既令民自采炼，中卖于官，请禁民私相贸易，农具、器用之类，悉官为铸造；其冶坊已成之物，皆以输官而偿其直"。于是，"乃禁毋得私相贸易，农具、器用勿禁，官自卖铁唯许铸镴户市之"。⑤ 政和三年，福州师姑洋坑亦采用二八抽分、中卖入官之制。"佃户岁二分抽收铁七百斤，八分拘买二千八百。"⑥ 到政和末年，这一政策推行到全国各地，"令诸路铁仿茶盐法榷鬻，置炉冶收铁，给引召人通市。苗脉微者听民出息承买，以所收中卖于官，私相贸易者禁之……然农具、器用从民铸造，卒如旧法。"⑦ 也就是说，铁的民间流通必须经过官府之手才能实现。

宋徽宗政府之所以采用榷铁法，除意欲通过低价买进、高价卖出的手法以独占铁利外，更重要的原因在于支撑政府财政收支活动的铜钱铸

---

① 《续资治通鉴长编》卷三四五，元丰七年四月甲午；卷三五六，元丰八年五月庚申。
② 《续资治通鉴长编》卷三六一，元丰八年十一月丁酉。
③ 《宋史》卷一八五《食货下七·坑冶》。
④ 《续资治通鉴长编》卷四四八，元祐五年九月癸未。
⑤ 《宋史》卷一八五《食货下七·坑冶》。
⑥ 梁克家：《淳熙三山志》卷一四《炉户》。
⑦ 《宋史》卷一八五《食货下七·坑冶》。

造业正面临着"御府之用日广，东南钱额不敷"的局面，为了弥补铜料的不足，必须大力发展以铁为原料的胆水浸铜生产。据政和六年十二月广东漕司之言，广南东路铁场坑冶92所，"岁额收铁二百八十九万余斤，浸铜之余无他用。"于是，"诏令官悉市以广浸"。① 北宋末期的胆铜岁额曾高达187万斤，以2斤4两铁浸铜1斤计，约用铁420万斤以上，这样的巨额需求，如果不是在当地实行榷买政策，则很难得到满足。

进入南宋以后，由于北方主要产铁地的丧失，以及源源不断的各类铁兵器的制造，铁的供需矛盾更加尖锐。基于此，南宋一直实行官府榷买的政策。私人承买的坑场，一律实行产品二分抽收入官、其余八分中卖入官之制。就连以前允许通商的福州，也出现许多由官府榷买铁课的矿场。在某些矿区，官府为了调动冶户的积极性，还提高了铁的收买价格，"从私下价直就百姓和买"②。然而，这类优润矿冶户的做法在南宋实行时往往走样，司空见惯的却是相反的情景。加之官府催逼勒索，无所不用其极，常常激起人民的反抗，私采盗铸层出不穷。如兴国军"大冶县三山产铁，为私铸窟穴，奸盗云集"③。闽粤两地，私采私贩之人尤多。以致官员们也不得不承认："今之盗贼所以滋多者，其巢穴有二，一曰贩卖私盐之公行，二曰坑冶炉户之恣横。二者不能禁制，则盗贼终不可弥。"④ 由于私采盗贩的盛行，南宋的禁榷政策效果并不十分理想。

三　铜铅锡的禁榷与"熙宁编敕"的颁行

在宋代各类矿产品中，铜、铅、锡由于身为铸钱的重要原料，而被政府明确规定为"榷货"之物。"诸称禁物者，榷货同；称榷货者，谓盐、矾、茶、乳香、酒、铜、铅、锡、铜矿、鍮石。"⑤ 这些被称为榷货

---

① 《宋史》卷一八五《食货下七·阬冶》。
② 《宋会要辑稿》职官六二之五四至五五。
③ 周必大：《文忠集》卷七一《宋故连州彭使君墓志铭》。
④ 《宋会要辑稿》兵一三之三九。
⑤ 《庆元条法事类》卷二八《榷禁门》。

的矿产品，在两宋时期一直由政府监控其生产过程，并根据需要分配其产品的流向和数量，仅在宋神宗熙丰时期放宽了卖给民间铜铅锡的限度，并解除了铜钱流向境外之禁。

宋代禁铜诏令屡屡发布，内涵相当丰富。其中包括铜矿采炼、矿产品出卖、铜器制造和贩卖、销钱铸器、私铸铜钱以及铜钱出界等多方面内容。本文论述铜的禁榷，并不包容上述各种现象，只是对铜矿采炼、矿产品出卖方面的禁榷作一探讨。

宋代铜矿生产，管理制度十分严密。在生产场地，"必差廉勤官吏监辖，置立隔眼簿、遍次历，每日书填：某日有甲匠姓名几人入坑，及采矿几箩出坑；某日有矿几箩下坊碓磨；某日有碓了矿末几斤下水淘洗；某日有净矿肉几斤上炉烊炼，然后排烧窖次二十余日……经涉火数敷足，方始请官监视，上炉匣成铜。"① 为便于记籍和稽核，炼成的铜铅锡上都要镌刻上炉户的姓名。② 产品全部由官府收买，除用于铸钱外，还供应官营作坊制造器用。其中，京城有"铸镉务"，掌造铜、铁、鍮石诸器及道具，以供内外出鬻之用。③ 各地亦有官营作坊或经官府允许从事铜器铸造的作匠。僧人百姓建寺铸钟前，须报请官府批准后，方得买铜。④ 如秀州华亭县福善院"惟钟阙如"，经"抵郡荐状"上达朝廷后，"许输钱易铜"铸成铜钟。⑤ 余靖在《武溪集》中也提道："本朝铜禁尤严，私无铢蓄。僧坊道具，官为制而给之。惟钟之巨，则许入金而赋铜焉。"⑥ 以上种种措施，历两宋而无变化，说明宋政府对矿产品的再分配一直采用了严格的控制手段。

自宋太宗起，封建政权的主要任务已从"打天下"转向"保天下"，即加快社会经济发展的步伐，巩固新建政权的基础。但当时，饶州永平监岁铸仅7万贯，"常患铜及铅锡之不给"，难以满足社会生产日益发展

① 《宋会要辑稿》食货三四之二四。
② 《庆元条法事类》卷三七《库务门》。
③ 《续资治通鉴长编》卷六四，景德三年十二月。
④ 章如愚：《群书考索》。
⑤ 杨潜：《绍熙云间志》卷下；吕谔：《福善院新铸钟记》。
⑥ 余靖：《武溪集》卷八《潭州兴化禅寺新铸钟记》。

及整顿币制之要求。于是，宋太宗特命江南转运使张齐贤措置采铜生产，令转运使按行所部，"凡山川之出铜者，悉禁民采，并以给官铸焉"①。同时，为了激发矿冶户的生产热情，还改变不合理的收购价格，增价收买铜锡。这一做法，促进了矿冶铸钱业的迅速发展。如信州铅山县铜坑，自开发以来，"出铜无算，常十余万人采凿"。宋真宗咸平年间，信州阴山等处铜坑，"官场岁买五六百万斤"。然而这种兴盛局面并没能长期维持下去，"其后止及二三百万斤"。② 造成这一后果的直接原因是铜产供过于求、政府采取了减价收铜及减少收铜量的做法。但其更深层次的原因则在于：铜属禁榷品，除官府收买外，禁止私下贸易。因此当铜产量迅速增加而官府又没能投入相当的本钱尽数收买时，矿冶户的劳动成果得不到兑现，无以谋生，自然改营他业，以致铜产量迅速下降。这样的现象在两宋期间屡有发生。

宋代的禁铜法令，宋初最为严厉，"旧敕犯铜禁者，七斤而上并处极法"。但在执行过程中，由于"奏裁多蒙减断"，加之"待报逾时，颇成淹缓"，宋真宗改为"满五十斤以上取敕裁，余递减之③。宋仁宗继位后，免去死刑，"令所在杖脊、黥面，配五百里外牢城"④。嘉祐年间（1056—1063），又制定编敕，详细规定了禁铜内容及处罚条令，包括禁止铜钱从陆路、海路偷贩出境，等等。

宋神宗时期，禁铜政策发生变化。熙宁八年十月，张方平论钱禁事提道："自熙宁七年颁行新敕，删去旧条，削除钱禁，以此边关重车而出，海舶饱载而回。闻缘边州军钱出外界，但每贯收税钱而已……又自废罢铜禁，民间销毁无复可办，销镕十钱，得精铜一两，造作器物，获利五倍。"⑤ 据张方平所言，熙宁七年颁行的熙宁编敕删去了嘉祐编敕中

---

① 《续资治通鉴长编》卷二四，太平兴国八年三月乙酉；《宋史》卷一八〇《食货下二·钱币》。

② 《宋朝事实类苑》卷二一《诸监炉铸钱》；《续资治通鉴长编》卷八七，大中祥符九年五月戊申；《山堂群书考索》后集卷六〇《财用门·铜钱类》。其中，《长编》为"官场岁买五六万斤"，漏"百"字，今据《山堂群书考索》一书记载增入。

③ 《宋会要辑稿》食货三四之三一。

④ 《宋会要辑稿》刑法四之一〇。

⑤ 《乐全集》卷二六《论钱禁铜法事》。

不许铜钱出界的禁令。很快政府又规定:"诸不产铜、铅、锡地分,铜、铅、锡官自出卖,许通商贩,及听以铜、铅、锡或输石铸造器用买卖,仍并免税。"① 由此可见,熙宁编敕的修改重点在于废除铜钱贸易及出境之禁,允许向官府购买铜铅锡后通贩各地或铸器出售,并享受免税优惠等几个方面。实际上,熙宁编敕颁行以前,经官府专卖的铜铅锡已开始流入民间或境外。在与西夏的买马交易中,出现了"令鬻铜、锡以市马"的现象。② 熙宁五年十一月,又诏河北缘边安抚司提举榷场卖铜锡。③ 熙宁编敕颁行后,宋神宗曾于熙宁九年十一月令三司将诸路卖铜铅锡钱兑发京师,于市易务下界封桩,地远者可以变易物货,以节省运输物力。④ 这条材料说明,当时经官府之手卖出的铜铅锡已达到一定的数量,由此可知,民间的贩易及制器活动必定十分活跃。之所以出现上述现象,在于宋神宗熙宁变法期间大力推行招募制、承买制等经济性经营方式,减轻了国家的过多干预,从而促进了铜铅锡岁课的迅速增加。熙宁后期,全国岁课铜 2174 万多斤、铅 794 万多斤、锡 615 万多斤;新设铜钱监 13个;最高年铸额达 506 万贯;采矿及铸钱额均达两宋历史最高点。⑤ 大量的铜、铅、锡除供应官府铸钱制器外,时有盈余,因此允许民间向官府购买后自由通商与制器。

但是,上述政策的实施仍有一定的限制,熙宁十年十二月,宋神宗下诏河北、河东路不许以铜及卢甘石博买通入蕃界。⑥ 元丰三年九月,宋神宗又因"百姓阎庆诈为中使程昭吉状,称为内中降钱买三司铜铸钟,三司不详真伪,听买",于是将阎庆决配广南,三司诸官亦各展磨勘二年。⑦ 可见此时自由购买及制造器用的政策已发生变化,否则阎庆根本没必要冒充中使买铜。元丰七年七月,宋神宗先是因岑水场铜"近年全然

---

① 《续资治通鉴长编》卷二六九,熙宁八年十月壬辰。
② 《宋史》卷一八六《食货下八·互市舶法》。
③ 《续资治通鉴长编》卷二四〇,熙宁五年十一月癸丑。
④ 《续资治通鉴长编》卷二七九,熙宁九年十一月丁丑。
⑤ 参见拙文《宋代"山泽之入"矿课时间考》,载《中国史研究》1989 年第 2 期。
⑥ 《续资治通鉴长编》卷二八〇,熙宁十年十二月丙午。
⑦ 《宋会要辑稿》职官六六之一二至一三。

收买不敷",不得不下诏"增韶州岑水场铜价",以期满足铸钱之需。之后又下诏将虔、吉州界作为禁铜、铅、锡地分。① 此时虽没废罢熙宁编敕,实际上已被迫部分恢复禁铜之法。

宋哲宗嗣位后,一方面罢废熙宁编敕,重新恢复嘉祐编敕②;另一方面,为了解决铸钱原料不足问题,大力推行胆水浸铁成铜法。宋徽宗当政后,除在诸路广设矿冶机构,加强管理职能外,还专门派使措置东南铜事,极尽搜刮之能事。③ 由于官府催逼勒索、侵扰过甚,北宋末期,矿冶业日渐衰落。

进入南宋,矿冶业生产下降愈甚。绍兴二年,因铜铅锡奇缺,江、池两州钱监被迫罢废,是岁铸钱才八万贯。④ 各地官员"必欲管认旧来铜铅之数",以致出现销熔铜钱以充课额的现象。昔日冶夫烹丁云集的信州铅山场、韶州岑水场,由于官府榷买矿产却压价过低而人去场空,采矿炼铜几近湮灭,官府不得不使用数百名场兵或配役犯人从事胆铜生产。⑤ 而散走的坑丁冶夫们,避开官府眼目,纷纷私下采凿冶贩,以至于绍兴十三年,都大提点官韩球上言:"所有应干铜、铅并产锡地分若有私采盗贩,皆是违私禁榷之物,正与私盐事体一同。"于是,朝廷责委各地巡查私盐的使臣"兼管寻捉私贩铜、铅等事务"⑥,加强了对私采盗贩者的缉捕。终高宗一朝,尽管政府费尽心机挽救颓败的铜、铅、锡生产,但绍兴末期全国岁收铜仅 26 万斤,铅 19 万斤,锡 2 万斤⑦,成为两宋记载中之最低点。

由于南宋长期以来矿产不继,孝宗、宁宗朝都曾制定收买铜铅锡之

---

① 《续资治通鉴长编》卷三七六,元祐元年四月乙酉;卷三四七,元丰七年七月庚子、庚戌。

② 《续资治通鉴长编》卷三五九,元丰八年九月乙巳;卷三七五,元祐元年四月乙巳。

③ 参见拙文《宋代提点坑冶铸钱司与矿冶业》,载《中日宋史研讨会中方论文选编》,河北大学出版社 1991 年版。

④ 《皇宋中兴两朝圣政》卷一三,绍兴二年八月癸巳。

⑤ 《宋会要辑稿》职官四三之一六五,食货三三之一九至二〇;洪迈:《洪文敏公文集》卷四《论岑水场事宜札子》。

⑥ 《宋会要辑稿》食货三四之三一。

⑦ 《宋会要辑稿》食货三三之一九至二五。

赏格，以矿产增羡为官员升擢之依据。对于私人承买场地，官府或以二分抽收、八分权买之制尽行掊敛；或立定课额，催逼完纳。宋孝宗乾道二年，还制定了坑户卖铜免抽收、官府支还十分价钱的政策。[①] 宁宗时期，又颁行了条款极为完备的权禁条法，不仅对铜铅锡产地私采盗贩者进行严厉的制裁，还对失职的官员和地方胥吏给以惩处，同时辅之以告获给赏令格，以弥补官府巡防不周之弊。[②] 更有甚者，连当时贩易天下各地的湖州铜镜，亦禁私人制作而改为"官自铸之"[③]。然而上述种种措施并未发挥有效作用，终南宋一期，民间私采、私卖、私制器具活动一直不断地破坏着宋政府的禁权垄断之权。

四　结语

综上所述，宋代金、银、铁的禁权与通商政策是随着国家政局、财政、军事、社会经济的变化而交替实施的。铁的禁权，既保证了宋政府的多方面需求，又通过官府专卖，供应民间制器原料。宋神宗时期铁的自由通商政策，更大限度地调动了民间铁器制造业的发展，促进了商品经济的活跃。

金银的禁权，起初主要是为了解决封建王朝储积财富、交纳岁币、减少诸路上供物力，以及奢侈性、观赏性消费等方面的需求。其后，金银产品因社会经济的日益发展，而逐渐转变为货币替代品，运行到比前代广泛得多的地域和经济活动之中。宋神宗时期推行的金银自由贸易政策正是顺应社会发展的需求，从而促进了金银货币化职能的加强。

宋代铜、铅、锡的禁权最为严厉，这是由矿产品在铸币中的地位而决定的。两宋时期一直遵循着国家垄断的原则，即使在宋神宗颁行新敕、实施开放铜之贸易与铸器阶段，仍然紧紧地把握住了官府对矿产品的收

---

① 《宋会要辑稿》职官四三之一五八。
② 《庆元条法事类》卷二八《权禁门一·铜鍮石铅锡铜矿》。
③ 《嘉泰吴兴志》卷一八《食用故事》。

买及分配权。北宋时期铜铅锡禁榷政策常常卓有成效，与当时较为合理的收买价格密切相关。而南宋矿产量低回，禁榷垄断权遭到破坏，亦主要是由于政府过度的剥夺矿冶户所致。

（原载《宋史研究论文集》一九九六年年会编刊，
云南民族出版社 1997 年版）

宋朝政府的矿冶业开采政策

宋朝政府的矿冶业开采政策主要是指适用于生产过程中的各项管理政策，例如鼓励报矿的告发政策、矿产地的所有权与使用权的规定、对矿冶户的监督与管理、舒缓民力的政策，等等。下面分述这几项政策的制定及执行情况。

一　鼓励报矿的告发政策

告发，是指民间百姓将新发现的矿苗或已私下兴采的矿产地陈告官府的行为。我国古代从事矿业生产的劳动人民，经过长期的实践观察，逐步积累出一套找矿的经验。早在《管子·地数篇》中就总结了不少矿苗和矿物共生或伴生的现象，例如："上有丹沙者，下有黄金；上有慈石者，下有铜金；上有陵石者，下有铜锡、赤铜；上有赭者，下有铁。此山之见荣者也。"在尚无科学检测手段的宋代，矿产地的踏勘主要就是依据上述世代流传下来的经验进行的。

开采矿产，首先要发现矿苗。宋代矿产地的踏勘与开发，虽然有检踏官专负其责，但是矿产苗脉遍布各地，许多产矿区又处于交通不便、人迹稀少的偏僻地带，如果仅靠检踏官的巡查踏勘，很难有所收益。因此，宋政府采取了鼓励百姓踏勘矿产地并陈告官府的政策。例如，宋仁宗康定元年（1038）差通判河中府皮仲容采取的铜矿，就是商州百姓高英等踏勘到的。① 河东路绛州，唐代时期就是一个官府经营采铜铸钱的基地，后经战乱，官冶废弃，入宋以后，当地百姓仍在私下采铸。朝廷曾"前后差官寻访，多是不晓事体，张皇惊扰。私铸之家避犯禁之罪，不肯指引采取。又矿铜侧近民居惧见官中兴置炉冶，各相蔽固，并称无铜，所差官员又不尽心多方求访，遂使铜宝不能兴发。"针对这种情况，当时奉使河东路的欧阳修建议对那些私铸者和隐瞒实情不告官者，采取"许其免罪或别加酬奖"② 的制度。这些建议当时是否被采纳，无明文记载。宋徽宗崇宁元年，"户部奏：江淮等路坑冶司因虔州雩都县告发佛婆（同）［铜］坑，乞立赏格。"宋徽宗下诏："应告发铜坑除依条赏格酬奖外，炉户卖铜每挺收剥钱五文与原告发人充赏。"③ 因此，至少在崇宁元年，对告发铜矿之人给予酬奖之制已经确立。并且，告发之人还可根据炉户卖铜数量的多少得到相应的赏钱。这种经济奖励的手段在当时是颇具吸引力的。

告发之人除获得赏酬外，政府还常常允许告发之人优先承买矿冶产地，可以从官府预借工本钱，筹措开采。政和三年二月十二日，提辖措置京东路坑冶司状中提道："一路新坑有人陈告，便令措置，下手开发。其所用钱本等深恐所属不应副，乞所属以转运司系省钱物权行应副，候将来收到课利，申取朝廷指挥，依数兑还……诏：应缘坑冶本司钱遇阙，许于常平司封椿耆户长钱内支借，余路依此，并免执奏。"④ 宋徽宗后期，由于政府急于通过矿业开采满足铸钱之需，因此对于告发之地，往往不核查究实，即拨借本钱，遂使贪利之人有可乘之机，"窥利之辈所奏苗脉不实，唯在借请官钱，遂至失陷。"有的官吏为求得职位上的升迁，欺瞒官府，将旧坑冶冒充新发场地告发。鉴于以上种种漏洞，宣和六年，宋政府采纳权提举京西南路常平等事雷勉之言，严格告发之时的试冶炼之制和开采时的借钱制度，并"诏令诸路提点坑冶官并兼领官条画措置申

---

① 《宋会要辑稿》食货三四之三〇。
② 欧阳修：《欧阳文忠公集》卷一一五《相度铜利牒》。
③ 《宋会要辑稿》食货三四之二一。
④ 《宋会要辑稿》职官四三之一三〇至一三一。

尚书省"①。

宋室南渡之初，正是兵荒马乱之际，各地矿业开采多数废弛，矿冶产量急剧下降，导致铸钱额锐减。从绍兴元年到绍兴三年间，铸钱司所上新铸铜钱仅十二万贯。矿产地的告发，因战争年代社会局势的动荡不安而受阻；战争平息后，告发活动仍十分稀少。绍兴二十七年八月，宋高宗不无忧虑地指出："铸钱先理会铜苗，若铜坑不发，何以鼓铸？多是百姓苦官中科扰，虽有铜坑发处，亦不告官。须是明立赏罚，多方劝诱，使不为百姓之害，可矣。"② 同年，权户部侍郎陈康伯等上言："有停闭及新发坑冶去处，许令人户经官投陈，官地给有力之家，人户自己地给付本户，若本地主不赴官陈告，许邻近有力之家告，首给告人，候及一年成次第日，方从官司量立课额。其告发人等坑户自备钱本采炼，卖纳入官，从绍兴格特与减壹半数目，依全格推赏补官。"③ 陈康伯建议：一方面将新开采的矿场确立课额的时间后移一年，以待开采量的稳定，防止立额过重致使坑冶户亏损；另一方面，降低补官的标准。这种以经济利益和政治权位双重诱导的告发政策，得到朝廷的允可。但推行的效果似乎仍不太理想。这一点，从宋孝宗乾道二年尚书工部侍郎薛良朋的上言中可窥其一二。薛良朋言："契勘坑冶兴发，人户欲行告发，多畏立额，恐将来采取年深，矿苗细微，官司不为减额，不敢告发。"看来，立额量的多少及其日后是否能够根据情况适时减额是一个关键问题。为了彻底解决这一问题，薛良朋提出了一个更为积极的办法："今相度应人户告发铜、铅、锡、铁坑冶，更不立额，但据采炼到数，赴官中卖，即时支还价钱，度使坑户放心告发。"④ 薛良朋希望在当时铜、铅、锡、铁严重缺乏的局面下，取消买扑矿场立额的规定，依据实纳之数支还价钱，以消除人们对年久失采而课额不减的恐惧。这一政策由于强调了顺遂矿冶业客观发展的趋势，消除封建国家的过多干预和强权政治，遂具有促进矿业开发的强心剂作用。遗憾的是，薛良朋的提议当时虽然被朝廷采纳，

---

① 《宋会要辑稿》职官四三之一三九。
② 《宋会要辑稿》职官四三之一五一。
③ 《宋会要辑稿》食货三四之一九。
④ 《宋会要辑稿》职官四三之一五七至一五八。

但似乎并没有真正地贯彻到各个产矿场地，致使矿冶业生产仍循环在旧时的老路上。

实行矿产告发政策的目的，是为了尽可能地开发矿产地。宋代的统治者们虽然竭尽全力地推行鼓励报矿的告发政策，但是在实施过程中，又极其小心地把一些场地保护起来，列入不可开采矿业的禁地之内。这些禁地就是遍布各地的寺观、祠庙、公宇、居民坟地及坟地附近的园林地区。

最早见于记载的，是宋真宗大中祥符五年五月，当时"入内供奉官江德明言：'监修东岳庙，民间言山出铜矿，采炼得实，望令兴置冶务。'诏不许"。① 东岳泰山是历代皇帝封禅上天、祈祷祝拜之地，自然不许可从事任何采矿活动。而寺观、祠庙是民间供奉神灵先贤的场所，坟地及附近的园林地区既是家族尊祖敬宗的场所，也是维护家族血缘关系的载体。把这些地区列为禁地，鲜明地体现了封建社会的礼法教义和伦理道德。因此，两宋期间，保护上述地区的安宁就成为告发政策中不能规避的问题。

这一政策被破坏，始于宋徽宗崇宁以后提举常平司开始兼管新开发的矿场时期。这一时期，正是宋徽宗政府以攫取矿利为目的、广设矿业管理机构和官吏的时期。一些贪官污吏期于升迁，唯以开矿设场为要务，常常任人侵入上述地区进行开采。为此，提举常平司专门制定了一条法令："诸坑冶兴发而在寺观、祠庙、公宇、民居坟地及近坟园林者，不许人告，官司亦不得受理。"② 南宋以来，虽然提举常平司不再管辖矿冶业，但制定的上述法令依然有效。宋光宗绍熙二年及宋理宗端平三年，发布的赦文中都特意提道："诸坑冶兴发而在寺观、祠庙、公宇、民居坟地及近坟园林者，在法不许人告，亦不得受理。访闻官司利于告发，更不究实，多致骚扰。"③ 可见禁地开采已成为一个比较突出的问题，屡禁不止。例如，鄞县灌顶山是四明山支脉，由设在山中的府学普净寺租佃，岁纳

---

① 《续资治通鉴长编》卷七七，大中祥符五年五月癸未。
② 罗濬：《宝庆四明志》卷一二《鄞县志卷第一》。
③ 《宋会要辑稿》职官四三之一七七。《宋史》卷一八五《食货下七·阬冶》。

学租。宋宁宗嘉定十七年冬，"忽有豪民唐执中者以四明山有铁矿发见，密于主管司冒佃鼓铸……此山自隶本学已二百余年，其间岂无铁矿发见之时！然前此未尝掘凿以求鼓铸之利者，必有谓也！郡士大夫坟墓之在其上者，不知其几，（开矿）岂不违背法意！"于是，唐执中开矿一事很快被禁止。然而，仅仅一年多以后，宋理宗宝庆二年正月，"复有丁思忠者隐下唐执中元断事节，径就坑冶司陈状，行下告示……欲掘凿鼓铸"。在庆元府府学教授方万里奏札揭露下，官府惩治了唐、丁二人，"以为后来豪民违法规利者之戒"。①

总的看，宋代告发政策的推行，是在一种有序的环境中进行的，在大部分时期中，宋政府既最大限度地调动民间找矿、开矿的积极性，又尽量避免了滥挖乱采活动。宋代许多矿藏的开采，都是在这一政策的推动下实现的。

二 对矿产地所有权与使用权的规定

宋代是封建土地私有制占统治地位的时期，这一特点体现在宋封建国家的土地所有权政策上，主要是以下三点：一是允许民户自由垦辟无主荒田，土地所有权归己；二是"不抑兼并"，允许私人拥有的田产数量不受限制；三是私人可以自由地买卖土地，土地所有权的归属随之变化。

但是，上述种种土地所有权的规定，都不适用于开采矿产的土地。宋代金、银、铜、铁、铅、锡等金属矿产在国计民生的需求中占有重要的地位，因此，矿产地的所有权均掌握在封建国家的手中，采取官营或民间承买的方式从事开采，绝对禁止私人非法开采冶炼，违者一经发现，即受严厉制裁。

宋代的矿产地一直处于不断地被发现、被开采的过程中，那么，当一些矿产在私人拥有的土地中被发现后，宋政府对土地所有权该如何处置呢？下面一例很能说明这个问题。天圣四年，京东转运副使上官佖奉诏相度登州蓬莱县淘金利害后，制定了一系列条例，得到批准施行。其

① 《宝庆四明志》卷一二《鄞县志卷第一》。

中有关土地所有权和使用权的规定是："（产金之地）产地主占护，即委知州差人淘沙，得金不计多少，立纳官，更不支钱"；"应地主如少人工淘取，许私下商量地步断赁与人，淘沙得金，令赴官场中卖"。① 即私人拥有的土地一经发现产金，就不可再经营其他生产；原地主可以自己经营淘金或转赁与他人经营，但所得金必须全部卖给官府；如果原地主占护土地不采金，土地就收归国有了。至于那些依从官府规定在自己的土地上淘金的人们，他们也只是名义上的土地拥有者，一切活动都要受实际上的土地拥有者——国家——的支配。

宋哲宗时期，对矿产地的使用权又作出更详细的规定。元祐五年下令："应金、银、铜、铅、锡兴发不堪置场官监，依条立年额课利，召人承买。而地主诉其骚扰，请先问地主如愿承买，检估己业抵当及所出课额利钱数已上，即行给付；如不愿或己业抵当不及，即依本条施行。"② 也就是说，原地主除不愿从事矿冶业会被剥夺土地所有权外，如果自身经济力量达不到承买矿场的课额及课利钱数以上，还会失去使用土地的权利；即使可以承买矿场，原地主也必须与官府订立承买合同。这样一来，官府不仅是在事实上，而且在名义上完完全全地成为土地的所有者了。南宋孝宗乾道九年，处州龙泉县"有石堰、季湖银坑两处，蔡崧等五人地，有库山等铜坑数处，（系）［孙］可久等二人地。据逐人状，各甘自备工费采打，依本州措置，银以分数支给，铜以工价收买，已各出交帖给佃"。③ 上述这条材料证明，北宋哲宗时期的规定，南宋一直遵照实行。原地主只有处于佃户的地位，才可以从国家的手中获得矿产地的使用权。

三　对矿冶户的监督与管理

宋代一些大规模的官营矿场，对生产者劳动过程的管理是非常严格的。据南宋嘉定十四年（1221）七月十一日臣僚奏言："旧来铜坑必差廉

---

① 《宋会要辑稿》食货三四之一四。
② 《续资治通鉴长编》卷四四一，元祐五年四月癸丑。
③ 《宋会要辑稿》职官四三之一六八。

勤官吏监辖，置立隔眼簿、遍次历，每日书填：某日有甲匠姓名几人入坑，及采矿几箩出坑；某日有矿几箩下坊碓磨；某日有碓了矿末几斤下水淘洗；某日有净矿肉几斤上炉烊炼，然后排烧窖次二十余日……经涉火数敷足，方始请官监视，上炉匣成铜"。但是，上述这种严密的籍账制度在南宋宁宗时期已遭到破坏，"近年既不差官，及无隔眼、遍次簿历"，对生产过程的管理近乎瘫痪。因此，臣僚们呼吁恢复"旧日措置，每日抄转簿历，逐季解赴泉州（司）稽考"。① 并通过加强对矿冶业生产过程的管理，考察官员的任职情况。

宋代官营场监和一些民营场所的劳作者大多是离开家乡、无田业之民，他们靠出卖自己的劳动力而生存，很少有家产妻室的牵挂。他们在官府的剥削压榨下，有共同的境遇和思想基础，有聚集一处共同斗争的有利条件，因此，遇天灾人祸，常常一呼百应，采取十分激烈的反抗手段，对封建统治政权造成一种威胁。对此，统治者们也一直严密加以防范。皇祐二年（1050），就有臣僚上言："应采取金银铜矿及鼓（铁）[铸]钱币聚集群众之处，宜密设方略，常为警备"。② 许多官营矿场甚至私人承买场地也由官府设置武官、派兵驻守，行使监督与警备之职。③

宋神宗熙宁年间，推行新法，维持封建社会治安和统治秩序的保甲法也被推行于矿冶业中。熙宁八年七月，宋神宗下诏："坑冶旁近坊郭乡村及淘采烹炼人依保甲排定，应保内及于坑冶有犯、知而不纠、及居停强盗而不觉者，论如保甲法。"④ 元丰元年十月，岳州刚刚发生了詹遇及其同伙入金场"纵火杀人，劫掠财物"事件，宋神宗随即下诏"潭州浏阳县永兴场采银铜矿所集坑丁，皆四方浮浪之民，若不联以什伍，重隐奸连坐之科，则恶少藏伏期间，不易几察，万一窃发，患及数路，如近者詹遇是也。可立法选官推行"。十一月甲戌，又详细规定了保甲内犯罪的处罚条款："其保内有犯强盗、杀人放火、居停强盗、及逃军私藏兵器、甲弩，知而不告，各减犯人三等，并押出场界；情重者，邻州编管；

---

① 《宋会要辑稿》食货三四之二四。
② 《宋会要辑稿》兵一一之二三。
③ 《续资治通鉴长编》卷二五六，熙宁七年九月丙辰；《宋会要辑稿》职官四三之一六八。
④ 《续资治通鉴长编》卷二六六，熙宁八年七月癸酉。

不知情，又减二等。有该说不尽事，令提点坑冶铸钱司立法，其本场地分排保虑未如法，令朱初平依条编排。"①

保甲法自宋神宗时期在矿冶业中推行后，是否一直延续下来？这个问题很难回答。因为期间可供参考的资料几乎没有。直到南宋宁宗庆元三年，才见到下述规定："诸路坑冶户管下夫匠，州委通判，县委县丞，各令五家结为一甲，互相觉察。如有违犯，炉户及结甲人同罪。"② 此外，庆元年间还公布了对私有铜、铅、输石等矿产品的处罚条令，其中提道"诸出产铜、铅、锡界内耆长失觉察私置炉烹炼而为他人告捕获"，依巡捕官、县尉的展磨勘、殿选法处罚；"保父、保正长知而不纠者，并依界内停藏货易透漏榷货法。"③ 从以上两条记载看，至少宋宁宗庆元年间十分重视用保甲法来缉治私采私铸的活动。

保甲法充分地表明了封建制度下统治者残酷无情的本性，编户一人犯法，不仅全家罹罪，本保甲内所有人户均要受到株连。但是，即使制定了如此严酷的法令，民间的私下采铸活动仍旧十分活跃。

四　舒缓民力的政策

宋代立国于南征北战之际，随着版图的日益扩大，首先面临的经济问题就是蠲减各国遗留的苛繁赋税。宋太祖平岭南，得知当时产银之桂阳监"山泽之利虽多，颇闻采纳不易"，随即于开宝三年（970）十一月下令"减桂阳监岁入银额三分之一，以宽民力"。④ 这一做法，既树立了宋政府的名誉与统治声望，又缓和了当时南汉人民因遭受沉重盘剥而日益积聚的反抗情绪，促进了桂阳监银冶的持续开发。

宋太宗以后，在政府的推动下，矿冶业开采活动日趋活跃。但是，由于受技术水平的制约，不可能做到有计划地、合理地开采，对矿脉走向及其生成特点亦没有科学的评估，因此，在开采过程中，就常常出现

---

① 《续资治通鉴长编》卷二九三，元丰元年十月己未。
② 《宋会要辑稿》兵一三之三九。
③ 《庆元条法事类》卷二八《榷禁门一·铜铅锡铜矿输石》。
④ 《续资治通鉴长编》卷一一，开宝三年十一月乙巳；《隆平集》卷三《爱民》。

忽盈忽亏、暴发辄竭，或采取岁久得不偿失等现象。再加上北宋前期，宋政府在银、铁等矿产地采用了徇前交纳固定课额之制，更增加了上述现象发生的次数。宋真宗时，曾屡屡下诏废罢那些已经衰竭不兴的矿场，或减免过高的课额。例如，咸平二年十一月，废齐州龙山冶务。① 咸平六年正月，废嘉州采铜场。② 景德三年和四年，又先后罢废莱芜监内冶铁亏额的大叔冶、道士冶。③ 咸平二年四月，因大通监冶铁盈积，可供诸州军数十年鼓铸，曾权罢采取以纾民。④ 宋真宗还特地于大中祥符二年（1009）"遣使分诣河东、江浙、广南路银铜坑冶，抚视役夫，悯其劳"。⑤

宋仁宗时期，由于徇前交纳固定矿课的弊端暴露得越来越充分，而招募制、承买制生产日益显示出生机活力，因此，宋仁宗一方面"辄委所在视冶之不发者，或废之，或蠲主者所负岁课，率以为常"，皇祐以后，"以赦书从事或有司所请，废冶百余"⑥；另一方面，又将徇前制矿场改为招募制、承买制进行生产。⑦

宋神宗改元熙宁，随即下诏："天下宝货坑冶不发而负岁课者蠲之"⑧。其后，又推出矿课二八抽分制，国家只抽收产额的十分之二，矿冶户拥有产额的十分之八，可以自由贸易。随着社会经济的进步发展，当时统治阶级中的有识之士已经意识到：强制性的劳役和人身占有已不能适应社会经济发展的需要。王安石曾因斩马刀局兵匠杀作头监官之事，与神宗皇帝论及强迫役使之弊："凡使人从事，须其情愿，乃可长久……饩廪称事，所以来百工；饩糜称事，来之则无强役之理。"⑨ 这种深刻的认识是建立在社会发展的客观需求之上的，当时矿冶业经营方式之所以

① 《续资治通鉴长编》卷四五，咸平二年十一月庚辰。
② 《续资治通鉴长编》卷五四，咸平六年正月辛亥。
③ 《续资治通鉴长编》卷六四，景德三年九月；卷六七，景德四年十二月。
④ 《续资治通鉴长编》卷四四，咸平二年四月丙寅。
⑤ 《续资治通鉴长编》卷七一，大中祥符二年四月癸丑。
⑥ 《宋史》卷一八五《食货下七·阮冶》。
⑦ 见拙文《宋代矿冶经营方式的变革和演进》，载《中国经济史研究》1988年第1期。
⑧ 《文献通考》卷一八《坑冶》。
⑨ 《续资治通鉴长编》卷二六二，熙宁八年四月己丑。

普遍采用招募制和承买制，自有其变革的社会基础和理论依据。

　　然而，宋徽宗统治的后期，矿冶业饱受滥开矿场、勒索课额之苦，陷入衰败、混乱的境地。宋钦宗继位，不得不亲下手诏："永念民惟邦本，思所以悯恤安定之。"矿业生产，弊病百出，有"科立重额，不能输纳，或至潜买金银，以为坑冶所出之物，理宜蠲革。应诸路坑冶仰常平司体究，如实苗矿微细或旧有今无，并从蠲减。应买扑金场并罢"。①

　　宋高宗继位于宋室衰微之时，为稳定社会秩序和民心，于建炎三年下令减少广南路、福建路三分之一的上供银额，绍兴二年又下诏将所得不偿所费的矿场一并罢废。② 然而局势稳定后，宋政府又实行了搜刮矿利的政策。绍兴十二年，提点司管九路坑场 513 处，其中能够采兴矿产的只有 179 处，其余的 334 处只是徒具虚额而已。③ 绍兴十四年三月，户部尚书张澄请将各路有名无实处坑冶重新立定酌中课额，宋高宗曰："宁于国计有损，不可有害于民，若富藏于民，犹国外府。不然贫民为盗，常赋且将失之，此有若所谓百姓足，君孰与不足者也。"于是，"减坑冶虚额"。④ 但是，在实际执行中，有些矿场仍承担着过重的课额。例如，绍兴后期王之望任潼川府路转运使时，"准尚书省札子，委措置铜山县铜事"，当地"数十年前有窟二十二处，每年人户认铜三百六十五斤，政和年中，宪漕两司各遣官重行检踏，只七窟有苗，余一十五处无可采取，只于七窟上量添铜二十一斤而已"。而王之望因"朝廷以铸钱阙铜，遍行搜括"，遂籍匠户分窟取矿，"凡三个月，每月趁办，不及五百斤，甚费督责。"即使如此，王之望最后还是以每年六千斤、遇闰月再加五百斤立额。⑤ 这一数额竟比原来的数额增加了 15 倍以上。

　　宋高宗绍兴三十二年，虞部统计了全国坑冶兴废之数。其中兴采的矿场有 757 处，罢废了矿场 588 处。⑥ 然而，另一条资料则指出：绍兴末

　① 《靖康要录》卷五，靖康元年五月十二日。

　② 《建炎以来系年要录》卷二七，建炎三年闰八月己亥；卷五二，绍兴二年三月戊午。

　③ 《宋会要辑稿》职官四三之一五〇至一五一。

　④ 《建炎以来系年要录》卷一五〇绍兴十四年三月庚申，《续宋编年资治通鉴》卷五。

　⑤ 王之望：《汉滨集》卷八《论铜坑朝札》。

　⑥ 《宋会要辑稿》食货三三之一八至二五。开采与罢废的矿场总数由笔者统计得出。

年，南宋实际兴采的矿场数仅 80 余场而已。[①] 这两条记载差距如此之大，孰对孰错，虽难以遽下结论，但参照绍兴末期铜、铅、锡、铁的收买额仅数万斤至数十万斤来看，恐怕虞部的统计不符合当时实际情况。其所以仍籍记如此之多的矿场，可能是为了搜刮更多的矿料而将实际已废而政府仍不除籍的矿场都包括在内的缘故。

宋孝宗时期的情况从《淳熙三山志》记载福州地区矿场兴废情况中可略见一斑。《淳熙三山志》提道："政和以来，铁坑特多，如长溪至四十一所。今三十七所歇，惟四所旧坑，余复新发之类。"在长溪县下记载的铁坑场中有五六处都是宋孝宗乾道至淳熙六年间开发的。其他如银、铜、铅等矿场也有辄开辄歇之记载，开则入籍收买，歇则免收。此外，淳熙四年下诏停闭藤州平罗古社金坑，淳熙十年下诏废罢昭州管下金坑五处，均是因岁收净利微细之故。从以上情况看，宋孝宗时期采取的仍是传统的舒缓民力的政策。

总之，两宋时期采取的废罢衰竭的坑冶、减免过重的岁收课额等等舒缓民力的政策，在缓和封建国家与劳动者之间的矛盾、稳定封建社会秩序及保护矿冶户的经济力量等方面都起到了积极的作用。而一味搜刮、竭泽而渔的做法只能加速矿冶业的衰败。

（原载《河北大学学报》1998 年第 3 期，中国人民大学复印报刊资料《宋辽金元史》1999 年第 1 期全文转载）

---

① 《宋会要辑稿》食货三三之一九至二六。

宋政府的矿产品收买措施及其效果

宋代各类矿产品的交易活动，基本上是由政府控制和调节。其中，金、银、铁等矿产品在某些时期允许私人直接从矿产地收买，某些时期则全部由政府收买；而铜、铅、锡等矿产品的收买活动，两宋期间一律由政府包揽，严禁私人自由贸易。探讨宋政府实施的矿产品收买措施及其效果，对认识宋代矿业的发展历程至为重要。然而，长期以来，学术界尚未对这一问题进行专门的研究。鉴于此，本文试作一探讨，不当之处，敬请专家学者指正。

一　宋政府收买矿产品的方式

两宋期间政府收买矿产品，主要采取以下三种方式：一是先由私人筹备钱财进行开采，冶炼出成品后再由政府收买。二是由私人开采者向政府预借工本费，待开采冶炼卖出产品后再还纳工本费（或以产品折价）。三是政府先赊买矿冶户的产品，再后期支付资金。

第一种方式对宋政府来说是最为理想的。采用这一方式，宋政府不必在矿场的筹措开采阶段预垫资金，因此，当矿脉探查不准、矿产得不偿失之时，宋政府也不会有钱物耗失之虞。宋太宗至宋仁宗时期的程昭、程叔良家族，就是凭借自身雄厚的经济力量，数十年间一直承买磁湖铁冶而持续获利的，这种情况于个人于国家都有利。① 但是，这种方式也有

---

① 蔡襄：《端明集》卷三九《右班殿直监慈湖铁冶务程君墓志铭》，文渊阁《四库全书》本；《续资治通鉴长编》卷一九一，嘉祐五年四月甲申，中华书局本。

它的弱点，由于开采矿场具有一定的风险，需要先期投入较多的资金和人力，故能够从事规模性生产的人户只限于钱财富足者。像程氏家族这样的承买者毕竟是少数，大多数开采者资金有限，在当时尚不发达的勘探技术和开采能力制约下，矿产量也并不稳定。因此，一旦遇到矿坑衰竭，产量锐减之时，这些人户不仅先期投入的资金难以收回，更无后续资金和胆量继续投身于矿业生产，这种状况直接影响了矿业生产的持续性发展。特别是北宋前期，宋政府在银、铁等矿场实行委托衙前管理、交纳固定课额的制度，规定经营者要按额交纳，如有亏欠，必须以家产抵偿。因此，这一时期，屡有"坐是破产者""破产而逃""败家业者相继""破荡资业、沿及子孙不能免者，比比皆是"等记载①，矿业的开采活动受到严重阻碍。有鉴于此，宋仁宗后期起便陆续将上述矿场改为招募制或承买制经营方式进行生产，以提高生产者的积极性。

第二种方式是在宋神宗时期随着衙前制的废除及承买制的普及而推广的。例如：兴州济众监铸钱所用生铁，宋神宗以前由衙前负责收买交纳，每斤支十四文，宋神宗时期废除衙前收买，改为由政府直接借钱给矿冶户。"本州劝诱炼铁之家，通抵产预借钱"，炼成生铁后，官府收买，每斤支三十文。② 采用这一方式后，矿冶户得到更多的经济收入，从而促进了矿业生产的发展。到宋哲宗绍圣四年（1097）以后，宋政府曾规定："冶户无力兴工，听就钱监借措留钱"③，待采纳矿产后再卖给官府还钱。这一时期，官府预借工本钱似乎尚没附加其他条件。宋徽宗继位后，元符三年（1100）正月，提点官王奎上奏提出：借官钱开发矿坑的坑户，如果开采到矿石品位高、蕴藏量丰富的矿产，所获得的赢利就远远高于所费工本，坑户除向官府还纳本钱外，其余赢利全部归自己，这种做法是不合理的，既然本钱由政府提供，政府理应参与赢利的分成。王奎的提议得到朝廷的认可。从此，"如有坑户系用官钱开发坑垅，若遇矿宝，除填纳官钱了当外，有剩钱分给施行"④。也就是说政府与坑户按比例共

---

① 见拙文《宋代矿冶经营方式的变革和演进》，《中国经济史研究》1988 年第 1 期。
② 吕陶：《净德集》卷四四《奉使回奏十事状》，《丛书集成初编》本。
③ 《宋会要辑稿》职官四三之一四三，中华书局 1957 年版。
④ 《续资治通鉴长编》卷五二〇，元符三年正月丁酉。

同获取赢利。但上述比例官私之间如何分配，两宋间并无记载。姑且存疑。

官府预借本钱的措施初实行时，扩大了矿业经营者的范围，不论是经济力量雄厚的上等户，还是贫穷的下等户，都可以向官府预借本钱，开采矿产。但是，随着这一政策在推广中管理上的疏漏，一些不法窥利之徒趁机干起了欺瞒政府、侵吞钱财的勾当。他们杜撰出实际并不存在的矿产地，赴官告发，"唯在借请官钱"，一旦钱拿到手，即转而他用，导致官府所发本钱难以回收。宋徽宗宣和五年（1123），"有连州衙皂黄瑗妄将同官铜场地段改名，妄作新地告发。寻委官体究，不实。黄瑗特追毁元补授官"，权知巴州熊倩因当初黄瑗告发时正在提点坑冶铸钱任上，曾"签书保明"，也受到"降一官"的处罚。① 但是，这种事后处罚措施不能防患于未然，本钱一失陷就很难追回。故此，宣和六年，权提举京西南路常平等事雷勉上奏提出：诸路漕臣与提点官应严格控制预借官钱，对于民间告发之地，必须"选委能吏及州县当职官躬亲诣地头监辖，取打矿石烹试，如委实有宝，即计其所出，有补于官，许依条借请官钱"。坑户借钱的多少必须依照生产规模及产额的高低而定，借钱者还必须由"第三等以上税户保借"，这样才能杜绝官钱失陷的现象。② 这一提议虽然被宋政府采纳，并发布实施，但在实际执行中，特别是在那些玩忽职守或急功近利之官管辖之下，往往不能有效地防范官钱的失陷。例如，南宋绍兴十三年（1143）臣僚言："近者，朝廷……督责州县兴复埋废坑冶，必欲管认日来铜铅之数。间有狡猾之徒，乘此骚扰，或欲强占人户山林，或就官中先借钱本，却虚认课额。及至得钱，见矿材微薄，所得不偿，便自逃窜，其所认数目已为州县定额，无由豁除，缘此多有拖欠。"③ 虽然出现上述弊端，但宋高宗政府还是执行了预借本钱的措施，如绍兴二十五年（1155）十二月丙申，朝廷仍允许坑冶兴发之地，由

---

① 《宋会要辑稿》职官六九之一二。
② 《宋会要辑稿》职官四三之一三九。
③ 《宋会要辑稿》食货三四之一七至一八。

"官司量支贷，听人户随多寡输纳"①。

　　第三种赊买方式是从第一种方式演变而来。由于宋代当时的开采技术水平还很低，矿山生产还做不到有计划、有步骤地开采，矿冶产量常常忽盛忽衰。当某地矿产突然兴发、产量大增之时，政府资金又往往不能及时到位，不得不采取东挪西借或赊欠坑冶户钱的办法，如果不及时解决本钱的供应，就会形成赊买现象。例如：韶州岑水场自宋仁宗至和初年产量骤增以后，曾屡次出现收买资金紧缺的危机。是时，官府收买坑冶户的铜，不付现钱，"止给空文"，即先发给凭证，写明应支付的价钱，坑冶户只有候以时日，才能得到卖铜之钱。由于官府欠钱数额已"积逋巨万"，坑冶户"无所取资"，纷纷"群聚私铸，与江西盐盗合"，在广南与江南西路地区集聚了一股威胁着封建朝廷统治秩序的力量。嘉祐七年（1062）十月，蔡抗被任命为广南东路转运使时，"朝旨责捕群盗甚峻"，而蔡抗从维护封建统治的长远利益出发，指出："采铜皆惰游之民，铜悉入官而不畀其直，非私铸，衣食安取资？又从而诛之，是岂但民犯法也。"于是改用了"铜入即偿直"的办法，平息了坑冶户的反抗活动，"民尽乐输，私铸遂绝"②。其后，林积"提举广南东西路银铜坑冶市舶利害"时，也遇到同样的难题，"民以银铜入官，官负其直且数十万，以故废业"。林积采取了"出积货滞财之在官者，易而偿之"的补救措施，"坑冶复作，课利遂集"。到宋神宗元丰官制改革时，林积任广南东路提点刑狱，全路内"铜冶不下数十，岁藏日收，委塌官帑，官负其直"。林积又采取了"权罢收买，且用见支之价以偿旧欠，运诸滞铜以杜宿奸"的应急之策。③ 其效果如何，虽没见记载，但从"权罢收买，且用见支之价以偿旧欠"之句来看，恐怕坑冶户所应获得的收入已被打了折扣，生产也暂时陷入停顿状态。

　　宋神宗熙宁年间（1068—1077），岑水场曾是为南北数处铜钱监提供

---

　　① 李心传：《建炎以来系年要录》卷一七〇，绍兴二十五年十二月丙申，见《宋史资料萃编》，台北文海出版社 1980 年版。

　　② 《续资治通鉴长编》卷一九七，嘉祐七年十月甲午；张方平：《乐全集》卷四〇《尚书礼部侍郎蔡公墓志铭》，文渊阁《四库全书》本。

　　③ 黄裳：《演山集》卷三三《中散大夫林公墓志铭》，文渊阁《四库全书》本。

铜原料的最重要的生产基地。但是元丰以后由于官府本钱发放不时，赊
欠和扣减价钱现象严重，导致岑水场生产迅速衰退，元丰末年，岑水场
铜已"全然收买不敷"。宋神宗虽曾于元丰七年（1084）七月下诏增岑水
场铜价①，但从下面的例子中可以看见，这一诏令可能并未得到实施。据
《续资治通鉴长编》记载，宋哲宗元祐二年（1087）二月，宰相蔡确之
弟、前军器少监蔡硕因侵盗欺隐官钱，被追毁出身以来文字，除名勒停，
送韶州编管。② 蔡硕在韶州，本应屏息敛气，服从管制。然而据侍御史孙
升之言："臣访闻韶州自来买铜，未有见钱支给，出照贴与铜户，俗谓之
'油粮主守'，候岁月、依次第支钱。昨来韶州郡县官员交结蔡硕，使于
油粮主守处，每一贯照贴止用钱数百收买，遂冒法不依资次，一顿支给
官钱与硕。不月余日，蔡硕赢落官钱千余贯。"③ 负责查实此事的广南东
路提刑程之元也提道："（蔡）硕买韶州思溪、密赛等场铅、锡会子，内
有买炉户未纳铅，作诡名卖纳。其炉户虽已立券卖铅与人，合请五分之
直，而官无钱可给，转运司令支四分，而硕乃请十分，共一万六千余缗，
计获剩利七千余缗。"④ 也就是说，官府向坑冶户赊买矿产，以照贴为凭
证，日后只支付给坑冶户照贴上标价的十分之四。蔡硕趁坑冶户生计无
着之机，以十分之四的低价从坑冶户手中买进照贴，转手又从官府手中
得到十分价钱，不费吹灰之力，竟获利高达七千余贯。从上述官员极力
压低收买价的事实来看，宋神宗末期下诏增价买铜的措施，恐怕也很难
兑现。

　　韶州赊欠本钱之事不是偶见的，两宋期间这样的现象各地时有发生。
赊欠的进一步发展，就出现了官府不支付本钱而白科于民的现象，经济
性的收买手段转变成了强制性的勒索。如宋孝宗乾道二年（1166）六月，
奉旨措置诸处坑冶出铜数目的尚书工部侍郎薛良朋上奏提道："契勘州县
拘纳坑户铜宝，就使依官估支给价钱，尚自不酬实直，今既不支钱，又

① 《续资治通鉴长编》卷三七六，元祐元年四月乙酉；卷三四七，元丰七年七月庚子。
② 《续资治通鉴长编》卷三九五，元祐二年二月己亥。
③ 《续资治通鉴长编》卷四四二，元祐五年五月壬午。
④ 《续资治通鉴长编》卷四四六，元祐五年八月乙未。

令将所采铜宝尽行送纳官司，其坑户一无所得，参之人情，实不可行。"①
又如广南东路韶、连、惠、英、南雄等五州府，在北宋徽宗大观年间
（1107—1110）"各有银坑发泄，银价低少，每两只六百或七百文，易于
买纳"，所以当时广南东路的上供银额中，分给这五州府的纳银额最多。
"后来银坑停废，又累经盗贼残扰，价增数倍，（银）每两至三贯陌。绍
兴前诸州并无银本钱，其他州岁计优裕，银价不多，官司自能买发，不
及于民。惟此五州银额既多，岁计窘乏，不得已白科于民。细民凋瘵之
余，极以为苦。"到南宋乾道末期，仅上述五州每岁合买发银数就达三万
一千二百余两，而转运司每岁只有五万贯的买银本钱②，如果依照市价，
一两银为钱约三贯文③，五万贯只能买到一万六千多两银子。在这种情况
下，必然出现官府向矿冶户赊买、白科的现象，甚至转变成殃及其他平
民百姓的赋税。到宋理宗后期，广南东路"各郡皆欠上供纲，而英、连、
韶、雄，其欠甚夥"④，往昔的银矿产地已走向衰败。造成这一局面，不
能不说与政府收买矿产品本钱投入得太少有密切的关系。

二　北宋时期提供矿产品本钱的机构及
资金数额的变化

北宋前期，在江淮等路提点坑冶铸钱司尚未建立之时，各路矿冶业
生产均由本路转运司管辖。转运使掌"经度一路财赋，而察其登耗有无，
以足上供及郡县之费"⑤。在"郡县之费"中也包括了本地矿冶业开发及
收买矿产品所需资金。这些资金来自于州县常赋收入，例如盐利，宋真
宗咸平四年，吏部侍郎陈恕评议官卖盐的好处时提道："官得缗钱，颇资
经费。且江湖之壤，租赋之中，谷帛虽多，钱力盖寡。每岁买茶入榷、

<hr />

①　《宋会要辑稿》职官四三之一五七。

②　《永乐大典》卷一一九○七《广·广州府志》，第九册，中华书局1986年版，第8415—8416页；《宋会要辑稿》选举三○之二五、崇儒七之五一。

③　《宋会要辑稿》食货二七之九。

④　吴泳：《鹤林集》卷二二《奏宽民五事状》，文渊阁《四库全书》本。

⑤　《宋史》卷一六七《职官七·都转运使》，中华书局1977年版。

市铜铸钱、准粮斛以益运输、平金银以充贡入……实籍盐钱之助。"① 此外，当转运使手头掌握的资金不足时，还可以采用其他的变通手法。如宋真宗天禧五年（1021）七月，福建转运使言："建州龙焙监通德铜场兴发，须钱市铜。望置便钱务，听民纳钱，于江浙请领。"此法被采纳。②

至少在宋仁宗前期，南方诸路转运司已有固定数额的资金用于支付矿冶业本钱。庆历八年（1048）宋祁在《直言对》中指出："南方矿冶地宝不乏，但转运司与州县莫适为谋，昔之本钱数十万，庆历以来为官司侵耗略尽矣。今既无粮货，不能聚人，上下掩闭，止以坑穴不发为解。采凿烹炼，反为奸人所盗。利夺于下，货失于官，禁籴之钱日朘月削。今若留数十万缗置于饶、信，权为本钱；精择材臣，委之经度；自令举吏，专建官司；庶几铜溢于山，钱流于府……此宜富国之一助耳。"③ 宋祁在文中提到的矿冶本钱数十万应该是指庆历以前政府支出矿冶业资金的常数。

由于庆历年间矿冶业本钱减少，影响了矿冶业的持续发展，无法满足国家的需求。于是，宋政府又在转运司支付本钱之外，采用增设钱监、增加铸钱额的办法，解决矿冶业本钱的供应问题。皇祐元年，宋仁宗特命叶清臣、宋祁"经度山泽之禁，以资国用"。叶、宋二人上奏提出："谨校郡国产铜、和市之数惟韶为多，而夐处岭隘，由江淮资本钱以酬其直，实为迥远。谓宜即韶置监，分遣金工以往模之，岁用铜百万斤，可得成币三（百）［十］万。三分其一以上供，余复市铜，几得二百万，如是则其息无穷矣。"宋仁宗采纳了这一建议，在韶州建铸钱监，皇祐二年，赐监名"永通"。④ 从上述记载可知，韶州永通监是专门为解决买铜本钱的供应问题设置的。设监之初，可能年铸铜钱三十万贯，其中十万贯上供中央，二十万贯用作买铜本钱，可买近二百万斤铜。此法循环往

---

① 《宋会要辑稿》食货二三之二六。

② 《续资治通鉴长编》卷九七，天禧五年七月丙申。

③ 宋祁：《景文集》卷二九《直言对》，湖北先正遗书本。宋祁自称"翰林侍读学士兼龙图阁学士"，查宋祁任此职时，宋仁宗曾于庆历八年三月甲寅、癸亥日两次召臣下奏对，他的《直言对》应该是此时应仁宗之命而作。

④ 余靖：《武溪集》卷五《韶州新置永通监记》，文渊阁《四库全书》本。

复，对矿业的开发起了促进的作用。至和二年，韶州岑水场铜产额大增，宋仁宗特意下诏："令转运司益募工铸钱。"① 因此，政府用于收买矿产品的本钱也当相应增加。

自韶州建永通监起，提点坑冶铸钱司就开始与各路转运司共同承担起支付矿冶业本钱的职责，不过，提点坑冶铸钱司主要负责收买铸钱原料铜、铁、铅、锡。熙宁三年，宋神宗下诏令惠州阜民监铸钱专给韶州岑水场，作为买铜之费。如有剩余钱，再给转运司移用。② 当时阜民监岁铸额是二十万贯，这笔钱大约于熙宁六年才"移拨与转运司买铜"。熙宁七年，广东转运司上言："韶州永通、阜民二监，岁铸钱八十万，（此）[比]又增铸钱三十万。近有旨改铸折二钱，一岁比小钱可增二十万。""上批：……今既有羡余，宜复归内藏"。③ 从上述广东转运司之言来看，熙宁七年改铸折二钱以前，韶、惠两监铸钱额已达110万贯。这笔钱如果没有移作他用，应该是全部用作矿冶业本钱的。

提点坑冶铸钱司支付矿冶业本钱的数额在宋神宗熙宁九年至十年间达到两宋时期的最高点。据毕仲衍的《中书备对》记载：当时，全国各地铜钱监增加到17个，岁铸铜钱高达506万贯，其中，韶州永通监和惠州阜民监，每年共铸铜钱150万贯，"并应副买铜"；衡州熙宁监铸20万贯，其中"五万贯应副坑冶买铜"；江、池、饶、建四州铸钱监，"每年二十万贯应副信州铅山场买银"。④ 由于这方面的史料很少，其他矿产品的收买资金无法统计。但是，综合以上能够看到的材料，当时提点坑冶铸钱司每年至少支付175万贯作为矿冶业本钱。这足以说明，宋代的矿业开采之所以在宋神宗时期达到鼎盛阶段，与当时政府提供了巨额资金是密不可分的。

但是，上述鼎盛阶段只持续了数年，元丰以后即逐渐下降，铸钱最

---

① 《续资治通鉴长编》卷一七九，至和二年三月癸未。

② 《续资治通鉴长编》卷二一四，熙宁三年八月辛巳。

③ 章如愚：《山堂群书考索》后集卷六〇《财用门·铜钱类》，文渊阁《四库全书》本；《宋会要辑稿》职官二七之九。

④ 《宋会要辑稿》食货一一之八至九。另据《续资治通鉴长编》卷二七八，熙宁九年十月戊子记载，应付信州买银的二十万贯，是由饶州铸钱监添招匠人增铸的。

多的韶、惠两监，铸钱额也不再全部充作矿冶业本钱，有时一年内要抽出数十万贯上供内藏库。这种状况，势必影响到本钱的支付。前述广南东路屡次赊欠、减价收买矿产品的做法，很可能就是本钱不足的结果，从而导致了本路矿冶业的倒退和萎缩。元丰七年（1084）七月庚子，在提点司的请求下，宋神宗下诏增韶州岑水场铜价。① 但此时，"自来出产铜矿最为浩瀚"的韶州岑水场已"全然收买不敷"，致使依赖其供应铜料的岭北诸铸钱监也陷入困境，无法运转。

宋神宗时期，除转运司、提点坑冶司等机构提供固定资金外，还临时从上供钱或朝廷钱物中拨下本钱，收买矿产品。例如：潭州浏阳县永兴银场熙宁十年银、铜兴发，由于提点司已拨付不出本钱，元丰元年七月，政府下令"借支湖南上供钱十万缗，候所铸钱拨还"，又从内藏库支挪十万缗，专充买银本钱。② 此外，宋政府还从地方财政中挖掘潜力，元丰二年五月，在永兴银场置酒税务，将其每岁收入"隶提点铸钱司市银封椿"。③ 永兴银场兴发后，四方之人云集于此，酒的消费额自然不会少。熙宁十年，永兴场的商税已达 8951 贯 590 文④，依照当时各地商税收入与酒税收入情况推算⑤，永兴场酒税务的收入至少也应在数千贯以上，这一办法应该说缓解了永兴场的本钱供应问题。

但是，上述从上供钱、内藏库钱中支付本钱的做法，毕竟是临时性的措施，酒税务收入充当买银本钱的措施也只是施行于个别矿场。因此，在矿冶业本钱日渐减少的情况下，宋政府不得不启用了聚敛丰盈、"储之以待非常之用"⑥ 的常平司财物。宋神宗、宋哲宗时期都曾借用过常平司的钱收买矿产品⑦，宋徽宗崇宁二年，又采纳宰臣蔡京的建议，以崇宁二

① 《续资治通鉴长编》卷三四六，元丰七年七月庚子。

② 《续资治通鉴长编》卷二九〇，元丰元年七月丁酉。

③ 《宋会要辑稿》食货二〇之一〇。

④ 《宋会要辑稿》食货三三之九。

⑤ 商税收入情况见程民生《北宋商税统计及简析》，《河北大学学报》1988 年第 3 期。酒税收入情况见李华瑞《宋代酒的生产和征榷》，河北大学出版社 1995 年版，第 325—341 页"熙宁十年立祖额表"。

⑥ 王应麟：《玉海》卷一八六《食货·理财》，文渊阁《四库全书》本。

⑦ 参见拙文《论宋代各级地方机构的矿冶业管辖权》（下），《河北学刊》1993 年第 4 期。

年三月为界，将各路矿场划归为新、旧两个时期，自崇宁二年三月以后新兴置的矿场，本钱由各路提举常平司支付。其后又明确规定："除坑冶专置司自合依旧外，逐路坑冶事并令本路提举司同共管勾。"① 自此直到北宋末期的二十五年间，提举常平司成为继转运司与提点司之后持续提供矿冶业本钱的机构之一。

宋徽宗时期虽然各路有上述三大机构负责支付收买矿产品的本钱，但本钱数额仍无法与宋神宗时期相比。以提点坑冶铸钱司为例，崇宁三年，尚书省提道：韶州永通监每年铸钱八十三万贯中有八十万贯"专充应付岑水场买铜本钱"，"今欲将上件见铸当二钱并依舒州钱样改铸当十钱"，其中的一百万贯，作为每年的买铜本钱。实际上，这一计划至少崇宁五年还未执行，当年，中书省勘会诸路铸钱额时，韶州永通监仍以八十三万贯为额。② 有关宋徽宗时期铸钱司的另一条材料，见于南宋乾道二年六月三日尚书工部侍郎薛良朋奏言之中。奏言中提道："契勘铸钱司祖额一百六十一万七千九百三十五贯八百文，内除六十七万七千五百五十五贯三百九十九文充铜本钱，实合发钱九十四万三百八十贯四百一文。后来鼓铸不（数）[敷]，承降旨，权以五十万贯为额，每年尽行分拨起赴内、左藏库。"熊克《中兴小纪》也有记载："初，诸路岁铸铜钱一百六十万贯，自绍兴以来，权以五十万贯为额，而近岁亏甚多，是年（指绍兴三十一年）止及一十万一千贯。"③ 上述"祖额"中的铜本钱数额，比崇宁年间又有减少，大概是北宋末期时的数额。

三　宋徽宗至南宋时期收买矿产品本钱的来源变化

从上述内容可知，北宋徽宗后期至南宋，政府收买矿产品的本钱越来越少。宋高宗绍兴二十七年（1157），提点司本钱尚有三十余万缗，但

---

① 《宋会要辑稿》职官四三之八、四三之一二〇。
② 《山堂群书考索》后集卷六〇《财用门·铜钱类》。
③ 《宋会要辑稿》职官四三之一五七；熊克：《中兴小纪》卷四〇，绍兴三十一年十二月，见《宋史资料萃编》，台北文海出版社1968年版。

铸钱生产费多得寡，甚至"每用十七钱而得一钱"①，矿冶和铸钱生产的亏损就像一块沉重的巨石压得宋政府喘不过气。宋宁宗庆元三年（1197），都大提点官黄唐上奏提道："本司岁计支遣钱二十六万缗，内十九万缗系省额钱均拨诸州供纳外，三万缗有奇系本司收到坑场所产花利钱，尚欠三万缗，系逐年拘催到诸州未解钱数补（揍）［凑］支遣。"②这里提到的三部分钱，第一部分十九万缗是向地方征收的常额钱；第二部分三万缗，称花利钱，大概是开采矿产或收买矿产品过程中所获得的盈余钱；第三部分三万缗，是历年各地应交纳却滞后解到的拖欠钱。就是这么点本钱，当时也常常不能兑现。嘉定十五年（1222）七月，臣僚言："坑冶本钱，朝廷于诸郡科拨，岁总十九万缗，而州郡驯习拖欠，每岁才及十三四万，故工役之费卒不能给。此本钱支遣不敷之弊也。"③

　　南宋期间，不仅矿冶业本钱数额越来越少，其来源也发生变化。北宋时期提点司支出的本钱，是每年所铸新钱的一部分，用此钱偿付生产费用，循环往复，尚可长期维持一定的收买数额。进入南宋以后，提点司铸钱额迅速下降，入不敷出，以致淳熙三年以后，不得不改为每年铸新铜钱十五万贯。这笔钱被南宋政府视为珍宝，"封椿、内藏各受其半，左藏咸无焉"④。故此，原北宋时期由提点司支付的本钱不得不改成通过各种渠道向各州县征纳获得。例如：宋高宗绍兴年间，四川施州广积监"所用炉料悉于清江县籍定人户家业敷买"。南平军广惠监"所用铁炭皆取于炉户，而于所佃田上捐其租税"。⑤ 宋孝宗时期，饶州德兴县"银坑罢虽久，小户犹敷银本钱"，李舜臣任知县时，才改为"官为偿之"。⑥ 撰于宋孝宗时期的《三阳志》中也提道：潮州"锡本钱一千八百贯文省，买银四百九十五两起发赴韶州通判厅交纳"⑦。漳州"抱认建宁府丰国监

　　① 《建炎以来系年要录》卷一七七，绍兴二十七年八月庚申。

　　② 《宋会辑稿》职官四三之一七八至一七九。

　　③ 《宋会辑稿》职官四三之一七九至一八〇。

　　④ 《宋史》卷三四《孝宗纪二》；许月卿：《百官箴》卷六《都大提点坑冶铸钱箴》，文渊阁《四库全书》本。

　　⑤ 《建炎以来系年要录》卷一六九，绍兴二十五年八月甲午。

　　⑥ 《宋史》卷四〇四《李舜臣传》。

　　⑦ 《永乐大典》卷五三四三《潮·潮州府·土贡》，第三册。

铸不足铅本钱，其数亦一万六千贯"①。台州在宋宁宗嘉定年间有铅、铁坑七处，起发坑冶司钱一千五百九十贯三百一十二文。② 汀州原有上供铅本钱三千贯，自绍兴十九年至开庆元年（1149—1259）间，"截拨发下通判厅，应支屯（戍）[戍] 左翼军券食"。开庆元年后改为解送行在左藏西库，钱额也增加了，其中包括"都大提点司进奏官供给钱二十八贯九百五文，……铅本折茶钱每年六县共到八千贯文"。③ 上述这些本钱都是从产矿地区或曾经产矿的地区征收的，实际上成为一笔向当地矿冶户以至其他民户勒索收纳的苛捐杂税。

此外，随着时间的推移，官府以度牒、盐息、茶引、上供钱等等兑付或支付矿业本钱的现象越来越多，南宋以后尤为突出。现以时间顺序分述如下：

度牒：宋神宗时期矿冶业迅猛发展，为了满足收买矿产品的需求，中央政府还临时赐发度牒，地方政府将度牒变卖得钱后作为矿冶业本钱支付给矿冶户。熙宁九年（1076）十月，朝廷"赐度僧牒千，付韶州岑水场买铜，又五百，付广南东路转运司买铅、锡"④。当时一道度牒价钱为130贯，1500道度牒可获钱近20万贯。虽然如此，这种办法也只是偶然为之。元丰四年（1081）五月，广南路经略安抚使司乞求赐度牒五百道作为邕州填乃金坑采金的收买本钱，宋神宗就没有答应，而是"诏止罢岁贡金"。⑤ 到了南宋孝宗年间，由于在江淮等路开发铁矿、设置铁钱监，本钱一时缺乏，于是又陆续出现以度牒支付的现象。乾道七年（1171）五月二十四日，"诏铸钱司每岁认铸铁钱三十万贯，所有合用本钱令户部科降度牒二百道，余令铸钱司于所余铜钱本钱内取拨应副鼓铸。"乾道八年，降度牒二百道。乾道九年又支降度牒一百道、会子六万

---

① 朱熹：《晦庵先生朱文公文集》卷一九《乞蠲减漳州上供经总制额等钱状》，《四部丛刊初编》本。

② 陈耆卿：《嘉定赤城志》卷一六《财赋门》，《宋元地方志丛书》本，台北大化书局1980年版。

③ 《永乐大典》卷七八九〇《汀·汀州府·供贡》，第四册。

④ 《续资治通鉴长编》卷二七八，熙宁九年十月丙午。

⑤ 《续资治通鉴长编》卷三一二，元丰四年五月庚寅。

贯，"通（揍）[凑]一十万贯，应付鼓铸"。① 从乾道九年度牒与会子的比例看，当时一道度牒价值约 400 贯，乾道七年至九年间，以度牒折支的本钱总计达 20 万贯，估计在当时矿冶业本钱的数额中占有不小的比重。

二广五分盐息钱：宋高宗绍兴二年（1132）五月十一日的诏令提道："宣和二年（1120）五月二十六日指挥，许取拨二广五分盐息钱助买铜本。"可见以二广五分盐息钱弥补矿冶业本钱的不足始于北宋末期。进入南宋以后，提点司"岁用铜、铅、锡、铁唯籍荆广路坑场出产，其合要本钱全仰二广五分盐息钱应副"，盐息钱成为收买矿产品的主要资金来源。由于铸钱生产每况愈下，费多得少，一些官员遂"将盐息钱更不买铜，就便充作所铸上供钱起发"。这样一来，官员们"唯务拘刷盐息，更不修举铸钱职事"。为此，绍兴二年五月，提举广南路茶盐李承迈请求将盐息钱收回本司桩管，宋高宗没有采纳，只是下诏"专责两提点官每月开具收二广五分盐息钱数、收买到铜货若干、般发往是何钱监、鼓铸若干，候岁终依法比较赏罚。如敢留袭久弊，兑盐息钱直作所铸上供起发者，并依擅行截使移易上供钱物法"。②

南宋时期，不仅两广地区的五分盐息钱拨作矿冶业本钱，福建路、利州路等地的一部分卖盐收入也是如此。绍兴三十一年（1161）二月，两浙转运副使王时升入对论福建上四州盐直太重时指出：福建路"岁卖盐一千一百三十万斤，以钱百二十为率，计收钱百三十五万六千缗"。然而"岁计所用不过六十万缗"，其中就包括丰国监所需本钱（收买矿料，铸造铜钱）。③ 在利州路，自绍兴十五年（1145）建绍兴监后，转运司每年从本路卖盐收入中拨七万余贯充冶铸本钱。绍兴二十九年（1159）九月，因"地狭盐多，变卖不行"，将盐价减价一半出卖，鼓铸本钱也随之降为三万五千余贯。减少的另外一半本钱则由"转运司于住罢起发羡余一万定绢钱内支拨"。④

卖青碌钱：青碌又称石绿，是铜的化合物。《上饶记》中已有信州铅

---

① 《宋会要辑稿》职官四三之一六四、一六七。
② 《宋会要辑稿》职官四三之一四四至一四五。
③ 《建炎以来系年要录》卷一八八，绍兴三十一年二月庚戌。
④ 《宋会要辑稿》食货二六之四三。

山县出青碌的记载。宋人杜绾《云林石谱》中也写道："信州铅山县，石绿产深穴中"；"韶州石，绿色，出土中……大抵穴中因铜苗气薰蒸，即此石共产之也"。① 北宋年间，信州铅山场曾设青碌坑场，宋高宗绍兴六年（1136），提点官赵伯瑜被旨兴复坑冶，诣铅山场询访后，上言朝廷："青碌系铜之母，发为精英，其名有浮淘青、头青、二青、大碌之类，皆是价高值钱之物。靖康初住罢采打，今来虽别无所用，而民间装饰服用亦有合用青碌去处，往往被人户私采盗卖，暗失钱本，诚为可惜。"赵伯瑜请依旧召人兴采，抽买入官，官府再"另行搭息变卖，资助铜本"。② 此请被批准实行后，殿中侍御史王缙曾谏上取青碌。宋高宗对赵鼎说："朕宫中未尝辄修一椽屋，须此何用之？"③ 看来，青碌的使用似乎并不广泛，以其所获赢利资助铜本钱也是很有限的。

茶引钱：指以朝廷支降的茶引变卖见钱充矿冶业本钱。这种办法多见于宋高宗、宋孝宗时期。绍兴十一年至绍兴二十七年（1141—1157）间，曾三次支降茶引二十六万贯。乾道二年（1166），"从朝廷支降八万贯，仍以江西、江东茶引并一并见钱于近便州军上供钱内拨下铸钱司，以铜额多寡均拨诸州，将茶引转变同见钱，逐时责付诸州给还坑户铜本"④。淳熙九年（1182），又支降茶引三万贯⑤。

三分阙额钱：指诸州铸钱监因兵匠人数缺额十分之三而存留下来的衣粮等经费。"初，诸州铸钱监自绍兴以来或省或并，其存者，所铸亦希。故兵匠有阙不补，视旧数损十之三，积其衣粮号'三分阙额钱'，饶、池、江、建、严、韶、信、南雄、南安诸郡皆有之。"在绍兴后期罢铸钱司以前，朝廷曾先后三次降铜本钱共 36 万缗，到绍兴二十九年（1159）二月，权户部侍郎、提领铸钱赵令誩提出：诸州三分阙额钱已积下六载，今欲拨付诸监充铜本。于是，朝廷采纳了这一建议，"第收诸州

---

① 乐史：《太平寰宇记》卷一○七《江南西道·信州》，见《宋代地理书四种》，台北文海出版社 1980 年版；杜绾：《云林石谱》卷上《韶石》，卷下《石绿》，《知不足斋丛书》本。

② 《宋会要辑稿》职官四三之一四七至一四八。

③ 《建炎以来系年要录》卷一○○，绍兴六年四月壬子。

④ 《宋会要辑稿》职官四三之一五七至一五八。

⑤ 《宋会要辑稿》职官四三之一七五。

所桩以资鼓铸之用"。①

除上述经常性的开支外，南宋还出现拨降上供钱的现象。北宋神宗时期，虽然也移用过上供钱，但属于借用。南宋以后，则在绍兴五年（1135）下令："所有铸钱司合用鼓铸数仰赍钱赴坑场依价收买，本钱依旧令转运司支拨，如不足，于上供钱内贴支。"② 说明地方经费已严重不足，须从中央财政收入中补贴拨付。

四　宋政府矿产品收买政策的实施效果

两宋期间，上述矿产品收买政策的主导思想一直贯彻了以钱易物的原则，这在中国古代矿冶业的发展历程中是一个进步。但是，在封建专制中央集权的统治下，以钱易物的原则中又渗透着政府意志，因此收买过程中又常常出现强制性的收买和不公平的交易现象。

宋代矿产品收买政策的实施，在不同的执政时期效果是不同的。为了说明这一点，先让我们看一下两宋历朝的矿产品岁课数额③：

表1　　　　　　　　　　　两宋矿产品岁课

年代	金（两）	银（两）	铜（斤）	铁（斤）	铅（斤）	锡（斤）	资料来源
宋太宗至道末（997）		145000	4122000	5748000	793000	269000	《文献通考》卷一八《征榷考五·坑冶》
宋真宗天禧末（1021）	14000	883000	2675000	6293000	447000	291000	
宋仁宗皇祐中（1049—1053）	15095	219829	5100834	7241001	98151	330695	
宋英宗治平中（1064—1067）	5439	315213	6970834	8241000	2098151	1330695	

① 《建炎以来系年要录》卷一八一，绍兴二十九年二月丁亥。

② 《建炎以来系年要录》卷八七，绍兴五年三月乙未。

③ 岁课额数字中凡不满斤之数均省略未计。另外，宋神宗熙宁后期岁课额时间的确定，请见拙文《宋代"山泽之入"矿课时间考》，《中国史研究》1989 年第 2 期。

续表

年代	金（两）	银（两）	铜（斤）	铁（斤）	铅（斤）	锡（斤）	资料来源
宋神宗熙宁后期 （1074—1077）	1048	129460	21744749	5659646	7943350	6159291	《宋会要辑稿》食货 三之二七至二八
宋神宗元丰元年 （1078）	10710	215385	14605969	5501097	9197335	2321898	《宋会要辑稿》食货 三三之七至一七
宋徽宗时期 （1101—1125）			7057263	2162144	3213622	761204	《宋会要辑稿》食货 三三之一九至二六， 《建炎以来朝野杂 记》甲集卷一六
宋高宗绍兴三 十二年（1162）			263169	880302	191249	20458	《铜铁铅锡坑冶》
宋宁宗前期 （约1195—1202）	138		395813	2328000	377900	19875	《建炎以来朝野杂 记》甲集卷一六 《铸钱诸监》

上表显示了两宋各个时期政府的矿产品收买数额，其中宋真宗时期的金、银数额中还包括了丁税、和市、课利折纳、互市等非矿业的收入。由于金、银、铁类矿产品有时允许私人购买，上述收买额与同一时期矿冶业的发展情况可能不相一致；而铜、铅、锡属于政府禁榷品，因此它们的收买额基本上反映了同一时期矿冶业的发展情况。从铜、铅、锡的收买额来看，宋代的矿业生产从北宋太宗时期起逐渐活跃，在宋神宗时期达到了有史以来的最高点，其后迅速衰落，至南宋高宗时期降至最低点，宁宗时虽稍有起色，亦远逊于北宋各朝。[①] 这种状况正是由于宋政府在不同时期投入本钱数额的不同所带来的直接后果。

如上所述，北宋时期政府提供的矿冶业本钱数额常年以来至少在数十万贯以上，矿冶业本钱大多直接以货币的形式拨往各地，进行收买，特别是宋神宗时期仅提点司提供的本钱就高达175万贯。正是由于当时政府提供了巨额资金，宋代的矿业开采才能够在宋神宗时期达到鼎盛阶段。

---

① 岁课表中宋徽宗时期的岁课额是按南宋统治的地域记录的，不包括北方地区，因此不是当时全国范围的岁课额。将南宋时期的岁课额与宋徽宗时期相比，仍相差悬殊，此点证明了南方地区矿业的衰落。

而南宋相当长的时期内本钱仅十几万贯，压价收买或白科现象又十分严重，尤其是在宋高宗时期，旧有的矿产品本钱发放制度已被破坏，铸钱额锐减，入不敷出，除了从地方财政收入中搜刮外，宋政府只能依靠临时调拨度牒、茶引或开辟其他财源的办法调济资金，苟且变换支付。在这种局面下，南宋矿冶业的开发必然呈现出倒退与停顿的趋势。

除了上述因素外，官府对收买矿产品本钱的发放与管理严格与否也是一个重要的方面。总的来看，宋代在这一方面似乎还没有严格的制度保障，特别是南宋时期，本钱准备不足，发放不时，这种做法只会带来负面效应。此外，管理官员本身的素质人品也是影响到矿业生产是否能够发展的因素之一。贪妄之官唯利是图，甚至不惜违法擅权，催逼勒索，致使矿冶户深受其害。南宋时期，许多自备工本采凿之家，因"检踏官吏方且如追重囚，黥配估籍，冤无所诉"而破荡家业①。在这种状况下，矿冶户避之唯恐不及，矿冶业的衰败也就是必然的结局了。

（原载《中国史研究》2000 年第 2 期）

---

① 《宋会要辑稿》食货三四之二三至二四。

再论宋代金银矿业发展的社会因素

笔者曾在《论宋代金银矿业发展的社会因素》① 一文中对在宋代的矿业生产中起了重要促进作用的金银财政收入和社会消费情况作过探讨。近几年笔者又陆续收集到一些资料，故在原文基础上加以补充和修改，撰成此文。错谬之处，敬请学界师友指正。

一　宋代中央财政中的几项金银收入

宋代中央财政中的金银收入，大体上是从各路上供、商税收入、禁榷专利收入、矿冶岁课、二税收入等渠道得来。宋代关于各类收入的单独记载较多，但综合性的记载却极少。我所见到的既有总额、又分列细目的记载只有一条，载于《宋会要辑稿》食货三三之二七至二九。这条记载共有五组金银数字，现制成下表：

表1　　　　　　　宋神宗熙宁后期中央政府金银收入

地区	税总收之数	山泽之入	诸路上供之数	税租之入（银）	赋入之数
在京	金 1514 两 银 72361 两 府界银 2 两				以下金额 诸路茶税：9 两 买扑：7 两

① 参见《宋史研究论文集》，河北大学出版社 1996 年版，第 181—196 页。

地区	税总收之数	山泽之入	诸路上供之数	税租之入（银）	赋入之数
诸路	金 18243 两 银 1418379 两				市舶：10 两 入中博籴买卖：17071 两
京东东路	金 13579 两 银 3578 两	金 512 两 银 2603 两	金 9961 两 银 791 两		
京东西路	银 813 两		金 6 两 银 132 两		以下银额 盐课：成都府路1340 两，梓州路19614 两，夔州路4313 两
京西南路	金 1160 两 银 3835 两	金 479 两	金 446 两 银 2554 两		
京西北路	金 31 两 银 697 两		金 23 两 银 970 两		榷场：41749 两 诸路茶税：2733 两
永兴军路	金 28 两 银 28375 两	金 4 两 银 14240 两			杂税：2046 两 买扑：3359 两
秦凤路	金 15 两 银 9151 两	银 483 两	银 200 两		酒麹买扑：33191 两 房园：292 两
河北东路	金 22 两 银 10488 两		银 35 两		市舶：2254 两 入中博籴买卖：1120258 两
河北西路	金 34 两 银 18208 两		金 1 两（原文为"河西路"，误。） 银 23 两		
河东路	金 130 两 银 832 两		金 41 两 银 91 两		
淮南东路	金 14 两 银 859 两		金 8 两 银 204342 两		
淮南西路	金 17 两 银 1443 两		金 32 两 银 1635 两		
两浙路	金 22 两 银 30867 两	银 512 两	金 19 两 银 29577 两		

地区	税总收之数	山泽之入	诸路上供之数	税租之入（银）	赋入之数
江南东路	金 183 两 银 401859 两	银 86693 两	金 3311 两 银 242821 两		
江南西路	金 1 两 银 43404 两	银 1571 两	金 2680 两 银 201547 两		
荆湖北路	金 216 两 银 21545 两		金 1 两 银 49508 两		
荆湖南路	金 1246 两 银 149698 两	银 3427 两	金 35 两 银 38168 两	夏税 13636 两 秋税 14361 两	
福建路	金 200 两 银 384585 两	金 53 两 银 10887 两	金 142 两 银 232207 两	夏税 9389 两	
广南东路	金 321 两 银 178961 两	银 9044 两	金 262 两 银 121357 两		
广南西路	金 1 两 银 13867 两		银 16473 两		
成都府路	金 13 两 银 18093 两		银 342 两		
梓州路	金 74 两 银 32069 两		金 36 两 银 4010 两	夏税 83 两 秋税 67 两	
利州路	金 67 两 银 27134 两				
夔州路	金 854 两 银 37983 两			夏税 390 两	
总额	金 37985 两 银 2909086 两	金 1048 两 银 129460 两	金 1704 两 银 1146784 两	银 38326 两	金 17097 两 银 1231277 两

笔者在《宋代"山泽之入"矿课时间考》一文中曾推断其中的

"山泽之入"这组数字是熙宁七年以后至熙宁十年间某一年统计的数字。① 根据同一推理，上述其他金银收入数字也应该是在相同时期统计的，故笔者把上表统计的时间标题定为熙宁后期。另外，陈智超整理的《宋会要辑稿补编》中也收入了五组金银额记载，只是"税租之入"为"租税之入"，"税总收之数"为"岁总收之数"，个别数额记载也有所不同。② 总之，从上表的全部内容看，五组收入中"税租之入"是指夏秋二税中收入的金银数；"山泽之入"是指从金银矿产地收上的岁课；"诸路上供之数"是各路上供中央钱物中的金银数；"赋入之数"是指中央在茶盐酒贸易、买扑、市舶、入中博籴买卖等方面获得的金银数额。其中，入中博籴买卖收入金 17071 两，收入银 1120258 两，是构成赋入之数金银额的重要来源。而"税（岁）总收之数"一组数额来源不明，其下还分列了"在京""诸路"和各个路的数额，三项加在一起正与总额相符。但是由于这组数额无法断定其内涵，还不能进行分析。从剩下的四组数额看，在宋神宗熙宁后期，中央政府一年的金银收入主要来自于各路上供和入中博籴买卖两项。因此本节主要对这两项金银收入的变化情况作一考察。

1. 宋代上供银额及其与银产地的关系

宋初上供收入中，银是主要物品之一。陈傅良曾提道："国初上供随岁所入，初无定制，而其大者在粮、帛、银、钱。"③ 至宋真宗大中祥符元年（1008），始将此前收入最多的某一年银额确立为上供银纲。宋神宗时期上供额增加，崇宁三年再次增加，"上供增额起于熙宁，虽非旧贯，尤未为甚，崇宁三年十一月始立上供钱物新格，于是益重"④。由于崇宁上供格已阙，无法获知增额的幅度。但北宋前期的材料还有如下几条⑤：

---

① 见拙文《宋代"山泽之入"矿课时间考》，载《中国史研究》1989 年第 2 期。

② 金额见《宋会要辑稿补编》第 329 页，银额见第 83—84 页。本表个别数字依照《宋会要辑稿补编》的记载作了修改。

③ 《文献通考》卷二三《国用考一》。

④ 《文献通考》卷二三《国用考一》。

⑤ 《续资治通鉴长编》卷九七、一一七，《宋会要辑稿》食货三七之一。

宋太宗至道末：上供金 14800 两，银 376000 两。

宋真宗天禧末：上供金 14400 两，银 883900 两。（"颇减旧数"）

宋仁宗天圣五年：令广南西路以上供钱八万贯买银上京。

宋仁宗景祐二年：令福建、广东各以十万贯钱、广西以八万贯钱市银上供。

宋神宗熙宁二年：福建路上供银 200000 两。

宋神宗熙宁后期：上供金 17004 两，银 1146784 两。

以上材料表明，金额在神宗熙宁后期有所增加，而银额经真宗、仁宗、神宗时期逐步增长。由于仁宗时期将广南东西路、福建路上供钱改为买银交纳，所以熙宁年间上供银的增额幅度还不算大。宋神宗以后上供钱中的银额比例仍不断增大，宋哲宗元祐五年四月，处、台、婺、衢等州银坑兴发，户部就提出："逐州应管合发上供及无额官钱，并就截应副买银上京。"① 到宋徽宗崇宁三年制定了新的上供格以后，上供银额陡然增多，加之剥削加重、银价上涨、缗钱贬值，故上供银额成为各地区难以承受的重负。其中如广南东路和福建路这两大产银地区，"自崇宁以来岁买上供银数浩瀚，陪备骚扰，民力不堪。"福建路"逐年二十七万两数，并系于五等税户配买取足"，比神宗熙宁二年增加了七万两。直到宋高宗时期才于建炎三年下诏岁减三分之一。② 又如宣和六年以前，每逢大礼年，各路转运司要用"有额上供和买银四十万两到阙应用"。③ 而这一数额又在常年上供银额之外。

南宋上供银的记载相当零散，但总起来看，上供银额比北宋徽宗时期减少了。例如广南东路上供银建炎三年曾减少三分之一，绍兴四年为十万两。④ 依此推算，广南东路上供银在北宋徽宗时期应为 15 万两。到宋孝宗淳熙年间，除广州上供银额不详外，其余 13 州府只纳 34300 两。到宋理宗后期，全路 14 州府上供银应纳 42887 两，上供金 15 两，但"各

---

① 《续资治通鉴长编》卷四四一，元祐五年四月丙辰。

② 《宋会要辑稿》食货六四之六一，廖刚《高峰文集》卷一《投省论和买银札子》。

③ 《宋会要辑稿》礼二五之一七至一八。

④ 《宋会要辑稿》食货六四之五〇。

郡皆欠上供纲，而英、连、韶、雄，其欠甚伙"。① 福建路也是如此，经建炎三年减额后，绍兴元年，建州、南剑州又获准减额。到南宋后期，福建路每年上供银仅 68741 两。其中建宁府（原建州）上供银为 9754 两，与绍兴元年额 21606 两相比，减少了 1 万多两，而南剑州则从绍兴元年的 33081 减至 6370 两②，下降幅度更大。此外，宋孝宗淳熙六年正月，亦曾"蠲夔州路上供金银"。③

现将有关上供银的记载制成下表：

表2　　　　　　　　　　　两宋时期上供银额一览

年代	地区	上供银	材料来源
宋太宗至道末	全国	376000 两	《续资治通鉴长编》卷九七
宋真宗天禧末	全国	883900 两	《续资治通鉴长编》卷一一七
宋神宗熙宁二年		200000 两	韩元吉：《南涧甲乙稿》卷一〇《上周侍御札子》
宋神宗熙宁后期	全国	金 17004 两 银 1146784 两	《宋会要辑稿》食货三三之二八
宋徽宗时期	福建路	270000 两	廖刚：《高峰文集》卷一《投省论和买银札子》
宋徽宗时期	广南东路	150000 两	《宋会要辑稿》食货六四之五
宣和六年以前的大礼年	全国	用有额上供和买银 400000 两充大礼赏给银	《宋会要辑稿》礼二五之一七至一八
宋代（无详细年月）	南剑州顺昌县	6370 两	《正德顺昌邑志》卷三《贡赋》；《嘉靖延平府志》卷五《土贡》
约南宋间	建阳县	3750 两	《嘉靖建阳县志》卷四《户赋志·贡赋》

① 蔡勘：《定斋集》卷一《乞代纳上供银奏状》，吴泳《鹤林集》卷二二《奏宽民五事状》。

② 《续文献通考》卷二八《土贡考》，《宋会辑稿》食货六四之六一。又据明代《正德顺昌邑志》卷三《贡赋》所记：宋顺昌县贡"银六千三百七十两"。其下注曰"府志所载本县数字如此"。从这一条材料来看，南宋以后顺昌县贡银数额即为南剑州全州之额。

③ 《宋史》卷三五《孝宗纪二》。

续表

年代	地区	上供银	材料来源
宋高宗建炎三年	福建、广南两路	诏岁收买上供银数减三分之一	《宋会要辑稿》食货六四之六一；《文献通考》卷一八《坑冶》
宋高宗建炎三年	福建路	180000 两	《高峰文集》卷一《投省论和买银札子》
宋高宗绍兴三年	建州 南剑州	21606 两 33081 两	《宋会要辑稿》食货六四之六①
宋高宗绍兴四年	广南东路	岁输 10000 两	《宋会要辑稿》食货六四之五〇
宋高宗、孝宗时期	潮州	2904 两	《永乐大典》卷五三四三《潮州府土贡》
宋孝宗隆兴二年	福建路	200000 两	韩元吉：《南涧甲乙稿》卷一〇《上周侍御札子》
宋高宗至宋宁宗时期	泉州	为台、信、建昌、邵武代纳 22000 两	周必大：《文忠集》卷三一《靖州太守昊顺之墓志铭》
宋高宗至宋理宗端平元年	南雄州	3047 两②（包括代梅州认发 68 两）	《嘉靖南雄府志》下卷《秩祀志·祠庙》；《食货志·贡赋》引宋《嘉定志》
宋孝宗时期	夔州路	15700 两	《叶適集》水心文集卷二六《赵公行状》
宋孝宗时期	泉州	24000 两（包括为台、信等州代纳）	《文献通考》卷五《田赋考五·历代田赋之制》；《天下郡国利病书》第 26 册《福建备录》，引自《泉州新志》
宋孝宗乾道年间	广南东路五州	韶、连、惠三州各 8000 两，英、南雄两州各 3600 余两	《永乐大典》卷一一九〇七《广·广州府志》
宋孝宗淳熙年间	广南东路十三州府（广州除外）	34300 两	蔡戡：《定斋集》卷一《乞代纳上供银奏状》

① 福建路建炎三年减三分之一上供银后，绍兴元年三月，建州、南剑州于所减数内又免半分；绍兴二年又令上四州全免一年，下四州减半三年。

② 据《嘉靖南雄府志》上卷《纪一·郡纪》记载："理宗端平元年，知州黄戟奏蠲本州每岁上供银三千捌百余两，民便之。"又据同书《食货志·贡赋》记载：黄戟所奏蠲者除上供银三千四十七两外，还包括圣节进奉银一百两，绢一百匹折色银一百两，土绢十匹折银十两。其数字与三千八百两不同。

续表

年代	地区	上供银	材料来源
宋孝宗淳熙七年以前		13000两（包括为建昌、抚州代输6065两）	《永乐大典》卷七八九〇《汀州府·供贡》
宋宁宗嘉定十三年	泉州	5236两	陈耆卿：《嘉定赤城志》卷一六《财赋·上供》
南宋	漳州	5000两	朱熹：《晦庵先生朱文公文集》卷一九《乞蠲减漳州上供经总制额等钱状》
南宋后期	广南东路	合诸郡上供计之，共当银42887两有奇，又金15两	《鹤林集》卷二二《奏宽民五事状》
南宋后期	汀州	7945两（包括为建昌、抚州输1010两）	同上：《续文献通考》卷二八《土贡考》；《嘉靖汀州府志》卷四《食货·土贡》

从上表可以发现两个较普遍的现象。第一，宋代交纳上供银的地区往往是盛产银矿的地区。宋人的文集中就有这类记载，例如廖刚在《高峰文集》中提道：政和六年，福建路上供银额为二十七万两，其中"南剑独抱四分之一，正为本州多银场之故"。① 现代考古发现也有印证，王雪农、赵全明在《"连州上供银伍拾两"银铤》一文②中提道：冀东卢龙一带发现一枚银铤，其特征与已出土的北宋时期的银铤相同。这枚银铤两面錾字，正面錾刻三行二十一字："连州元鱼场买到二年/分上供银伍拾两/专知官唐莘"③，反面錾刻两行七字："始字号/匠人廖昌"。连州元鱼场大概兴起于北宋哲宗、徽宗时期，元符年间，当地银矿开采达到高

---

① 廖刚：《高峰文集》卷一《投省论和买银札子》。

② 王雪农、赵全明：《"连州上供银伍拾两"银铤》，载《中国钱币》1998年第1期。

③ 王雪农、赵全明《"连州上供银伍拾两"银铤》文章中对"分"字未作辨认，但笔者从文章所附拓片和彩色插页上显示的字迹辨认，银铤正面第二行第一字应该是"分"字，与前一字合释为"年份"。文中"/"为笔者添加，以此作为银铤錾文的换行标记。

潮，银价每两只有六七百文，朝廷在这里置场买银以充上供，南宋以后，交纳上供银逐渐成为连州难以承受的重负。上述银铤的发现，确凿地说明宋代一些银矿产地除交纳矿产岁课额外，还肩负着完纳上供银的责任。

第二，宋代常命产银州郡代替其他无银或少银地区输纳上供银。如宋高宗时，吴顺之知连州，"连故多坑冶，旁郡上供银率取给焉"①。而福建路泉州"自南渡后，泉为台、信、建昌、邵武四郡代输银二万二千两"②。直到宋宁宗嘉定十三年，在知州真德秀的申奏下，为四州代纳之银才由各州自行认解，泉州上供银额减为五千二百三十六两。③ 此外，汀州也是代纳上供银之地，因"地有坑场，银货易得，不宜蚕桑，衣赐难办"，因此朝廷令汀州每年上供银一万三千两，其中包括代建昌、抚州输上供银六千六十五两，建昌、抚州则以绵绢等拨付汀州。"后二郡背约抵逋，而州代输银如故"，宋孝宗时，知州江瑑奏免代纳，得以减额六分之五，仅代纳一千余两，加上本州上供银额，共纳七千九百四十五两八钱三分五厘，这一数额一直持续到宋亡以前。④

从以上材料来看，宋代的银产地实际上成为交纳上供银的重要源泉之一，银矿的开采活动兴盛与否及产量的高低对上供银的完纳有着不可低估的作用。

2. 宋代入中博籴的金银数额

宋代入中博籴买卖中的金银收入，在宋太祖、宋太宗时期已是入中钱物的主要项目之一。宋太祖开宝三年八月令建安军榷货务移于扬州时提道："自今客旅将到金银钱物等折博茶货及诸般物色，并止于扬州纳下"。其后汴京入中亦收纳金银，"许民于东京输金银钱帛，官给券，就榷货务以茶偿之"。⑤ 宋太宗西北用兵后，金银入中随之向西北三路发展，

① 周必大：《文忠集》卷三一《靖州太守吴顺之墓志铭》。

② 《文忠集》卷六二《程公大昌神道碑》，而《文献通考》卷五《田赋考五·历代田赋之制》和《天下郡国利病书》第26册《福建备录》中引用的《泉州新志》还提到另一个数：上供银二万四千两。

③ 陈耆卿：《嘉定赤城志》卷一六《财赋·上供》。

④ 《永乐大典》卷七八九〇、七八九三引《临汀志》，《续文献通考》卷二八《土贡考》。

⑤ 《宋会要辑稿》食货三六之二、三六之八。

如雍熙二年三月下令，河东、河北商人可于本地纳银折博茶盐，解盐继茶之后也成为商人入中金银的偿付品。① 但是，以金银入中的兴盛局面并不长久，宋真宗以后，由于西北地区长期驻守着大批军队，入中刍粟粮草成为主要的贸易品，金银入中逐渐减少。宋仁宗嘉祐四年变茶叶禁榷为通商法后，直到宋徽宗崇宁元年期间，由于茶叶不再被用于偿付入中之交引，故这一时期通过入中收入的金银大概主要是与盐博易获得的。因此前引宋神宗后期入中博籴收入金一万七千两、银一百一十二万两之数可能属于宋代入中金银收入较少的时期。

北宋徽宗以后直到南宋，由于茶贸易复行茶引法，榷货务金银收入再次增加。例如乾道二年户部言："本部今参酌到见行算请钞引旧法下项：一、行在榷货务都茶场算请依自来指挥。茶、盐、矾：见系六分（经）[轻] 赍谓金银关子；四分见钱目今多用会子。乳香：八分轻赍谓金银关子；二分见钱目今多用会子。至左藏缺少见银品搭支遣……一、建康榷货务都茶场自来除每袋五贯文通货钱并纳见钱外，余以金银公据关子入纳……一、镇江务场应入纳茶、盐、香、矾，并听客户以金银见钱公据关子从便算请。欲只依旧法"。② 可见，南宋前期在茶盐香矾的博易中，对金银入纳的比例已有限定。乾道九年，南宋政府又单独规定了入纳银的比例为十分之四，加藤繁先生将这一比例与乾道六年榷货务收入的规定额二千四百万贯相比后，得出钱收入是九百六十万贯，但他进一步将钱折算为银时，却由于对材料的误解而得出银收入三百二十万两这一错误的结论。③ 现将这一材料摘录于下："镇江卖临安、平江、绍兴府钞，并许用轻赍，系是金银、会子之类，比之见钱，大段省便。若客人于镇江算请钞一袋，合纳正钱通货钱一十七贯六百文足，只用银五两三钱。每两官价三贯三百文入中，其市直只三贯文入中，其市价收买，每袋先赢钱一贯五百文，更不须擘画见钱。是致算请淮钞之人，往往买银就镇江算请浙钞，改揭淮东支盐，比之品搭见钱于行在、建康并算钞，

---

①　《文献通考》卷一五《征榷考二》，《宋会要辑稿》食货三六之五至六。

②　《宋会要辑稿》食货二七之二一至二二。

③　加藤繁：《南宋时代银的流通以及银和会子的关系》，载《中国经济史考证》卷二第

委是大段优异。"① 这段行文讲得很清楚,商人以银入中,官价每两三贯三百文,而市价买银只须三贯,故商人多从市上买银,再向官府入中算钞,以获取厚利。加藤繁以市价三贯折一两计算之,故得出错误的结论。如以官价三贯三百文折一两计算,榷货务之银收入应为二百九十余万两。当然这一数字只是依规定岁额推算出的银收入,不可能与实际收入完全相等,但与北宋熙宁后期的数字相比,南宋入中银的增加是无可置疑的。

总之,从上述两方面的金银收入来看,两宋期间,上供银数额北宋呈逐渐增长趋势,至宋徽宗时达到最高点,南宋以后有的地区趋于稳定,有的地区不断减少;而入中博籴收入则表现为北宋低,南宋增高。另外,由于南宋以后铜钱钱荒现象严重,宋政府在财政手段上也越来越依赖于银的收支与流通。② 如果再加上二税、商税、茶盐酒课中的金银收入等,大概两宋时期的金银收入是逐渐增长的,南宋时期平均额最少应在三百万两以上。那么,要长期维持高达几百万两并且逐渐增长的金银征收数量,最根本的途径只能是大力发展金银矿生产。

3. 宋代的郊祀上贡金银

宋政府财政中主要的金银收入,除本文开头提到的诸项外,还有一项收入——郊祀上贡金银。然而学术界对这类收入尚未充分重视。郊祀上贡金银中主要包括各地方机构每三年向中央进奉一次的南郊大礼银及各州府每年进奉一次的皇帝圣节银。宋代这类记载大都比较零散,为方便起见,现将搜集到的有关记载制成下表:

表3　　　　　　　　宋代各地进奉圣节、大礼金银数额③

时期	各地圣节金银数额	各地大礼金银数额	材料来源
宋太祖至宋高宗年间	饶州贡金1000两		《洪文敏公文集》卷四《减贡金札子》
宋仁宗	江宁府1000两		《景定建康志》卷一三

① 《宋会要辑稿》食货二七之九。
② 《宋会要辑稿》食货五六之七至八。
③ 本表内凡未注明类别的数字均为银额。

续表

时期	各地圣节金银数额	各地大礼金银数额	材料来源
宋神宗	诸路贡金 1300 两 贡银 91550 两	诸路贡金 800 两 贡银 65900 两	《文献通考》卷二二《土贡考》
宋神宗	淮南路 9250 两、江淮发运使 500 两、江淮等路提点铸钱司 1000 两	淮南路 3500 两	《嘉靖惟扬志》卷八《户口志·征办》
宋神宗	江南东路金 1000 两		《文献通考》卷二二《土贡考一》
宋哲宗	福建 1000 两		韦骧:《钱塘集》卷一〇
宋徽宗	福建 500 两		韦骧:《钱塘集》卷一〇
南宋间	南安军有圣节银		《弘治温州府志》卷一一《人物二·宦业》
约南宋间	建阳县 600 两	建阳县大礼助赏银 1500 两,大礼进奉银 600 两	《嘉靖建阳县志》卷四《户赋志·贡赋》
宋高宗建炎二年		(诸路桩办大礼赏给数目) 金 371 两 8 钱、银 192401 两①	《宋会要辑稿》礼二五之一八
宋高宗	潮州 200 两	潮州 400 两、助赏银 3218 两	《永乐大典》卷五三四三《潮州府·土贡》引《三阳志》
宋高宗绍兴二十八年	江东 1500 两		周必大:《文忠集》卷八二
宋高宗绍兴二十八年		荆门军 200 两、代靖州进 200 两	洪适:《盘洲文集》卷四九《荆门军奏便民五事状》
宋孝宗乾道二年	"减饶州岁贡金三之一"。据此,应贡金约 666 两②		《宋史》卷三三《孝宗纪一》
宋孝宗淳熙年间	袁州进银 200 两		《正德袁州府志》卷二《土贡》

---

① 同年二月曾下诏逐路共买发银二十万两,其中江东路九万两,荆湖南路六万两,福建路五万两。见《宋会要辑稿》礼二五之一七至一八。

② 《文献通考》卷二二《土贡考》则曰"乾道间洪文敏公奏乞蠲减饶州圣节贡金,寿皇特旨减七百两",与《宋史》记载不同。待考。

续表

时期	各地圣节金银数额	各地大礼金银数额	材料来源
宋光宗初	漳州 1000 两		《晦庵先生朱文公文集》卷一九《乞蠲减漳州上供经总制额等钱状》
宋宁宗	台州 1000 两	台州 650 两	《嘉定赤城志》卷三六《风土门》
宋宁宗	镇江 300 两	镇江 500 两	《嘉定赤城志》卷五《土贡》
宋宁宗	苏州 500 两		《吴郡志》卷一《土贡》
宋宁宗以后	汀州 2000 两	汀州 2000 两	《临汀志》，载《永久大典》卷七八九〇；《嘉靖汀州府志》卷四《食货·土贡》
宋宁宗至宋理宗端平元年	南雄州 100 两	南雄州银额不详	《嘉靖南雄府志》下卷《食货志·贡赋》引宋《嘉定志》；《秩祀志·祠庙》
宋理宗	四明 500 两	四明 500 两	《宝庆四明志》卷六《叙赋下·朝廷寘名》
宋理宗	泉州旧额 1000 两天基圣节银 1200 两	泉州旧额 2000 两	《泉州新志》，载《天下郡国利病书》第 26 册
宋度宗	邵武军 250 两	邵武军 400 两	《嘉靖邵武府志》卷五《版籍·贡》
宋度宗		武岗军 2211 两随纲别进奉 384 两	牟巘：《陵阳集》卷八《创大礼例库申省状》
宋度宗	常州 500 两	常州 700 两（包括提刑司 200 两）	《咸淳毗陵志》卷二四《财赋》
宋度宗	建宁府 1700 两	建宁府 1700 两、大礼助赏银 3756 两	《续文献通考》卷二八《土贡考》
宋度宗	汀州 2000 两	汀州 2000 两	同上
宋度宗		福建路 9000 两	同上

关于圣节贡金的起因，洪迈在《减贡金札子》中提出三种说法：或云艺祖平江南，郡库适有金，取以献长春节，遂为例；或云发运司持钱收买；或云政和以来转运司拨所部内散收。虽然"三说得之传闻，无所

考信"①，但根据上表记载，至少可以肯定宋太祖时期饶州已贡圣节金，宋神宗时期产金诸路均有贡纳。南宋孝宗乾道二年以后因贡金最多的饶州减少了三百多两，全国贡金额亦当减少。

从上述材料看，宋代圣节、大礼贡奉金、银的地区主要集中在东南诸路，特别是盛产金、银的地区。不过北宋时期的京东路、京西路贡奉数额的比例却很大，如神宗圣节及大礼贡奉额中，京东路圣节金二百两，银五千五百两，大礼贡金七百两；京西路圣节贡金一百两，银七千一百两，大礼贡金一百两，银一千三百两。这些数额甚至高于南方某些路的数额。此外，四川诸路在北宋前期亦曾贡奉圣节银，宋仁宗嘉祐四年十月始下令停止贡奉。② 这一地区至少在南宋高宗时期恢复贡圣节银，如开州知州赵不悥因天申节银、绢抑配于民，"民甚苦之"，"始用库钱除其配"。③ 宋理宗景定元年一月又"免蜀郡圣节银"④。可见在此以前四川诸路均恢复过贡奉。

从上述宋代圣节、大礼进奉的数额看，大致可将北宋年初至宋徽宗崇宁前划为第一阶段，崇宁后至南宋期间划为第二阶段。第一阶段进奉银额较低。第二阶段的金额因京东路的丧失和饶州贡金蠲减而减少，大约只占北宋金额的三分之一；银额则成倍增长，仅大礼银就从宋神宗时的六万五千多两增为宋高宗时的十九万余两。此外，还出现正额之外又纳头子银、大礼助赏银等现象。

圣节银、大礼银的来源之一也包括矿产地，例如乾道九年提点坑冶铸钱官王楫建议"天申圣节并大礼年分进奉银，欲乞依崇宁上供格法并照旧例于产银州军支系省钱收买"，得到允准。⑤ 这条材料正说明各地交纳的圣节银、大礼银倚重于从产银州军收买。

总之，从上述几方面的金银收入来看，两宋期间，上供银数额北宋呈逐渐增长趋势，至宋徽宗时达到最高点，南宋以后有的地区趋于稳定，

---

① 《洪文敏公文集》卷四《减贡金札子》。
② 《续资治通鉴长编》卷一九〇，嘉祐四年十月癸酉。
③ 叶适：《叶适集·水心文集》卷二六《赵公行状》。
④ 《续资治通鉴长编》卷一九〇，嘉祐四年十月癸酉；《宋季三朝政要》卷三。
⑤ 《宋会要辑稿》职官四三之一七〇。

有的地区不断减少；而入中博籴收入及圣节、大礼银则表现为北宋低，南宋增高。另外，由于南宋以后铜钱钱荒现象严重，宋政府在财政手段上也越来越依赖于银的收支与流通。① 如果再加上二税、商税、茶盐酒课中的金银收入等，大概两宋政府的金银收入是逐渐增长的，南宋时期年平均额最少应在三百万两以上。那么，要长期维持高达几百万两并且逐渐增长的金银征收数量，最根本的途径只能是大力发展金银矿生产。

二　宋代金银的消耗与流失

1. 宋代服饰销金活动的盛行

由于金银本身所具有的贵金属特性和美学价值，使其自古以来无论是在皇帝贵族之中还是在庶民百姓之中均受到青睐。然而唐宋以前，金银只限于天子和极少数的高官贵族们拥有。进入唐代以后，金银器饰服饰在社会上的使用渐渐扩展，发展到宋代，始成为一个十分广泛的社会问题。

宋代黄金的消费需求远远超过前代，其中最为突出的是用于服饰方面的销金。宋真宗时，已深感奢靡风气盛行。大中祥符元年（1008）二月，三司使丁谓上奏真宗乞禁销金时提道："辇毂之下，廛肆相望，竞造金箔，用求厚利。"宋真宗也曾对臣下言："京师士庶迩来渐事奢侈，衣服器玩多镕金为饰，虽累加条约，终未禁止。工人炼金为箔，其徒日繁，计所费岁不下十万两。既坏不可复，浸以成风，良可戒也。"于是"诏三司使丁谓申明旧制，募告者赏之，自今乘舆服御涂金绣金之类亦不须用"。② 虽然政府重申旧制，并首先从惩罚宫内乘舆服饰之违禁做起，但是无论是内庭还是民间，仍旧"销镕浸广"，"抵冒尚繁"。例如，大中祥符五年，"杭州民周承裕私炼金为箔，有郑仁泽者尝市得千枚转鬻于人"。③ 大中祥符八年，宋真宗不得不再次下《禁销金诏》，明令禁止销

---

① 《宋会要辑稿》食货五六之七至八。
② 《续资治通鉴长编》卷六八大中祥符元年二月乙巳，赵汝愚《诸臣奏议》卷九八《刑赏门·法令》。
③ 潜说友：《咸淳临安志》卷四〇《诏令一·真宗皇帝》。

金、贴金、间金、饯金、圈金、解金、剔金、明金、泥金、楞金、背金、影金、栏金、盘金、织撼金线等。内庭自中宫以下，"但系装著衣服，并不得以金为饰。其外庭臣庶之家，悉皆禁断"。① 由于采取了严厉措施，销金活动暂时有所收敛。但宋仁宗以后，又重新肆行开来。景祐二年（1035）和庆历二年（1042），宋仁宗先后两次颁布禁销金、镂金之诏，其中提道"宵人末工，放利矜巧"，"崇华首服，浸相贸鬻"。② 说明原有的禁令已毫无法律约束力。包拯曾痛陈销金之风行，曰："自近年以来，时俗相尚，销金之作，寖以公行，近日尤甚。其戚里及臣僚士庶之家，衣服首饰并用销金及生色内间金之类，并无避惧。"而且，"工匠于阛阓之中，任意制造，殊不畏惮"。③ 皇祐元年，右司谏钱彦远也上奏指出："近日戚里诸亲、权要族党并以涂金衣服首饰相尚，日增盛丽，以至三朝庆会被服入宫，蔑视刑典，习为惯事。"④ 从这些奏言看，宋仁宗时期的销金奢靡之风决不亚于宋真宗时期。宋神宗以后直至北宋末期，政府仍屡申销金之禁，但民间尚美奢靡之风俗已很难靠禁令约束了。

南宋建立之初，虽然中央库存黄金被金朝搜刮殆尽，又丧失了北方金产地，然而销金活动仍未稍息，以致宋高宗本人也不得不关注这一问题。绍兴二年十二月，"宰执奏：御笔批出令举旧制禁绝民间销金事。上曰：'昨因阅韩琦家传，论戚里多用销金衣服。朕闻近来行在销金颇多，若日销不已，可惜废于无用……"⑤ 绍兴二十六年九月，沈该等上奏提到安南人欲买撼金线缎时，宋高宗指斥曰："华奢之服如销金之类不可不禁，近时金绝少，由小人贪利销而为泥，甚可惜。天下产金处极难得，计其所出不足以供销毁之费，虽屡降指挥，而奢侈之风终未能绝，须申严行之。"⑥ 张纲向宋高宗"进故事，极言销金之费"，"口陈为患甚大，

① 《宋大诏令集》卷一九九；王称：《东都事略》卷五。

② 《宋大诏令集》卷一九九；王称：《东都事略》卷五。

③ 包拯：《包孝肃公奏议》卷五《请奏断销金等事》。

④ 《诸臣奏议》卷九八《刑赏门·法令》。

⑤ 《中兴小纪》卷一三绍兴二年十二月。

⑥ 《建炎以来系年要录》卷一七四绍兴二十六年九月辛丑。

宜速禁止。（高宗）遂下诏如公言"。①

宋孝宗隆兴元年，上封者言："乞诏有司，自今拍造金箔、金线之家尚敢取金以糜坏器用、衣服与神佛之像，尚敢取金以粧饰，皆论如法，仍许人告。"于是，宋孝宗"诏户、工部检坐见行条法，申严行下"。②

行都临安是南宋城市中最繁华之地，宋光宗时，"其侈日盛，豪贵之家固习于此，而下至齐民稍稍有力者，无不竞以销金为饰，盖不止于倡优被服之僭也。今都人以销金为业者不下数十家，货卖充塞，相望于道。积日累月，毁坏金宝何可数计！"③虽然销金之禁屡下，可违法犯禁者反而越来越多。宁宗嘉定年间，"京城内外有专以打造金箔及铺翠销金为业者，不下数百家。列之市肆，藏之箧箓，通贩往来者往往至数千人。"④直到南宋末期，仍无衰减。徐元杰曾痛心疾首地指出："（今）不贵桑麻谷粟而贵金银之器用，匹夫之家亦越分而求之，畿甸为尤甚。比年金银踊直，今流风交煽，侈习竞趋，渡江以前穷奢极娱自祸，厥鉴犹不远也。"⑤

以上所举之例，足以说明两宋时期特别是南宋以后销金制作服饰越来越盛行，政府销金之禁仅仅成为无法兑现的空话。宋代销金数量之多，前朝以来绝无仅有，可谓开中国古代史奢侈用金之先河。因此，长期的销金活动无形中就对宋朝的金矿开发产生了推动作用。

2. 宋代交纳岁币银与对外贸易中银的流失情况

宋朝300多年间先后与辽、夏、蒙为邻，且常常战败、屈辱求和。因此，作为维护宋朝统治地域的条件之一，就是必须每年交纳一定数量的银作为岁币。这是宋朝银两消耗中的一笔固定开支。北宋真宗景德元年宋辽签订的澶渊之盟规定，每年宋遗辽白银10万两，绢20万匹。至宋仁宗庆历二年，辽又借宋夏交战、宋疲于应战之际行战争讹诈，迫使宋政府每年增纳岁币白银10万两，绢10万匹；总计纳银20万两，绢30万

---

① 张纲：《华阳集》卷四〇《附录张公行状》。
② 《宋会要辑稿》刑法二之一六二。
③ 袁说友：《东塘集》卷一〇《禁销金札子》。
④ 《宋会要辑稿》刑法二之一三九。
⑤ 徐元杰：《楳埜集》卷三《淳祐甲辰上殿第二札》。

匹。根据此数，至辽亡为止，宋朝流入辽朝的岁币银约 2000 万两。在北宋时期岁币银的流失问题上，日本的一些学者认为：宋政府经营的榷场贸易，因为对辽大量出超，可以从这里收回付出银两的十分之五六。[1] 加藤繁先生则更进一步认为，虽然宋每年献纳给辽夏金巨额岁币，但在榷场贸易方面，外国银之流入宋境者亦不在少数。"尤其是在南宋时代，因茶业贸易的发展，年年有巨额的银输入宋境。岁币方面的损失，大可以用此去弥补而有余"，"宋与契丹之间，恐亦有类似的情形"。[2] 对于他们的观点，笔者有不同的看法。现存史料中，有关宋辽之间榷场贸易用银支付的记载不多。《宋史·食货志》中有一条材料提道："（榷场贸易）凡官鬻物如旧，而增缯帛、漆器、粳糯，所入者有银钱、布、羊马、橐驼，岁获四十余万。"[3] 这是指澶渊之盟后初设榷场时的情况。另外，宋仁宗天圣四年的一条材料也提到宋榷场收入中有见钱、银、布、羊畜等项[4]。这两条材料都是北宋前期的情况，均未记录银收入的确切数量。至于明确提到辽银大量流入宋的情况，仅见于宋仁宗时宋祁的《御戎论》中。宋祁曰："太守闻，异时县官岁与银皆还入汉边相贸易，官得什六，岁益三四则略足。自庆历后，敌禁止银不得复入边州且十年，此欲困中国非一日计也。"[5] 按宋祁之言推断，在庆历二年以前，宋通过与辽榷场互市贸易每年回收银约六万两，故每年岁币银流失四万两尚不足虑。但自庆历二年辽禁止银"鬻入宋"[6] 后，辽银入宋的主渠道被切断，同时，宋又增纳 10 万两银给辽，在这种情况下，宋银的流失数量骤增，前引宋神宗熙宁后期金银收入表中有榷场收入银 41749 两之数，可以证明当时通过榷场贸易能够收回的银两之数只占 20 万两岁币银的五分之一强。况且，在宋辽双方的边境贸易中，银的贸易并不是单向流动的，而是双向的，既有辽向宋的流入，也有宋向辽的流出。例如，宋仁宗庆历五年二

① 见陶晋生《宋辽关系史研究》，台北联经出版事业公司 1984 年版，第 55 页。

② 加藤繁：《唐宋时代金银之研究》第二卷第八章第 148、144 页。

③ 《宋史》卷一八六《食货下八》。

④ 《宋会辑编》食货三六之二〇。

⑤ 宋祁：《景文集》卷四四《御戎论》。

⑥ 《辽史》卷一九《辽兴宗本纪二》。

月，河东安抚使欧阳修言："河东地形山险，馈运不通，每岁倾河东一路税赋、和籴、入中、博市斛斗，支往沿边州军。人户既不能辇致，遂赍金、银、钱就北界贵籴之。"① 又如宋神宗熙宁元年十月下诏将奉宸库两千多颗珠子带到河北沿边四榷场出卖或折博银，"其银别作一项封桩，准备买马"②。粮食与马均是宋朝北部军备供应的重要项目，宋朝常需向辽朝购买，所费银两亦应占一定比例。但是在长期的边境贸易中，无论对宋还是对辽来说，银只是诸多贸易品种中之一项，既不是大宗贸易品，又无固定贸易额，因此，对榷场交易中银的贸易额不能估计过高。

这里，还需要提一下北宋末期的两条材料，这两条材料，是持宋银无甚流失的观点的学者借以证明的依据。一条是宣和四年宋昭论榷场利害的一段话："臣窃料，议者谓岁赐浩翰，虚蠹国用，是不知祖宗建立榷场之本意也。盖祖宗朝赐予之费，皆出于榷场岁得之息。取之于虏，而复以予虏，中国初无毫发损也。比年以来，榷场之法寖坏，遂耗内帑。臣愿遴选健吏，讲究榷场利害，使复如祖宗之时，则岁赐之物不足虑也。"另一条则曰："议者谓祖宗虽循契丹岁输五十万之数，然后置榷场与之为市，以我不急，易彼所珍，岁相乘除，所失无几。今悉以物帛价出，榷场之法坏矣。"③ 其实，宋昭等人主要是针对宋与辽、金之间榷场贸易的得失而言，宋昭"祖宗朝赐予之费，皆出于榷场岁得之息"等语，只不过是指宋岁纳银绢所费可以从榷场盈利中来弥补，并未专指银的回流。因此，这样的材料恐怕难以为据。

总之，除北宋前期一度反流回来的银两较多外，北宋其余大部分时期返回宋境的银两不会很多，岁币银的流失应该是客观存在的。

关于南宋的岁币银流失问题，上面已提到加藤繁的观点，笔者亦认为尚可商榷。宋金对峙时期，宋朝每年交纳岁币银的数额虽有过三次变动，但最少的时期每年纳银也有二十万两，最多则达到三十万两，直到嘉定七年宋金关系破裂为止，共纳银一千九百万两以上。更为严重的是，

---

① 《宋会要辑稿》兵二七之三五。
② 《宋会要辑稿》食货五二之一七。
③ 《三朝北盟会编》政宣上帙八、政宣上帙十四。第二条材料引自附于正文下的马扩的《茅斋自叙》。

金朝在北宋末期的两次侵略战争中搜刮走巨额金银。据《靖康要录》记载，第一次入侵先后搜刮金达八十万两，银二千四百万两；第二次入侵汴京后，金人索要金一百万锭，银一千万锭，后来又将银减少到五百万锭。① 从靖康元年十二月到次年二月间，被金朝掳走之金不少于五十七万两，银亦高达二千五百多万两。② 总之，宋朝在北宋末期的浩劫中，流失金银不计其数，不仅中央筦库、帝王宫室多年蓄积之金银被掠夺一空，京畿地区上至百官臣僚下至平民百姓之家亦被搜刮净尽。这次掠夺再加上其后年额二十万两以上的白银年年不断地流入金朝，大大地充实了金朝的府库。南宋嘉定八年（1215）蒙古军队攻破金朝都城燕京之后，获得金朝府库大量的金银货财。"初无所用，至以银为马槽，金为酒瓮。萨木哈所居至用金饰龙床，足踏金杌子。"③ 这一记载充分说明金朝政府长期以来积聚了大量的金银财富，其来源绝大部分当出自宋朝。

加藤繁先生认为宋朝因与金进行茶业贸易而得到的巨额银两完全可以弥补其在岁币方面的损失。这一论断的依据仅是一条史料，现照录于下："（金）宣宗元光二年（1223）三月，省臣以国蹙财竭，奏曰：'金币钱谷，世不可一日阙者也。茶本出于宋地，非饮食之急，而自昔商贾以金帛易之，是徒耗也。泰和间尝禁止之，后以宋人求和，乃罢。兵兴以来，复举行之，然犯者不少衰，而边民又窥利越境私易，恐因泄军情，或盗贼入境。今河南陕西凡五十余郡，郡日食茶率二十袋，袋直银二两，是一岁之中，妄费民银三十余万也。奈何以吾有用之费而资敌乎？"④ 加藤繁又依据矢野仁一博士的考证指出：每郡饮茶日需二十袋，每一袋之值以二两计算，则五十郡一年的饮茶数额当为七十二万两。如果加藤繁先生引用的这条材料可信，毫无疑问宋朝依据茶叶贸易的收入应是银两入超之国。但是金与宋之间的茶叶贸易是否完全以银支付呢？事实并非如此。上述话中有这样两句值得注意："自昔商贾以金帛易之，是徒耗也。泰和间尝禁止之，后以宋人求和，乃罢。"那么，金朝是怎样进行茶

---

① 《靖康要录》卷一，卷一四。
② 《三朝北盟会编》靖康中帙七十二。
③ 《宋史全文》卷三〇。
④ 《金史》卷四九《食货志四》。

叶交易的那？泰和年间又是如何禁止的呢？《金史·食货志》中有两条材料可以解答这些问题：泰和六年（1206）十一月"尚书省奏：'茶，饮食之余，非必用之物。比岁上下竞啜，农民尤甚，市井茶肆相属。商旅多以丝绢易茶，岁费不下百万，是以有用之物而易无用之物也。若不禁，恐耗财弥甚。'遂命七品以上官，其家方许食茶，仍不得卖及馈献。不应留者，以斤两立罪赏"。"（泰和）八年七月，言事者以茶乃宋土草芽，而易中国丝绵锦绢有益之物，不可也。国家之盐货出于卤水，岁取不竭，可令易茶。省臣以为所易不广，遂奏令兼以杂物博易"。① 从上述材料可知，宋与金进行茶叶贸易时得到的偿付品主要是丝织品类，泰和禁令后，又增加盐等杂物博易宋茶，杂物中估计包括银，但却无数量上的明确记载。可见，在长时期的宋金茶叶贸易中，银两流入宋朝的份额必定是很少的。到了金朝末期，情况才发生变化，那时金朝国内货币制度已面临崩溃，交钞日益贬值，铜钱又限制使用，于是出现"民但以银论价"的现象②。上述金宣宗元光二年的材料，就是指这一时期茶叶贸易的情况。然而，既使金朝此时有能力年付七十二万两银交易宋茶，到金亡为止的十数年间，所有输出之银也不会超过一千万两。

在南宋与金的榷场贸易活动中，亦出现与北宋时期宋辽榷场贸易类似的情形。即：白银的流通是双向的。如乾道八年十一月十四日，"中书门下言：'已降指挥令淮南京西安抚转运司钤束榷场客人不得（已）[以]银过淮博易；闻沿边州军全不约束。'诏行下沿边守臣督责巡尉并榷场主管使臣等严行禁止。"乾道九年三月二日，知扬州王之奇又提道："准朝旨令措置禁止北界博易银绢。闻泗州榷场广将北绢低价易银。客人以厚利，多于江浙州军贩银，从建康府界东阳过渡至真州，取小路径至盱眙军过河博易，致镇江府街市铺户茶盐客人阙银请纳盐钞茶引等。除已行下淮南沿江州军将应干私渡取会依条禁止外，有江东西、浙西、湖北州军沿江私渡亦乞严赐禁止。"③ 淳熙十六年三月，宋孝宗下诏将知盱

---

① 《金史》卷四九《食货志四》。

② 见乔幼梅《金代货币制度的演变及其对社会经济的影响》，载《中国史研究》1983 年第 3 期。

③ 《宋会要辑稿》食货三八之四二至四三。

盱眙军葛挟降两官，其罪名之一就是"透漏银两过河"。同年十一月，盱眙守臣霍籛捕获赵兴等透漏银两甚多，被"特与转一秩"。① 从上述材料看，宋政府虽然有相关的禁令或赏罚措施，但是依然挡不住宋朝银两向境外的流失②，而且白银的这种流失是长期频繁进行着的。从金朝方面看，也可证实上述记载。金朝官吕鉴曾监息州榷场，当时每场交易"获布数千匹，银数百两"③。以一榷场一次交易额推算之，通过榷场贸易由宋入金的银两数额恐怕不会太少。

总之，在北宋与南宋两个时期内，宋朝由于向辽、金输纳岁币银而又不能通过榷场贸易回收足够的银两，故宋朝白银的流失数目不可低估。在这种情况下，对白银的需求无疑促进了宋朝银矿生产的开发。

宋代金银矿业得以迅速发展，其原因当然是多方面的。如政府采取的促进生产的政策、国内商品经济的发展、白银的货币化及流通范围的日益广泛，等等。这些问题学者们已多有论述，故本文只是探讨了宋政府金银收入中与矿冶业发展直接有关的几个问题。上述宋代中央财政中几项较大的金银收入均有一个共同的特点，就是各地交纳的金银数额中相当一部分出自产矿地区或由产矿之地代纳，因此，这种举措构成了宋代金银矿业兴盛发展的动力之一。同样，大量的销金与白银的流失亦成为影响金银矿业发展的因素之一。不过销金的耗失却造成了自然资源和劳动力的极大浪费，以致减弱了宋代金矿开发的积极意义。

（原载《宋史研究论丛》第四辑，河北大学出版社 2001 年版）

---

① 《宋会要辑稿》职官七二之五〇，四七之四四。
② 参见全汉升《宋金间的走私贸易》，载《历史语言研究所集刊》第 11 册。
③ 《金史》卷五〇《食货志五》。

论宋代的胆铜生产

"胆铜法"又称"胆水浸铜法",是指把铁放在胆矾(硫酸铜的古称,又称石胆)水中浸泡,胆矾水与铁发生化学反应,水中的铜离子被铁置换而成为单质铜沉积下来的一种产铜方法。[①] 生产胆铜的原料主要是铁和胆矾水。据夏湘蓉等人撰写的《中国古代矿业开发史》所言:胆矾"系由黄铜矿、辉铜矿等硫化铜矿物,受氧化作用分解而成,或从天然胆水中沉淀(结晶)出来……易溶于水"[②]。这种胆矾水在古代被称为"胆水"。宋人记载胆水浸铜法的过程如下:"浸铜之法,先取生铁打成薄片,目为锅铁,入胆水槽排次如鱼鳞,浸渍数日,铁片为胆水所薄,上生赤煤,取出刮洗(钱)[铁]煤,入炉烹炼。凡三炼方成铜,其未化铁,却添新铁片再下槽排浸。"[③] 由于这种产铜方法不需采凿铜矿石,生产工艺与熔炼矿铜也不同,故现代又称其为湿法冶金[④]或水法冶金[⑤]。

一 胆铜法的起源与北宋时期的有关记载

我国早在汉代时期就已经认识到胆矾水与铁之间的化学反应,淮南

---

① 邢润川:《水法冶金的起源——胆铜法》,载《中国古代科技成就》,中国青年出版社1978年版。

② 夏湘蓉:《中国古代矿业开发史》,地质出版社1980年版,第248页。

③ 《宋会要辑稿》食货一一之三,中华书局1957年版。

④ 中国大百科全书总编委会《矿冶》编委会:《中国大百科全书·矿冶卷》第559页《湿法冶金》,中国大百科全书出版社1984年版。

⑤ 张子高:《中国化学史稿》,北京科学出版社1964年版,第105页。

王刘安撰写的《淮南万毕术》中就有"白青得铁，即化为铜"的记载。魏晋时期，《神农本草经》记载"石胆……能化铁为铜，合成金银，练饵食之不老"[①]；葛洪所著《抱朴子》中也有记载，他提道："诈者谓以曾青涂铁，铁赤色如铜。"[②] 对于上述史料中名目繁多的称呼，张子高在《中国化学史稿》中指出："曾青又有空青、白青、石胆、胆矾等名称，其实都是天然的硫酸铜，它是从辉铜矿（Cu_2S）或黄铜矿（$CuFeS_2$）与潮湿空气接触所形成的。"[③] 汉魏以来的记载确凿无疑地说明，当时人们已发现了铁与胆矾结合后能置换出铜这一现象，并为后人探索胆铜法生产提供了依据。但是，当时人们对胆铜的实践还局限在道家炼丹术和医家药方的范围内。

燕羽在 1957 年撰写了《宋代胆铜的生产》一文，对宋代胆铜法生产及其起源进行了探讨。他指出："石胆即胆矾的能够化铁为铜的金属置换作用现象，远在秦汉间就已知道"；"胆水'浸铜法'的发明，至少当开始在唐末和五代初。五代初年轩辕述著作的《宝藏论》称'以苦胆水'浸熬而成的铜为'铁铜'，并列为当时流行的十种铜的一种"[④]。

燕羽引述的《宝藏论》一书，现在已不存于世，此书关于十种铜的记载，存留于李时珍的《本草纲目》卷八《赤铜》条中。[⑤] 全文如下：

> 宝藏论云：赤金一十种。丹阳铜。武昌白慢铜。一生铜，生银铜，皆不由陶冶而生者。无毒，宜作鼎器。波斯青铜，可为镜。新罗铜，可作锺。石绿、石青、白青等铜并是药制成。铁铜，以苦胆水浸至生赤煤，熬炼而成黑坚。锡坑铜，大软，可点化。自然铜，见本条。

---

① 吴普等述：《神农本草经》卷一《石胆》，丛书集成初编，中华书局 1985 年版。

② 葛洪：《抱朴子》卷一六《黄白》，丛书集成初编，中华书局 1985 年版。

③ 《中国化学史稿》，第 74 页。

④ 燕羽：《宋代胆铜的生产》，载《化学通报》1957 年第 6 期。关于《宝藏论》的作者，除轩辕述外，《宋史》卷二〇五《艺文志》载有："青霞子《宝藏论》一卷。"此书已不存于世。另外，《丛书集成初编》还收有唐朝僧人释僧肇写的《宝藏论》，是一部不同内容的书。

⑤ 李时珍：《本草纲目》卷八《金石之一·赤铜》，影印文渊阁四库全书，台湾商务印书馆股份有限公司 1986 年版。

文中"见本条"是李时珍所言，是指在《本草纲目》卷八《自然铜》条中引述了《宝藏论》的内容。故此，《赤铜》条中就没有必要再重复了。综观全文，并无"流行的十种铜"之句，可见此句是出自燕羽的判断。笔者认为，这一判断并不准确。《宝藏论》虽然记载了十种铜，但至多只能表明这是当时作者所能见到的铜的种类，而并不能说明这十种铜均流行于世。其中，以出产之地（包括出产国家）命名的铜，如丹阳铜、波斯青铜、新罗铜或可因其蜚名远扬而被视为"流行"的铜，至于铁铜、自然铜、石绿、石青、白青等铜则绝不可能成为"流行的十种铜的一种"。事实上，直到北宋前期，对胆水浸铁成铜这一现象的认识仍仅限于极少数人，他们只能在民间极小范围内采取私下生产的方式付诸实践。从遗留下的史籍记载看，这种实践活动多出自信州铅山县一地。宋太宗时期成书的《太平寰宇记》中曾记载："（信州铅山县）有胆泉，出观音石，可浸铁为铜。"① 这之后的宋仁宗景祐四年（1037）九月，东头供奉官钱逊上奏时也提到"信州铅山产石碌，可烹炼为铜"。由于当时池、饶、江三州的铜钱监正缺少铸钱的铜原料，在三司的请求下，朝廷派遣钱逊与江南东路转运使进行试验，以期解决铜料供应问题②，但这次试验结果如何，却无明文记载。再往后就是宋哲宗元祐时期沈括写就的《梦溪笔谈》中提到的："信州铅山县有苦泉，流以为涧，挹其水熬之，则成胆矾，烹胆矾则成铜，熬胆矾铁釜久之亦化为铜。水能为铜，物之变化，固不可测。"③ 关于这段文字记载是否为沈括亲身考察的记录，郭正谊在《水法炼铜史料溯源》一文中进行了考证，他认为不是沈括亲眼所见，而应该是沈括的读书笔记，录自中唐时期成书的《丹房镜源》。④这条记载虽然说明中唐时期在生产胆矾的过程中已获知了铁经过与胆矾接触后可以置换出铜，但是沈括引录这段话时并没有加入任何新的内容，这种情况恰恰说明，直到宋哲宗初期，官府尚未推行胆铜法生产，信州

① 乐史：《太平寰宇记》卷一〇七，《宋代地理书四种》，台北文海出版社1971年版。
② 《续资治通鉴长编》卷一二〇，景祐四年九月丙寅，中华书局1979年版。
③ 《梦溪笔谈》卷二五《杂志二》，四部丛刊续编，上海书店1984年版。
④ 郭正谊：《水法炼铜史料溯源》，载《中国科技史料》1981年第4期，第67页。

一地公开从事的只是胆矾的生产而已。

二 宋仁宗时期许申是否试行了胆铜法

对宋政府开始推行胆铜法生产的时期，现在基本上有两种看法，一种认为始于宋哲宗时期，另一种认为始于北宋前期或宋仁宗时期。

前面曾提到，宋仁宗景祐四年（1037），政府命钱逊试验用石碌"烹炼为铜"，但试验的结果如何，是不是加以推广，史料中都没有提到。因此这条材料充其量只能说明官府曾对胆铜法生产进行了一次试验。

容易引起歧义的，是另外一些记载了许申的建议的材料，其中，《宋史·孙祖德传》中有如下一段话："时三司判官许申因宦官阎文应献计，以药化铁成铜，可铸钱，裨国用。祖德言：'伪铜，法所禁而官自为，是教民欺也。'固争之，出知兖（州）……"① 这段话中，最关键的是"以药化铁成铜"一句，元末明初人危素的《浸铜要略序》中也有同样的词句："当宋之盛时，有三司度支判官许申，能以药化铁成铜，久之，工人厌苦之，事遂寝。"② 如果将"药"理解为是胆矾水，许申的建议无疑是指以胆铜作为制造铜钱的原料。

但是，关于许申的建议与活动，《续资治通鉴长编》中则有更为详细的含义不同的记载。宋仁宗景祐二年（1035）正月壬寅，度支判官、工部郎中许申被任命为江南东路转运使。③ 在此之前，他曾建议采用新的方法铸造铜钱，由于汴京没有取得成效，故被派任江南东路转运使，以期在江州继续试验。下面是《续资治通鉴长编》中的有关记载：

凡铸铜钱，用剂八十八两，得钱千，重八十两。④ 十分其剂，铜

---

① 《宋史》卷二九九《孙祖德传》，中华书局 1977 年版。

② 危素：《危学士全集》卷三《浸铜要略序》，四库全书存目丛书，齐鲁书社 1997 年版。

③ 《续资治通鉴长编》卷一一六，景祐二年正月壬寅。

④ 中华书局点校本将此句断为"重八十两十分。其剂，……"断句有误。据《鸡肋编》卷中《蒋伸本论铸钱事》云：铸钱"用铜、铅、锡五斤八两，除火耗，收净五斤"。宋制，一斤为十六两，用料八十八两，除去火耗，铸成铜钱正好是八十两。故改正标点如上。

居六分，铅、锡居三分，皆有奇赢。……申在三司，乃建议以药化铁与铜杂铸，轻重如铜钱法，而铜居三分，铁居六分，皆有奇赢，亦得钱千，费省而利厚。因入内都知阎文应以纳说，朝廷从之，即诏申用其法铸于京师。然大率铸钱杂铅锡则其液流速而易成，杂以铁则流涩而多不就，工人苦之。初命申铸万缗，逾月才得万钱。申性诡谲，自度言无效，乃求为江东转运使，欲用其法铸于江州。朝廷又从之，诏申就江州铸百万缗，无漏其法。中外知其非是，执政主之，以为可行，然卒无成功。

先是盐铁副使任布请铸大钱一当十，而申欲以铜铁杂铸，朝廷下其议于三司。程琳奏曰："布请用大钱，是诱民盗铸而陷之罪。唐第五琦尝用此法，讫不可行。申欲以铜铁杂铸，理恐难成，当令申试之。"申诈得售，盖琳亦主其议故也。

天章阁待制孙祖德言："伪铜，法所禁，而官自为之，是教民欺也。"固争之，不从，遂出知兖州。

对于这条材料中的"以药化铁与铜杂铸""铜居三分，铁居六分""杂以铁则流涩而多不就""申欲以铜铁杂铸"等句该如何理解呢？学者们有两种不同的看法。张子高先生认为："很可能他（指许申）是以药化铁，使铁掺在铜内成合金来铸钱币。铁掺在铜内，可以大大节省铜，因此许申的实验曾经为统治者所重视。"[1] 汪圣铎先生则认为许申的建议是指胆铜法生产。他还援引了《宋史全文》卷三二端平元年（1234）五月壬戌条中"绍圣间以铅山胆泉浸铁为之，令泉司鼓铸，和以三分真铜，所以钱不耐久"之句，认为"《长编》所谓'铜居三分，铁居六分，皆有奇'，实际乃是胆水（'药'）浸铁产出的铜六分有余，加上'真铜三分'有余，熔在一起来铸钱。……只是由于史官对胆铜不了解，不承认胆铜是铜，仍然认为胆铜是铁，是'伪铜'，故而在记述上有些失误"。[2]

笔者认为汪先生的推论还是有值得推敲的地方。其一，所有上述材

---

① 《中国化学史稿》，第107页。

② 汪圣铎：《关于胆铜生产的起始》，《中国钱币》1996年第3期。

料中，李焘的《续资治通鉴长编》是最为原始的材料，可信度最高。是书始撰于宋高宗时期，完成于宋孝宗时期，而那个时期胆铜法生产早已在铜业生产中占据了重要的位置。如果说宋仁宗时期的官员因不了解胆铜而记述有误，这还是可以理解的；但是如果南宋人李焘也不知胆铜为何物而在编书时对屡次出现的"铜铁杂铸"之意不加考辨，显然就不合情理了。虽然现存《续资治通鉴长编》内容中并无胆铜记载，但是这一情况并不能证明李焘对胆铜不了解。政府开始大力推行胆铜法生产是在宋哲宗绍圣年间以及宋徽宗统治时期，而现存的《续资治通鉴长编》恰恰缺失哲宗元祐八年1043七月至绍圣四年（1097）三月的内容以及徽宗、钦宗两朝的全部内容，致使我们无法从现存的《续资治通鉴长编》中看到有关胆铜生产的记载。然而，章如愚的《群书考索》中引用了一条现已遗失的《续资治通鉴长编》内容，其中就明确提到了胆铜。引文如下："（崇宁五年中书省勘会诸路岁收铜数）每年约收诸色铜六百六十余万斤，旧铜锡约收四百六十余万斤，胆铜约收一百万斤……"紧接其后的一条材料也是引自现已遗失的《续资治通鉴长编》内容，材料记录了开封尹兼提举京畿钱监宋乔年在大观二年的上言，其中更是多次提道"漉铜钱（用胆铜铸造的钱）"，由于胆铜铸钱成本低，宋乔年还建议："户部上供之数，可以漉铜钱下诸路令依样铸。"[1] 从这些记载中可以得知，李焘的原书是记述过胆铜的，他对胆铜与矿铜的区别应该有所了解。基于此，似不应将"铜铁杂铸"等内容视为"失误"的记述。其二，宋代铸造铜钱的主要原料是铜，辅料是铅和锡，北宋的铜钱基本上保持了"十分其剂，铜居六分，铅、锡居三分，皆有奇赢"的用料比例。宋徽宗以后至南宋期间因缺少矿铜铜料，又已批量生产出胆铜，所以铸钱的铜原料中同时也使用了胆铜。《宋史全文》所说的"和以三分真铜"之意，既反映了当时人们仍抱有传统的观念，只承认经过采矿冶炼得到的铜才是"真铜"，同时也反映了矿铜数量只占铸钱所用全部铜原料的十分之三。这一数字与《续资治通鉴长编》中许申的铸钱配方只是在料例的比

---

[1]　章如愚：《群书考索》后集卷六○《财用门·铜钱类》，影印文渊阁四库全书，台湾商务印书馆1986年版。

例上巧合而已，内涵则是不同的。许申所说的"铜居三分，铁居六分"，并不是指矿铜和胆铜的比例，而是指要变更铸造铜钱的原料和比例，将铅和锡去掉，加入铁作为主要原料，占全部料例的十分之六强；此时铜成为辅料，仅占全部料例的十分之三强。其三，《续资治通鉴长编》中提到的"以药化铁与铜杂铸"之意，亦可以从另一个角度来理解。由于铁的熔点高、铜的熔点低，把两种原料放到一起来熔化，必然产生铜先熔化而铁未化的不同步现象，许申的建议中所说的"药"很可能就是指为了解决这一问题而加入的某些助熔剂，以降低铁的熔点。然而，这种别出心裁的铁、铜配方是根本行不通的，试验过程中自然出现了"杂以铁则流涩而多不就"的问题。另外，受当时生产条件的限制，生产胆铜应该是在胆水（或胆土）充沛的矿区中进行，而《续资治通鉴长编》只是提到许申初在京师、后在江州直接进行铸钱试验。这两个地方仅是铸钱场所，并不生产胆铜，如果许申使用了胆铜作为铸钱材料，官府必定要先在某些矿场生产出胆铜，再运至京师或江州铸钱，但是对于这样重要的生产活动，北宋仁宗时期的各类记载中却只字未提。鉴于以上几点分析，笔者认为宋仁宗时期许申在京师和江州的铸钱试验应该是用铁和铜作原料而进行的，与胆铜生产并无关系。

三　宋哲宗时期胆铜法开始推广

据苏辙《龙川略志》载，宋哲宗元祐时期，有一位商人毛遂自荐，向政府献出秘法——胆铜法。当时，苏辙任户部侍郎，"有商人自言于户部，有秘法能以胆矾点铁为铜者。予（指苏辙）召而诘之曰：'法所禁而汝能之，诚秘法也。今若试之于官，则所为必广，汝一人而不能自了，必使他人助汝，则人人知之，非复秘也，昔之所禁，今将遍行天下。且吾掌朝廷大计，而首以行滥乱法，吾不为也。'其人黾俛而出，即诣都省言之，诸公惑之，令试斩马刀，厥后竟不成。"[①] 苏辙任户部侍郎的时间

---

① 苏辙：《龙川略志》卷五《不听祕法能以铁为铜者》，中华书局 1982 年版。

是在元祐二年（1087）十一月至元祐四年（1089）六月①，可见这段时期宋政府的执政者仍然不了解胆铜生产及其所能起到的作用，胆铜生产还被称为"秘法"，仍旧是民间私下进行的小范围生产。

胆铜法不再作为政府所禁的秘法而得到推广，是在饶州德兴县人张潜、张甲父子将撰写的《浸铜要略》献给朝廷之后的宋哲宗绍圣年间。关于《浸铜要略》的作者及成书年代，南宋人陈振孙和赵蕃的记载大致相同。陈振孙在《直斋书录解题》中指出："《浸铜要略》一卷，张甲撰，称'德兴草泽'。绍圣元年序，盖胆水浸铁成铜之始。甲，参政子公之祖。"② 赵蕃在《截留纲运记》一文中追述信州铅山县在绍圣年间推行胆铜生产的情景时也提道③：

> 铅（指铅山县）之阜，宝藏兴焉；铅之泉，宝货化焉。兴者有时，化者无穷。方泉之蒙，孰知其功，布衣张甲，体物索理，献言以佐圁法。宋绍圣间，诏经理之。陡泉为池，疏池为沟，布铁其中．期以浃旬，铁化为铜……

这两条材料都仅指出张甲是胆铜的试验者和向朝廷献书者，而遗漏了张甲之父张潜的功绩。实际上，在胆铜法生产的试验过程中，张潜的功劳是最大的。王象之在《舆地纪胜》中引用了褚孝锡的《长沙志》④记载，曰："长沙志云：'始，饶州张潜得变铁为铜之妙，使其子甲诣阙献之。朝廷始行其法于铅山，及饶之兴利、韶之（涔）[岑] 水皆潜法也。"⑤ 前几年，江西德兴发现了张潜的墓行状碑，碑刻于北宋大观元年（1107）三月，碑文记载：张潜"尝读《神农书》，见胆矾水可浸铁为

---

① 《续资治通鉴长编》卷四〇七，元祐二年十一月甲戌；卷四二九，元祐四年六月丁未。

② 陈振孙：《直斋书录解题》卷一四《杂艺类》，影印文渊阁四库全书，台湾商务印书馆1986年版。

③ 赵蕃：《章泉稿》卷五《截留纲运记》，影印文渊阁四库全书。

④ 褚孝锡作《长沙志》十一卷，见《宋史》卷二〇四《艺文三》记载。

⑤ 王象之：《舆地纪胜》卷二三《江南东路·饶州·景物下》，《宋代地理书四种》，台北文海出版社1971年版。

铜，试之信然。曰：'此利国术也'。命其子甲献之"①。这段碑文说明，张潜从流传下来的《神农本草经》一书的记载中获得对胆铜法的认识，经过自己的试验后写成《浸铜要略》一书，嘱其子张甲上交朝廷，这之后胆铜法才得以推广开来。

除以上宋人记载外，元末明初人危素写有《浸铜要略序》一文，介绍了宋代《浸铜要略》一书的撰写者及德兴县浸铜情况，内容最为详尽。他写道：

> （元代）德兴张理从事福建宣慰司，考满调官京师，会国家方更钱币之法，献其先世《浸铜要略》于朝……钱币之行尚矣，然鼓铸之无穷，产铜则有限。理之术乃能浸铁以为铜，用费少而收功博……今书作于绍圣间，而其说始备，盖元祐元年。或言取胆泉浸铁，取矿烹铜，其泉三十有二：五日一举洗者一，曰黄牛；七日一举洗者十有四，曰永丰、青山、黄山、大岩、横泉、石墙隖、齐官隖、小南山、章木原、东山南畔、上东山、下东山、上石姑、下石姑；十日一举洗者十有七，曰西焦原、铜精、大尚山、横槎山、横槎隖、羊栈、陲旻、冷浸、横槎下隖、陈君、炉前、上姚旻、下姚旻、上炭灶、下炭灶、上何木、中何木、下何木。凡为沟百三十有八。政和五年雨多泉溢，所浸为最多。是书，理之先赠少保府君讳潜所撰，以授其子赠少师府君讳盘、成忠府君讳甲。少师之孙参知政事忠定公讳炱寔序志之。②

从危素的记述来看，他见到的《浸铜要略》这部书中载有张潜的曾孙张炱作的序，可见此书已不是张潜绍圣元年献呈朝廷的版本。张炱的家世渊源及仕宦生涯在周必大为张炱作的神道碑中有详细的记载："张氏世家德兴，唐宰相文瓘之后……公（张炱）曾祖讳潜，通直郎致仕，赠

---

① 《江西德兴发现北宋炼铜家张潜碑》，载《中国钱币》1998 年第 1 期，引自《中国文物报》1996 年 8 月 18 日孙以刚文。据报道，碑文三千多字。此碑保存在德兴县博物馆。

② 《危学士全集》卷三《浸铜要略序》。原文中有文字错误，已与《江西通志》卷一六二《杂记补》中引录的危素《浸铜要略序》对校改正。

太子少保……祖磐，袁州万载县主簿，赠太子少师……公讳焘……政和八年（1118）廷试……天子嘉之，亲擢第三。"① 张焘任官于徽、钦、高、孝四朝，于隆兴元年（1163）迁参知政事，以老病不拜，台谏交章留之，除资政殿大学士、提举万寿观兼侍读。后致仕。卒于乾道二年（1166），年七十五，谥忠定。根据张焘的生平来判断，张焘为《浸铜要略》作序，应在他进入仕途之后的北宋末期至南宋乾道初年之间。危素在《浸铜要略序》中提到的"其泉三十有二"的名称及"政和五年雨多泉溢，所浸为最多"之句，有可能出自张焘为《浸铜要略》所作序中的内容。若果如此，三十二泉一百三十八沟的胆泉浸铁规模可能就不仅仅是北宋末期的情况②，还延续到了南宋，但饶州的胆铜生产量则以宋徽宗政和五年为最高。

胆矾化铁成铜的记载古已有之，北宋仁宗时期还曾进行过试验，为什么偏偏到宋哲宗时期才得到推广呢？这既是客观局势的需要，也与张潜父子的努力密切相关。北宋前期，一方面，铜矿的开采量呈逐步上升的势态，铜料供与需的矛盾尚不尖锐；另一方面，政府长期以来采取着"铜禁"措施，恐怕新的生产技术普及流传开来，会对政府的货币政策造成难以掌控的局面；加之，胆铜的规模化生产理论还处在摸索阶段。这一时期，无论是客观因素，还是主观因素，都还没有提供胆铜法生产的基础。而宋哲宗嗣位时，却面临着铜矿生产结束了宋神宗时期辉煌发展的阶段而进入急剧衰落的时期，这种局面导致了大批铸钱监的罢废和铸钱额的剧减。宋政府面临着巨大的压力，急需采取各种办法恢复铜矿生产，提高产量。正是在这种局势下，张潜父子经过潜心试验，系统地总结出胆铜生产的方法，并主动将《浸铜要略》献给朝廷。客观需求与主观努力得到了完美的结合。于是，在宋政府的大力提倡下，胆铜法生产迅速地被推广开来。

---

① 周必大：《文忠集》卷六四《资政殿大学士左中大夫参知政事赠太师张忠定公焘神道碑》，影印文渊阁四库全书，台湾商务印书馆1986年版。张焘的生平亦可参见《宋史》卷三八二《张焘传》。

② 日本中岛敏先生提到三十二泉一百三十八沟是德兴县兴利场最盛时期（北宋末期）的事。见《支那に於ける湿式收铜法の沿革》，东洋学报27卷第3号，1939年。

　　宋政府推广的胆铜生产，最早实行于哪个采矿场呢？宋人著述中，首推信州铅山场。前引褚孝锡的《长沙志》就明确提道"朝廷始行其法于铅山"①。洪咨夔的《大冶赋》中也专门提道："其浸铜也，铅山兴利，首鸠倮功。推而放诸，象皆取蒙。"②《舆地纪胜》中《信州》条下则曰："胆水在铅山，自昔无之。始因饶州布衣张甲献言，可用胆水浸铁为铜，绍圣元年（1094），始令本州差厢军兴浸，其利渐兴。"从上面几条材料来看，朝廷最早是在信州铅山县推行的胆铜法，时间正是在张甲献《浸铜要略》的绍圣元年（1094），其后才扩大到其他矿场。然而《建炎以来系年要录》③和《皇宋中兴两朝圣政》④中均提道："元祐中始置饶州兴利场，岁额五万斤。绍圣二年（《皇宋中兴两朝圣政》为'三年'）又置信州铅山场，岁额三十八万斤。"明确指出元祐年间饶州先设兴利场，开始浸铜。那么如何分析上述材料的矛盾之处呢？笔者认为：张潜早在元祐年间就已在饶州从事胆铜生产的试验，估计那时的试验可能获得了矿场监官提供场地、铁等原料的帮助，因尚属试验阶段，所以地方官没有提前申报中央政府。而信州铅山场则是官府在获得《浸铜要略》之后，经过调查，首先推行的胆铜场地。

　　由于信州胆铜产量高，地位重要，现存史料中记述信州铅山场浸铜生产的内容也非常多，如前引南宋人赵蕃的记载等等。明代人胡我琨在《钱通》中也曾引录《广信府志胜》的记载，提到铅山县有两处浸铜场所：其一，"铜宝山，在县西南七里，一名七宝山。下有竹叶、（猊）［貌］平坑，石窍中胆泉涌出，浸铁成铜。天久晴，有矾可拾。建隆三年置铜场，今废。其铜以土垢淋水浸铁为之。"其二，"锁山门，浸铜之所，在县鹅湖乡，去治七十里许。有沟漕七十七处，兴于宋绍圣四年，更创于淳熙八年，县尉马子岩有铭，至淳祐后渐废。"⑤相比之下，饶州兴利

　　①　《舆地纪胜》卷二三《江南东路·饶州·景物下》。
　　②　《平斋文集》卷一《大冶赋》，上海书店1984年版。
　　③　《建炎以来系年要录》卷五九，绍兴二年十月辛卯，台北文海出版社1980年版。
　　④　《皇宋中兴两朝圣政》卷一二，绍兴二年十月辛卯，台北文海出版社1977年版。
　　⑤　胡我琨：《钱通》卷三《资采》，影印文渊阁四库全书。需要指出的是，建隆三年在铜宝山铜场生产的应是矿铜，不是胆铜。

场胆铜生产的记载不仅极少，胆铜产额也只占信州铅山场的八分之一弱。

四　胆铜的生产工艺及生产成本

宋代胆铜的生产工艺有两种，一为胆水浸铜，一为胆土淋铜。两种工艺过程，在洪咨夔的《大冶赋》中均有详细的记录①，现摘录如下：

> 其浸铜也，铅山兴利，首鸠偻功，推而放诸，象皆取蒙。辨以易牙之口，胆随味而不同，青涩苦以居上，黄醝酸而次中。鉴以离娄之目，泛浮沤而异容，赤间白以为贵，紫夺朱而弗庸。陂沼既潴，沟遂斯决。……铜雀台之檐霤，万瓦建瓴而淙淙，龙骨渠之水道，千浍分畦而潏潏，量深浅以施槽，随疎密而制闸。陆续吞吐，蝉联贯列。乃破不辊之釜，乃碎不湘之锜。如鳞斯布，如翼斯起。漱之珑珑，溅之齿齿。……变蚀为沫，转涩为髓。或涘下簟，自凝珠蕊，且濯且渐，尽化乃已。投之炉锤，遂成粹美。其淋铜也，经始岑水，以逮永兴。地气所育，它可类称。土抱胆而潜发，屋索绹而亟乘。剖曼衍，攻凌嶒，浮堭去，坚壤呈。得鸡子之胚黄，知土鉐之所凝。辇运塞于介蹊，淹积高于脩楹。日愈久而滋力，矾既生而细礌。是设抄盆筥络以庋，是筑罶槽竹笼以酾。散鉎叶而中铺，沃鉐液而下渍。勇抱甀以潺湲，驯翻瓢而滂濞。分醹淡于淄渑，别清浊于泾渭。……左挹右注，循环不竭。昼湛夕溉，薰染翕欻。幻成寒缓燥湿不移之体，疑刀圭之点铁。

从所述情况来看，胆水浸铜与胆土淋铜两种方法的原理是相同的，都是用胆矾水浸泡铁片置换出胆铜，只是胆水浸铜是指直接将天然胆水引入人工建造的沟槽中，浸泡铁片；而胆土淋铜则要先采挖含有胆矾的土壤（包括采矿时被废弃的矿土），用水灌浸，使胆矾溶入水中，产生胆水，再用人工盛舀胆水淋浸铁片置换出胆铜。这两种方法，各有长处与

---

① 《平斋文集》卷一《大冶赋》。

不足，宋人总结为："古坑有水处为胆水，无水处为胆土。胆水浸铜，工少利多，其水有限；胆土煎铜，工多利少，其土无穷。"胆水浸铜的优点是用工少，成本低，但必须依靠春夏雨季胆水充沛时从事生产，受季节、气候的影响很大。一旦春夏雨水少，涌出的胆水也会减少，自然无法大量生产胆铜。胆土淋铜比胆水浸铜投入的人工多，成本高，但是胆土取之不竭，生产上又不受季节的影响，一年四季均可生产。由于两种方法各有优劣，在胆水浸铜法推行后，宋政府又先后在韶州岑水场、潭州永兴场、信州铅山场等处推行了胆土淋铜法，最大限度地提高产铜数量。

与矿铜生产相比，胆水浸铜和胆土淋铜两种生产的成本都比较低。崇宁元年（1102），负责胆铜生产的官员游经提到，每生产一斤胆铜（此处应指胆水浸铜法），用本钱四十四文省。他建议："措置之初，宜增本减息，庶使后来可继。胆水浸铜，斤以钱五十为本；胆土煎铜，斤以钱八十为本。比之矿铜，其利已厚。"① 当时政府向矿铜生产者支付的成本大约是每斤一百文②至二百五十文③。从节约政府资金的角度来考虑，胆铜法生产是值得大力提倡的。从北宋后期至南宋期间，生产一斤胆铜需要的耗铁量不是固定不变的，耗铁量最少的如《文献通考》所载，"大率用铁二斤四两得铜一斤"④，耗铁量与出铜量比为 2.25∶1；据《宋会要辑稿》记载，南宋高宗末期，各地年供铁料八十八万斤以上，而全部胆铜产额只有二十一万斤，耗铁量与出铜量比为 4∶1；南宋理宗时期，按照张端义《贵耳集》所言："韶州（滦）［岑］水场以卤水浸铜之地，会百万斤铁浸炼二十万（斤）铜……"⑤ 耗铁量与出铜量比则增至 5∶1。综合以上材料，可以看出，随着耗铁量的增加，胆铜原有的成本低廉的优势逐渐减弱以至消失，这应该是南宋以后胆铜生产无法再恢复到北宋时期的原因之一。

① 《宋会要辑稿》食货三四之二五。
② 《杨龟山先生集》卷四《论时事》，康熙玉华山馆刊本。
③ 《宋会要辑稿》食货三四之二七。
④ 《文献通考》卷一八《征榷考五·坑冶》，中华书局 1986 年版。
⑤ 张端义：《贵耳集》卷下，影印文渊阁四库全书。

五　宋徽宗至南宋期间胆铜生产地区与产量的变化

自宋哲宗绍圣年间在信州铅山推行胆铜法后，很快就将这一新的生产方法推广到有胆水的矿区。大概在宋哲宗绍圣末元符初，游经曾主管推行胆铜生产，后以丁忧去官。建中靖国元年（1101），游经守孝期满，向朝廷上言："昨在任日常讲究有胆水可以浸铁为铜者：韶州岑水、潭州浏阳、信州铅山、饶州德兴、建州蔡池、婺州铜山、汀州赤水、邵武军黄齐、潭州矾山、温州南溪、池州铜山，凡一十处。唯岑水、铅山、德兴已尝措置，其余未及经理。将来钱额愈见亏失。"户部以为请，于是命"宣德郎游经提举措置江淮荆浙福建广南铜事"。"崇宁元年户部言：'游经申，自兴置信州铅山场胆铜（已）［以］来，收及八十九万八千八十九斤八两。……自丁忧解职之后，皆权官时暂监管，致今胆铜十失五六，今再除职事以来，自今年正月至九月二十日终，已收胆铜一十七万二千一百二十三斤八两……'"① 依据上述记载推测，游经在丁忧前推广胆铜生产时，信州铅山场、韶州岑水场、饶州德兴场胆铜生产成效已十分显著。游经以丁忧去官后，胆铜生产曾一度懈怠，建中靖国元年（1101），官府再次授命游经总管南方诸路胆铜生产，并开发其他尚未经理的矿场。这之后，胆铜生产出现了高潮。前引《续资治通鉴长编》佚文曾提道：崇宁五年（1106）中书省勘会诸路岁收铜数中，胆铜约收一百万斤。此后，据南宋乾道二年（1166）的记载，北宋徽宗时期除信、饶、韶三州生产胆铜外，池、潭、婺三州也已生产胆铜，六州产量共约一百八十七万多斤，称为"祖额"②，是宋代有据可考的胆铜最高产额。但仅仅数十年以后的南宋高宗末期，胆铜总额就迅速下降到只有二十一万多斤。其

---

① 《宋会要辑稿》食货三四之二五。

② 这一"祖额"没有标注年代，据危素《浸铜要略序》称："政和五年雨多泉溢，所浸为最多"；又据《宋会要辑稿》记载：政和八年十一月，饶州提点司上奏称"江、池、饶州钱监鼓铸钱额上供全仰韶州岑水、潭州永兴、信州铅山三大场并新发坑场收趁铜料应副"，估计政和年间当是胆铜生产的兴盛期。

中，婺州不再生产胆铜，其他五州的产额也急剧减少。现将北宋徽宗时期及南宋高宗末期各地胆铜产量制成下表，以供参考。①

表1　　　　　　　　　　乾道二年铸钱司统计胆铜产量

产地	祖额（斤）（约徽宗政和时期）	绍兴末产额（斤）
饶州兴利场	51029	23482
信州铅山场	380000	96536
池州铜陵县	1398	408
韶州岑水场	800000	88948
潭州永兴场	640000	3414
婺州永康县	2000	
总计	1874427	212788

宋高宗以后，除饶、信、池、韶、潭五州生产胆铜外，从一些零散的史料记载中还可以看到以下三处也生产胆铜。一是位于汀州。游经曾把"汀州赤水"列为开发胆铜生产的场地之一。明代所修《嘉靖汀州府志》中也提道：上杭县金山有胆水池，"相传宋时池水浸生铁可炼成铜"②。清代的《大清一统志》记载得更为详细："（汀州上杭县）金山……上有三池，名曰胆水。上下二池有泉涌出，中一池则蓄上池之流。相传宋时县治密迩其地，水赤味苦，饮则伤人，惟浸生铁，可炼成铜，后县治既迁，其水遂变，不异常水。"③其实，上杭县金山场曾在北宋治平四年（1067）二月设置为采铜场，但矿场的开采时间极短，同年十月罢。④赤水场也曾是产铜的场地，宋神宗熙宁九年（1076）被罢。⑤另外，上杭县还有一个重要的产铜场，即锺寮场。北宋天圣中因锺寮铜场兴盛，命知县兼监坑冶，于是县治由郭坊一地被迁徙至锺寮场附近，便

① 《宋会要辑稿》食货三三之一九至二〇。
② 《嘉靖汀州府志》卷二《山川》，天一阁藏明代方志选刊续编，上海书店1991年版。
③ 《大清一统志》卷四三四《汀州府一·山水》，影印文渊阁四库全书。
④ 《宋会要辑稿》食货三三之三。
⑤ 《宋会要辑稿》食货三三之九。

于知县就近处理锺寮场事务。南宋"乾道三年，县令郑稽因民有请，申州及诸司"请徙县治①，乾道四年（1168）正月，福建路安抚、转运、提刑司上言乞将县治迁回郭坊，得到批准。② 将这一情况与《大清一统志》的记载联系起来看，锺寮场至少应该是与金山、赤水"密迩其地"的，因此南宋时期极有可能也从事了胆铜生产。但是这几个铜场都没有留下胆铜产量的记录。据保存在《永乐大典》中的《临汀志》记载，锺寮场和金山场在南宋后期已被罢废。③ 估计这里的胆铜生产成效不大。二是江南西路兴国军宝丰场，据《舆地纪胜》记载，"宝丰场，离大冶县九十里。出胆水，浸铁成铜"④。三是处州铜廊场，宋宁宗嘉定十四年（1221），臣寮上言中还提道："信之铅山与处之铜廊皆是胆水，春夏如汤，以铁投之，铜色立变。"⑤ 上述这三个胆铜产地只有汀州曾在北宋后期被游经列为开发之地，兴国军和处州均未提及。因此，估计后两个胆铜场所可能是在南宋期间才被开发的。

因南宋后期材料缺乏，现在已无法全面地考证胆铜生产的地区和产量。现仅见数条材料提到信州铅山县和韶州岑水场的浸铜情况：第一，据王象之的《舆地纪胜》记载，信州"今淋铜之所二百四槽，岁浸铜八万九千斤"。这一岁收额是两宋期间信州胆铜的最低纪录。从王象之于嘉定辛巳年（嘉定十四年1221）为《舆地纪胜》作序来看，岁浸铜八万九千斤之数必定是此前的某一年岁收额，而根据下面的第三条材料来看，这一岁收额的时间还得前移。第二，据明清地方志记载：抚州城东一百二十里东山产铁，宋乾道年间，置东山铁场，下设罗首坪炉、小浆炉、赤岸炉、金峰炉四炉⑥，"设监官铸钱。理宗时革监官，属临川县丞厅，岁趁办过铁二十四万二千四十六斤，解铅山县浸铜冶铸"⑦。如果按每二

---

① 《永乐大典》卷七八九一《汀·汀州府·山川》。
② 《宋会要辑稿》方域七之一一至一二，《永乐大典》卷七八九一《汀·汀州府·山川》。
③ 《永乐大典》卷七八九二《汀·汀州府志·仓场库务》，中华书局1986年版。
④ 《舆地纪胜》卷三三《江南西路·兴国军·景物下》。
⑤ 《文献通考》卷一八《征榷考五·坑冶》。
⑥ 《江西通志》卷二七《土产·抚州府》，影印文渊阁四库全书。
⑦ 《弘治抚州府志》卷一二《物产》，天一阁藏明代方志选刊续编，上海书店1991年版。

斤四两铁产一斤胆铜计算，仅抚州生产的铁就可供信州铅山场浸铜十万斤，这一数额已超过了宋高宗绍兴末期信州铅山场生产的胆铜数额。第三，据赵蕃的《截留纲运记》记载①：

> 铅之阜，宝藏兴焉；铅之泉，宝货化焉。兴者有时，化者无穷。……隑泉为池，疏池为沟，布铁其中，期以浃旬，铁化为铜。场兵千夫，服劳力作，糇粮惟邑之供。冶台岁运江淮湖广之铁，泛彭蠡，遡番水，道香谿而东，岁计所用铜，取诸铅之泉者几半。初额为斤十有三万，其后加之一倍。昼作不逮，继以夜工，率一夫而食二人之食，邑计供億逦不充。令告匮无所，懦者束手以罔措，健者取给于凿空，同底于戾，卒不克终。时嘉定九年，郡守诸台合辞上奏，请岁留纲解米，为斛千有六百以补之，犹不足也。越十有三载，董饷记者视故籍复责输焉。章君谦亨来宰民社，叹曰："场兵、戍兵均兵也。彼当饷，此不当饷耶？"告于郡。郡太守陈公章力请于饷台，总郎戴公桷慨然许之，达之于朝廷。于是，有札下饷台，州家岁留之米，遂为铅邑永久之利矣……夫米给，铜课登，鼓铸羡，圜泉衍，惠利周于四海……

从这条材料中可获知，至少在宋宁宗嘉定九年（1216）以前，铅山县生产的胆铜数额已从十三万斤增加到二十六万斤。为了完成这一数额，场兵日夜生产，食粮供应告匮，遂截留纲解米聊补不足。而十三年后的宋理宗绍定二年（1229），铅山县又被下令重新交纳纲解米，经各级官员上奏，才最终免除了这一负担，从而为浸铜生产者提供了食粮保障。估计此时铅山县浸铜额仍然维持在二十六万斤左右。这一数字虽然无法与北宋后期的三十八万斤相比，却也表明铅山县浸铜生产在经历过南宋高宗末期的低谷后，已逐渐回升，达到北宋最高产额的三分之二以上。第四，据前引张端义《贵耳集》所言，理宗时，韶州岑水场用铁百万斤浸铜二十万斤，这一产量只占北宋后期岑水场产量的四分之一弱，却也比宋高

---

① 赵蕃：《章泉稿》卷五《截留纲运记》。

宗时期明显回升。至于号称"三大场"中的潭州永兴场的情况，因材料缺乏，已无可考索。

　　总而言之，宋代兴起的胆铜生产，部分地弥补了矿铜生产衰落对铸钱生产和财政收支活动的冲击，使中国古代采矿业在传统的生产方法之外又开辟出一条新的途径。古代劳动人民总结出来的胆铜生产原理，仍然是现代湿法冶金的理论基础之一。

　　　　　　　　（原载《河北大学学报》2002 年第 3 期，中国人民大学
　　　　　　　　　　复印报刊资料《经济史》2003 年第 1 期全文转载）

宋代金银的开采冶炼技术

一　淘金与脉金矿的开采

卢本珊、王根元在《中国古代金矿的采选技术》一文中指出："金矿资源主要分两大类：一类为脉金矿，矿床大部分分布在高山地区，由内力地质作用（主要是火山作用、岩浆作用、变质作用）形成。脉金矿又称山金矿、内生金矿；另一类为沙金矿，由山金矿露出地面后，经过长期风化剥蚀，破碎成金粒、金片、金末，又通过风、流水等的搬运作用，在流水的分选作用下聚集起来，沉积在河滨、湖滨、海岸而形成冲积型、洪积型或海滨型沙金矿床。"[①] 由于金矿的蕴藏方式不同，开采方式也随之分为两类：一类为淘采沙金矿床即淘采水中或土中的沙土来获取其中的黄金；另一类为挖掘巷道，开采地下矿脉后提取出黄金。中国古代采选金矿的传统方法主要是前一种，而宋代在继承了前一种传统方法的同时，也发展了凿井采金的生产。南宋人洪咨夔在《大冶赋》中对两种采金的方法均有描述[②]：

但见汰金有洲，淘金有岗，瑞金有监，通金有场……瀋埼碛以采摭，画墥埠沙而披滤。大如落萁之豆，小如脱秕之粟。轻如麸之去麲，细如尘之生曲。澄之汰之，倏胂蒲捇。渠阳泽铫，毓奇溪洞。

①　卢本珊、王根元：《中国古代金矿的采选技术》，第260页，载《自然科学史研究》1987年第3期。

②　（宋）洪咨夔：《平斋文集》卷一《大冶赋》，四部丛刊续编，上海书店1984年版。

寻苗闢沩之邃，破的礶壁之雝。㷊以火则流脂铁笼之烈，淬以水则春糜鉊杵之重。吉挺旅陈，符采飞动。铸神鼎而制嘉量，是为万世不穷之用。

下面先看一下宋代的淘金生产：

宋代淘采黄金，主要是在江河水中和河床沙地淘汰而得。洪咨夔提到的"汰金有洲①，淘金有岗……瀸埼碛以采摭，画埠沙而披漉"之句，就是指淘采沙金的场所和劳作过程。沙金的颗粒大小和形状多种多样，"大如落萁之豆，小如脱秕之粟。轻如麸之去麳，细如尘之生曲"，最常见的是似沙粒大小的"沙金"和形如麦麸的"麸金"。另外，在宋代的广南西路等西南部地区，山谷田野中也可淘金。据范成大记载："生金出西南州峒，生山谷田野沙土中，不由矿出也。峒民以淘沙为主，抔土出之，自然融结成颗。大者如麦粒，小者如麸片，便可锻作服用，但色差淡耳。欲令精好，则重炼取足色，耗去十二三，既炼则是熟金。"② 周去非在《岭外代答》中也提道："广西所在产生金，融、宜、昭、藤江滨与夫山谷皆有之。邕州溪峒及安南境皆有金坑，其产多于诸郡。……凡金不自矿出，自然融结于沙土之中。小者如麦麸，大者如豆，更大如指面，皆谓之生金"③。宋代人称为"生金"的，是指淘采出后不经熔炼的黄金；称为"熟金"的，则是指淘采出后再入炉熔炼去除杂质的黄金。

水源便利的地方，淘金活动可以常年进行，但各地由于矿砂中含金量的差异以及使用的淘金工具不同而产量各异。唐开元年间人陈藏器在《本草拾遗》④ 中曾记录了"麸金生水沙中，毡上淘取或鹅鸭腹中得之"等方法，第一种是使用毛毡作为淘金工具，这在当时可能是普遍采用的

---

① 据《太平寰宇记》卷一〇七《江南西道五·饶州·乐平县》记载，乐平县有"汰金洲，在县西十五里。平沙临水，先有麸金，开元以后废。又有五里水口，亦出麸金"。"汰金洲"即是洪咨夔提到的"汰金有洲"。

② （宋）范成大：《桂海虞衡志·志金石》，知不足斋丛书，上海古书流通处 1921 年版。

③ （宋）周去非：《岭外代答》卷七《金石门·生金》，知不足斋丛书。

④ 《新唐书》卷五九《艺文三》中记曰："陈藏器《本草拾遗》十卷。开元中人。"此书已佚失，上述内容引自《重修政和经史证类备用本草》卷四《金屑》条下。

方法。第二种是借助于鹅鸭吃入腹中后又通过粪便排出体外的方法获得黄金,这只是偶然的、少量的获得,不可能作为生产黄金的一种手段。到了宋代,以上的方法不能说已不沿用了,但根据史料记载,使用得更多的则是以下的方法。朱彧的《萍州可谈》云:"两川冶金,沿溪取砂,以木盘淘,得之甚微,且费力。登、莱金,坑户止用大木,锯剖之,留刃痕。投沙其上,泛以水,沙去,金著锯纹中,甚易得。"① 这里提到宋代两个地区使用的两种工具,一个是在四川地区,用木盘淘金,便于个人手持操作,适合于分散作业,但生产效率较低。另一个是在富产黄金的京东路地区,淘金方法是把独木剖开,凿成凹槽,即制成木溜槽,由人工投沙其中,冲水淘采。由于金的比重高于沙土,所以在冲水淘选的过程中被沉积在木溜槽的底部,又受到锯纹等凹痕的保护,不会被水冲走,便于采集。这种方法便于采用集体劳作的形式,生产效率较高。宋代使用的淘金工具,除前面提到的毡、木盘、木溜槽等外,《大冶赋》中有"倏胂蒲掬"之词,华觉明等人解释为"用蒲叶集取金沙",并指出"这是其他文献中罕见的"。② 据此推测,"倏胂蒲掬"也可能是指采金者用蒲叶编成簸箕之类的工具来淘金。

另外,在远离水源之地,人们则利用降雨时节收集黄金。唐代人樊绰的《蛮书》中记载了云南地区的采金活动:"生金,出金山及长傍诸山,藤充北金宝山。土人取法,春冬间先于山上掘坑,深丈余,阔数十步。夏月水潦降时,添其泥土入坑,即于添土之所沙石中披拣。有得片块,大者重一斤或至二斤,小者三两、五两,价贵于麸金数倍。"③ 宋代人李石的《续博物志》中仍有此类记载④。可见,在云南山区,人们长期以来一直巧妙地利用了夏季雨水冲刷的方法采金,不仅如此,由于当地沙金颗块较大,人们还可以用手工拣选的方法直接挑出黄金。

---

① (宋)朱彧:《萍州可谈》,丛书集成初编,中华书局1985年版。
② 华觉明、游战洪、李仲均:《〈大冶赋〉考释与评述》,载《国学研究》第四卷,北京大学出版社1997年版,第578页。
③ (唐)樊绰:《蛮书》,影印文渊阁四库全书,台湾商务印书馆1986年版,第3页。
④ 李石:《续博物志》卷七曰:"生金出长傍诸山,取法:以春或冬,先于山腹掘坑。方夏水潦,荡沙泥土注之坑。秋始披而拣之。有得片块,大者重一斤或二斤,小者不下三四两。"

再看脉金矿的生产：

宋代的采金者除了以淘采砂土的方式寻找黄金外，还注重查找脉金矿"苗路"，进行地下开采。宋人在开宝年间（968—975）注释陈藏器《本草拾遗》所述《金屑》条时已提道："按陈藏器《拾遗》云，……常见人取金，掘地深丈余，至纷子石。石皆一头黑焦，石下有金，大者如指，小犹麻豆，色如桑黄，咬时极软，即是真金。"① 到北宋末期，寇宗奭在《本草衍义》一书中进一步将纷子石称作"伴金石"，曰："颗块金即穴山或至百十尺，见伴金石，其石褐色，一头如火烧黑之状，此定见金也，其金色深赤黄"②，从而确定了此石与金矿的共生关系。这说明，唐代采金者的发现，经过宋代采金者的实践而被肯定，并总结成寻找金矿的理论依据。

据宋代史料提供的情况看，当时无论是南方地区还是北方地区都有开采脉金矿的活动。京东路的登州、莱州，不仅产沙金，也是脉金矿产地，欧阳修在为胡宿作的墓志中提道："庆历六年夏，河北、河东、京东同时地震，而登、莱尤甚。"当时胡宿认为这是不祥之兆，"必有内盗起于河朔，明年，王则在贝州起兵反叛，公（胡宿）又以为登、莱视京师为东北隅，乃少阳之位也。今二州并置金坑，多聚民以凿山谷，阳气损泄，故阴乘而动。县官入金岁几何，小利而大害，可即禁止，以宁地道"。③ 从胡宿的"多聚民以凿山谷，阳气损泄"之意来看，登、莱等州除有淘金活动外，无疑还从事着开采脉金矿的活动。南方地区，脉金矿的开采场地就更多了。绍圣三年（1096）④，湖南转运司上言潭州益阳县金矿兴发之事时，特意强调："先碎矿石，方淘净金，抽分（榷）［榷］买入官。"⑤ 南宋末人朱辅⑥的《溪蛮丛笑》对辰州地区采金活动也有记

---

①　（宋）唐慎微：《重修政和经史证类备用本草》卷四《金屑》，四部丛刊初编。

②　（宋）寇宗奭：《本草衍义》卷五《金屑》，丛书集成初编。

③　（宋）欧阳修：《欧阳文忠公文集》卷三四《赠太子太傅胡公墓志》，四部丛刊初编。另外，王称《东都事略》卷七一《胡宿传》和《宋史》卷三一八《胡宿传》中也记录了此事。

④　《文献通考》卷一八《征榷考五·坑冶》将此事附于绍圣二年。

⑤　《宋会要辑稿》食货三四之一五，中华书局1957年版。

⑥　《四库总目提要》曰："辅字季公，桐乡人，不详其仕履，惟《虎丘志》载所作咏虎丘诗一首，知为南宋末人耳。溪蛮者……在今辰州界者是也。辅盖尝服官其地，故据所闻见作为是书。"

载："沙中拣金，又出于石。碎石而取者，色视沙金为胜。金有苗路，夫匠识之，名丝金。"① 可见，两宋时期，益阳县、辰州等地从事的也都是开采脉金矿的活动。

开采脉金矿的过程要比淘金复杂得多。由于地下采出的脉金矿石，带有大量的岩石杂质，所以开采出矿石后，首先要破碎矿石，再进行精选。笔者认为，洪咨夔在《大冶赋》中提到的"寻苗斸汋之邃，破的礓壁之壅。燉以火则流脂铁笼之烈，淬以水则舂糜铩杵之重"等句内容，就是指开采、碎选脉金矿石的过程，然而，已往的研究者似乎并没有认识到这一点。事实上，南宋人王象之在《舆地纪胜》中有一条靖州开采脉金矿的记载，恰恰可以为《大冶赋》这段记述提供清晰的注解。现将《舆地纪胜》中的内容全文抄录如下②：

> 金井邪直深浅不等，或十丈，或二十丈，或三十丈，或五十丈；或直或曲，或横或邪，因其苗脉所向而随之，至于水际而止。故春夏多为水所淹，秋冬则水泉收缩而可以取矣。然宝之所生，皆有礓石以为之墙壁，而矿取其中。善取者乃得其真矿，否则多杂礓礶。是故，或厚或薄，或多或少，不能齐也。辨矿之术，铜豆为先，黄窠乌窠次之，若金星见于石，则兴（废）[发] 之兆也。炉院在金场山之下。围以木栅，而臼杵布于四方；中为水池，而火堂环于其上；临池作亭，乃监官阅视之处也。每自井中凿来矿石，则载以柴而火之；淬以水而舂之；淘汰殆尽，而金始见矣。

王象之的描述通俗易懂，明确地阐述了洪咨夔《大冶赋》的内容，为我们揭示了宋代劳动人民从脉金矿床中获得黄金的生产过程。因此，《大冶赋》不仅仅记载了淘金生产的情况，也记载了脉金矿的生产情况。

分析《舆地纪胜》和《大冶赋》中的记载，可知脉金矿的生产过程

---

① （宋）朱辅：《溪蛮丛笑·丝金》，说郛，中华书局1986年版。
② （宋）王象之：《舆地纪胜》卷七二《荆湖北路·靖州·景物上·金井》，宋代地理书四种之一，台北文海出版社1971年版。

大致要经过以下几道工序：第一步，从地下采出含金矿石，此即为"寻苗阒汋之邃，破的磓壁之癕"的过程。前半句是指：在开采中，由于受到降雨因素引起的地下水季节性涨落的影响，矿脉时而显露，时而被淹，寻找苗路、开采矿脉只能挖掘到水际而止。① 后半句是指：采挖时，因矿石蕴藏在磓石之内，需破磓石取之，因此被称作"破的磓壁之癕"。第二步，破碎矿石。破碎矿石的过程是：先用柴火烧灼矿石，使其酥脆易裂；再用水淬之，使其遇冷破碎成小块，然后再舂成矿末。这一工序也就是《大冶赋》所说的"燉以火则流脂铁笼之烈，淬以水则舂糜鉹杵之重"。第三步，用水反复淘洗矿末，即用重力选矿法淘出金末或精矿。经此三道工序后生产出的金即是宋人所说的"生金"。这三道工序之后，王象之没有提及用炉熔炼、使金粒金末形成固定形制这一最后工序，但是在生产过程中这一道工序是实际存在着的。《大冶赋》中"吉挺旅陈"之句就是表明淘选出的金末要经过熔炼制成金铤。另外，寇宗奭的《本草衍义》卷五《金屑》条中也明确地指出：无论是颗块金还是麸金，"此等皆是生金也。其金得之皆当销炼。麸金耗折少，块金耗折多。"除了对金要进行提纯的需求外，从便利运输和贮藏的角度考虑，将生金熔铸成形也是当时必不可少的一道工序。

在宋代的采金史料中，常有直接淘采出纯度高的大金块的记载。例如：宋仁宗庆历四年五月乙亥，"（江南西路抚州）金谿县得生金山，重三百二十四两"②，登州、莱州有时能采出"重二十余两为块"的黄金③。而在北宋徽宗政和五年六月，在荆湖南路潭州属下的芦荻冲淘金时发现一块重达九斤八两（约重6080克）的生金块，"同日淘得颗块金甚多，及自七月二十日掘得碎金，后来至十二月十八日又复掘得金四百七两二

---

① 华觉明等人在《〈大冶赋〉考释与评述》一文中对"阒汋"一词的解释是："阒通阆，指井水时盈时竭。《尔雅·释水》：'井一有水一无水为阆汋。'"（见《国学研究》第四卷，第561页）从《舆地纪胜》的记载看，他们的这一解释是正确的。但是他们又提道："李延祥指出，阒为毛织品，'寻苗阒汋之邃'可能和淘选方法有关联，这个看法是值得重视的。"（见《国学研究》第四卷，第578页。李延祥的观点见《冶金史上的奇篇——〈大冶赋〉》，载《中国冶金史料》1992年第4期。）

② 《宋史》卷六六《五行志四·金》，中华书局1977年版。

③ （宋）吴曾：《能改斋漫录》卷一五《登、莱州产金》，上海古籍出版社1960年版。

钱"。政和五年十二月，"据邕州申：万州永俀寨告发枕门等处出产金宝，采到生大金花，不经烹炼，一块重一十一斤五两（约重 7240 克），一块重七斤八两（约重 4400 克）"[1]。上述采到大金块的地区，往往是蕴藏着丰富的金矿资源的地区。

以上诸多记述有力地说明，宋代在淘取沙金与开凿脉金矿的生产活动中，努力挖掘生产潜力，改进生产技术，在发展传统的淘金生产的同时还积极致力于扩大脉金矿床的开采地域，从而使我国黄金的生产达到一个新的高度。

二　银矿的开采冶炼技术

有关宋代银矿的开采冶炼技术，南宋人赵彦卫在开禧二年（1206）写就的《云麓漫钞》中有以下记载[2]：

> 取银之法，每石壁上有黑路，乃银脉。随脉凿穴而入，甫容人身，深至十数丈，烛火自照。所取银矿皆碎石，用白捣碎，再上磨，以绢罗细。然后以水淘，黄者即石，弃去；黑者乃银。用面糊团入铅，以火煅为大片，即入官库。俟三两日，再煎成碎银。每五十三两为一包，与坑户三七分之，官收三分，坑户得七分。铅从官卖，又纳税钱，不啻半取矣。它日又炼，每五十两为一锭，三两作火耗，坑户为油烛所熏，不类人形。大抵六次过手，坑户谓之过池。曰过水池、铅池、灰池之类是也。

这段记载讲述的是南宋高宗至孝宗时期建宁府松溪县瑞应银场的采银状况。其工艺过程大致如下：凿取矿石——粉碎矿石——淘矿选矿——在选出的矿末中加入铅——制成矿团——入火煅打成片——熔炼成碎银——精炼成固定形制的银锭。文中提到炼成精银大致要经过六道

---

[1]　《宋会要辑稿》瑞异一之二三，中华书局 1957 年版。
[2]　（宋）赵彦卫：《云麓漫钞》卷二，丛书集成初编。

工序，其中，"过水池"是指用水淘洗矿末，但"铅池""灰池"等内容，文内并没有述及，因此赵彦卫的记述并没有完整地反映出银矿冶炼的全过程。

南宋人洪咨夔在他所作的《大冶赋》中对冶银生产过程也有一段描述，其文曰：

> 余宦游东楚，密次冶台，职冷官闲，有闻见悉纂于策。垂去，乃辑而赋之。其词曰：……银城有场，银斜有坑，银玉有坞，银嶂有山。宝积张万窦之空洞，天寿倚一柱之巉屼。立岩墙而弗顾，慨循利而忘安。罏路深入，阁道横躐。篝灯避风而上照，梁杠插水而下压。庌楄深穿之腹，炮泼骈石之胁。捷跳蛙其不系，碟苍髯而可镊。碓山籍矿而殷雷，淘池搅粘而飞霙。流景倒烛，星星晔晔。烧窖熟，盒炉裂。铅驰沸，灰窠发。气初走于烟云，花徐翻于霜雪。它山莫优，朱提则劣；于以供王府匪颁之用，于以补冶台贷本之阙。

从洪咨夔的自述中可知，他在饶州任官时，勤于求知，常从在饶州设官置署的提点坑冶铸钱司那里获得有关矿冶业开采的知识与生产信息，从而纂成《大冶赋》。在上述文字中，洪咨夔提到的"银城有场，银斜有坑，银玉有坞，银嶂有山……"除了可释为如华觉明等人在《〈大冶赋〉考释与评述》一文中指出的是"银矿床的赋存"[①]外，笔者估计还可能包蕴着产银之地或矿场的名称，可释为银城场、银斜坑、银玉坞、银嶂山、宝积场等等。《大冶赋》从"罏路深入"之句起，开始逐步描述银矿的开采冶炼过程。我们从这段文字中可以知晓，银矿地下井巷很深，有栈道和木结构支架；井下以篝灯作为照明工具；为防止地下水的淹灌，专门备有庌斗排水装置；矿工们在采掘作业中还需要排除那些对人身安全构成威胁的巨石。矿石运到地面后，再经过碎矿、选矿、熔炼、灰吹法提银等一系列过程，获得白银。这段描述反映了宋代银矿采炼的全部过程，然而内容过于精练，又是由骈体文写成，注重文字的对仗与修饰，

---

① 《平斋文集》卷一《大冶赋》。

故而使我们难以详细地了解当时的技术状况。

与上述记载相比，明代人陆容《菽园杂记》中收入的《龙泉县志》关于采银的记载则不仅更为完整，而且明快易懂。现将全文照录如下：

五金之矿，生于山川重复高峰峻岭之间。其发之初，惟于顽石中隐见矿脉，微如毫发。有识矿者得之，凿取烹试，其矿色样不同，精麁亦异。矿中得银，多少不定，或一箩重二十五斤，得银多至二三两，少或三四钱。矿脉深浅不可测，有地面方发而遽绝者；有深入数丈而绝者；有甚微，久而方阔者；有矿脉中绝，而凿取不已，复见兴盛者，此名为过壁；有方采于此，忽然不现，而复发于寻丈之间者，谓之虾蟆跳。大率坑匠采矿，如虫蠹木，或深数丈，或数十丈，或数百丈。随其浅深，断绝方止。旧取矿携尖铁及铁鎚，竭力击之，凡数十下，仅得一片。今不用锤尖，惟烧爆得矿。矿石不拘多少，采入碓坊，舂碓极细，是谓矿末。次以大桶盛水，投矿末于中，搅数百次，谓之搅粘。凡桶中之粘分三等，浮于面者谓之细粘，桶中者谓之梅沙，沈于底者谓之麁矿肉。若细粘与梅沙，用尖底淘盆，浮于淘池中，且淘且汰，泛飏去麁，留取其精英者，其麁矿肉，则用一木盆如小舟然，淘汰亦如前法。大率欲淘去石末，存其真矿，以桶盛贮，璀璨星星可观，是谓矿肉。次用米糊搜拌，圆如拳大，排于炭上，更以炭一尺许覆之，自旦发火，至申时住火候冷，名窖团。次用烊银炉炽炭，投铅于炉中，候化即投窖团入炉，用鞴鼓扇不停手。盖铅性能收银，尽归炉底，独有滓浮于面。凡数次，炉爬出炽火，掠出炉面滓。烹炼既熟，良久，以水灭火，则银铅为一，是谓铅驼。次就地用上等炉灰，视铅驼大小，作一浅灰窠，置铅驼于灰窠内，用炭围叠侧，扇火不住手。初铅银混，泓然于灰窠之内，望泓面有烟云之气飞走不定，久之稍散，则雪花腾涌，雪花既尽，湛然澄澈。又少顷，其色自一边先变浑色，是谓窠翻（乃银熟之名）。烟云雪花，乃铅气未尽之状。铅性畏灰，故用灰以捕铅。铅既入灰，惟银独存。自辰至午，方见尽银。铅入于灰坯，乃生药中蜜陀僧也。①

　　《龙泉县志》的内容虽然被录入明代的《菽园杂记》中，实际上却是南宋时期写就的一部地方志②。因此，《龙泉县志》中对采银冶炼过程的详细完整的叙述，反映的正是南宋时期当地银矿开采冶炼的技术状况。

　　从《龙泉县志》描述的情况看，宋代的矿冶工匠在长期的采矿活动中已经积累了丰富的经验，善于识别矿石品位的高低以及辨析采凿过程中遇到的矿脉走向及变化情况。依据《龙泉县志》的记载，当时采用的采银冶炼工艺过程如下步骤：第一步，下到矿井凿取矿石，运到地面。第二步，在碓坊将矿石粉碎成末。第三步，用大桶盛水淘选矿末。矿末经持续搅拌后形成不同层次的悬浮物，精矿肉沉入桶底，矿工逐次淘去浮滓，拣去杂石，选出精矿肉。第四步，将选出的精矿肉用米糊拌制成团，排于炭中焙烧大约八九个小时，形成"窖团"。第五步，将铅投入炉中熔化，再投入"窖团"，鼓风熔炼。待银铅混融成液状沉在炉底后，从炉中耙出浮滓，然后熄火，银铅溶液冷却后形成铅驼。第六步，将铅驼放入用灰堆就的灰窠内，周边围以木炭，点火烧灼，利用"铅性畏灰"的原理，分离银铅，提出纯银。这一记载，恰符合赵彦卫《云麓漫钞》中"大抵六次过手"的说法，同时还纠正和弥补了赵彦卫、洪咨夔们记载上的疏漏。特别应该提出的是，《龙泉县志》中的"旧取矿，携尖铁及铁鎚竭力击之，凡数十下仅得一片。今不用鎚尖，惟烧爆得矿"之句与《大冶赋》中描述采银的"炮洌骈石之胁"以及描述采铜的"宿炎炀而脆解"等句相互印证，明确地指出宋代已经普遍地采用生产效率高的火爆法采矿技术。这种技术利用了矿石热胀冷缩的原理，以火烧灼采矿面，破坏矿石的内部结构，使之遇热后沿纹理开裂，酥脆易采，从而大大地提高了采矿的劳动生产率。

---

　　①　（明）陆容：《菽园杂记》卷十四，第175—176页，中华书局1985年版。
　　②　参见拙文《明代陆容〈菽园杂记〉所引〈龙泉县志〉的作者及时代》（载《中国经济史研究》2001年第4期）的考证，此不赘述。

炼银的最后一道工序，是在灰窠内熔化分离银、铅。现代称这一方法为"灰吹法"。黄盛璋在《对宋代矿冶发展的特点及原因的研究》一文中提道："从唐代长安城内邠王府出土的炼银渣的化验中，知道唐代已采用灰吹法炼银，但最早见于记载的则为南宋初年赵彦卫《云麓漫钞》。"①这种说法是不确切的。首先需要更正的是，赵彦卫的《云麓漫钞》不是写于南宋初年，而是写于南宋中期的开禧二年（1206）。其次，赵彦卫在记载中仅仅提到有"灰池"一道工序，却并没有描述"灰吹法"的操作过程。实际上，早在《云麓漫钞》问世之前的北宋嘉祐六年（1061），苏颂在编成的《本草图经》②"蜜陀僧"条中就已详细地记载了"灰吹法"的操作过程。其文曰：

> 蜜陀僧，《本经》不载所出州土，注云出波斯国。今岭南、闽中银铜冶处亦有之，是银铅脚。其初采矿时，银铜相杂，先以铅同煎炼，银随铅出，又采山木叶烧灰，开地作炉，填灰其中，谓之灰池。置银铅于灰上，更加火大煅，铅渗灰下，银住灰上。罢火，候冷出银，其灰池感铅、银气，置之积久，成此物。今之用者，往往是此，未必胡中来也。

苏颂的记载虽然很简短，但记录岭南、闽中地区银的冶炼过程特别是"灰吹法"的操作步骤正好与《龙泉县志》的记载相互印证。据此，可以确定地说，目前所能见到的历史文献中首次对"灰吹法"的文字记载产生于北宋嘉祐六年，这一年代比问世于南宋中期开禧二年的《云麓漫钞》早了一百四十多年。

总之，宋代是矿业生产兴盛发展的时期，金矿生产中脉金矿的开发，以及银矿生产中灰吹法、火爆法等技术首次以文字的形式被记载下来的

---

① 黄盛璋：《对宋代矿冶发展的特点及原因的研究》，载《科学史集刊》10，地质出版社1982年版。

② 从《重修政和经史证类备用本草》卷一《序例上·本草图经序》中可知，苏颂为《本草图经》作序是在嘉祐六年九月。《本草图经》一书现已遗失，"蜜佗僧"条见于《重修政和经史证类备用本草》卷四。

事实，不仅印证了宋代矿业生产具有兴盛发展的技术基础，而且为探讨中国古代矿业开采技术的发展历程提供了真实可信的凭证。

（原载《自然科学史研究》2004 年第 4 期，中国人民大学复印报刊资料《宋辽金元史》2005 年第 1 期全文转载）

宋代铁冶业主汪革"谋反"
事件析论

两宋时期，是中国古代私有经济迅速发展的时期。矿冶业中，出现许多家财万贯的私营矿冶业主，他们经营着伐木、烧炭、采矿、冶炼等全部生产过程，拥有大批矿工，亦在当地拥有着显赫的权势地位。[①] 在这些矿冶业主中，以"谋反"而震动朝廷、留名于史籍的是舒州宿松县铁冶业主汪革。这一事件的起因，虽看似偶然，其实反映了宋代社会的某些重要特征。而宋政府对汪革事件的处理，更为现实社会提供了重要的借鉴意义。

一 有关汪革事件的宋代记载

汪革"谋反"一事，最早见于南宋人岳珂撰写的《桯史》卷六《汪革谣谶》一文中，后来成为明代冯梦龙撰写的《古今小说》卷三九《汪信之一死救全家》的主要情节，在民间广为流传。现代文史学者们曾对《汪信之一死救全家》的创作渊源作过分析，有的认为是宋元人的作品，有的认为是明人作品[②]，两种说法各有所据。但从《汪信之一死救全家》中掺入了许多明代的地名、官名、习惯用语以及大量超出《汪革谣谶》

---

① 参见拙著《宋代矿冶业研究》，河北大学出版社 2005 年版，第 208—212 页。
② 详见沈天水《宋元公案小说与宋元法律》，载《中国文言小说研究》2009 年第 3 期，第 145—153 页；过常职《明代白话小说三考》，载《青海师范大学学报》1996 年第 2 期，第 92—94 页。

原文而演绎的内容来看，冯梦龙的小说更应该是在从宋至明民间长期流传下来的话本的基础上加工而成的，虽然可以大体反映汪革事件的梗概，但不宜据此对汪革事件进行探查。

那么，现存宋人著述中除了岳珂的《汪革谣谶》一文，还有多少关于汪革谋反事件的记载呢？据笔者所见，只有楼钥奉宋宁宗诏令为周必大作神道碑中的一条记述。

此条记述，文字简短。据楼钥记载，周必大升任参知政事后，曾与宋孝宗讨论恤民之事①：

> 公尝极陈民困之由，上问其故，公曰："且以平江府论之，二十年前归正、添差等官岁用五万缗，今乃数倍，支移折变之数日有所增，齐民安得不困？此特其一尔。"上为之怅然。进呈湖北月桩钱数，公曰："固出于不得已，亦须平时有以存恤。去岁旱荒，若非陛下先事赈救，禁戢苛暴，何以免流殍之苦？舒州汪革始谋不善，若如前代失军民之心，则乘灾唱乱，必致蠢起，彼亦安肯束身自归于司败？所贵得民，正为是耳。"

周必大赞誉了宋孝宗因去岁旱荒而赈恤百姓的措施，同时以汪革反叛、百姓无人响应为例强调了统治者只有爱民恤民才能获得人民拥戴的重要性。但是由于上述文字蕴含的信息量太少，我们只能知道当时发生了汪革先是图谋造反、之后又投案自首之事。

因此，要想查清汪革事件的来龙去脉，目前我们只能倚重于对《汪革谣谶》的内容进行分析。

撰写《汪革谣谶》一文的作者岳珂，是南宋抗金名将岳飞的孙子、岳霖的次子，他生于宋孝宗淳熙十年（1183），历仕宋宁宗、宋理宗两朝，《桯史》一书撰成于宋宁宗嘉定七年（1214）。②《四库全书总目》

---

① （宋）楼钥：《攻媿集》卷九四《少傅观文殿大学士致仕益国公赠太师谥文忠周公神道碑》，四部丛刊初编本。

② （清）徐乾学：《资治通鉴后编》卷一三四《宋纪》嘉定七年，文渊阁四库全书。

称岳珂《桯史》"大旨主于寓褒刺、明是非，借物论以明时事，非他书所载徒资嘲戏者比"。此书所记南宋时期人、事，多来自岳珂亲闻亲见，许多内容"比正史为详备，所录诗文亦多足以旁资考证"[1]，其中《汪革谣谶》一文，是岳珂从鄱阳人周国器的口中获知详情并记录下来的重大事件，可补当时公私撰述之遗漏，具有极高的史料价值。

为便于后面对汪革人生际遇的分析，现将《汪革谣谶》全文引录如下[2]：

> 淳熙辛丑，舒之宿松民汪革，以铁冶之众叛，比郡大震，诏发江、池大军讨之，既溃，又诏以三百万名捕。其年，革遁入行都，厢吏执之以闻，遂下大理狱，具枭于市。支党流广南。余尝闻之番易周国器元鼎，曰：革字信之，本严遂安人，其兄孚师中尝登乡书，以财豪乡里，为官榷坊酤，以捕私酝入民家，格斗杀人，且因以掠掫，黥隶吉阳军。壬午、癸未间，张魏公都督江、淮，孚逃归，上书自诡，募亡命为前锋，虽弗效，犹以此脱黥籍，归益治赀产，复致千金。革偶阋墙不得志，独荷一缣出，闻淮有耕冶可业，渡江至麻地，家焉。麻地去宿松三十里，有山可薪，革得之，稍招合流徙者，治炭其中，起铁冶其居旁。又一在荆桥，使里人钱某秉德主焉，故吴越支裔也，贫不能家，妻美而艳，革私之。邑有酤坊在仓步白云，革讼而擅其利，岁致官钱不什一。别邑望江有湖，地饶鱼蒲，复佃为永业。凡广袤七十里，民之以渔至者数百户，咸得役使。革在淮仍以武断称，如居严时，出佩刀剑，盛骑从。环数郡邑官吏，有不惬志者，辄文致而讼其罪，或莫夜啸乌合，殴击濒死，乃真。于是争敬畏之，愿交驩奉颐旨。革亦能时低昂，折节与游，得其死力，声焰赫然，自倳夷以下不论也。初江之统帅曰皇甫倜，以宽得众，别聚忠义为一军，多致骁勇。继之者刘光祖，颇矫

---

① （清）《钦定四库全书总目》卷一四一《子部·小说家类二》，文渊阁四库全书。
② （宋）岳珂：《桯史》卷六《汪革谣谶》，中华书局1981年版，第64—68页。

前所为，奏散遣其众。太湖邑中有洪恭训练，居邑南门仓巷口，旧为军校，先数年已去尺籍，家其间。军士程某二人素识之①，往归焉。恭无以容，又不欲逆其意，革之长子某，好骑射，轻财结客，遂以书荐之往，果喜，留之。一年而尽其技，革赀用适窘，谢以铁锭五十缗，二人不满。问其所往，曰将如太湖，革因寄书以遗恭。革与恭好，有私干，期以秋，以其便之，弗端亶书纸尾曰："乃事俟秋凉即得践约。"二人既出，饮它肆，酣，相与咨怨，窃发缄窥之而未言。至太湖见恭，恭门有茗坊，延之坐，自入于室，取四缣将遗之。恭有妾曰小姐，躬蚕织劳，以恭之好施也，吝不予缣。屏后有詈言，二人闻之，怒。恭坚持缣出，不肯受，亦不投以书，径归九江。扬言于市，谓革有异谋，从我学弓马兵阵，已约恭以秋叛，将连军中为应，我因逃归。故使逻者闻之，意欲以籍手冀复收。光祖廉得之，恐，捕二人送后司，既无以脱，遂出其书为证。光祖缴上之朝，有诏捕革。郡命宿松尉何姓，忘其名，素畏其豪，弯卒又咸辞不敢前，妄谓拒捕，幸其事之它属以自解。时邑无令，有王某者以簿摄邑事，郡檄簿往说谕。革已闻之，颇为备，饮簿以酒，烹鹅不熟而荐，意绪仓皇，簿觉有异，不敢言而出。行数里，解后，郡遣客将郭择者至，择与汪革交稔，故郡使继簿将命，从以吏卒十余人，簿下马道革语，劝勿往，择不可，曰："太守以此事属择，今徒还，且得罪。"遂入，革复饮之。时天六月方暑，虐以酒，自己至申，不得去。择初谓革无他，既见，乃露刃列两厢门下，憧憧往来，袒裼呼啸，颇惧，宣孙辞句去。革毕饮字。谓择曰："希颜，吾故人，今事藉藉，革且不知所从始，雀鼠贪生，未敢出，有楮券四百，句希颜为我展限。"择阳诺，方取楮，捕吏有王立者，亦以革之饷饮也，醉，闻其得钱，扣窗呼曰："三省枢密院同奉圣旨，取谋反人，教练乃受钱展限耶？"革长子闻之，跃出缚择，曰："吾父与尔善，尔乃匿圣旨文书，给吾父死地。"户阖，

---

① 中华书局原文标点为"军士程某，二人素识之"，本文认为此句标点错误，应去掉"军士程某"之后的逗号，才符合程某二人与洪恭是旧相识之意。

甲者兴，王立先中二刃，仆，伪死。尽歼捕吏，钩曳出真墙下。将
杀择，探怀中，得所藏郡移，择搏颡祈哀曰："此非他人，乃何尉
所为，苟得尉辨正，死不恨。"革许之，分命二子往起炭山及二冶
之众。炭山皆乡农，不肯从，争迸逸；惟冶下多逋逃群盗，实从
之。夜起兵，部分行伍，使其腹心龚四八、董三、董四、钱四二及
二子分将之，有众五百余。六日辛亥，迟明，蓐食趋邑。数人者故
军士，若将家子弟，亦有能文者，侠且武，平居以官人称，革皆亲
下之。革有三马，号惺惺骝、小骢骒、曰番婆子，骏甚，驭曰刘
青，骁捷过人。革是日被白锦袍，属囊鞬，腰剑，总鹅梨旋风髻，
道荆桥，秉德之妻阄于垣，匿，弗之见，乃过之。未至县五里，钱
四二有异心，因谓革曰："今捕何尉，顾不足多烦兵，君以亲骑
入，大队姑屯此可也。"革然其言，以三十骑先入郭门，问尉所
在，则前一日以定民讼，舍村寺未归。乃耀武郭中，复南出，刘青
方鞁，忽顾革曰："今虽不得尉，能质其家，尉且立来。"革曰：
"良是。"反骑趋县，尉廨在县治，革将至，有长人衣白立门间，
高与楼齐，其徒俱见之，人马辟易，亟奔还。则钱四二者已与其众
溃逃略尽，惟龚、董守郭择不去者，尚五六十人，计无所出，乃杀
择而还麻地。其居屋数百间，藏书甚富，谷粟山积，尽火之。幼孙
千一甫十一岁，使乘惺惺骝，如无为漕司，分析非敢反，特为尉迫
胁状。遂杀二马，挈其孥至望江，以五舟分载入天荒湖，泊苇间，
与龚、董洒涕别去，曰："各逃而生，毋以为君累也。"其次子有
妇张，实太湖河西花香盐贾张四郎之女，有智数，尝劝革就逮，弗
从，至是与其子相泣，自湛于湖，时人哀之。王立既不死，负伤而
逃，归郡。郡闻革起聚民兵，会巡尉来捕，且驿书上言，诏发两统
帅偏裨扑灭，勿使炽。居十日，而兵大合，徒知其在湖，不敢近。
视舟有烟火且闻伐鼓声，稍久不出，使阄之，则无人焉。烟乃熷麻
屑，为诘曲如印盘，缚羊鼓上，使以蹄击，革盖东矣。革之至江
口，劫二客舟，浮家至雁（汉）[汉]①、采石，伪官归峡者，谒征

---

① 中华书局原文为（汉），应为"汉"。

官而去，人莫之疑。舒军既失革，朝廷益虑其北走胡，大设赏购。革乃匿其家于近郊故死友家，夜使宿弊窬，曰："吾事明，家可归师中兄。"遂入北关，遇城北厢官白某者于涂，白尝为同安监官，识革，方骇避，革曰："闻官捕我急，请以为君得。"束手诣阙，下天狱，狱吏讯其家所在，备楚毒，卒不言。从狱中上书，言臣非反者，蹭蹬至此，盖尝投匦请得以两淮兵，恢复中原，不假援助，臣志可见矣。不知讼臣反而捕者为谁，请得以辨。乃诏九江军送二人，捕洪恭等杂验，皆无反状，书所言秋期乃它事，革亶坐手杀平人，论极典，从者末减。二人亦以首事妄言，杖脊窜千里。方其孙诉漕司时，递押系太湖，荷小校过棠梨市，国器尝见之，惺惺驵弃野间，为人取去。宿松人复攘之，以瘠死。革之壻曰毛鼒，字时举，第百一，居仓步，亦业儒，以不预谋，至今存。后其家果得免，依孚而居。后一年，事益弛，乃如宿松，识故业董四，从有总首詹怨之，捕送郡，郭择家人逆诸门，搏击之，至郡庭，首不发矣。其捕董时，亦赏缗十①，郡不复肯畀，薄其罪，仅编管抚州。革未败，天下谣曰："有个秀才姓汪，骑个驴儿过江，江又过不得，做尽万千趋锵。"又曰："住在祁门下乡，行第排来四八。"首尾皆同，凡十余曲。舞者率侑以鼓吹，莫晓所谓。至是始验。革第十二，以四合八，其应也。二人初言，盖谓革将自庐起兵如江云。国器又言，革存时，每酒酣，多好自舞，亦不知兆止其身。宿松长人，或谓其邑之神，曰福应侯，威灵极著，革时亦欲纵火杀掠，使无所睹，邑几殆。时守安庆者李，岁久，亦不知其为何人也。

目前所能查找到的提及汪革事件的宋代记述只有上述两条，要想查清汪革事件的来龙去脉，我们必须对《汪革谣谶》的内容进行详细的分析，以确定这一记载是否属实。

---

① 中华书局《桯史》第69页校记曰："'亦赏缗十'嘉靖本、集成本、四库本、学津本'十'均作'千'"。

二 对《汪革谣谶》基本内容的剖析

汪革事件发生时，岳珂尚未出生。他是后来从鄱阳人周国器口中听到了这一事件的详细内容。

周国器，字元鼎，其生平事迹不见记载，从《汪革谣谶》最后一句"时守安庆者李，岁久，亦不知其为何人也"的追述语句来看，周国器向岳珂讲述此事时，不仅距淳熙八年汪革事件已过去了很久，距宋宁宗庆元元年（1195）十月乙丑升舒州为安庆府①的时间也应该有一段距离了。岳珂此时应已成年。

那么，《汪革谣谶》提供的基本内容是否可信呢？现试作如下几点分析：

第一，汪革率众暴动以及其后投案自首事件确实发生在淳熙八年。

这一时间从前引周必大任参知政事后对宋孝宗所说的话以及下面有关灾荒的间接史料中都可以得到印证。

从徐自明的《宋宰辅编年录》中可以查到，周必大任参知政事的时间是在淳熙七年（1180）五月戊辰至淳熙九年（1182）九月庚申之间②，则周必大与宋孝宗的对话必定发生在这一时期。而在周必大任参知政事的当年，南宋各地特别是两淮地区发生了较大范围的旱灾，粮食减产，百姓饥馑，宋政府随即启动赈救蠲税措施。淳熙七年七月丁卯，宋孝宗以"旱决系囚，分命群臣祷雨于山川"；十一月辛酉，"蠲两淮州军二税一年"；淳熙八年二月壬午，"诏去岁旱伤郡县，以义仓米日给贫民，至闰三月半止"；六月戊午，又"除淳熙七年诸路旱伤检放米一百三十七万石，钱二千六万缗"③；七月十七日，宋孝宗下诏："去岁诸路州军有旱伤去处，其监司守臣修举荒政，民无浮莩，各与除职转官"。于是，包括淮南运判赵彦逾、江西提举朱熹等官员并除直秘阁，知隆兴府辛弃疾、知

① （元）脱脱：《宋史》卷三七《宁宗纪一》，中华书局1977年版，第720页。

② （宋）徐自明撰，王瑞来校补：《宋宰辅编年录校补》卷一八，中华书局1986年版，第1243、1250页。

③ 《宋史》卷三五《孝宗纪三》，第673—675页。

舒州李巽等官员各转一官。① 上述记载都确定无疑地指出淳熙七年发生了旱灾这一事实，而周必大与宋孝宗的对话中既提到了因"去年旱荒"政府采取了救济措施，又提到汪革先是"始谋不善"，后又"束身自归于司败"，证明了这场对话正是发生在旱荒之后和汪革事件的淳熙八年；淳熙七年到八年间，李巽知舒州，因修举荒政而得以转官，也与《汪革谣谶》中"时守安庆者李"的记述相符。因此，《汪革谣谶》记载的汪革事件发生的时间及投案自首事实是准确的。

第二，《汪革谣谶》中提到的皇甫倜、刘光祖、张氏等人确有宋代至清代的史料记载与之相符。

1. 皇甫倜。《汪革谣谶》曰："初，江之统帅曰皇甫倜，以宽得众，别聚忠义为一军，多致骁勇。"据周必大为汪澈所作的神道碑所言，最初，"皇甫倜拥众万余栅陈、蔡间，未有所属"，督视荆襄军马汪澈"请赐军号、官爵"②，收编为宋军。之后，宋孝宗因皇甫倜"崛起陈蔡之间，力当一面，以少系众，屡收隽功"而与皇甫倜转三官，除阁门宣赞舍人。③ 又据《宋史》记载，孝宗即位，锐意恢复……招皇甫倜于蔡……皇甫倜以忠义结山砦，扼敌要冲。④ 绍兴三十二年七月癸丑，马军司中军统制赵撙、忠义军统领皇甫倜复光州；十一月丙午，赐忠义军统制皇甫倜军帛五千匹、绵万两。⑤ 淳熙元年（1174）十二月二十三日，江州驻扎御前诸军都统制皇甫倜言："得旨差拨官兵五十人于黄州麻城县、兴国军大冶县屯戍，将带器甲前去，与累年差拨出戍人事体一同。乞下湖广总领所照应自来体例勘支起发，并内有家累人添支钱米，自起发日为始批放。日后差拨更戍人，亦乞依此施行。"朝廷从之。⑥ 淳熙四年（1177）"六月十七日，江州都统皇甫倜言：'乞於江州福星门外收买空闲田段，将所

---

① （清）徐松辑：《宋会要辑稿》瑞异二之二五，中华书局1957年版，第2094页。
② 《文忠集》卷三〇《枢密使赠金紫光禄大夫汪公澈神道碑》。
③ 《文忠集》卷九六《武翼郎皇甫倜与转三官除阁门宣赞舍人》。
④ 《宋史》卷三八四《汪澈传》，第11815页。
⑤ 《宋史》卷三三《孝宗纪一》，第618、620页。
⑥ 《宋会要辑稿》礼六二之七九，第1734页。

部诸军亡殁之人就彼埋瘗。'从之"。① 以上记载证明，皇甫倜因聚兵抗金而被收编入宋军并任忠义军将领，在淳熙元年时已任江州都统制，至淳熙四年六月仍在任。

2. 刘光祖。据《宋会要辑稿》记载，淳熙八年七月十九日，宋孝宗谓辅臣曰："江州副都统刘光祖极精细好兵官。闻财赋甚窘乏，无以激赏士卒。可于鄂州总领所支钱三万缗与之。"② 周应合在《景定建康志》中记载：刘光祖，武节大夫、英州刺史、江州驻扎御前诸军副都统制，改差充建康府驻扎御前诸军副都统制。淳熙十年十月二十二日到任，至淳熙十一年五月十七日罢。③ 淳熙十一年，周必大在《与蔡戡咨目》中也提道："二月八日奏事得旨，访闻刘光祖在九江，继皇甫倜废坏纪律之后，一时虽能尚严，然略无恩义，抚存士卒己未相安，未期月间，贪心既生，惟利是务，自此威令顿弛，甚于前人。"④ 以上记载证明，刘光祖确有其人，他在江州都统制皇甫倜离任后继任江州副都统制，汪革事件发生之年的淳熙八年七月仍然在江州任职，淳熙十年十月二十二日就任建康府驻扎御前诸军副都统制。

3. 汪革的二儿媳张氏。《汪革谣谶》提到，汪革的二儿媳张氏"实太湖河西花香盐贾张四郎之女，有智数，尝劝革就逮，弗从，至是与其子相泣，自湛于湖，时人哀之"。张氏出身太湖县盐商之家，家境富裕，出嫁前至少接受过启蒙教育，习知礼教，是个聪慧之人，她很清楚被加上"谋反"罪名，如果不束手就擒，申明事件原委，全家族人均将受到诛连，难逃一死，因此，当自己的建议不被采纳时，宁愿投湖而死也不愿背上"谋反"罪名。张氏结束性命以自证清白的行为，从南宋到清朝数百年间一直被人们长期传颂，除了明代人冯梦龙在《汪信之一死救全家》中的颂扬外，清代康熙二十二年（1683）编修的《安庆府志》特地将张氏列入《烈女志》中，曰："张氏，（太湖县）花香坂张四郎之女，汪革仲子妇也。张、汪盐商，素雄于乡里。淳熙中，或首革有异志，诏

① 《宋会要辑稿》食货六〇之一六，第5872页。

② 《宋会要辑稿》兵二〇之三二，第7117页。

③ 周应合：《景定建康志》卷二六《官守志三·御前诸军都统制司》。

④ 《文忠集》卷一百四十六《奏诏录一·与蔡戡咨目》。

捕之。将逃，张谓姑曰：不可逃而免也，就逮自明。弗听。张泣曰：死鸟无生翼。遂自沉于河。革诛，同室皆死。人多其智。"① 此外，清康熙二十三年（1684）编修的《江南通志》也将张氏列入《烈女志》中，曰："张氏，太湖人张四郎女，汪革仲子妇。张、汪素以商雄乡里。淳熙中，或首革有异志，诏捕之。将逃，张谓姑曰：不可逃而免也，就逮自明。弗听。张泣曰：死鸟无生翼。遂自沉于河。革诛，同室皆死。人多其智。"② 这两条记载中，除对汪革身份的认定有"盐商""商"之不同外，张氏的行为与《汪革谣谶》所记则完全相同，只是汪革家人的结局变成"同室皆死"，这一点恐怕是清朝统治者为了褒扬张氏烈女的行为，警戒犯上作乱者的有意之作。上述记载足证当时汪革儿媳张氏自沉于湖以证清白的事迹是真实的。

第三，明代官员对汪革事件的评论。

明代武宗至世宗时期任官的崔铣在为时任都御史的简公所作的《赠大中丞简公序》中提到，明代私盐商贩猖獗，并特意引宋代汪革之例以为借鉴③：

> 古者，帝王之域，民有天险焉，典礼命讨是也；有地险焉，山陵江河是也；有人险焉，才能甲兵是也。今之险孰沩于江，而才之专孰丽于中丞。夫穴港泗水、鸱张鼠伏者，盗之靡靡尔；淮海巨鄙，盐徒所据，盘如也。有司视为目瘤、项瘿，不可药已。出作私商，伺便用劫，水广舟利，须臾不能迹之。然彼之得遂，刻吏成之也。召商贾盐，乃立苛法，曲取琐程，淹滞年岁，财力俱竭，商弃而不至。官盐格，而私商售；私商售，而私积充。是以结朋结技，恣凶立业。宋一汪革尚费大师十百，于革者，敢谓无其人哉？

---

① （清）姚琅等编修：《安庆府志》卷十二《烈女·太湖县·节烈》，清康熙二十二年刻本。

② （清）王新命、薛柱斗等编修：《江南通志》卷五五《列女志·安庆府》，清康熙二十三年刻本。

③ （明）崔铣：《洹词》卷十一《三仕集》《赠大中丞简公序》，文渊阁四库全书。

崔铣此言，是站在维护明朝统治者的立场上对都御史简公提出的用人施政建议，他指出，明代私盐猖獗是官府刻吏苛剥下的产物，如果任其发展，极易出现像宋代汪革那样私商"结朋结技，恣凶立业"的售盐群体，对统治政权构成威胁。崔铣的这番话，虽然错把汪革当成盐商，但是，至少证明了宋代的汪革事件是确实发生了的。不仅如此，汪革事件对相隔三百年后的明朝政权仍有巨大的影响，已成为统治阶级戒惕官员行为、防范民间叛乱时引以为鉴的例证。

总之，这一事件虽非岳珂本人亲见亲历，但是，事件发生时曾震动朝野，朝廷下诏发江州、池州两地军队围剿，并悬赏捕捉汪革，舒州辖区各县以至行都临安的百姓均应目睹耳闻，向岳珂口述此事的周国器当时在太湖县棠梨市也曾亲眼见到了被官府押送经过此地的汪革幼孙。周国器的记忆有可能模糊、事件的细节有可能遗漏或出现差错，但其讲述的基本内容应该是可信的。

三　引发汪革事件的诸因素分析

汪革既然财豪乡里，为什么放着好日子不过，偏偏要反叛作乱、自取灭亡呢？

汪革反叛的原因，由于上述其他史料过于简略，均未涉及，目前我们也只能依据《汪革谣谶》的记载试作如下分析。

从岳珂的记述可以看到，汪革字信之，原籍两浙西路严州遂安县。老家有长兄名汪孚，字师中，财豪乡里。宋孝宗初期，汪革因与其兄不和，离家北上，渡江来到舒州宿松县麻地，先从经营烧炭业和铁冶业起家，拥有了两座冶铁炉、五百多名铁冶工人，又承买了仓步白云的酒坊，并将邻县望江县广袤七十里的湖水"佃为永业"，借此役使着数百户靠水产业为生的渔民。汪革不仅经营铁冶业、酿酒业、水产业，还营建起"居屋数百间"，家中"谷粟山积"，成为当地首屈一指的豪富。汪革的喜好也极为广泛，家中藏书甚富，又爱舞枪弄棒，文武两道精通，从而获得了社会声望和权势。不仅如此，汪革还倚仗权势，在当地横行霸道，颐指气使，地方官员们都纷纷仰其鼻息，不敢违意。

程某二人的诬陷，是酿成这起事件的导火索。由于汪革的长子"好骑射，轻财结客"，居住在太湖县的汪革好友洪恭遂介绍原忠义军军士程某二人去汪革家教授武艺。一年后，汪革不再聘用程某二人，仅以五十缗铁钱酬谢，并写信一封请二人顺路带给洪恭。二人不满汪革给钱太少，又偷看了汪革给洪恭的信，到洪恭家后，洪恭欲以四匹细绢酬谢，小妾阻挠，口出秽言，二人听到，更加大怒，既不受洪恭的酬谢，也不把汪革的信交给洪恭，径直去了江州。在江州城中，二人扬言于市，称汪革习学武技是意图谋反，汪革信中"乃事俟秋凉即得践约"之语是汪革与洪恭图谋联络军队秋季起兵反叛南宋政府，并故意让巡逻兵士听到，从而实现了借官府之手报复汪革的目的。

地方官员疏于查验与核实，向中央上报了错误的信息，使得原本子虚乌有的汪革叛乱得以爆发。当时，刘光祖是江州驻扎御前诸军副都统制，率军驻守在江州，捕获程某二人后，如果及时命令舒州宿松县官员查验核实汪革书信中"乃事俟秋凉即得践约"所指何事，也许不会酿成汪革被迫反叛事件，然而刘光祖极度恐惧爆发反抗朝廷的武装起义，将二人移送后司（江上诸军设置的推狱审判之所），仅凭程某二人证言和汪革书信中一句语焉不详的秋凉践约，就匆忙将汪革确定为谋反者上报朝廷。对于谋反者，中国古代历朝政府为维护统治地位，向来都是采取严酷剿杀的措施。《宋刑统》把谋危社稷的谋反者列为"十恶"之首，"诸谋反及大逆者，皆斩"。① 因此，当南宋朝廷接到刘光祖报告的汪革图谋造反之消息时，马上下诏缉捕。由此，子虚乌有的汪革谋反成了板上钉钉的事实。

汪革长期以来凭借其雄厚的财力和社会地位，武断跋扈，平日出门，都要身佩刀剑，家丁环拥，耀武扬威，自恃地方官员无人敢与他为敌，这一心态为他暴乱行为的爆发埋下了祸根。换作他人，当察觉到来访的宿松县主簿言行异常时，如果积极配合官府查清实情，也有可能不会罹祸，但汪革自身一贯的骄横跋扈则导致事态进一步恶化，终至无法挽回。《汪革谣谶》中多处记载都体现了汪革及其儿子的这一特点，如

---

① （宋）窦仪:《宋刑统》卷一七《盗贼律·谋反逆版》，中华书局1984年版，第268页。

宿松县尉何某素畏汪革，不敢去捕；主簿王某受命去说谕，又"不敢言而出"。汪革察觉出了异样，仍有恃无恐，见客将郭择率捕吏来临，即令手下人丁"露刃列两厢门下，憧憧往来，袒裼呼啸"；而汪革长子听到其父被"三省枢密院同奉圣旨，取谋反人"时，竟迅即跃出缚了郭择，继而率手下人刀砍王立、尽歼捕吏。以上种种行为，都是汪革家族平素武断跋扈、骄横暴戾的体现。汪革得知自己已成为被朝廷通缉捉拿的"谋反人"，索性连夜召集手下二铁冶"逋逃群盗"五百之众，出兵宿松县治，"耀武郭中"，杀郭择而还。至此，被诬陷的谋反终于转变成为现实版的暴乱。

但是，激愤发泄后，汪革也深知自己触犯了朝廷的大忌，前途凶险。走投无路之际，他并未如朝廷所忧北投金朝，而是仍然希冀通过申明冤屈获得朝廷的宽宥，避免自己家族老小同被诛杀。于是，他一面安排幼孙去无为军转运司上诉申辩，一面携余众在望江县天荒湖内设下迷阵，摆脱江州、池州两支大军的追捕围堵，之后劫持两艘客船，浮江东下，在池州雁汊、太平州采石伪冒官员，骗过江边关卡，直奔临安府。到行都临安府近郊后，汪革藏匿好家人，进城束手投官，决意向朝廷辩白；狱中虽受尽酷刑，仍以曾经上书请求召集两淮兵收复北方失地为证，表白自己一直以来对宋朝廷忠心耿耿，绝无谋反之意。从汪革上述一系列的行为来看，他确实自始至终都没有反叛宋王朝的意图。

宋政府经对程某二人和洪恭审讯，虽然查清汪革信中所言并非意欲谋反之事，但因汪革纠众暴乱、杀了郭择、捕吏，扰乱县治，逃过官军的围剿，造成"比郡大震"的恶劣影响，不杀不足以示君威、戒谋逆，遂采用了宋代最重的刑罚，将其斩首，并悬首于市，以警示百姓大众。对于诬陷汪革的程某二人，宋政府也采取了"杖脊窜千里"的刑罚。而对于汪革的随从及家人，宋政府则采取了与汪革区别对待的"从者末减"之法，保留了他们的性命甚至财产，曾被通缉的要犯董四，被捕获后也得以减轻刑名，仅编管抚州。宋政府的上述做法，既遵循了严惩暴乱首犯的法律规定，又尽可能地减轻了地方政府错误地将汪革定性为谋反的负面影响，起到了安定民心、稳定政局的作用。

从汪革事件中，我们可以看到，地方政府在社会治安管理中的职责及行为对当地社会秩序的稳定与否具有十分重要的作用。地方政府是否能及时发现各种隐患，是否能厘清事实，是否能予以妥善处理，以及是否向中央传递了真实的信息，足以影响到中央机构的决策正确与否和社会的安定与否。汪革事件的发生，虽有他本人暴戾豪横的因素以及其他多方面的因素，但宋代地方政府的错误处理是导致暴乱发生的最重要的因素。本文探讨这起事件，不仅希望查清历史真相，更希望能为现代社会提供可资借鉴之处。

（原文载《宋史研究论丛》第十五辑，河北大学出版社 2014 年版

此文在原文基础上有所修改和补充）

金属制造及机构编

宋代都作院设置考[*]

都作院，是设置于各地制造军器和各类军需物资的官营手工业作坊，始建于宋代。都作院是由遍布各州的作院发展而来的。

一　作院名称的出现

中国古代早已存在制造军器的官营手工业作坊，但多以"署""冶""作""坊"命名。以"作院"命名的现象，出现得较晚，最早见于五代十国时期。例如，前蜀（907—925）帝王王建，性俭素，喜整洁，不好奇形怪状，曾"于作院见匠人裹小朵帽子，前如鹰嘴，后露脑枕，怪而截其嘴也。又登楼见行人戴褴褛席帽，云：破头烂额是何好事？"① 又如，后晋高祖天福三年（938）五月，昭义奏："旧有铜鞮等五县收拾到甲仗兵共六千七十副，已勒作院添修……"② 后周太祖在广顺二年（952）十月庚寅下诏："诸州罢任或朝觐，并不以器械进贡。"其缘由："先是，诸道州、府各有作院，每月课造军器，逐季搬送京师进纳。其逐州每年占留系省钱帛不少，谓之'甲料'。仍更于部内广配土产物，征敛数倍，民甚苦之。除上供军器外，节度使、刺史又私造器甲，以进贡为名，功费又倍，悉取之于民"。周太祖"以诸州器甲造作不精，兼占留属省物用过

---

　　* 此文系教育部人文社会科学研究"十五"规划项目《宋代的金属制造业》中的内容，项目批准号：01JA770026。
　　① （唐）孙光宪：《北梦琐言》卷一二《柳氏子幞头脚》。
　　② （宋）王钦若等：《册府元龟》卷一二四，《帝王部·修武备》。

当，乃令罢之。仍选择诸道作工赴京作坊，以备役使"①。从以上三例记载看，五代十国时期，前蜀、后晋、后周政权都在地方州、府所在地设置过作院。依此上溯，作院极有可能早在唐朝后期地方割据势力拥有兵权时就已出现了。

宋朝立国之初，致力于完成统一大业，南征北伐，军器制造不可或缺，故"京师有作坊，诸州有作院，皆有常课"。② 此后，两宋政权先后长期与辽、西夏、金、蒙元等北方政权对峙，各州作院一直存在，其主要任务仍然是制造军器和各类军需物资。

都作院，是在宋代作院的基础上产生的。"都"之意，即为"大也""聚也"③。与宋代遍布各州的作院相比，都作院是指聚集工匠人数多、军器生产规模大的作院，只能在指定的地点设置，北宋前期数量极少，宋神宗以后推广开来。

二　都作院的产生与推广

北宋仁宗庆历二年（1042），宋夏交战之时，宋朝廷下令于陕西的鄜延、环庆、泾原、秦凤四路设置都作院。④ 此为宋代设置都作院之最早记载。之后，庆历四年（1044），在欧阳修的建议下，宋政府又在河北西路的磁州、相州各设置了一个都作院。欧阳修在上《乞置弓弩都作院》奏章中提到这一情况：

> 当司勘会，近曾擘画乞于磁、相州置都作院，打造兵器。已蒙朝廷依奏，及差到监官等见催促磁、相州盖造营房、作院，及抽束工匠打造一色精好器械。次窃缘磁、相二州只是铁作院，所有弓弩元未曾别有擘画，当司今相度得西山一带所产弓弩良材甚多，自来系相州盘阳务采斫，应副诸处使用。今欲乞就近于邢州置都作院一

---

① （宋）薛居正等：《旧五代史》卷一一二，《周书第三·太祖纪三》。
② （宋）李焘：《续资治通鉴长编》卷一七，太祖开宝九年二月己未。
③ 见《广雅·释诂一》、《广雅·释诂三》。
④ （宋）王应麟：《玉海》卷一五一《兵制·杂兵器·元丰兵器图》。

所，专打造一色好弓弩，久远甚为利便……①

从欧阳修的奏章中可知，当时磁州、相州已得到朝廷的批准各设置一个都作院，打造铁兵器。欧阳修还请求在邢州再设置一所专门打造弓弩的都作院。但是，这一建议未见获得批准。

宋仁宗时期之所以设置都作院，是为了加强对西夏、辽朝的应战能力，及时解决宋朝边境地区的军器供给问题。因此，这一时期都作院的设置仅限于宋朝对外交战和备战地区，即陕西和河北西路，其他路尚未出现。

宋神宗时期，以王安石为核心的执政集团开始对旧政进行全面的变革。由于军器制造和管理长期以来弊端不少，"国朝军器，旧领于三司胄案，三司事丛，判案者又数易，仅能谨簿账而已。"如何有效地管理军器制造部门，为军队提供精良的军备和作战物资，此时已成为政府需要解决的议题之一。

大约在熙宁六年，王雱针对中央和地方军器制造的弊端，提出改制的要求。王雱奏言曰：

汉宣帝号称中兴之贤主，而史之所叙，独以为技巧工匠皆精于元、成之时。然则此虽有司之事，而上系于朝廷之政，为政者所宜留意也。方今外御两边之患，而内虞剽盗之变，征伐擒捕之策，未尝不以为首务，而至于戎器则独不为之恤。盖今天下岁课弓弩、甲胄之类，入充武库之积以千万数，而无坚完轻利真可为武备者。臣尝观于诸州将作院，至有兵匠乏缺而拘市人以备役。所作之器，但形质既具，则精窳之实一切无所问。武库吏亦惟计多寡之数以藏，而未有责其实用者，故所积虽多，大抵敝恶不可复举。夫为政如此，而犹用抗威决胜，外摄邻敌之强犷，内沮奸凶之窃发，臣愚未见其可也。倘欲废弛武备，观天下以无事，则金木、丝枲、筋角、胶漆、竹羽之材，一出于民力，而无故聚工以毁之，此可惜也。臣私计其

---

① （宋）欧阳修：《文忠集》卷一一七《河北奉使奏草》。

便，莫若更制其法度，敛数州之所作而聚以为一处，若今钱监之比，而每监择知工事之臣，使专于其职；且募天下之良工，散为匠师于诸监。而朝廷亦当内置工官以总制其事，然后察其精窳之实，而重为赏罚，则人人各求胜，不饬而皆精矣。或闻今武库，太祖时所为弓尚有弓弦如新者，而近世所造往往不可用。审如此，则又有以见法禁之张弛也。①

王雱的奏言强调从以下几点进行改革：第一，从中央到地方要加强管理力度，改变以往只重视军器制造数量，不重视质量的做法；第二，各地仿照设置钱监的办法，将数州作院聚为一处，置懂行的官员专门管理，募民间技艺高超工匠为匠师制造军器；第三，中央应设置专职机构和官员统一管理各地的军器制造，加强对军器质量的检查验收，针对责任人制定相应的奖惩条例。王雱认为，按照这一套制度来运行，才可以减少物力、人力的浪费，提高军器质量，进而"抗威决胜"。

宋神宗颇为赞赏王雱的建议。熙宁六年（1073）六月，当宋神宗获知"河北兵械皆不可用"时，深切地感受到军器生产的弊病必须马上革除，随即命令商讨改革军器管理之事。很快，改革方案出台：在中央设置军器监，总管内外军器之政。吕惠卿、曾孝宽为第一任判监，其下设置丞、主簿、勾当公事等官员。废掉原管辖军器之事的三司胄案。②

军器监一经设立，即向各地发布命令：凡产材州，并置都作院；天下知军器利害者，听诣监陈述；新献军器须经中央机构查验合格，才可以制造。其后，军器监又规定：中央确定军器形制后，将样品发送到诸路作院，作院按样式制造；制成的军器按质量分为三等，视其质量之良窳而黜陟当职官吏。③

随着命令的发布，都作院开始在诸路推广开来。据南宋人梁克家的记载，"熙宁六年，诏诸路置都作院凡四十一所，十七处系上供军器，二

①《续资治通鉴长编》卷二四五，熙宁六年六月己亥注文。
②《续资治通鉴长编》卷二四五，熙宁六年六月己亥。
③《续资治通鉴长编》卷二四五，熙宁六年六月己亥注文。

十四处系应副本路及缓急泛抛军器。"当时，即在福建路的福州、建州各设置了一个都作院。① 罗濬也有"熙宁六年，诏诸路置都作院凡四十一所"之记载，并提到当年明州亦为设置都作院之地。② 越州有"作院指挥，熙宁六年置"③ 之记载，所谓"作院"，就是都作院。熙宁七年至元丰年间，河北东路的沧州，永兴军路的永兴军，江南东路的饶州，荆湖北路的鄂州，京东路的徐州、青州、郓州等地也都出现了都作院的记载（见下表），这些都作院都应是在熙宁六年设置的。

伴随着都作院的推广，各地的军器配备工作得以落实。熙宁九年（1076）五月丙辰，宋神宗批语中提道："出榜晓谕诸路地接蛮夷州军及外城寨，应有合措置事，逐路选委监司一员案视……器甲如不精利及有少数，於要便州军差官简选，以备移用。或本处难得，即於逐路都作院渐次制造。"④ 熙宁十年（1077）十月丙辰，军器监言："天下军器，五路已编排修完，其余诸路欲令随州郡大小次第编排，以五千人至千人为额，从本监量定年限，于都作院修选，委监司或提举司官一员提举点检。"⑤ 从上述两条记载看，军器监负责统筹管理各地的军器修造配备任务，规定各路按州郡的大小排序、以军队员额1000—5000人应配备的军器数量交付都作院渐次修造。至熙宁十年，已有五路完成本路军器的修造配备任务。估计这五路中，与西夏、辽朝接境的陕西、河北、河东诸路应在首列。

由于宋神宗时期在军器制造及管理上进行了一系列的改革措施，军器"无不精致"，军事装备面貌一新。直到宋哲宗时期，吕陶仍对此赞不绝口："国家自庆历罢兵以来，武库百备废坏几尽。神宗皇帝以常德立武事，震耀威、灵。治兵制器，宪度详谨。内置军器监，外创都作院，日程其功，月阅其课，戈矛、弧矢、甲胄、刀剑之具，皆极完具，等数之

---

① （宋）梁克家：《淳熙三山志》卷一八《兵防类一》。
② （宋）罗濬：《宝庆四明志》卷七《宋郡志七·叙兵》。
③ （宋）施宿：《嘉泰会稽志》卷四《军营·厢军》。
④ 《续资治通鉴长编》卷二七五，熙宁九年五月丙辰。
⑤ 《续资治通鉴长编》卷二八五，熙宁十年十月丙辰。

积，殆不胜计。苟有灵旗之伐，可足数十年之用。"① 上述措施，对加强
宋朝的国防力量产生了重要的积极作用。

三　设置都作院的地点及数额

如前所述，宋仁宗时期最早在陕西诸路、河北西路设置了 6 个都作
院；宋神宗熙宁六年在中央设置军器监统管军器修造工作，始将都作院
推广到全国各路，设置了 41 个都作院。下面还将谈到，北宋徽宗以后，
东南地区都作院的数量又有增加。但是，全部都作院具体分布于何路何
州，因史料缺乏记载，已不能查找出来。目前，只能根据宋人留下的零
散记述，尽可能地再现两宋时期设置都作院的地点和数量。

现将宋代都作院设置情况，包括设置地点、设置时间或见于记载的
时间、工作情况等，按路别逐一排列制成下表。

表1　　　　　　　　　宋代都作院设置情况

路别	设置都作院地点	设置时间或见于记载的时间	工作情况及兵员人数	资料出处
陕西诸路	华州（鄜延路）	华州、凤翔府、渭州、秦州四处都作院设置于庆历二年	华州都作院供应鄜延路	《玉海》卷一五一《兵制·杂兵器·元丰兵器图》
	凤翔府（环庆路）		凤翔府都作院供应环庆路	
	渭州（泾原路）		渭州都作院供应泾原路	
	秦州（秦凤路）		秦州都作院供应秦凤路	
	永兴军（永兴军路）	永兴军都作院元丰五年见于记载	永兴军都作院供应永兴军路	《续资治通鉴长编》卷三三一，元丰五年十一月己亥

---

① （宋）吕陶：《净德集》卷四《奏乞罢军器冗作状》。

路别	设置都作院地点	设置时间或见于记载的时间	工作情况及兵员人数	资料出处
河北东路	沧州	熙宁七年见于记载		（宋）晁补之：《鸡肋集》卷六五《奉议郎高君墓志铭》；《续资治通鉴长编》卷二五四，熙宁七年六月辛巳
河北西路	磁州、相州	庆历四年设置	起初专门制作铁兵器，后增加种类	《欧阳文忠公文集》卷一一七《河北奉使奏草》
河东路		元丰五年十二月命河东以提举常平等事赵咸兼提举都作院		《续资治通鉴长编》卷三三一，元丰五年十二月壬戌
京东路	徐州、郓州、青州	元丰六年以前设置	每岁制造诸般军器及上供简铁之类，数目浩瀚	《续资治通鉴长编》卷三三九，元丰六年九月丁卯
京西北路	汝州	元祐八年以前见于记载		（宋）范祖禹：《范太史集》卷四六《三班奉职墓志铭》
开封府	陈留县保甲都作院	元丰六年十二月诏开封府陈留县置保甲都作院	修二十二县兵器	《续资治通鉴长编》卷三四一，元丰六年十二月甲午
淮南东路	扬州	建炎元年见于记载		（宋）李心传：《建炎以来系年要录》卷八，建炎元年八月戊午
淮南西路	舒州①	元丰五年十二月命淮南西路以提点刑狱王瑜兼提举都作院		《舆地纪胜》卷四六《安庆府》；《续资治通鉴长编》卷三三一，元丰五年十二月壬戌

---

① 因淮南西路提点刑狱王瑜兼提举都作院，故都作院应设置在提点刑狱治所舒州。

路别	设置都作院地点	设置时间或见于记载的时间	工作情况及兵员人数	资料出处
淮南西路	庐州	开庆元年见于记载	都作头方成	徐乃昌：《安徽通志稿》金石古物考十三《夏贵题名记》，载于《宋代石刻文献全编》第二册
福建路	福州	熙宁六年设置（熙宁九年至大观元年间曾降为作院）	福州初以工匠300人为额，后改为200人，人数屡有增减变化	《淳熙三山志》卷一八《兵防类一》
	建州（建宁府）	熙宁六年设置	岁造四色等军器	《淳熙三山志》卷一八《兵防类一》，《宋会辑稿》食货四九之四一
两浙路	明州（南宋绍熙五年升为庆元府）	熙宁六年设置	南宋时有十三作，都作院指挥额480人，宝庆间46人	《宝庆四明志》卷七《郡志七·叙兵》；梅应发：《四明续志》卷六《作院》
	临安府（南宋建炎三年以前称杭州）	绍兴二十二年见于记载	都作院指挥额480人	《建炎以来系年要录》卷一六三，绍兴二十二年三月壬寅；周淙：《乾道临安志》卷二《军营》；潜说友：《咸淳临安志》卷五七《厢军》
	（临安府）殿前司都作院	淳熙六年正月至淳熙十四年九月	制造诸军合用衣甲军器什物	《宋会辑稿》职官三二之一三至一四
	越州（南宋绍兴元年升为绍兴府）	"作院指挥，熙宁六年置"；"都作院在府衙南"；"都作院在小教场之侧，嘉定十五年守汪纲创建"	"凡屋三十余间"	《嘉泰会稽志》卷四《军营·厢军》、《库务》；（宋）张淏：《会稽续志》卷一《军营》

续表

路别	设置都作院地点	设置时间或见于记载的时间	工作情况及兵员人数	资料出处
两浙路	润州（北宋政和三年升为镇江府）	嘉泰三年以前，赵朴夫监镇江府都作院	徙防江军北马寨屋七十间为之，专造军器	（宋）孙应时：《烛湖集》卷一二《宜人宣氏圹记》；（元）俞希鲁：（至顺）《镇江志》卷六、卷一三《公廨·院》
江南东路	饶州	熙宁十年见于记载	岁额合造马甲四百副	（清）刘寿曾、甘元焕：《（同治）续纂江宁府志》卷九之下《艺文下》
	信州	元丰初期已见于记载①		程遵彦：《宋中大夫宝文阁待制知桂州广南西路经略安抚使兼本路兵马都钤辖柱国赐紫金鱼袋程公墓志铭》，载《全宋文》卷2114
	江宁府（南宋建炎三年为建康府）	政和三年见于记载	江宁府都作院岁额，合造马甲四百副"开庆、景定间，凡甲胄、戈剑、弓矢之需，取具于昇者，无虑数十万计"	《宋会要辑稿》舆服六之二八《景定建康志》卷三九《武卫志二·军器》
江南西路	洪州两作院（其中应有一都作院，详见下文）	绍兴六年见于记载		（宋）李纲：《梁溪集》卷一〇四《与李尚书措置画一札子》
	赣州	南宋中期见于记载		（宋）周必大：《文忠集》卷七五《宗室崇道武经公育墓志铭》

① 程节"亲年高，乞便养，以秘书丞就监信州都作院，转太常博士"，之后为其父服丧。熊本任广南西路提点刑狱公事，奏辟程节任"管勾机宜文字。官制行，换承议郎"。可知，信州都作院至少在元丰初期已见于记载。

续表

路别	设置都作院地点	设置时间或见于记载的时间	工作情况及兵员人数	资料出处
荆湖南路	潭州	嘉定三年八月见于记载		《宋会要辑稿》职官四八之一四三。
	邵州	至晚在大观元年以后设置（见下文）		《宋会要辑稿》方域六之一〇；《宋史》卷一九七《兵志十一·器甲之制》
荆湖北路	鄂州	元丰时期见于记载		《鸡肋集》卷六八《右通直郎杨君墓志铭》
	澧州	南宋时期见于记载		盛如梓：《庶斋老学丛谈》卷下
广南东路	广州	宋代	都作院工匠480人	（元）陈大震：（大德）《南海志》卷十《兵防旧志兵防数·厢军》
广南西路	邕州	嘉定六年见于记载		（宋）袁燮：《絜斋集》卷一九《武翼大夫沈君墓志铭》
梓州路（潼川府路）	遂宁府、叙州	政和五年以后①见于记载	岁课不少	（宋）李新：《跨鳌集》卷一三《乞诏州郡置架阁军器库札子》

列入上表的都作院共 **37** 个，其中，临安府的殿前司都作院始设于宋孝宗淳熙六年正月，到淳熙十四年九月，因军器供应宽裕，遂采纳步军司梁师雄的建议，将殿前司都作院缩小规模，降为作院，"'都'字除落，仍旧止作本司作院，应副日后续有阙用军器，随宜制造使用。"②因此，殿前司都作院只存在了将近 9 年。其余的都作院，应该是长期设

---

① 据《宋史》卷八九《地理志五·潼川府路》记载，叙州原名戎州，政和四年改为叙州。据《宋会要辑稿》方域五之七记载，遂宁府原名遂州，政和五年升为遂宁府；梓州路于重和元年十一月赐名为潼川府路。从李新"如梓州一路，遂宁府、叙州有都作院，岁课不少"之言推测，所上札应在政和五年以后至重和元年之间。

② 《宋会要辑稿》职官三二之一三至一四。

置的。

上述长期设置的 36 处都作院中，只有 4 处缺少设置都作院地点的明确记载，但都有间接记载可以推定。庐州 1 处，有"都作头方成"，至少间接说明庐州设置了都作院。舒州 1 处，是根据淮南西路提点刑狱司治所所在地在舒州而推断的，元丰五年诏令淮南西路提点刑狱王瑜兼提举都作院，应是从提点刑狱司与都作院同在一地，便于兼管而任命。另外，列入表中的江南西路洪州和荆湖南路邵州两处，亦有相关旁证材料，但需作以下详细的论证。

先看江南西路的洪州。绍兴五年，李纲除江西安抚制置大使兼知洪州①，据李纲奏言，当时洪州有"两作院"：

> 大使司元降画一，拨兵二万人，自近年以来并拨付都督行府及岳飞下。去年春乃无一人一骑留者，并与器甲、军须一切席卷而去。某去岁到官，检视甲仗库空空如也，因奏朝廷，乞降告敕，以渐制造。督责两作院严其课程，又分委诸州制造，逮今已积三千余副，金鼓、旗帜、弓弩、刀枪之类，率皆新置，又以格式造战船、战车三胜，弓、合、弹、弩等皆有名色。数目在工房，愿泰发因暇日试阅视之。②

李纲到任后，因洪州军兵及所造武器已拨付到都督行府及岳飞军中，甲仗库为之一空，故"督责两作院严其课程"，制造军器。这说明，早在李纲上任之前，洪州已设置有作院并制造出军器。

按照宋朝的惯例，每州一般只设置一个作院，如果出现两个作院，其中之一应是都作院，另一则为作院（或称"小作院"）。例如，临安府有两个作院。"都作院指挥额管四百八十人，小作院指挥额管一百人"；"都作院在涌金门之北，小作院附之"。③

---

① （宋）李心传：《建炎以来系年要录》卷九四绍兴五年十月乙卯。
② 李纲：《梁溪集》卷一〇四《与李尚书措画一札子》。
③ （宋）周淙：《乾道临安志》卷二《军营》、《仓场库务》。另外，宋吴自牧《梦粱录》卷十《禁厢军》中也有都作院、小作院之记载。

此外，由于都作院与作院性质相同，宋人常常将"都作院"称为"作院"。例如：北宋后期，李新在《跨鳌集》卷一三《乞诏州郡置架阁军器库札子》中明确提到，"梓州一路，遂宁府、叙州有都作院，岁课不少"。而绍兴三十二年，四川宣抚使兼陕西河东路招讨使吴璘却将四川诸路包括遂宁府在内的十三州府制造军器之处统称为作院：

> 自休兵，有旨令成都、潼川、遂宁府、嘉、邛、资、渠州七作院日造甲，兴元府、［兴］、阆、成州、大安军、仙人关六作院日造神臂弓、马甲、披毡。至是二十年，器械山积。①

又如扬州。建炎元年八月戊午，朝议大夫知通州郭凝上言提道："乞下扬州都作院支降神臂弓"②，可知扬州设置的是都作院。而同一时期人马永卿却将扬州都作院称为"作院"：

> 女真犯阙，东南起勤王之师。仆时为江都丞，帅臣翁彦国令扬州作院造神臂弓，限一月成，皆不可用。当时识者以为，国初之弓限一年成，而今成于旬日之间，宜乎美恶之相绝也。仆考《考工记》，然后知弓非一年不可用也。③

明州设置的都作院，被称为"作院"：

> （靖康元年）七月九日诏，闻明州造船场及作院所用木、竹、铁、炭应干物料等，近来官吏为奸，更不和价，并系敷配于六县人户，逐等第强取于民。监司守令纵使掊克，廉察使者坐视，并不按刻，未欲重作行遣。可下本路，如尚敢依前抑配，取于民产不还价

---

① 李心传：《建炎以来系年要录》卷一九九绍兴三十二年四月甲戌。《建炎以来朝野杂记》甲集卷一八《兵马》亦有记载，文字稍有不同。《建炎以来系年要录》中漏写兴州，依《建炎以来朝野杂记》的内容补入。

② 《建炎以来系年要录》卷八，建炎元年八月戊午。

③ （宋）马永卿：《嬾真子》卷三。

钱，官并当远窜岭外，人吏配海岛。廉访使者常加觉察以闻。①

在罗濬的记述中，对明州（庆元府）都作院同时以两种称呼混用：

> 熙宁六年诏诸路置都作院凡四十一所，明州居其一……本府作院，菅子城南二里，嘉定十三年火，移建威果三十指挥营侧。②

江宁府（建康府）都作院，在沿江制置大使司干办公事家之巽于宋理宗景定二年（1261）撰写的《都作院记》中，两种称呼同时并存：

> 《都作院记》：戎器为战守要务，尚矣。金陵，国家陪都，襟江带淮，虎视京洛，常宿重兵，根本三边。有警，水行陆骛，百道并出，戈矛剑甲，累钜万计，率顷刻立具。用广数伙，以故缮治益急。作院旧在郡治之东南……③

越州（绍兴府）都作院，在施宿的《嘉泰会稽志》中，两种称呼亦同时并存："作院指挥，熙宁六年置"，"都作院在府衙南"。④

从上述遂宁府、扬州、明州、江宁府、越州等地的记载来看，由于都作院与作院性质相同，只是规模大小与军匠人数有差别，故当时人们并不在意这种区别，常以"作院"统称之。据此推断，洪州两作院之中应有一个是都作院。

荆湖南路的邵州是否设置了都作院，可从宋徽宗时期在南方增设都作院的举措中窥其端倪。

自熙宁六年设置了41处都作院后，宋徽宗大观元年（1107）十一月对设置都作院的地点又有了新的规定：

---

① 《宋会要辑稿》食货五〇之七。
② 罗濬：《宝庆四明志》卷七《郡志七·叙兵》。
③ 《景定建康志》卷三九《武卫志二·军器》。
④ 施宿：《嘉泰会稽志》卷四《军营·厢军》、《库务》。

大观元年十一月御笔：东南州军军器，以承平日久全不修治，亦多阙数。仰帅府封桩三将军器，望州两将，非军须、盗贼不得支用。仍三年一修讫，申提刑司。帅府、望州未有都作院，各许一处置立。①

宋徽宗御笔证明，大观元年以后，凡东南地区帅府、望州（又称"望郡"）所在之地都可以设置都作院。因此，了解帅府、望州的设置，是把握北宋末期至南宋时期都作院设置地点的重要依据。

《宋会要辑稿》中记录了宋徽宗大观元年十二月十二日发布的在南方设置帅府、望州的诏令，全文如下：

东南久安，兵寡势弱，人轻易摇，或遇水旱，巨盗窃发。当谨不虞之戒，用消奸萌。可以扬、杭、越、江宁、洪、荆南、福、潭、广、桂为帅府，选侍从官或带职人为帅，仍兼总管。真、润、明、江、虔、靖、邵、泉、封、邕为望郡，选曾任监司郎官卿少以上人为守。②

又据《宋史·地理志》记载，宋代，东南地区的帅府、望州分布在如下地区：

两浙路：杭州（临安府）、苏州（平江府）、润州（镇江府）、明州（庆元府）、常州。

淮南路：扬州、亳州、真州、庐州、蕲州。

江南东路：江宁府（建康府）。

江南西路：江州、赣州。

荆湖北路：江陵府（荆南府）、靖州。

荆湖南路：潭州、邵州（宝庆府）。

福建路：福州、泉州。

---

① 《淳熙三山志》卷一八《兵防类一》。
② 《宋会要辑稿》方域六之一〇。

广南东路：广州、封州、端州（肇庆府）、康州（德庆府）。

广南西路：桂州（静江府）、邕州、融州。

以上帅府、望州总计有 26 处，已知其中的杭州（临安府）、润州（镇江府）、庐州、扬州、江宁府（建康府）、明州（庆元府）、越州、赣州、潭州、福州、邕州 11 处帅府以及望州设有都作院，其余帅府、望州均未见记载。那么，宋徽宗下达的诏令得到实施了吗？

现以邵州、潭州为例试作探讨。邵州"最处极边，外制溪洞"，潭州"居三江五湖之中，地大物众"，两地均是重要的军事要地，故大观元年十二月，邵、潭两州分别被升为望郡和帅府，潭州帅府同时兼湖南路马步军总管。[①] 此时，这两地均已具备了同年十一月御笔规定设置都作院地点的资格。虽然潭州都作院在南宋嘉定年间才见于记载[②]，邵州则完全没有记载，但是，据宣和元年（1119）权荆湖南路提点刑狱公事郑济所言："本路惟潭、邵二州各有年额制造军器。今年制造已足，躬亲试验，并依法式，不误施用。诏加旌赏，以为诸路之劝。"[③] 这条材料证明：北宋末期，承担了荆湖南路每年制造军器任务的正是规定设有都作院的帅府潭州和望州、邵州两地。依此判断，即使潭州、邵州原来尚未设置过都作院，那么在宋徽宗大观元年以后，也应很快地按规定设置了都作院，并履行制造军器的职责。因此，宋徽宗下达的诏令，即使没有得到全面落实，在部分地区也是得到了实施。这样，加上北方地区的帅府、望州，全国设置的都作院数额应大大超过宋神宗熙宁六年之数额。

仅从表中提供的 37 处都作院信息可以看出，都作院的分布并不平衡。陕西诸路记载最多，共有 5 处，其次为两浙路，有 4 处，河北路 3 处，京东路 3 处，其余诸路多为 1—2 处，河东路和潼川府路以外的四川诸路缺载。这一现象一方面可能是其他路的记载没有完全保留下来造成的，另一方面不排除因军事原因考虑的布局安排的特性。另外，表中许多地区都作院的设置时间无确切记载，最早只能前推到北宋后期，但是，

---

① 《宋会要辑稿》方域六之二八。按：《宋史》卷八八《地理志四》中将邵州升望郡的年代误为"大观九年"。

② 《宋会要辑稿》职官四八之一四三。

③ 《宋史》卷一九七《兵志十一·器甲之制》。

这并不代表其始建之时间，诸如扬州、杭州、江宁府等要地，可能早在宋神宗熙宁六年推广时期就设置了都作院。

分析宋代都作院设置之地，可以发现，有的依附在原材料产地，例如磁州、相州、建州、饶州等地拥有丰富的铁矿原料；有的是大都督府所在地，是兵力集结之所，例如郓州、永兴军、越州；有的则既是原材料产地又是大军驻扎之地，例如徐州；有的则处于交通要会之地。在这些地区设置都作院，是宋政府从既便利资源利用又便利军器供应的角度综合考虑而采取的政策。

综合以上情况，笔者认为，宋徽宗大观元年以后，都作院数额随着东南地区设置都作院政策的变化和帅府、望州数量的增长，应大大超过宋神宗熙宁六年之数额。南宋时期，因统治区域缩小，都作院数额有所减少，但是，随着宋金、宋蒙（元）之间战争的长期持续，都作院的军器制造任务反而愈益繁重，都作院在南宋军器制造中的地位更加重要。

（原载《中国经济史研究》2007 年第 3 期，中国人民大学复印报刊资料《宋辽金元史》2008 年第 1 期全文转载）

宋代都作院的管理与生产*

宋代的都作院是官营手工业作坊，设置于原料产地和要会之地，专门制造军器和各类军需物资。笔者已撰写了《宋代都作院设置考》一文①，论述了都作院的由来与发展，考证了两宋时期设置都作院的确切地点。本文拟进一步对宋代都作院的管理体系与生产职能进行探讨。如有错谬之处，敬请方家指正。

一　中央及路级机构对都作院的管理

早在北宋初期，宋朝已在各地州治普遍设置作院，从事军需物资的生产。北宋仁宗庆历二年（1042），为了加强对西夏的应战能力，及时解决宋朝边境地区的军器供给问题，宋政府在陕西的鄜延、环庆、泾原、秦凤四路设置了4个都作院②，此为宋朝设都作院之始。庆历四年（1044），宋政府为了加强对辽朝的应战能力，又在河北西路的磁州、相州设置了两个都作院。③ 宋神宗熙宁六年（1073）六月，中央设军器监，总管内外军器之政，都作院遂在诸路推广开来。

宋仁宗庆历二年起至宋神宗熙宁六年建立军器监以前，中央机构中

---

　　* 此文系教育部人文社会科学研究"十五"规划项目《宋代的金属制造业》中的内容，项目批准号：01JA770026。

　　① 王菱菱：《宋代都作院设置考》，刊于《中国经济史研究》2007年第3期。

　　② 王应麟：《玉海》卷一五一《兵制·杂兵器·元丰兵器图》。

　　③ 欧阳修：《欧阳文忠公文集》卷一一七《河北奉使奏草·乞置弓弩都作院》。

由管辖兵器的三司胄案负责对陕西、河北两路都作院的管理。路级地方机构对都作院的管理，目前仅见河北路有记载。欧阳修于庆历四年任河北路转运按察使时，即针对刚设置的磁州、相州都作院，上《乞条制都作院》奏状，提出了一系列的生产和管理措施，奏状最后提道："所有上件画一事理，更乞朝廷特赐详酌，如得允当，乞降敕命指挥，下本司及磁、相州都作院及提点刑狱司等处，遵守施行。"① 可见，当时河北路磁州、相州的都作院是归本路转运司和提刑司等部门共同管理的。推而论之，陕西路对都作院的管理也当如此。

宋神宗熙宁六年六月，鉴于长期以来三司胄案领导不力，"兵械皆不可用"，遂罢废三司胄案，在中央政府设置了总管内外军器之政令的军器监，以加强对兵器质量的管理，为军队提供精良的军备和作战物资。吕惠卿、曾孝宽为军器监第一任长官，其下设置丞、主簿、勾当公事等官员。② 军器监一经设立，随即向各地发布命令："凡产材州，并置都作院。"当年，包括福州、建州、明州、越州在内共有 41 个州军设置了都作院从事兵器生产。③ 军器监负责发布军器生产政令，颁发军器型制样式，并对地方各路的都作院、作院予以宏观指导。

军器监设立后，路级机构对都作院的管理权完全转移到提刑司手中。宋神宗元丰元年（1078）六月丁卯，为了加强对地方修造兵器的管理，中央政府命令由枢密院选差各路提点刑狱官一员提举点检本路都作院事务④。但元丰五年（1082）十一月己亥，陕西路转运副使李察言："本路五都作院，未分路时，专差监司一员检点。今诸处急阙军器，全籍都作院应副，欲令华州应副鄜延路，凤翔府环庆路，秦州秦凤路，渭州泾原路，永兴军永兴军路，各委监司提举。其永兴军都作院，乞委提点刑狱

① 《欧阳文忠公文集》卷一一八《河北奉使奏草·乞条制都作院》。

② 《续资治通鉴长编》卷二四五，熙宁六年六月己亥。

③ 宋代设置都作院的地点详见拙文《宋代都作院设置考》，载《中国经济史研究》2007 年第 3 期。文中虽引用施宿《嘉泰会稽志》卷四《军营·厢军》中越州"作院指挥，熙宁六年置"之记载，以证"作院"即为"都作院"，却失于疏忽，未将越州都作院计为熙宁六年建立的 41 处都作院之一。今特补入。

④ 《续资治通鉴长编》卷二九〇，元丰元年六月丁卯。

一员提举。"他的建议得到采纳。将李察的奏言和元丰元年的命令综合起来看，可知，陕西路曾只差提刑官一员管理5个都作院，军器的供应似也统筹调拨。到元丰五年，由于军器制造任务很繁重，每个都作院均需增加管理人员，并负责本地区的军器供应，因此永兴军都作院由提点刑狱一员提举，其他都作院"各委监司提举"。从李察向朝廷建议都作院的管理事宜、其本人又是陕西路转运副使来看，李察所说"监司"，似乎也包括转运司在内。

军器监与提刑司的二级管理模式持续到宋哲宗元祐年间。元祐三年（1088），户部侍郎苏辙从户部掌管经费开支的角度考虑，对上述管理模式提出异议。他指出：

> 昔胄案所掌，今内为军器监而止隶工部，外为都作院而止隶提刑司。欲有兴作，户部不得与议。访闻河北道顷岁为羊浑脱，动以千计。浑脱之用，必军行乏水，过渡无船，然后须之，而其为物，稍经岁月，必须蠹败。朝廷无出兵之计，而有司营职，不顾利害，至使公私应副，亏财害物。若使专在转运司，必不至此……故愿明诏有司，罢外水监丞，而举河北河事及诸路都作院皆归之转运司。至于都水、军器、将作三监，皆隶户部，使定其事之可否，裁其费之多少。而工部任其功之良苦，程其作之迟速。苟可否、多少在户部，则凡伤财害民，户部无所逃责矣；苟良苦、迟速在工部，则凡败事乏用，工部无所辞其谴矣。利出于一，而后天下贫富可责之户部，而工部工拙可得而考矣。①

元祐四年（1089）二月，朝廷采纳了苏辙的建议。军器监、都水监、将作监凡申请修造动工之事，要先申户部看详检覆，经其审定后才可兴工。② 从此，军器监及其隶属下的都作院同时受工部、户部管理。但是，地方各路都作院隶属于本路转运司的同时，仍然受提刑司的管理。提刑

---

① 苏辙：《栾城集》卷四一《请户部复三司诸案札子》。
② 《续资治通鉴长编》卷四二二，元祐四年二月己巳。

司与转运司的分工是：提刑司管理召集工匠及监督具体生产过程，转运司管理所需物料及经费的支付。例如，宋钦宗靖康年间，"诸作院多对象不备，匠人移占他役，诸州军遇有调发军器，皆从京支降。乃令提刑司专一管干有作院州军招集匠人，转运司别应副材料。"①

南宋初期，军器监的地位日益降低，绍兴三年军器监脱离工部后，对兵器制造仅负点检监视之责。此时，御前军器所地位日益重要，日后成为南宋时期中央管理兵器生产的最高机构，不仅"掌鸠工聚材、制造戎器之政令"，还统管京师的万全作坊、东西作坊和各地都作院。②

二　都作院内部的管理体系及人员编制

各地都作院的规模等级如何？管理人员及工匠的编制额是多少？这些情况零散地保存在各类地方志中。其中，梁克家的《淳熙三山志》记载较为详细，他记述了熙宁九年（1076）正月经枢密院制定而颁发的《军防令》。《军防令》规定：

> 诸都作院元额工匠三百人以上，置副、正指挥使各一人，都头五人，十将、将虞候、承局、押官各五人；二百人以上，置都头一人，副都头三人，十将以下各三人；一百人以上，置都头各一人，十将以下各二人；不满一百人，置副都头、十将、将虞候、承局、押官各一人。

熙宁九年的《军防令》内容表明：熙宁六年至熙宁八年间，即各地

---

① 《淳熙三山志》卷一八《兵防类一》。

② 《宋史》卷一六三《职官三·工部·军器所》；卷一六五《职官五·军器监》。据《宋史》卷一六五《职官五·军器监》记载："南渡，置御前军器所。建炎三年，诏军器监并归工部，东西作坊、都作院并入军器所。"可推测御前军器所建于建炎三年以前。又据《建炎以来系年要录》卷四七绍兴元年九月丙午记载："翊卫大夫、成州防御使杨忠悃提点制造御前军器所"，可知绍兴元年御前军器所仍然存在。《宋史》卷二七《高宗本纪四》则记军器所设置于绍兴二年五月，与前两说有出入。

创置都作院时期，都作院规模、管理人员和工匠编制可能尚无统一规定，其中既有 300 人以上的都作院，也有不足 100 人的都作院。熙宁九年正月，经枢密院制定而颁发的《军防令》始将各等级都作院军兵人数编制额确定下来。现将各等级都作院管理人员编制额制成下表。

表 1　　　　　　　各等级都作院管理人员编制额

管理人员	300 人以上都作院	200 人以上都作院	100 人以上都作院	100 人以下都作院
指挥使	1			
指挥副使	1			
都头	5	1	1	
副都头		3		1
十将	5	3	2	1
将虞候	5	3	2	1
承局	5	3	2	1
押官	5	3	2	1
管理人员总额	27	16	9	5

都作院按照军队指挥一级的编制组成，规模大致分为四等级，最大规模的为工匠 300 人以上，中等规模的为 200 人，其次为 100 人，最小规模的为 100 人以下。各等级都作院管理人员的编制额随工匠人数的多少而增减，拥有 300 人以上的都作院，可视为 1 指挥，设指挥使、指挥副使以及都头、十将、将虞候、承局、押官等将级共 27 人。300 人以下至 100 人以下三个等级的都作院，均不设指挥使或指挥副使，只设都头或副都头，十将以下节级人员编制也依次递减。总体上看，各等级都作院管理人员人数均不到本等级都作院总编制额的十分之一。

到了宋徽宗大观元年（1107）十一月，宋政府对东南地区设置都作院的资格和规模又加以规范：

大观元年十一月御笔：东南州军军器以承平日久全不修治，亦多阙数。仰帅府封桩三将军器，望州两将，非军需、盗贼不得支用。

仍三年一修讫，申提刑司。帅府、望州未有都作院，各许一处置立。工匠，帅府二百人，望州一百人。若帅府、望州人工物料不足，许抛下出产诸州小作院分造。所造军器，东南土俗不同，春夏气暖，筋胶不可施用，可三分中计以一分置土俗所用器仗，如偏架、弩、纸、皮甲之类，令本路官取索讲求便利轻捷可用名件制造，仍具图样、名色闻奏。①

宋徽宗大观元年十一月御笔规定：第一，东南地区的帅府和望州均许设置一处都作院。第二，帅府都作院生产和保存的兵器数量必须能满足3将兵员（1500人）武器装备之需，望州都作院生产和保存的兵器数量必须能满足2将兵员（1000人）武器装备之需。第三，帅府所在地都作院的工匠设200人，望州所在地都作院的工匠设100人。如果人工、原料不足，可将生产任务分给出产原料之地的小作院。第四，可根据东南地区气候特点，制造适用于本地的兵器，限额为总量的三分之一。

上述命令发布后，各地却并未严格划一地按规定执行。现仅以梁克家记载的福州情况为例试作分析：

（熙宁）九年十月，军器监奏：近以诸郡各有作院，役匠既少，复无监官拘辖，虽非出产材料之处，一例造作，般请劳费，遂就要便州、军团并差官。今闻一路乃数处并置，止以三五十人为额，旧弊仍初。其福建路可止于一处存留。于是，都作院独置于建州。而本州仍为小作院，兵匠七十人，习学十四人。……（大观元年）时州升帅府，复置都作院，以二百人为额。元额七十人，习学十四，遂招募一百十六人，共二百人为一指挥。四年，都作院罢，依旧为小作院，存留八十四人，自余工匠一百十六人权寄保节等指挥。政和二年十月，以户部侍郎张杲献议，复置都作院，仍依旧封桩三将军器，及刷元初拨退工匠凑二百人额。宣和元年，臣僚有请：福州

①　《淳熙三山志》卷一八《兵防类一》。

都作院额管兵士二百人，旧以本州都监管辖，随时制造朝廷降下外路军兵或修葺本州团结及将下教阅军器。本作木匠却与兵马司混同，差以防护送迎，在院者不过三四十人。于是，下提刑司申严违制之法。时，额管二百人，习学四十人。分为三都，都八十人，正都头一人，副都头三人。将级二十四人：左右十将六人，左右将虞候六人，左右承局六人，左右押官六人；长行二百一十二人。至靖康年间，诸作院多对象不备，匠人移占他役，诸州军遇有调发军器，皆从京支降。乃令提刑司专一管干有作院州军招集匠人，转运司别应副材料。绍兴以来皆仍旧额。今见管一百九十四人：将校四人，将级二十四人，粮典一人，兵匠一百六十五人。分十一作：箭作、弓弩作、甲作、皮作、铜作、漆作、旗作、条作、木作、磨锃作、铁作。阙四十六人。后别置铁作于清远门内，兵亦分隶。①

　　宋神宗政府熙宁六年设置都作院时，本意是为了改变之前"诸郡各有作院，役匠既少，复无监官拘辖，虽非出产材料之处，一例造作，般请劳费"的人力、财力分散浪费之弊，但各地执行不力，一路之内仍建有多个都作院，每院工匠人数也很少，生产效率不高。为此，熙宁九年，在军器监的请求下，福建路福州、建州两处都作院只存留建州一处，原有300人编制的福州都作院被降为小作院（即"作院"），只拥有兵匠70人，习学14人。宋徽宗大观元年，随着福州升为帅府②，福州作院再次升为都作院，兵匠人数也扩充到200人。大观四年（1110），福州都作院又被降为作院。政和二年（1112）十月，在户部侍郎张杲的建议下，福州复置都作院。此时，除拥有兵匠200人外，另有习学40人，总共240人。这240人分为3都，每都80人，有正都头1人，副都头3人，都头与副都头的编制与熙宁九年《军防令》的规定是相符的；但是另一方面，低级管理人员数量却大幅增长，将级24人中，包括左、右十将6人，左、

　　①　《淳熙三山志》卷一八《兵防类一》。
　　②　福州升帅府的时间，《宋史》卷二〇《徽宗纪二》记载为大观元年十二月，梁克家也记为大观元年。而《宋史》卷八九《地理志五》和《宋会要辑稿》方域五之五均记为建炎三年。今采前说。

右将虞候6人，左、右承局6人，左、右押官6人，其人数已达熙宁九年《军防令》中200人以上都作院编制人数的2倍。之后，北宋末期，福州都作院兵匠因常被差派他役，实际在院人数减少。南宋高宗绍兴以后，福州都作院兵匠仍以政和年间240人为定额，但孝宗淳熙年间实际拥有的兵员人数不到200人。

上述福州都作院等级规模反复变化的情况，有可能是个例，也有可能在其他路分都作院中出现。目前，这类变化的时间及具体发生地因文献记载的缺失已无法查明。但元丰八年反变法派上台后，尽数攻击新法措施，反对设置都作院亦为其一。司马光在元丰八年十二月己丑奏言中提道："伏惟皇帝陛下肇承基绪，太皇太后同听庶政，首戒边吏，毋得妄出侵掠，俾华夷两安。今契丹继好，秉常纳贡，干德拜章，征伐开拓之议皆已息矣。则前此置提举官，散青苗，敛免役钱，点教保甲，置都作院，养马，置将官，市易司，封状买坊场，增茶盐额，措置河北籴便司，皆为虚设。"① 缘此，北宋后期党争祸乱之时，都作院的设置很可能会受到影响。

另外，各都作院实际在岗的兵匠人数不完全与规定相符。当军政不振、政府管理混乱之时，各地都作院兵匠常被差占他役，或者兵员缺额长期不补，就会出现人数骤减的现象。绍兴二年八月，大理寺少卿张宗臣就曾指出："诸郡戎器朘削殆尽，作院旬呈之法仅成虚文。漕计方阙不给以料，工匠散充他役，虽有旧管，或大兵经涂，或帅臣捕盗，尽取而去。"② 庆元府都作院在宋理宗宝庆年间（1225—1227）只拥有兵匠46人③，就是典型一例。不过，战事频仍时期，重镇要地的都作院规模和兵匠人数也随之增加。宝祐六年（1258），沿海制置大使判庆元军府事吴潜上任，以制作兵器为急务，此时，庆元府都作院拥有大炉、小炉、穿联、磨锃、摩擦结裹、头魁、熟皮、头魁衣子、弓弩、箭、漆、木弩、木枪等13作，兵匠达到480人。④ 由于战火不断，广州、临安府等地都作院

① 《长编》卷三六三，元丰八年十二月己丑。
② 熊克《中兴小纪》卷一三，绍兴二年八月戊申。
③ 罗濬：《宝庆四明志》卷七《郡志七·叙兵》。
④ 梅应发、刘锡同：《四明续志》卷六《作院》。

的兵匠人数均达到 480 人。① 建康府都作院的规模更为宏大，"锻砺、刮磨、绵络、弦甲、筋革之工，凡十有二列于左，镕冶、麻缕、竹木、骨角、设色之工，凡十有六位于右。"② 从总共设有 28 作判断，建康府都作院的兵匠人数无疑当超出一指挥 500 兵员之数。

在指挥使之上，都作院设有监当官（监官）。如南宋高宗绍兴二十二年三月，监临安府都作院王远因与直龙图阁叶三省"通书赵鼎、王庶，力诋和议，言涉谤讪"而被除名高州编管。③《淳熙三山志》记载：福州"监作院三员（内添差二人）。作院旧系本州都监兼管，宣和二年置一员，差小使臣。添差二员，系用绍兴三年指挥"④。这里所述"作院"即为都作院。此外，潭州、沧州、汝州、鄂州、饶州、邕州、镇江府、庆元府、建宁府都作院也都有监当官的记载。⑤ 监当官是负责都作院事务的最高长官。

三　都作院兵匠的来源

都作院的兵匠基本上由厢军组成，遇有缺员或换员，亦首先从厢军中填补。宋神宗时期，充任都作院兵匠者曾一度来源于多条渠道，除厢军外，作战部队的禁军、教阅厢军也曾被抽调到都作院服役。这一现象，在元丰二年（1079）十一月庚辰被禁止，宋神宗专门下诏："禁军、教阅厢军毋得以为作院工匠。"⑥

----

①　陈大震：《（大德）南海志》卷十《兵防旧志兵防数·厢军》；《宝庆四明志》卷七《郡志七·叙兵》。

②　周应合：《景定建康志》卷三九《武卫志二·军营》，《武卫志二·都作院记》。

③　李心传：《建炎以来系年要录》卷一六三，绍兴二十二年三月壬寅；《宋史》卷三〇《高宗本纪七》。

④　《淳熙三山志》卷二三《秩官类四·州司武官》。

⑤　《宋会要辑稿》职官四八之一四三；晁补之：《鸡肋集》卷六五《奉议郎高君墓志铭》，范祖禹：《范太史集》卷四六《三班奉职墓志铭》，《鸡肋集》卷六八《右通直郎杨君墓志铭》；刘寿曾、甘元焕：《（同治）续纂江宁府志》卷九之下《艺文下》；袁燮：《絜斋集》卷一九《武翼大夫沈君墓志铭》；孙应时：《烛湖集》卷一二《宜人宣氏圹记》；马廷鸾：《碧梧玩芳集》卷一九《鲁国夫人墓铭》；程文海：《雪楼集》卷二〇《周仲芳墓志铭》。

⑥　《续资治通鉴长编》卷三〇一，元丰二年十一月庚辰。

遇劳动人手不足时，宋政府也常常从民间招募工匠进入作院。宋神宗元丰二年二月庚子曾下诏令："保州作院募民为工匠，其给银、鞋钱及南郊赏赐视厢军。以诸州军作院所给，旧并系厢军投换。故也。"① 此时，民间工匠进作院做工，其所获报酬是比照厢军役兵的。北宋后期起，特别是在宋辽、宋金、宋蒙交战时期，从民间招募或差派工匠的现象增多。例如宋钦宗靖康年间，"诸作院多对象不备，匠人移占他役，诸州军遇有调发军器，皆从京支降。乃令提刑司专一管干有作院州军招集匠人，转运司别应副材料。"② 南宋时期，庆元府都作院因人手不够，遂从定海、奉化、鄞县等地照籍轮差民匠：

（庆元府都作院）十有三作：曰大炉作，曰小炉作，曰穿联作，曰磨锃作，曰磨擦结裹作，曰头魁作，曰熟皮作，曰头魁衣子作，曰弓弩作，曰箭作，曰漆作，曰木弩桩作，曰木枪作。曰役军、民匠人。军匠日支钱三百文，米二升，酒一升；民匠一贯五百文；诸军子弟匠五百文，米、酒视军匠之数。以民匠劳逸不均，则下定海、奉化、鄞县照籍轮差，每四十日一替，起程钱各五贯，回程十贯，翕是人皆乐赴其役。③

由于政府组织有序，差派有时，民匠应役，除得到雇值外，又可以得到优厚的交通补助费，故受雇者均愿赴庆元府都作院做工。

依此来看，雇用民匠补充都作院工匠之缺员现象，不失为一项较好的措施。但轮流差派民匠服役，也有不利的方面：一是各地汇集的工匠技艺可能会参差不齐，影响到兵器质量；二是缺少劳动力的农民家庭成员如果被强迫服役，则会对农业生产造成不利的影响。

作院工匠除从厢兵中调拨和从民间差雇外，在南宋与金对峙时期，四川北部地区还出现将俘获的金朝兵士发配到作院作工的现象。例如宋

① 《续资治通鉴长编》卷二九六，元丰二年二月庚子。
② 《淳熙三山志》卷一八《兵防类一》。
③ 《四明续志》卷六《作院》。

孝宗时期，王之望任四川都转运使，在上《乞遣重臣入蜀镇抚奏札》中提道："前后擒到番人，往往配隶内郡作院，其数不少。近利州一夕逃去七十人，若或啸聚，亦足为患。"① 文中所提"番人"，即指被南宋军队掳获的金军战俘。四川地区诸作院中，仅从利州作院一夜间逃走的金军战俘就达 70 人之多，可以想见被发配到四川地区各作院劳作的金军战俘人数是很多的。这一现象，在四川以外的东部沿边地区尚未见到记载。

四　都作院的生产职能及产品抽检制度

都作院的生产职能主要是制造、缮修兵器和各类军需物资。

宋仁宗时期，陕西、河北诸路都作院制造的兵器，主要用于直接供应本路的边防部队。庆历四年，欧阳修在奏言河北路磁州、相州都作院生产时提道："都作院所造兵器……只令打造一色切要使用之物，箭头、甲叶、枪剑、手刀等候打造成，于本州军内送纳。仍令别作一项封椿，专准备缓急支与合要州军，除许转运司支拨，本州不得专擅使用。所有其余闲杂之物及修补旧器械，并令诸州军量留工匠自造。"② 欧阳修这一建议得到施行。此时的都作院只负责制造急需的重要的兵器，其他军需品的生产和兵器的保养缮修任务则由各州作院负责。

熙宁六年，因在全国设置了 41 个都作院，遂规定其中的 17 处系上供兵器，24 处系应副本路及临时调拨兵器。从上述河北路的情况推测，供应本路所需及临时调拨给其他地区的 24 处都作院应大多位于北方各路具有重要军事地理位置的地区和首都汴京所处的中原地区。例如，元丰五年（1082）十一月，陕西转运副使李察上言提到，陕西路诸处急阙军器，全籍都作院应副。他建议华州都作院生产的兵器供应鄜延路，凤翔府都作院生产的兵器供应环庆路，渭州都作院生产的兵器供应泾原路，秦州都作院生产的兵器供应秦凤路，永兴军都作院生产的兵器供应永兴军

---

① 王之望：《汉滨集》卷六《乞遣重臣入蜀镇抚奏札》。从利州作院仅出逃的金军战俘就多达 70 人来看，此作院很有可能是都作院。

② 《文忠集》卷一一八《河北奉使奏草·乞条制都作院》。

路。① 这一建议得到采纳。元丰元年（1078）八月，军器监上言，请京西路转运司负责运送发往鄜延路的兵器。② 同年十一月，应付陕西路的军器中，就有由京西转运司和府界提点司负责装运发送的。③ 可见，除陕西路本地的几个都作院外，京西路和开封府的都作院也承担了为陕西路制造兵器的任务。

须向中央上供兵器的 17 处都作院应大多位于兵器需求压力较小的南方各路及重要的原材料产地。元丰元年十一月，鄜延经略使吕惠卿请求颁发新样刀，下江、浙、福建路制造。④ 江、浙、福建路的都作院远离北方交战地区，本地需求量相对较小，其承造的兵器主要应满足上供需求。

除上述两种供应情况外，元丰六年十二月在开封府陈留县设置的保甲都作院，则专门为开封府界内的二十二县修造兵器⑤，以供保甲集训练武之需。此为特例。

各地都作院制造兵器，每年要按中央下达的计划生产，完成岁课或上供年额。有时，宋政府可根据情况临时调整计划，令各地或变更兵器材质，或先制造急需的兵器。宋神宗元丰五年六月，军器监上言："相州都作院造防城箭三十三万，河北无竹笴，乞依定州用桦木笴。"从之。⑥ 宋哲宗元祐元年（1086）八月癸巳，诏："……内外作坊并诸州都作院元管兵匠人数、见造军器名件、及出产材料造作，当据要用军器，酌中立为岁课及上供年额，接续应副支遣；其余非要切名件，并令权住。"⑦

北宋后期至南宋时期，由于南方的帅府、望州均须开设都作院⑧，以及宋金战争、宋蒙（元）战争格局的变化，南宋防线南撤，各地都作院的布局和兵器的供应地域也相应发生了变化，沿江、沿淮地区和东南沿海地区成为兵器制造和供应的主要地区。例如：

---

① 《续资治通鉴长编》卷三三一，元丰五年十一月己亥。
② 《续资治通鉴长编》卷二九一，元丰元年八月癸丑。
③ 《续资治通鉴长编》卷二九四，元丰元年十一月丙申。
④ 《续资治通鉴长编》卷二九四，元丰元年十一月己巳。
⑤ 《续资治通鉴长编》卷三四一，元丰六年十二月甲午。
⑥ 《续资治通鉴长编》卷三二七，元丰五年六月丁巳。
⑦ 《续资治通鉴长编》卷三八五，元祐元年八月癸巳。
⑧ 参见拙文《宋代都作院设置考》，刊于《中国经济史研究》2007 年第 3 期。

　　凡弓甲物料，荆湖、福建、浙西四路诸州军计数赴殿司及沿江诸军制造，温、婺等八州计数赴马司，江、台等八州计数赴步司，惟明、信等九州弓甲（隆兴、庆元府，赣、抚、袁、信州，临江、兴国、南安军），升、宣等七州（建康、宁国府，建昌、太平、筠、衢州，广德军），绍兴府甲皆造成赴内军器库。①

　　都作院制造的兵器不仅种类多，数量也很多。南宋庆元府（原"明州"）都作院，在宋理宗宝祐六年（1258）沿海制置大使判庆元军府事吴潜上任后，分为大炉、小炉、穿联、磨锃、摩擦结裹、头魁、熟皮、头魁衣子、弓弩、箭、漆、木弩、木枪等 13 作，生产"诸色军器衣装等物总十一万九千五百件"，包括铁甲头魁披膊、枪、棒、刀鞘、腰刀、斧头、弩、弓、弓箭、丝弦、弩桩、箭头、箭靫、箭盝、遮箭牌、鼓、锣、布袄、布衫、腿裙、软缠、皮条、头巾、隔箭布条、吞项、旗帜、笠头、皮马甲、桶、铁锅、饭箄、米斗、米升、饭升篦、船橹、雨伞等数十种作战兵器、军服装备及炊事用具。缮修的旧军器还不包括在内。② 建康府是沿江制置大使司所在地，宋理宗宝祐以后，建康府都作院成为南宋最重要的兵器生产地：

　　　　我朝建阃金陵，籓屏畿甸，兵甲四出，则北援淮，东备海，南控荆楚，西助巴峡。开庆、景定间，凡甲胄、戈剑、弓矢之需，取具于昇者，无虑数十万计。取之不竭，备有素也。先是，宝祐丙辰马光祖为制使，首措置军器库。（已）[己]未以大使再至，则鼎建都作院。无日不讨，百工皆精，而器愈备焉。

　　沿江制置大使马光祖于开庆元年判建康府，景定二年（1261）扩建都作院，时任沿江制置大使司干办公事家之巽撰写的《都作院记》如实

―――――――――

① 李心传：《建炎以来朝野杂记》甲集卷一八《兵马·御前军器所》。
② 梅应发、刘锡同：《四明续志》卷六《作院》。

记录了都作院的扩建规模：

> 戎器为战守要务，尚矣。金陵，国家陪都，襟江带淮，虎视京洛，常宿重兵，根本三边。有警，水行陆骛，百道并出，戈矛剑甲，累钜万计，率顷刻立具。用广数伙，以故缮治益急。作院旧在郡治之东南青溪地，垫隘沮洳，屋老欲压。数议改创未果。观文殿学士制置大使裕斋金华马公再镇之三年，政通力纾，百弛具张，乃即故址撤而新之。谓幕客朱君幼学敏毅，有干局，俾课役培土石，增其崇。取旁废营地益其广。表以门，缭以长垣，听事所中居，翼以重廊。锻砺、刮磨、绵络、弦甲、筋革之工，凡十有二列于左；镕冶、麻缕、竹木、骨角、设色之工，凡十有六位于右。帑藏祠廨，先后环拥，大都百三十有三楹。胪分棋布，相望如引绳。宅幽势闲，夏凄冬温，视昔人冶城铸兵，规制略同。縻金钱若干缗，粟若干硕，各有奇役。始景定二年四月甲午，成五月戊辰。

建康府都作院在扩建前和扩建期间，生产了大批的军器装备。宝祐六年（1258）三月至十二月间，生产了二十一项装备，共三万多件，添修装备近四万件。开庆元年四月至景定二年（1261）七月的两年多内，都作院制造了五十一项装备，共六万多件，此外还添修装备六万多件。故"开庆、景定间，凡甲胄、戈剑、弓矢之需，取具于升者，无虑数十万计。取之不竭，备有素也"。都作院扩建完工后，生产作坊扩大到28个，其所造军需物资"应副荆蜀等处调遣，支拨不一"[1]，生产力应有更大的提高。

都作院的产品，并不只限于供应军队，地方政府修治当地其他工程时所需器具，也可以令都作院提供。例如：

> 印习隐开闸澧上未半载，一夕二鼓后，唤直宿都吏刘某曰：市河淤塞，今欲疏辟。其长几何？合用几人几工？刘曰：长二千丈，用

---

[1]　以上建康府史料均见《景定建康志》卷三九《武卫志二·军器》。

二千人倒坝去水，二十日可毕，合用器具于陌城庄农科借。公曰：如此则又扰民。令都作院造桶一千副，都木场拨木，缚（缚）脚道二千人，日支食钱，五日一犒，半月毕工。民不知也。①

因此，都作院还负有为地方政府提供民事工程器具的任务，这一做法，既不烦民力，又保证了工程进度和产品质量，在各地是得到普遍采用的。

都作院工匠打造的兵器须经严格的抽查，以保证质量。早在河北西路创置磁州、相州都作院之初，欧阳修就拟定了管理措施：

一、本路转运、提刑共四员，欲乞每次季轮一员，专至都作院点检。将前季工课文字磨算造到兵器候见数，即依数点检试验。内手刀及剑每一百口内抽拣三二十口，用甲叶或堕钱斫试（纲）［钢］刃箭头，亦于每一百个内拣三二十个安入箭干，用铁甲、硬弓弩试射；枪亦试验钢刃，如是枪刀剑刃软、卷、缺，及箭头尖卷、镡、折，甲叶长阔厚薄不依斤重者，并勒专工匠等赔填打造，及等第区分。

一、都作院逐作工课，欲乞依本州作院起置工课文历，监官与本州知州、通判、都监依例签押及旬呈。……如逐季点检拣退三分已上，并画时取勘，奏乞重行朝典。如知州、通判、都监候一年终如拣退三分已上，亦乞等第责罚。如拣退二分。本监官乞许本司量罪勘罚。如拣退不及分数，即工匠干系人等，许点检官员酌量勘断。②

检验兵器的时间为每季度一次，抽查率须在20%—30%。如果兵器质量不合规定，工匠必须返工并"赔填打造"。而且，不合格的兵器数量超出规定，负责点检的官员即有权对工匠"酌量勘断"。对于监官、知

①　盛如梓：《庶斋老学丛谈》卷下。
②　《文忠集》卷一一八《河北奉使奏草·乞条制都作院》。

州、通判、都监等官员来说，任内如打造的兵器精好，可分别理为劳绩、优先改任其他差遣或转官；如任内拣退不合格的兵器达 20%—30% 以上，各级官员均被"等第责罚"，监官更得受到量罪勘罚乃至"重行朝典"的惩处。北宋仁宗庆历年间，胡瑗任作院监官时，"既之官三日，从容与老吏言制作利害。（吏）以诚告曰：器不精良，由百工皆督以程课，趣赴期会，每苟简于事，备数而已。今欲革此敝，莫若使工各尽其能，竭其力，每事必求精致，仍不使之懈堕，然后计其成，而定以日力、名数可也。安定从其说。工吏欣然赴功乐事，兵器坚利，大非前日比矣。至今为作院法也。"① 这些规定，长期得到施行，保证了都作院的产品质量。

（原载《中国工商业、金融史的传统与变迁——十至二十世纪中国工商业、金融史国际学术研讨会论文集》，河北大学出版社 2009 年版）

---

① 《五朝名臣言行录》卷一二《安定胡先生》。据薛季宣《浪语集》卷二三《又与朱编修书》所言"庆历所取则，今学规与夫作院制器之法"，可以推测胡瑗是在庆历年间监作院并制定作院制器之规的。

宋代文思院的由来及其职能变化

文思院始设于唐代，是负责为皇室制造金银器等贵重物品的宫廷作坊。宋代文思院始设于宋太宗太平兴国三年（978），在沿袭唐代文思院职能的基础上，陆续吸纳其他官营手工业工场作坊，除为皇室制作金银犀玉、铜铁竹木等各类器物外，亦为官府诸部门制造所需器物。成为重要的官营手工业作坊。本文拟对宋代文思院的由来及其职能变化情况做一探讨。不当之处，敬请指教。

一　隋唐五代时期的文思殿与唐代的文思院

要想了解宋代文思院的由来，必须先谈谈隋唐五代的文思殿和唐代的文思院。

最早以"文思"命名的，首见于隋朝首都长安宫城中的宫殿。开皇九年（589），隋文帝命将南征，南朝陈后主"兵败入隋，见宥"，隋文帝"给赐甚厚"①。陈后主入隋后，作有《晚宴文思殿》②诗一首，可见，隋文帝时长安宫城中已建有文思殿。另外，隋文帝开皇十一年（591）正月"景午，皇太子妃元氏薨"，隋文帝亦曾"举哀于文思殿"。③

唐继隋立，长安宫城内仍设有文思殿。龙朔元年（661），皇太子弘

---

① 冯惟讷：《古诗纪》卷一〇八《陈第一》。
② 徐坚：《初学记》卷一四《礼部下·飨燕第五》。
③ 魏征：《隋书》卷二《帝纪第二高祖下》。李延寿：《北史》卷一一《隋本纪上第十一》中亦有此条内容，但多"东宫"二字，为"上举哀于东宫文思殿"。

命太子宾客许敬宗等于文思殿博采古今文集，摘其英词丽句，以类相从，编成五百卷。① 既然在文思殿博采群书，估计这时的文思殿可能已有藏储图书之功能。唐朱景玄所撰《唐朝名画录》一书中提到："（程修已）又尝画竹障于文思殿。文宗有歌云：'良工运精思，巧极似有神。临窗时乍睹，繁阴合再明。'当时在朝学士等皆奉诏继和。"② 唐文宗在位时间是公元827—840年。可知，唐朝长安宫城中长期设有文思殿，唐文宗时期，文思殿又是皇帝与臣僚们赋诗作画之场所。

继长安城之后，东都洛阳城中也出现了文思殿。洛阳出现文思殿的时间有两种记载。一是天祐元年（904）七月已有文思殿。天祐元年五月，唐朝迁都于洛阳，七月，唐昭宗款待朱全忠及百官，"宴于文思殿鞠场"③。二是天祐二年（905）五月，因迁都于洛阳，将洛阳保宁殿改名为文思殿。天祐二年五月己未朔，唐哀帝"以星变不视朝"，壬戌，敕令曰："法驾迁都之日，洛京再建之初，虑怀土有类于新丰，权更名以变于旧制。妖星既出于雍分，高闳难效于秦余，宜改旧门之名，以壮卜年之永……保宁殿曰文思殿。"④ 五代时期，在洛阳设都的后梁政权，也沿袭了文思殿之名。如后梁太祖朱温"御文思殿受朝参，许、汝、孟、怀牧守来朝"，又"御文思殿，宴群臣，赐金帛有差"⑤。文思殿除承袭了前朝皇帝宴请臣僚之功能外，还是皇帝受臣僚朝参、处理政务的场所。

除长安和洛阳先后设有文思殿外，五代时期，后唐在魏州大名府建邺都，⑥ 亦在此地设置了文思殿。后唐庄宗同光三年（925）二月，"帝在邺，己巳，击球于行宫之鞠场，诸皇弟从臣等供奉，赐定州王都金鞍御马。鞠罢，宴王都于武德殿之山亭，宣教坊乐陈百戏，俳优角抵，夜

---

① 刘昫：《旧唐书》卷二〇下《哀宗纪》。王溥：《唐会要》卷二《追谥皇帝·杂录》。

② 朱景玄《唐朝名画录·妙品中五人》。《唐朝名画录》与《画断》实为一书两名，见《四库全书总目提要》。

③ 王钦若等：《册府元》卷一一一，《帝王部·宴享第三》。《旧唐书》卷二〇上《昭宗纪》和薛居正等：《旧五代史》卷二《梁书第二·太祖纪二》中也有记载。

④ 《唐会要》卷三〇《杂记》；《旧唐书》卷二〇下《哀宗纪》。

⑤ 《旧五代史》卷四《梁书第四·太祖纪四》。

⑥ 欧阳修：《新五代史》卷六〇《职方考第三》。

漏一鼓方罢。甲戌，文思殿宴王都，颁赐有异，夜久方罢"①。后唐邺都之文思殿，后晋时期依然存在，后晋天福七年（942）闰三月壬寅，才下诏改邺都"文思殿为崇德殿"②。另外，前蜀于通正元年（916）也在都城成都沿袭唐朝殿名建文思殿，③ 并设置了文思殿大学士一职。"八月起文思殿，以清资五品正员官购群书以实之，以内枢密使毛文锡为文思殿大学士。"④ 此时，前蜀的文思殿转化为藏储图书之机构场所。

综合以上所见，除前蜀外，隋至五代时期，文思殿长期以来一直是各朝代皇帝日常政务活动和娱乐生活的场所。

下面谈谈唐代的文思院。

唐朝宫城中除有文思殿外，还有文思院，但文思院的功能与文思殿截然不同。

现存文献记载中最早提到"文思院"之名称的，是唐人裴庭裕的《东观奏记》："武宗好长生久视之术。大明宫筑望仙台，势侵天汉。上始即位，斥道士赵归真杖杀之，罢望仙台。大中八年，复命葺之，右补阙陈嘏已下抗疏论其事，立罢修造，以其院为文思院。"⑤ 宋人宋敏求撰写的《长安志》中也有记载："望仙台，武宗时命神策军士修望仙楼及廊舍五百余间。大中八年，复命葺之，补阙陈嘏上疏谏而止，改为文思院。"⑥ 依据上述记载，文思院的建立可有两种推测：一是唐宣宗大中八年（854）之前文思院已经建立，大中八年移入大明宫内的望仙台院址；二是唐宣宗大中八年利用望仙台院址创建了文思院。以上推测因史料缺乏，无法印证何是何非，姑且两存。

上述记载并没有说明唐代文思院的职能，现存唐代史料对此也付之

---

① 王钦若等：《册府元龟》卷一一一《帝王部·宴享第三》。
② 薛居正等：《旧五代史》卷八〇《晋书第六·高祖纪六》。
③ 司马光：《资治通鉴》卷二七二《庄宗光圣神闵孝皇帝上》曰："蜀盖袭唐殿名。"
④ 欧阳修《新五代史》卷六三《前蜀世家第三》。
⑤ 裴庭裕：《东观奏记》卷上。王溥：《唐会要》卷五〇中也提到："（大中）八年八月，敕改望仙台为文思院"。
⑥ 宋敏求：《长安志》卷六《宫室四·唐上》。

阙如，但是20世纪80年代在陕西省出土的考古文物，揭示了唐代文思院的职能。1987年，在陕西省扶风县法门寺塔基地宫中发现大批制造精美的金银器，共118件。其中21件金银器上有錾文，不少錾文明确提到制造金银器的机构是文思院。如：鎏金卧龟莲花纹五足朵带银香炉炉底錾刻："咸通十年文思院造八寸银金花香炉一具，并盘及朵带环子，全共重三百八十两，匠臣陈景夫、判官高品臣吴弘愨、使臣能顺"；鎏金仙人驾鹤纹壶门座茶罗子底刻："咸通十年文思院造银金花茶罗子一副，全共重卅七两，匠臣邵元、审作官臣李师存、判官高品臣吴弘愨、使臣能顺"；摩揭纹蕾纽三足架银盐台的三足架上錾刻"咸通九年文思院造银金涂盐台一只，并盖重一十二两四钱，判官臣吴弘愨、使臣能顺"。有的錾文表明，金银器是唐懿宗为迎奉佛祖舍利特别颁布敕令制造的，如：迎真身银金花双轮十二环锡杖上錾刻"文思院准咸通十四年三月二十三日敕令，造迎真身银金花十二环锡杖一枚，并金共重六十两，内金重二两，五十八两银，打造匠臣安淑郎，判官赐紫金鱼袋臣王全护，副使小供奉臣虔诣，使左监门卫将军臣弘愨"；迎真身纯金钵盂口沿錾刻："文思院准咸通十四年三月廿三日敕令，造迎真身金钵盂一枚，重十四两三钱，打造小都知臣刘维钏、判官赐紫金鱼袋臣王全护、副使小供奉官臣虔诣、使左监门卫将军臣弘愨。"① 通过錾文内容，可知以上金银器是在唐懿宗咸通年间（860—873）由文思院制造的，出土文物上的錾文均以"臣"缀在官员及工匠姓名之前，官员职衔有使、副使、判官、审作官、打造都知等。这些錾文说明，唐代的文思院是由内侍官管理的为供奉皇室需求而制作器物的宫廷手工业作坊。

五代时期后梁政权（907—923）亦曾设有文思院，一度改名为乾文院，后恢复文思院名称，② 但具体工作内容缺失记载。后唐天成元年（926），还有文思使③之记载，但文思院及其职能亦失载。

① 以上錾文见陕西省考古研究院、法门寺博物馆、宝鸡市文物局、扶风县博物馆编著《法门寺考古发掘报告》上册，文物出版社2007年版，第120、131、133、192、195页。
② 王溥：《五代会要》卷五、卷二十四。薛居正等：《旧五代史》卷三、卷五。
③ 《旧五代史》卷六六《朱弘昭传》。

二　宋人对文思院名称由来的几种说法

早在北宋时期，由于文献缺载或口耳失传，人们已不能确切指出宋代文思院的由来。江休复在宋仁宗嘉祐五年（1060）以前撰写的《嘉祐杂志》中最早提到了文思院名称来源的两种说法："文思院使，不知从何得此名。或云量名，'待（时）文思索'；或说殿名，聚工巧于其侧。因名曰文思院。"① 其后，高承推测："唐有文思院，盖天子内殿之比也，其事见《画断》，然非工作之所。而宋朝太平兴国三年始置文思院，掌工巧之事，非唐制矣。"② 吴处厚认为宋代文思院名称来源于《考工记》中的量器铭文，曰："《考工记》：㮚氏掌攻金，其量铭曰'时文思索'。故今世攻作之所号文思院。"③ 林希逸在《〈考工记〉解》中对量器铭文"时文思索，允臻其极，嘉量既成，以观四国，永启厥后，兹器维则"作了更详细地解析："时文者，古之贤王也。犹《诗》曰"思文后稷"也。时、思，皆起语也。古有文德之君，思索之深，信至其极，能为此嘉量也。允，信也。臻，至也。嘉，赞美之也。观者，示也，以此观示四国，开启后来之人，皆以取则于此。则，法也。舜方即位，即同律度量衡，古者，天下分国之多，恐其大小不一，或以病民，故以此为大节。目今文思院降样，亦此意也。"④

上述宋人诸说中，只有高承明确指出唐朝有文思院。但他依据唐人朱景玄《画断》的记载，认为"盖天子内殿之比"的唐代文思院是"非工作之所"。"比"，既有"同类"之意，又有"相连接"、"并列"之意。高承将"天子内殿之比"与"非工作之所"联系在一起，显然，他所说

---

① 江休复：《嘉祐杂志》。

② 高承：《事物纪原》卷七《库务职局部三十四》。高承所说《画断》即为《唐朝名画录》。据陈振孙《直斋书录解题》卷一四《杂艺类》记载，"《唐朝画断》一卷，唐翰林学士朱景元撰，一名《唐朝名画录》"。《四库全书总目提要》卷一一二《子部二十二·艺术类一》也提到："是书，唐艺文志题曰《唐画断》，故《通考》称《画断》，一名《唐朝名画录》。"

③ 吴处厚：《青箱杂记》卷八。

④ 林希逸：《考工记解》卷上。

的"比"是将唐代文思院视为与天子内殿一样具有同类功能的供皇帝活动的场所,而不是象宋代文思院那样的手工业场所。这一点,高承的推测显然是错误的。江休复提到两种看法,一是认为因文思院设置在文思殿旁而出自殿名,一是认为出自量器铭文。唐朝长安城中分为太极宫、大明宫、兴庆功三大宫殿区,其中太极宫区域是原来隋朝的宫城①,如果自隋入唐文思殿的位置没有发生变化,那么,文思殿只能位于太极宫区域内,不会与唐朝大明宫区域内的文思院比邻而立。如果唐朝时期的文思殿已不在隋朝旧址而是在大明宫区域内,则江休复记录的第一种说法就有可能是真实的,但这一说法还无法验证。吴处厚和林希逸都提到文思院名应出自《考工记》中"时文思索"之量器铭文,蕴含"取则于此"、规范全国度量衡器之意,与江休复提到的第二种看法相同。但是,这一说法也有值得推敲之处。负责制造度量衡器法式的职责,唐朝至北宋前期一直归属于太府寺,直到宋神宗熙宁四年(1071)十二月,"诏以太府寺所管斗秤归文思院"②,文思院才开始负责制造度量衡器法式。为什么早在唐代时期就已命名为"文思院"了呢?难道唐朝的文思院也曾负有制造度量衡器法式的职能?这些疑问,目前还无法破解。

三　宋代文思院的职能变化

许多宋人记载都明确提到,宋朝于太宗太平兴国三年(978)设置了文思院。③

宋代文思院虽承袭于唐代文思院,但并不囿于唐代的规制,其职能远远超出了唐代的范围,不仅制造皇室需求的产品,还向官府各个部门供应产品:"掌金银、犀玉工巧,及采绘、装钿之饰。凡仪物、器仗、权

---

① 参见朱士光主编《古都西安》,西安出版社2003年版,第268页。

② 《宋会要辑稿》食货六九之五;《续资治通鉴长编》卷二二八,熙宁四年十二月辛酉。

③ 见潜说友《咸淳临安志》卷八《行在所录·院辖》。马端临:《文献通考》卷六〇《职官考十四·六院四辖》,《宋史》卷一六五《职官 少府监》,王应麟:《玉海》卷一六八《官室·院下·太平兴国文思院》。另外,《群书会元截江网》卷八《本朝更建》及彭百川《太平治迹统类》卷二九《官制沿革上·太宗》有太平兴国二年建文思院的记载。本文采用前说。

量、與服所以供上方、给百司者，于是出焉。"①

由于承担的手工业制品种类繁多，宋代的文思院分设上界、下界两院。上界与下界职责之分工，主要体现在生产产品的档次、类别方面："其上界造作金、银、珠、玉，下界造铜、铁、竹、木、杂料"②；上界"修造案承行诸官司申请造作金、银、珠、玉、犀象、玳瑁等应奉生活文字"，下界"修造案承行诸官司申请造作绫、锦、漆、木、铜、铁生活并织造官诰、度牒等生活文字"③。即上界负责造作金、银、珠、玉等各种高档物品，下界负责造作绫、锦、漆、木、铜、铁、官诰、度牒等各种日用物品。与唐代不同的是，宋代文思院设置于宫禁之外。④

从宋代文思院承担的门类品种看，生产规模应该很大。但有关材料极为缺乏，目前仅见《宋会要辑稿》中有一条记载明确提到文思院辖下的手工作坊数目和门类：

> 文思院领作三十二：打作、棱作、鈒作、渡（镀）金作、鎬作、钉子作、玉作、玳瑁作、银泥作、碾研作、钉腰带作、生色作、装銮作、藤作、拔条作、揍洗作、杂钉作、场裹作、扇子作、平画作、柔剑作、面花作、花作、犀作、结絛作、捏塑作、旋作、牙作、销金作、镂金作、雕木作、打鱼作。又有额外一十作，元系后苑造作所割属，日绣作、裁缝作、真珠作、丝鞋作、琥珀作、弓稍作、打作、拍金作、玗金作、剋丝作。⑤

这条记载未系时间，仅提到文思院原有 32 作，后来又从后苑造作所中拨出 10 作并入文思院，作坊数目增加到了 42 个。那么，后苑造作所何时拨出这 10 作的呢？据记载，后苑造作所，"在皇城北，掌造禁中及皇

---

① 《宋史》卷一六三《职官志三·工部》。
② 《宋会要辑稿》职官二九之二。
③ 《宋会要辑稿》职官二九之一。
④ 孟元老：《东京梦华录》卷一《外诸司》。
⑤ 《宋会要辑稿》职官二九之一。

属婚娶名物，旧在紫云楼下，咸平三年（1000）并于后苑作，改今名"①。后来，后苑造作所中又分出一个"西作"，掌造禁中"服用之物"，兵校及匠 171 人，天禧五年（1021）徙置于拱辰门外，庆历二年（1042）被罢废②。上述 10 作大都是织、绣、缝纫等"服用之物"的作坊，正与掌造禁中服用之物的后苑作西作职责相同，因此，上述 10 作可能是"西作"在庆历二年被罢废时由文思院收纳的。此时，文思院拥有的作坊数达到 42 个。从拨入的 10 作拥有兵匠 171 人推算，文思院生产者应达600—700 人。

两宋时期，伴随着产品供应从皇室扩大到官府各部门，文思院还陆续收纳了宫廷或官营的其他手工业作坊。

宋神宗熙宁四年（1071）十二月，"诏以太府寺所管斗秤归文思院"③，即原由太府寺斗秤务负责制造并向全国各地区颁发的度量衡器物样式的职责转归文思院。其后，文思院长期负责制造度量衡样式，颁发各地，体现了"永启厥后，兹器维则"即国家颁定度量衡标准的权威性。④

最晚在熙宁九年（1076）四月，"东、西两坊杂科三十余作"⑤ 也并入文思院。"东、西两坊"指东、西作坊，原称南、北作坊，设于京师，"掌造兵器、戎具、旗帜、油衣、藤、漆什器之物，以给邦国之用。"⑥东、西作坊共有 51 作：

　　有木作、杖鼓作、藤席作、锁子作、竹作、漆作、马甲作、大

---

①　《宋会要辑稿》职官三六之七二。

②　《宋会要辑稿》职官三六之七三。《宋会要辑稿》职官三六之七五提到：宋哲宗"元丰八年十二月十四日，诏罢后苑作西院。"此"西院"，应即"西作"，可能在庆历二年被罢废后又曾恢复。

③　《宋会要辑稿》食货六九之五；《续资治通鉴长编》卷228，熙宁四年十二月辛酉。

④　关于文思院制造各种度量衡的情况，可参见郭正忠《三至十四世纪中国的权衡度量》（中国社会科学出版社 1993 年版）中的有关部分。

⑤　《宋会要辑稿》职官二九之二。"三十余作"原文为"三千余作"。潜说友：《咸淳临安志》卷八《行在所录·院辖》则曰："至熙宁九年，东西坊杂料凡三十余作悉并焉"。据此，"千"当为"十"之误写，径改。

⑥　《宋会要辑稿》方域三之五〇。

弩作、条作、棱作、胡鞍作、油衣作、马甲生叶作、打绳作、漆衣甲作、剑作、糊粘作、戎具作、掐素作、雕木作、蜡烛作、地衣作、铁甲作、钉铰作、铁身作、马甲造熟作、磨剑作、皮甲作、钉头牟作、铜作、弩椿作、钉弩椿红破皮作、针作、漆器作、画作、镴摆作、纲甲作、桑甲作、大炉作、小炉作、器械作、错磨作、镞作、鳞子作、银作、打线作、打磨麻线作、枪作、角作、锅砲作、磨头牟作。①

由于制造大量兵器，东、西作坊兵匠人数多达 7841 人。估计熙宁九年四月并入文思院的三十余作中，当有铜作、针作、漆器作、画作、银作、雕木作、蜡烛作等作。不论并入文思院中的相同之作还是独自成作，均扩大了文思院的生产规模和产品种类。

南宋孝宗时期，礼物局也并入文思院。起初，高宗绍兴三十一年（1161）四月，权工部侍郎兼侍讲黄中上言："昨户部措置，置文思院造作诸百官司镀金器物，令监造礼物处擗截屋三间，委太府寺官一员，别勾追作匠，同本院监官监视镀造。今据文思院上界提辖监官王依等言，今年系明堂大礼年分，应办诸百官司添修换造生活数目至多，往往多是镀造之物。兼本院监官止是独员，若赴礼物局镀造，委是实妨碍本院造作。乞下户部委官，权就本院夹截作屋，别行追唤作匠，同共监视，庶得两不相妨。大礼了毕，却行依旧赴礼物局镀造。"② 朝廷采纳了黄中之言。从黄中的上言中可知，文思院承担了为礼物局造作镀金器物的任务。非明堂大礼年份，造作任务少，由文思院差派监官及工匠赴礼物局镀造；明堂大礼年份，因任务极为繁重，监官无法分身监视，故将镀造场地设在文思院内。但是，非明堂大礼年份多于明堂大礼年分份，常年设置一班官吏，俸禄等耗费太多，于是，宋孝宗隆兴二年（1164）六月，侍御史尹穑上奏："礼物局岁遣使所用礼物亦有定限，别置一局差官，每岁开结局，官吏请给酬赏费耗，乞行废罢。"宋孝宗采纳了这一建议，下诏将

---

① 《宋会要辑稿》方域三之五〇至五一。
② 《宋会要辑稿》职官二九之三至四。

礼物局并入文思院。①

有的时候，为完成紧急任务，文思院还会临时增设某类作坊。例如，宋徽宗政和四年九月至政和五年二月，为了尽快在全国推行新法斗秤，曾令文思院下界"别置斗秤一作"，制造出颁发各地的新"法物"，"降样付诸路转运司制造出卖"。②

总之，宋代文思院既承袭于唐代文思院，又不囿于唐代的规制。由于宋代文思院供应的器物种类和接纳的手工作坊逐渐增多，其生产规模也逐渐扩大。宋代文思院已由唐代的宫廷手工业作坊演变成为供应宋朝皇室和政府各类需求的重要的官营手工业机构。

（原文载《宋史研究论丛》第九辑，河北大学出版社 2008 年版）

---

① 《宋会要辑稿》职官二九之四。
② 《宋会要辑稿》食货六九之八至九。

宋代文思院的管理体系与
管理措施*

宋代文思院是官府经营的大型手工业作坊，"掌金、银、犀、玉工巧及采绘、装钿之饰。凡仪物、器仗、权量、舆服所以供尚方、给百司者，于是出焉"①。其内部工作场所分为上、下两界，上界负责造作金、银、珠、玉等各种贵重物品，下界负责造作绫、锦、漆、木、铜、铁、官诰、度牒等各种日用物品。② 随着产品种类和接纳的其他手工作坊逐渐增多，宋代文思院的生产规模和供应对象也逐渐扩大。关于宋代文思院的由来及其职能变化，笔者已有专文论述③。这里拟对宋代文思院的管理体系及管理措施作一探讨。

一　宋代文思使、文思副使与文思院的关系

宋代文思院的管理模式承袭了唐代文思院的规制，后来又发生变化。那么，文思院始建于唐代，又是如何管理呢？我们从陕西省扶风县法门寺塔基地宫中出土的金银器錾文中可以获得粗浅的认知。文思院于唐懿

---

　　* 此文系教育部人文社会科学研究"十五"规划项目《宋代的金属制造业》中的内容，项目批准号：01JA770026。

　　① 马端临：《文献通考》卷五二《职官考六·工部尚书》，中华书局1986年版。

　　② 《宋会要辑稿》职官二九之一，中华书局1957年版。

　　③ 见拙文《宋代文思院的由来及其职能变化》，载《宋史研究论丛》第九辑，河北大学出版社2008年版。

宗咸通十年制造的鎏金卧龟莲花纹五足朵带银香炉炉底錾刻"匠臣陈景夫、判官高品臣吴弘愨、使臣能顺";咸通十年制造的鎏金仙人驾鹤纹壶门座茶罗子底刻"匠臣邵元、审作官臣李师存、判官高品臣吴弘愨、使臣能顺";咸通十三年制造的如意柄银手炉炉柄錾刻"打造都知臣武敬容、判官高品臣刘虔诣、副使高品臣高师厚、使臣弘悫";咸通十四年奉敕令制造的迎真身银金花双轮十二环锡杖上錾刻"打造匠臣安淑郎,判官赐紫金鱼袋臣王全护,副使小供奉臣虔诣,使左监门卫将军臣弘悫";迎真身纯金钵盂口沿錾刻"打造小都知臣刘维钊、判官赐紫金鱼袋臣王全护、副使小供奉官臣虔诣、使左监门卫将军臣弘悫"。① 吴弘愨即"弘悫"或"弘愨",刘虔诣即"虔诣"。根据他们两人官位从咸通十年至十四年(869—873)由"判官高品"向"副使小供奉""使左监门卫将军"的升迁,可以判定,唐代文思院管理官员是由内侍官组成的,最高长官是文思使,其下设有文思副使、判官、审作官、打造都知等,他们的职任可以在同一机构内由低级向高级升迁。这一官员身份特征是与唐代文思院设于皇宫中、为供奉皇室需求制作器物的宫廷手工业作坊特点相吻合的。②

继唐之后,五代时期的后梁、后唐、西蜀政权也曾设有文思使。宋人孙逢吉在《职官分纪》中就曾提道:"五代有文思使,国朝因之。"③宋代的文思使是经唐、五代一脉相承而来的。

北宋太祖时期,文思使已见诸记载。建隆三年(962)七月乙亥:"文思使常岑"之子常勋"少亡赖,尝诈称供奉官至泗州,为长吏所觉,捕送阙下",被斩于开封府东市。④ 两年后,乾德二年(964)十一月甲申,"文思使常岑决杖黥面,配沙门岛;副使宋延思决杖,配隶陈州。坐监主自盗,为部曲所告也"。⑤ 然而这一时期,文思院机构尚未恢复。据

---

① 以上錾文见陕西省考古研究院、法门寺博物馆、宝鸡市文物局、扶风县博物馆编著《法门寺考古发掘报告》上册,文物出版社 2007 年版,第 120、131、188、192、195 页。

② 《法门寺考古发掘报告》上册,第 295—296 页。

③ 孙逢吉:《职官分纪》卷四四,中华书局 1988 年版。

④ 《续资治通鉴长编》卷三,建隆三年七月乙亥,中华书局 1979—1997 年版。

⑤ 《续资治通鉴长编》卷五,乾德二年十一月甲申。

《宋会要辑稿》①、《咸淳临安志》②、《玉海》③、《文献通考》④、《宋史》⑤
等书记载，宋太宗太平兴国三年（978）才设置文思院。⑥《玉海》此条
记载下附有注文，提到文思院官员"有使、监四人，监门二人"。"使、
监四人"即指文思使、副使各1人，上界、下界监官各1人；"监门二
人"即指上界、下界监门官各1人。此时，文思院的最高长官是文思使，
其下设副使、上下界监官和监门官。

从以上记载看，宋代文思院设置时间为宋太宗太平兴国三年，明显
滞后于宋太祖建隆三年至乾德二年常岑等人任文思使的时间。出现这种
情况，也不难理解。唐朝灭亡，都城东移，设于长安的文思院生产场所
即遭到废弃。宋初，新的生产场所尚未固定下来，但宋政权仍保留了唐
五代时期的文思使与文思副使职衔，供应皇室需求的生产造作活动也仍
由他们负责管理。即如《宋史》所说："洛苑使以下二十名谓之西班，
初，犹有正官充者。"⑦ 文思使即为其中之一。常岑、宋延思正是因贪污
钱财或物品"监主自盗，为部曲所告"被受到惩处的，这也与他们任文
思使、副使的身份相符合。这正说明，北宋初期，宋代文思院的管理模
式承袭了唐代文思院的规制，文思使与文思副使仍负责管辖文思院的生
产活动。

宋太宗太平兴国三年建立文思院后，文思院是"外诸司"⑧ 之一，工
作场所设于宫城之外，南宋时期设于临安府北桥巷东。⑨ 少从宋真宗时期

---

① 《宋会要辑稿》职官二九之一。

② 潜说友：《咸淳临安志》卷八《行在所录·院辖》，宋元地方志丛书，台北大化书局
1980 年版。

③ 王应麟：《玉海》卷一六八《官室·院下·太平兴国文思院》，文渊阁四库全书，台湾
商务印书馆1986 年版。

④ 《文献通考》卷六〇《职官考十四·六院四辖》。

⑤ 《宋史》卷一六五《职官志五·少府监》，中华书局1977 年版。

⑥ 王应麟在《玉海》中还附注了另一设置时间的记载："《志》在六年"。此外，《太平治
迹统类》卷二九《官制沿革上·太宗》和《群书会元截江网》卷八《官制》中记载为太平兴国
二年置文思院。估计可能是"三"与"二"字形相近之误写。

⑦ 《宋史》卷一六九《职官志九·叙迁之制》。

⑧ 孟元老：《东京梦华录》卷一《外诸司》，中华书局1982 年版。

⑨ 潜说友：《咸淳临安志》卷八《行在所录·院辖》，卷二〇《北山分脉城内胜迹·城
闉》。

起，文思使和文思副使不再掌管文思院，其官衔与职能已经脱离，转变成为武臣和内侍官的迁转阶次①。获文思使和文思副使官阶者，只是依此确定他们的官品品位和俸禄等级，不理实职，另赴其他差遣。这样的例子比比皆是，谨举数例：

（宋真宗咸平三年六月庚子）"上以文思使李守恩久任边陲，颇着声绩，壬子，擢授陇州刺史、知灵州。守恩，汉超之子也"②。

（宋真宗景德三年正月）"诏以文思使、知府州折惟昌为兴州刺史，依旧知州事"③。

（宋真宗大中祥符二年八月）甲申，以文思副使、知庆州孙正辞为黎、雅等州水陆都巡检使。④

石元孙"以守信荫为东头供奉官，合门祗候，累迁如京副使。仁宗即位，改文思副使，勾当法酒库"⑤。

庆历八年二月壬申，遣内侍往诸路简兵为上军。如京使陈延达京西路，北作坊副使卫承绪淮南路，文思副使蔡舜卿京东路……⑥

（宋仁宗嘉祐三年九月五日）"以勾当后城司入内内侍省副都知邓保吉、文思使带御器械李继和提举东西华门已南诸处修造"⑦。

宋神宗元丰五年二月四日，文思使、文州刺史、内侍押班李舜举为照管泾原路经略司一行军马，兼参议军中大事。⑧

（元丰五年十一月，宋神宗）诏："皇城使张勉、如京副使石温其、内殿崇班赵潜各追五官；文思使高政、文思副使乐进各追四

---

①　元人胡三省在司马光《资治通鉴》卷二七五后唐天成元年十月己酉"以……文思使太原朱弘昭为东川副使"条下注曰："文思使掌文思院。宋以为西班使臣，以处武臣"。他的"以处武臣"之说法是不确切的，北宋时期，文思使和副使之衔既可授予武臣，也可授予内侍官。

②　《续资治通鉴长编》卷四七，咸平三年六月庚子。

③　《宋会要辑稿》方域二一之五。

④　《续资治通鉴长编》卷七二，大中祥符二年八月甲申。

⑤　《宋史》卷二五〇《石守信传附石元孙传》。

⑥　《续资治通鉴长编》卷一六三，庆历八年二月壬申。

⑦　《宋会要辑稿》职官三〇之一。

⑧　《宋会要辑稿》职官四一之七七。

官……"并坐出界将领计失亡所部兵，用十分法追夺也。①

诏入内东头供奉官、勾当御药院冯宗道见寄右骐骥使，梁惟简见寄文思副使。宗道为系随龙，惟简久在太皇太后殿祗应，各有勤绩，可与改寄正官，并特除内侍押班，更不签书内侍省公事，余人不得援例。②

上述诸例中，李守恩、折惟昌、孙正辞、石元孙、李继和、高政、乐进等人身份是武臣，蔡舜卿、李舜举、梁惟简等人身份是内侍官，他们虽本官为文思使或副使，但实际上均不再管理文思院事务，而是另掌宫内事务，勾当法酒库、修造城门等京城事务，或出任外路地方军政长官。这种现象，正是被马端临在《文献通考》中精辟地概括为："官以寓禄秩、叙位著，职以待文学之选，而差遣以治内外之事"③ 的事实写照。

宋徽宗政和二年（1112）九月，诏改武选官名，文思使易为武节大夫，文思副使易为武节郎④，自此以后，文思使、文思副使之官名彻底退出了宋代官制舞台。

二　宋代文思院的管理体系

随着文思院职责的扩展和生产规模的扩大，文思使、文思副使名衔与原有职能的脱离，宋代文思院的管理体系也逐步发生变化，得到改进。

1. 文思院长官名称与身份的变化

北宋前期，取代文思使、文思副使实际管理文思院职责的长官是以"勾当"两字系衔的武臣或内侍官。现有两条史料可作佐证：

（宋仁宗天圣四年二月）勾当文思院李保懿建议："乞依拱辰门

---

① 《续资治通鉴长编》卷三三一，元丰五年十一月辛巳。
② 《续资治通鉴长编》卷三八五，元祐元年八月癸卯。
③ 《文献通考》卷《职官考一·官制总序》。
④ 《宋大诏令集》卷一六三《改武选官名诏》，中华书局 1962 年版；《宋史》卷一六九《职官志九》。

外西作例，差识字亲事官与在院人员同共监作，主掌官物，随界
交替。"①

　　（宋神宗熙宁三年）诏文思院两界监官，立定文臣一员，武臣一
员，并朝廷选差，其内侍勾当官并罢。②

　　第一条史料只记录了李保懿"勾当文思院"，还看不出他的身份。但
是，《续资治通鉴长编》宋仁宗景祐三年（1036）五月有"内殿崇班李
保懿"任澶州修河都监的记载③。内殿崇班是北宋前期武臣官阶名，属大
使臣阶列，笔者认为，此李保懿应与天圣四年勾当文思院李保懿是同一
人。第二条史料显示，宋神宗熙宁三年下诏罢除内侍任文思院勾当官。
由以上记载可以确定，北宋前期，除仍然沿袭着唐朝惯例由内侍管理文
思院外，武臣也是管理文思院的人选。

　　但上述局面在宋神宗时期发生了重大的变化。宋神宗熙宁三年的诏
令不仅罢除内侍任勾当官，并且规定由朝廷选差文臣和武臣担任上下两
界的监官。这种任官制度上的变化，既适应了文思院工作性质已从宫廷
作坊转向官营作坊的需要，也体现了宋朝崇文抑武政策的推行和文臣地
位的提高。

　　罢废勾当官后，两界监官各自只有管理本界的权限，无法统筹指挥，
而两界生产，常离不开相互调配或通力合作，因此，在两界监官之上，
仍需要设置官员总管文思院事务。熙宁九年（1076）四月，宋政府已认
识到必须解决这一问题，加之"东西两坊杂科三十余作并入文思院，委
是繁重"，于是规定在文思院上下两界监官之上，"添差京朝官一员通管
上、下界，每月合添食钱三千，赏罚并依旧条"。④ 自此，文思院正式确

---

①　《宋会要辑稿》职官二九之一。

②　《宋会要辑稿》职官二九之二；《文献通考》卷六〇《职官考十四·六院四辖》。

③　《续资治通鉴长编》卷一一八，景祐三年五月辛卯。

④　此条记载出自《宋会要辑稿》职官二九之二。原文为"三千余作"。潜说友的《咸淳临
安志》卷八《行在所录·院辖》则曰："至熙宁九年，东西坊杂料凡三十余作悉并焉"。《宋会
要辑稿》方域三之五〇也提到，东、西作坊总共只有51作。可见，"千"为"十"之误写。故
改为"三十余作"。

立了以文臣京朝官为最高长官、统辖上下两界监官的模式。与熙宁三年的规定相比，文臣的权力、地位已在武臣之上。至于这位最高长官的名衔如何称呼，史料缺载。

从宋神宗熙宁三年起，内侍官虽然不能担任文思院的最高长官了，但还没有被排除出管理层。宋哲宗元符元年（1098）九月诏令提道："文思院上、下界监官，除内臣外，令工部、少府监同共奏差。"① 从诏令内容看，此时，内侍官仍然可以担任文思院上、下界的监官。

关于上述熙宁三年诏令和元符元年诏令的内容，《宋史》卷一六五《职官志五·少府监》中也有记载，文字稍有不同，但发布诏令的时间却全然迥异。为便于分析孰是孰非，现将全段文字照录于下：

> 元丰元年，工部言："文思院上下界诸作工料条格，该说不尽，功限例各宽剩，乞委官检照前后料例功限，编为定式。"从之。又诏："文思监官除内侍外，令工部、少府监同议选差。"崇宁三年，诏："文思院两界监官，立定文臣一员、武臣二员。并朝廷选差，其内侍干当官并罢。"

《宋史》的此段记载，共记述了三条内容。第一条，是对工料料例的规定，系时于元丰元年。这一系时是错误的，应改为元符元年，具体的分析后面再谈。第二条，未明示年代，但从叙述语义看，是在第一条之后同年发布的诏令。这条诏令与《续资治通鉴长编》记载的元符元年诏令在文字表述上有些微差异，文意却是相同的。第三条，是宋徽宗崇宁三年发布的诏令，这条诏令与《宋会要辑稿》和《文献通考》熙宁三年诏令有两处细节不同，一是武臣监官设二员，而非一员，二是将"勾当官"写成"干当官"，但诏令文意也是相同的。这两处不同，前一处可能是"二"与"一"字形相近，出现传抄之误，后一处"干当官"即"勾当官"，因南宋史家避宋高宗名讳而改。

众所周知，元朝修《宋史》编纂得比较草率，对史料、史实缺乏认

---

① 《续资治通鉴长编》卷五〇二，元符元年九月壬戌。

真鉴别和考订，可信度不及《续资治通鉴长编》、《宋会要辑稿》和《文献通考》。基于此，笔者认为，《宋史》第二条、第三条诏令其实就是元符元年和熙宁三年发布的诏令。另外，还有一条记载也可证明《宋史》系时之错误。宋神宗于元丰三年（1080）四月丙午，"诏监文思院、殿中丞王史，太子中舍许迁并冲替，坐造山陵皇堂铁叶不中度也。"① 当时，殿中丞王史与太子中舍许迁都是以文臣朝官的身份监文思院，因监造山陵皇堂铁叶不合规制而被冲替。显然，以文臣朝官监文思院的制度确实是在宋神宗时期而非宋徽宗崇宁三年实行的。年号"元丰"与"元符"、"熙宁"与"崇宁"均只有一字之差，《宋史》上述系时差异极有可能是由元朝史官修书时的粗疏舛误造成的。

进入南宋，管理文思院之最高长官开始冠有"提辖"之名，有"提辖文思院上下界""提辖行在文思院""提辖文思院"等多种称呼，最早的记载见于宋高宗绍兴六年（1136）正月七日的"提辖文思院上下界郑绩"②。其后，熊克③、范应铃④、吕沆⑤等人也都担任过文思院提辖官。从上述官员任职文思院时的官阶差遣情况和"右朝奉郎提辖行在文思院吕靖"⑥"朝奉郎提辖行在文思院"王子俊⑦，以及宁宗时期受命"提辖行在文思院"⑧ 的朝奉大夫石继曾等人的寄禄官阶来看，提辖文思院官员确实是严格按照宋朝规制由京朝官担任的。

南宋前期，提辖文思院官与左藏库、榷货务都茶场、杂买务杂卖场提辖官被合称"四辖"，"凡台省久次与郡邑有声者，悉借径于此，号为储才之地"。⑨ 居此四处官位者被宋朝统治者视为有才干之人，仕途升迁

---

① 《续资治通鉴长编》卷三〇三，元丰三年四月丙午。
② 《宋会要辑稿》职官二九之三。
③ 《宋史》卷一六一《职官志》。
④ 《宋史》卷四一〇《范应铃传》。
⑤ 吕午：《左史谏草》附《监簿吕公家传》，影印文渊阁四库全书。
⑥ 《建炎以来系年要录》卷一八〇，绍兴二十八年九月丁卯；《宋史资料萃编》第二辑，台北文海出版社1980年版。
⑦ 杨万里：《诚斋集》卷一二九《王舜辅墓志铭》，四部丛刊初编，上海商务印书馆1919年版。
⑧ 陆游：《渭南文集》卷三六《朝奉大夫石公墓志铭》，四部丛刊初编。
⑨ 《文献通考》卷五七《职官考十一》。

优于常人。"先是，四辖官外补则为州，内迁则寺、监丞簿，亦有径为杂监司，或入三馆者"①。"乾道间，榷务王禋除市舶，左藏王楫除坑冶铸钱司，淳熙间，熊克自文思除校书郎"②，就是经此途升迁之例。宋光宗绍熙（1190—1194）以后，四辖官的地位声望下降，"人望稍轻，往往更迁六院官，或出为添倅，非曩日之比矣"③。

南宋绍熙四年（1193），太常寺主簿张贵谟镌刻了自宋高宗绍兴二十七年至宋光宗绍熙四年（1157—1193）36年间文思院提辖官题名，并写有提辖官题名记。全文如下：

> 皇朝太平兴国三年置文思院，掌金银犀玉工巧之制，彩绘装钿之饰，若舆辇法物器物之用。以京朝官四人充监官，内侍三班充使、副及监门。领作［三］十二④，又有额外一十作。至熙宁九年，东西坊杂料凡三十余作悉并焉，自是职务既繁，历时寖久，积弊滋多，而关防之法益严。咸平诏内东门验凿色号。景德诏左藏库拣阅销镕。天圣诏皇城司差人搜检出入，听人告匠作入外料及诸奸弊，盖其势积而至此。伏自渡江之后，虽事力小变，而宿弊萌生。转料之名始于绍兴，至淳熙亏陷官缗钱以万计，银两以千计，监临窃取工食缗钱月以百计。事发因偿，多不及五分之一。其时建议，固有乞罢转料及亲事官者。迩来上下相蒙，吏不自爱，至有以身而获戾者矣。提辖林端阳复亲目其弊，不得已首论三事，得请于朝。一，置部历以防其转料之欺。二，复亲事官而夺其监视之权。三，乞监官两界通签以绝独员自肆之私。故知札牍，粲然可见。凡簿书朱墨间，数十年奸欺蠹弊之根穴，一洗而尽。吾固喜端阳居官任事，其才识通明如此哉！院旧无题名，今考之积案，自绍兴丁丑得康公杉而下及

---

① 《建炎以来朝野杂记》乙集卷一三《官制一·四提辖》，中华书局2000年版。

② 《宋史》卷一六一《职官志一》。

③ 《文献通考》卷六〇《职官考十四·六院四辖》。

④ 原文"领作十二"，有漏字。据《宋会要辑稿》职官二九之一"文思院领作三十二"添入"三"。

院官到罢岁月，刊诸乐石，并于上方纪其事之因革大略云。绍（兴）［熙］① 癸丑七月。②

文思院提辖官题名今已不存。张贵谟的题名记中只是提到了康杉、林复两人，简略地记述了两宋时期文思院实行的部分重要举措。其中，对林复任文思院提辖官时针对"转料"之弊采取的三项措施赞誉有加，指出"数十年奸欺蠹弊之根穴，一洗而尽"。这一赞誉恐怕有拔高之嫌。

绍熙以后，伴随着提辖官地位声望的下降，提辖官对文思院的管理也呈现出懈渎放任的现象。宋宁宗嘉定四年（1211）七月十六日，臣僚奏言指责提辖官不能悉心举职，建议对此严加责罚：

古人设官分职，有长有属，非徒以备数也。今四提辖官所以总财货出纳之权，居长者不领其事，为属者专其权于（已）［己］，此其为弊久矣。姑以文思一院言之，凡所制造出入，监官自专，而辖长若无闻焉。上而曰部、曰监，止凭文移，无所参验，甚非祖宗创立提辖院官之意。今欲乞将见管金银钱物令辖长照元管实数点检，应（千）［干］钱物出入，先经辖长判押，然后同共支散。凡有造作器皿，提辖官不时下院点检，其提辖官不能悉心举职，亦乞严加责罚。若是，则监官得以自明，辖官不为虚设。③

如此看来，宋宁宗时期，文思院上下两界监官已形成权力独揽、号令自专之势，提辖官反而形同虚设了。

2. 文思院的属官及公吏

文思院除设有提辖官外，在上界、下界内还分别设置了监官、监门

---

① 原文为"绍兴癸丑"，误。绍兴癸丑是高宗绍兴三年。张贵谟提辖官题名记中已述及林复，据《宋会要辑稿》职官二九之六记载，绍熙三年，林复时任提辖文思院。另据《宋会要辑稿》礼五〇之七记载，光宗绍熙四年张贵谟正任太常寺主簿之职，且绍熙四年即是农历癸丑年，故将"绍兴癸丑"改为"绍熙癸丑"。

② 潜说友：《咸淳临安志》卷八《行在所录·院辖》。

③ 《宋会要辑稿》职官二九之六。

官、手分、库经司、花料司、门司、库子、秤子等一批官吏，各自管理本界的具体职事。《宋会要辑稿》中有一条材料，记录了这些官吏的设置情况和主管职能：

> 上界：监官、监门官各一员，手分二人，库经司、花料司、门司、专知官、秤、库子各一名。分掌事［务］。修造案承行诸官司申请造作金、银、珠、玉、犀象、玳瑁等应奉生活文字。库经司、花料司承行计料，诸官司造作生活帐状，及抄转收支赤历。专知官掌［管］收支官物，攒具帐状，催赶造作生活。秤子掌管秤盘，收支官物。库子掌管收支见在官物。门司掌管本门收支出入官物，抄转赤历。

> 下界：监官、监门官各一员，手分三人，库经司、花料司、门司、专副、秤、库子各一名。分掌事务。修造案承行诸官司申请造作绫、锦、漆、木、铜、铁生活并织造官诰、度牒等生活文字。库经司、花料司承行计料，诸官司造作生活帐状，及抄转收支赤历。专、副掌管收支官物，攒具帐状，催赶造作生活。秤子掌管秤盘，收支官物。库子掌管收支见在官物。门司掌管本门收支出入官物，抄转赤历。①

现依据上述记载，制成"宋代文思院上下界官吏编制表"如下：

表1　　　　　　　　　**宋代文思院上下界官吏编制**

上界			下界		
官吏名称	职责	编制	官吏名称	职责	编制
监官	总管上界	1	监官	总管下界	1
监门官	监管上界门出入	1	监门官	监管下界门出入	1
手分	掌管文字事务②	2	手分	掌管文字事务	3

① 《宋会要辑稿》职官二九之一。
② 宋代，手分分布在各类机构和官营作坊、库务中，主要掌管文字事务。

上界			下界		
官吏名称	职责	编制	官吏名称	职责	编制
库经司	承行计料，诸官司造作生活帐状，及抄转收支赤历	1	库经司	承行计料，诸官司造作生活帐状，及抄转收支赤历	1
花料司	承行计料，诸官司造作生活帐状，及抄转收支赤历	1	花料司	承行计料，诸官司造作生活帐状，及抄转收支赤历	1
门司	管本门收支出入官物，抄转赤历	1	门司	管本门收支出入官物，抄转赤历	1
专知官	收支官物，攒具帐状，催赶造作生活	1	专、副	收支官物，攒具帐状，催赶造作生活	1
秤子	掌管秤盘，收支官物	1	秤子	掌管秤盘，收支官物	1
库子	管收支见在官物	1	库子	管收支见在官物	1

上表显示的应该是南宋前期的设置情况。此时，上下两界官吏的人员设置情况基本相同，仅有很小的差别：一是上界设专知官掌管收支官物，下界则或设专知官或设副知掌管收支官物；二是下界手分设 3 名，比上界多 1 名。到孝宗淳熙十四年（1187）时，上下两界的库经司和花料司缩减编制，由两司分设一人改为一人兼理两司，"库经司兼花料司一人"。[①]

实际上，两宋时期，文思院的官吏编制额并不是一直与上表数额相符。人数变化最大的是监官。据南宋绍兴三年（1133）三月七日工部之言："本部所辖文思院旧系分上、下界两院，监官各三员，内文臣一员，系京朝官。监门官各二员……欲乞令文思院依旧分为上、下界，各差监官、监门官一员，庶几，各认所管事务不致交杂。其监官于文、武臣内通差，文臣差京朝官，武臣差大小使臣，自来系少府监辟差，今来少府

---

① 《宋会要辑稿》职官二九之六。

监已并归工部，合系本部使阙辟差。"① 由此可知，北宋时期，上界和下界的监官最多时曾各达 3 员，监门官各 2 员。南宋绍兴三年隶属工部后，改为上界和下界监官、监门官各设 1 员。这时，监官和监门官的编制额才与上表记载相符。②

在上下界诸多官吏中，监官与监门官是有品阶俸禄的官员，监官总管一界事务，是本界最高长官；监门官主管本界大门的启闭，监查人员、物料出入等事务。

北宋时期，关于监官、监门官任职身份、资格的规定，以下两条记载有明显不同：

一是出自《宋会要辑稿》：

> 文思院，太平兴国三年置，掌金、银、犀、玉工巧之物，金彩、绘素、装钿之饰，以供舆辇、册宝、法物及凡器服之用。隶少府监，监官四人，以京朝官、诸使副、内侍、三班充，别有监门二人，亦内侍、三班充。③

另一个出自南宋人张贵谟的提辖官题名记：

> 皇朝太平兴国三年置文思院，掌金、银、犀、玉工巧之制，彩绘、装钿之饰，若舆辇、法物、器物之用。以京朝官四人充监官，内侍、三班充使、副及监门。④

先看监官的任职身份与资格。据《宋会要辑稿》的记载，凡文臣京朝官、武臣大小使臣、内侍均可担任监官，这一记载与本文在前面分析

---

① 《宋会要辑稿》职官二九之二。
② 《文献通考》卷五二《职官考六·工部尚书》曰："文思院隶工部，提辖官一员，监官三员，内一员文臣，京朝官充，监门官一员"。文思院隶工部和设置提辖官均为南宋高宗时期事，但"监官三员"与《宋会要辑稿》记载不同，疑有误。
③ 《宋会要辑稿》职官二九之一。
④ 潜说友：《咸淳临安志》卷八《行在所录·院辖》。

的北宋时期文思院长官名称与身份的变化是相符的；而张贵谟则将监官的任职身份仅限制在京朝官之内，这种记载目前尚未找到其他史料依据。

南宋时期，监官的任职身份与资格均发生变化。高宗绍兴三年，规定文臣京朝官、武臣大、小使臣以上可任监官："监官于文、武臣内通差，文臣差京朝官，武臣差大、小使臣"。① 此时，内侍任职已被排除。其后，从高宗至孝宗时期的史料记载看，监官的实际任职身份与资格发生变化，任职者都是官位低的文官人选，武臣也难觅踪影。例如，"左迪功郎监文思院曹纬"②"右从事郎监行在文思院上界吴儇"③"（文思院）监官从政郎陈庶"④"从政郎新差监行在文思院"祝洙⑤等人就是选人任文思院监官之例。更有甚者，宋孝宗时期，连初出官选人都有机会担任文思院的监官：

> 臣准中书门下省送到录黄一道，皇兄岳阳军节度使居广乞以初除开府仪同三司，合得亲属占射差遣恩例，与将仕郎王若钝收使。十一月八日奉圣旨，差监文思院上界。臣仰惟，陛下以任子之冗，尚思更张之术，今必令铨试入官，乃所以使世禄之家颇知务学，不敢徼幸门荫，便萌弹冠之心。检照隆兴元年四月指挥，初出官选人不许用父祖亲戚应合得恩泽免试，虽见任宰执亦不许陈乞回授。若放行王若钝一人，则继踵而来，无以救官冗之弊矣。欲望圣断特赐追寝已降指挥，所有录黄臣不敢书行。取进止。⑥

初出官选人将仕郎王若钝是孝宗皇兄赵居广的亲属，得以借亲属占

---

① 《宋会要辑稿》职官二九之二。
② 李心传：《建炎以来系年要录》卷一七〇，绍兴二十五年十一月己未。
③ 孙觌：《鸿庆居士集》卷四一《杨国夫人赵氏墓表》，影印文渊阁四库全书。
④ 楼钥：《攻媿集》卷三九《外制·文思院造皇太后尊号册宝监官从政郎陈庶监门儒林郎黄概各循一资》，影印文渊阁四库全书。
⑤ 祝穆：《方舆胜览》跋，中华书局 2003 年版。
⑥ 洪适：《盘洲文集》卷四七《缴王若钝用居广恩例札子》，四部丛刊初编。

射差遣恩例奉圣旨监文思院上界，然而这一旨令遭到撰写制词的中书舍人洪适的抵制，宋孝宗采纳了洪适的意见，撤回旨命，王若钝才没有赴任。另外，据《吏部条法》编入《侍郎左选申明》中宋宁宗开禧二年十二月七日敕"工部每岁改官奏削，先举文思院与军器所官，后举泉司官属"① 来看，文思院官属于"侍郎左选"范围，其监官确系由选人担任，而且这一规定早在宁宗开禧二年以前就实行了。所以，高宗绍兴三年文臣京朝官、武臣大、小使臣以上可任监官的规定实际执行的时间可能很短。

监门官的任职资格，北宋时期限定于内侍、武臣三班使臣；南宋时期则完全不同。《吏部条法》差注门中记载，"监文思院上界门、监文思院下界门"由侍郎左选掌铨选除授②，所以，监门官与监官一样，也是由文官选人担任的。这类文献资料也很多，例如，宋孝宗时期，黄洧之子黄概"为文林郎，监文思院门"③；卫子文"监文思院上界门，以制造玉牒仪物，赏循文（标）［林］郎"④。宋宁宗时期，有"承直郎、监行在文思院都门郑汝止"⑤，"承直郎、监行在文思院上界门"林勉终⑥，"儒林郎、新监行在文思院都门丁执礼"⑦ 等等。此时，武臣、内侍已失去担任监门官的资格。

不过，指派他司监管输送物品的官员仍然由武臣担任。例如，南宋高宗绍兴十六年三月五日，诏令文思院上下界共置"请纳拘押官物生活官"一员，"仍差枢密院使臣，理任请给等并依本院监门官例。从权工部侍郎钱时敏请也。"孝宗淳熙九年九月九日，诏："文思院上下界拘押官就差转运司见差指使，每月依本使臣兼局例量与添给钱酒。"⑧

---

① 《吏部条法》荐举门《荐举》，中国珍稀法律典籍续编，黑龙江人民出版社 2002 年版。

② 《吏部条法》差注门一《总法》。

③ 朱熹：《晦庵先生朱文公文集》卷九三《转运判官黄公墓碣铭》，四部丛刊初编。

④ 卫泾：《后乐集》卷一八《先考太师鲁国公墓铭》，影印文渊阁四库全书。

⑤ 周必大：《文忠集》卷六二《龙图阁学士宣奉大夫赠特进程公大昌神道碑》，文渊阁四库全书。

⑥ 《文忠集》卷六八《左中奉大夫敷文阁待制特进林公保神道碑》。

⑦ 陈傅良：《止斋先生文集》卷五〇《高光中墓志铭》，四部丛刊初编。

⑧ 《宋会要辑稿》职官二九之三、之五。

文思院中的手分、库经司、花料司、门司、专知官、库子、秤子等人均是公吏，各自主管计料、造册、登记、监督生产、称验秤量、保管库物等事务。他们地位不等，最高者通过长期任职，可经年劳出职补官，升任无品武阶官。北宋时文思院省记条格规定："门司迁贴司，贴司迁手分，手分迁押司官，押司官头名满三年，补进武副尉。"南宋以后不设押司官，"其专知官系都官差拨，缘此，手分既无可转补，门司又不得递迁，公事绝无希觊。"于是，淳熙十三年（1186）工部侍郎李昌图建议"乞自门司而上次第迁补知、副知，以二年为界，通理十七年，许补进义副尉。庶几人吏有所（雇籍）［顾忌］，不敢冒法。"得到允准。① 公吏只有经过门司—贴司—手分—知、副知之途次第升迁，才可以获得出职补官的机会。

此外，两宋时期，文思院还配备有"巡防兵士"、"大门兵士"、皇城司"亲事官"或"亲从官"等监视生产，把守院门，讥防奸弊。②

三　文思院的管理措施

北宋仁宗时期，文思院生产各类器物的作坊已多达三四十个，《宋会要辑稿》有两条记载提到文思院的作坊种类及数量：

> （天圣）四年二月，勾当文思院李保懿言：乞依拱辰门外西作例，差识字亲事官与在院人员同共监作，主掌官物，随界交替。内打、钑、（稜）［棱］、镉、镀金五作各一人，钉子、拔条、场裏、剑四作共二人，生色、装銮、搔洗、腰带、杂钉、扇子、平画、碾砑、藤、漆、小木、牙、玉、旋、校、糊粘、结绦、错磨、铁、玳瑁、花、面花、真珠、银渥、雕木二十五作共三人。③
>
> （文思院）领作三十二：打作、棱作、钑作、（渡）［镀］金作、

---

① 《宋会要辑稿》职官二九之五。
② 《宋会要辑稿》职官二九之二至五。
③ 《宋会要辑稿》职官二九之一至二。

鎬作、钉子作、玉作、玳瑁作、银泥作、碾砑作、钉腰带作、生色作、装銮作、藤作、拔条作、捺洗作、杂钉作、场裹作、扇子作、平画作、柔剑作、面花作、花作、犀作、结絛作、捏塑作、旋作、牙作、销金作、镂金作、雕木作、打鱼作。又有额外一十作，元系后苑造作所割属，曰绣作、裁缝作、真珠作、丝鞋作、琥珀作、弓稍作、打作、拍金作、甜金作、剋丝作。①

第一条史料记载了宋仁宗天圣四年（1026）文思院拥有的 34 个作坊，第二条史料记载了庆历二年（1042）以后因接收后苑造作所 10 作而组成的 42 个作坊。② 从作坊名称上看，文思院生产的器物以金、银、珠、玉、琥珀、玳瑁、象牙、铜、铁、木、藤、纸、布、丝织品等各种材质制成，种类繁多。其间，个别作坊有变动或消失，绝大多数作坊则很稳定，已形成固定的生产规制。

宋神宗时期文思院第二次扩大规模，陆续接收了斗秤务和"东、西两坊杂科三十余作"。南宋高宗绍兴元年至绍兴三年之间，又"拨并到皮场、绫锦院、事材场、东西八作司、少府监铸印司六局共为一处"。③ 其后，皮场在绍兴八年九月重新脱离文思院。④ 宋孝宗隆兴二年，礼物局并入文思院⑤。与北宋时期相比，南宋文思院手工作坊的生产部门明显增加，总体规模也明显扩大。⑥

面对不断扩大的生产规模和各具特色的生产部门，宋政府对文思院

---

① 《宋会要辑稿》职官二九之一。

② 详见《宋代文思院的由来及其职能变化》，第 301 页。

③ 斗秤务及东西两坊杂科诸作并入文思院详见《宋代文思院的由来及其职能变化》，第 301—302 页。

④ 《建炎以来系年要录》卷一二二绍兴八年九月癸丑。

⑤ 《宋会要辑稿》职官二九之二。

⑥ 明朝田汝成撰写的《西湖游览志》卷二〇《北山分脉城内胜迹·城闉》中提到，临安府"安国坊与保和坊对，俗称北桥巷，宋有文思院、吉祥寺，并废。文思院掌金银犀玉工巧之制，彩绘装钿之饰，舆辇法物尺寸之度规，瓠镕铸镂织之法，内外所领凡三千余作"。南宋时期，文思院虽然接收了许多生产部门，但是绝不可能达到"三千余作"的庞大规模。上述"千"疑为"十"之误。田汝成记述的可能是北宋前期的三十余作，南宋无具体数字，但因接收的部门多，无疑要比北宋时期有明显增加。

的管理也逐渐加强。文思院的管理措施大致可以分为以下几个方面。

（一）制定原材料的领取、检查、登记制度

文思院的产品内供皇室，外给百司、官员、民间百姓及佛寺①，甚至远赐周边诸国，许多产品用贵重的金银珠玉等原材料制成，因此，制定严格的原材料领取、检查、登记制度是宋代文思院管理的重要措施之一。

两宋时期，文思院所需原材料一般通过三司——户部系统从左藏库支取。例如：宋真宗景德四年八月，诏曰："文思院销镕金银，令本院差人员工匠赴左藏库看拣一等金银，封样归院。监官当面看验，别无不同，即销镕打造。及置帐。别贮七等金样，与内降到金银各差行人看验，即不得支次金，杂白银。"② 宋孝宗淳熙十四年四月七日，文思院言："一岁合织绫一千八百匹，用丝三万五千余两。近年止蒙户部支到生丝一万五千两或二万两止，可织绫八百余匹。每遇大典礼，恩赏、出给告命拥并，遂行陈情，用杂花绫纸，乞岁支生丝三万两，织造绫一千五百余匹。"③ 有些原料从内藏库、左藏南库支取，或从市场、市舶司收买。例如，北宋后期，左正言任伯雨上奏提道："臣伏闻，近日文思院于内藏库关取银一千四百两移用"④；乾道四年，从左藏南库取绢二千疋下文思院为护卫亲军制作衣服⑤；象牙、犀牛角等物料，原来可以从民间行市和市舶司收买，淳熙三年正月十七日，"诏内藏库给（药）［象］、犀下文思院，专充制造官告轴头使用。先是有旨，自今官告院阙犀、象轴头，并令工部申取朝廷指挥，更不知行市及舶司收买。至是文思院申乞支降。"⑥ 此外，

---

① 谢深甫：《庆元条法事类》卷二八《榷禁门一·铜鍮石铅锡铜矿》曰："诸应用铜及鍮石之物不可阙者，谓钟磬、铙钹、铃、杵、照子、钅朵、鑔之类，文思院铸造镌凿，发赴杂卖场立价请买，仍给凭由照会。"以上铜制品中既有佛寺用品，也有民间百姓生活用品。中国珍稀法律典籍续编，黑龙江人民出版社2002年版。

② 《宋会要辑稿》职官二九之一。

③ 《宋会要辑稿》职官二九之六。

④ 杨士奇等：《历代名臣奏议》卷二七〇《理财》，上海古籍出版社1989年版。

⑤ 《文献通考》卷一一八《王礼考十三·乘舆车旗卤簿》。

⑥ 此段文字见《宋会要辑稿》职官二九之四。宋代官告轴头有用犀牛角、象牙制成者，文中"自今官告院阙犀、象轴头"即指用犀牛角、象牙制成的轴头。"药"疑为"象"之误。

铜等金属原料则由提点坑冶铸钱司从产地依年例发送到文思院。①

凡领到金银等贵重原材料，文思院监官"当面看验，别无不同，即销镕打造。及置帐。别贮七等金样，与内降到金银各差行人看验，即不得支次金，杂白银"②。原料进院，要经监官进行检验后才能使用，要置立账簿，备有料样，差行人进行比对，杜绝质量低劣、以假冒真的原料。

（二）编定各类产品的料例、功限

除了严把原材料质量的检验关外，宋政府还依据不同产品的形制、大小、料例、人工所需，编定了各类产品的料例功限，作为生产和检验依据。

宋真宗咸平三年（1000）三月，"诏文思院打造内中金银器物，并送内东门司看验交纳。三司所造金银，令左藏库别将一两赴三司封记为样，每料内凿一只年月、工匠秤子姓名、色号，赴三司定样进呈交纳。其支赐金银腰束带、器物类，定金分、厘秤比。所管工匠，委监官点检趁逐功课，不得辄借影占，违者许人陈告。"③ 这条诏令即张贵谟所记之"咸平诏内东门验凿色号"。诏令规定，文思院为皇宫打造的金银器物必须送内东门检查验收，为三司打造的金银器物，必须凿刻年月、工匠和秤子的姓名、原料的成色等级，原料须送到三司封存样品，以供完工后检验。供皇上支赐的金银物品也同样必须按规制生产。

宋真宗景德四年（1007）十一月，规定了贵重原材料金银在制作器物过程中的耗损率："文思院销镕所每百两金破火耗二钱半，银破五钱。"④ 即金的耗损率是 0.25%，银的耗损率是 0.5%。到宋仁宗嘉祐六年十二月时，文思院金银的耗损率进一步放宽为 0.5% 至 1%，"文思院定，每钣销金百两，破火耗五钱；杂白银百两，破一两；每成锅铤银百两，破五钱；并不使行人"。当时后苑造作所抱怨："每钣销金百两，却破火耗二钱半；杂白铤银破五钱，须要行人承受斤两。销折不尽，至界

① 《宋会要辑稿》礼一二之六。
② 《宋会要辑稿》职官二九之一。
③ 《宋会要辑稿》职官二九之一。
④ 《宋会要辑稿》职官二九之一。

满收为出剩；如火折过，勒行人陪填"，请求也改为"依文思院所破火耗则例"① 打造器物。得到允准。可知，北宋早期，文思院的料例耗损率规定较为严苛，宋仁宗时放宽，并连带改变了后苑造作所的规定。自此，各官营手工业部门生产同类产品时有了同一的规范标准。

宋哲宗元符元年（1098）二月庚寅，工部认为文思院诸作生产的产品种类多、数量大，料例、功限定得较宽，浪费了大量工料，提出重新勘验各类器物的料例功限，编为定式：

> 工部言："文思院上下界金银、珠玉、象牙、玳瑁、铜铁、丹漆、皮麻等诸作，工料最为浩瀚。上下界见行条格及该说不尽功限，例各宽剩，至于逐旋勘验裁减，并无的据。欲乞委官一员，将文思院上下界应干作分，据年例依令合造之物，检照前后造过工作料状，逐一制扑的确料例功限，编为定式。某泛抛工作，即各随物色，比类计料。仍并委覆料司覆算，免致枉费工料。如蒙俞允，即乞差少府监丞薛绍彭不妨本职，修立定式。"从之。②

这段内容，《宋史》亦有记载，但叙述极为简略，还出现年代错误。今将《宋史》文字移录于下，以资比对：

> 元丰元年，工部言："文思院上下界诸作工料条格，该说不尽，功限例各宽剩，乞委官检照前后料例功限，编为定式。"从之。③

笔者在前面已经提到，《宋史》此处共有三条记载，年代都是错误的。此条工料料例的记载，误将宋哲宗元符元年事系年于宋神宗元丰元年，导致其后的第二条记载也出现年代错误。此外，工部提出对文思院料例功限重新修订的原因，《长编》宋哲宗元符元年二月的记载交代得更

---

① 《宋会要辑稿》职官三六之七四至七五。
② 《续资治通鉴长编》卷四九四，元符元年二月庚寅。
③ 《宋史》卷一六五《职官志五·少府监》。

为详尽，因此，应以《长编》的记载为准。这次修订料例功限，说明工部十分重视对此类官营手工业部门经济成本的核算与管理，希望通过制定有据可依的、合理的工料条格，杜绝原料的浪费。

不过，工料条格的修订并不能完全达到上述目的，管理环节中仍存在其他漏洞，导致原料的浪费以致亏失。南宋高宗时期，许多金银器物后来在回炉进行添修换造时，没有严格执行斤两检查登记制度，再造器物重量减轻，金银原料莫名耗失。权工部侍郎兼侍讲黄中针对这种情况，提出建议：

> 文思院前后所造诸百官司金银腰带、束带、器皿之类，从来止是本院造作，成钉了当，方赴元申请官司送纳。及至日后添修换造，却有换易，并折两重。元造官司及收掌去处并不任责，暗折官物，动以万计，有司无以稽考，深属未便。今相度，欲自后遇有诸司申请添修换造金银腰带、束带、器皿之类，并勒令文思院合（千）[干]人先就所收掌官司，当官折剥，看验秤制，见得的实两重，然后赴院重别委官监视铰销造作。俟造作了当，镌凿年月、两重、监专、作匠姓名讫，赍赴元申请官司当官交秤实净金银数目，方得成钉。如日后添修换造稍有欠折金银两数，即勒令元收掌官司合干人赔偿。庶几尽革前弊。①

朝廷采纳了黄中的建议。此后，造作器物与收掌器物两方在进行交接时必须严格称检重量、查验核收；器物造成后，同样要遵循"镌凿年月、两重、监专、作匠姓名"的制度，以便追究在哪个环节出了差错。以后如有金银亏损现象，负责收掌器物者要如数赔偿。

此外，宋政府对文思院每批工料的拨付、使用也有严格的限定。南宋时期，"文思院制造有物料未到者，转移前料以应急切之须"②。这种做法叫作"转料"。张贵谟提道："转料之名始于绍兴，至淳熙亏陷官缗钱

---

① 《宋会要辑稿》职官二九之三。
② 《宋史全文》卷二七下《宋孝宗八》，黑龙江人民出版社2005年版。

以万计，银两以千计，监临窃取工食缗钱月以百计。事发因偿，多不及五分之一"。① 为此，宋孝宗淳熙十二年十一月甲申，朱安国上奏乞罢转料："侵欺失陷之弊，起于转料。乞令自今不得转料，仍备坐隆兴二年左司郎中叶颙所立限，行下御史台，牒文思两界，遇有抛降造作，分别紧切、常程项目，当日申工察照限检举。如或留滞，径牒所隶，先将承行人吏断罪，违一日者杖一百，违三日者勒罢。俾经由应办官司，知所警惧，则立限之法可以必行。"② 这一措施，拟在保障工料的对口拨付及生产工期，有效地减少转料所带来的侵欺失陷之弊。但从宋光宗绍熙年间林复任文思院提辖官时仍然采取"置部历以防其转料之欺"③ 的措施来看，至少在宋孝宗末期，转料带来的弊病并没有消除。

（三）加强对生产者的监督管理

文思院的工匠由役兵、民间手工业者、行人铺户组成。

役兵在宋代官营手工业生产中占有重要的地位。包括文思院在内的许多部门都拥有一批艺高技专、长期劳作的役兵和杂役之兵。南宋绍兴二年十二月十四日的一条材料提道："步军司言：本司所管厢军别无空闲之人，切缘本司近承指挥，拨到文思院杂役等人，欲逐处各差一十人，内部豁官僚一名，计四十人，赴四粮审院弹压，依已降指挥抵替见占禁军。"④ 绍兴二年，正是宋金战争时期，文思院旧制不修，管理混乱，"本院更不分上、下界，所造金银生活与铜铁交杂，无以检察。兼又拨并到皮场、绫锦院、事材场、东西八作司、少府监铸印司六局共为一处，事务繁冗。"⑤ 但文思院依然能在不影响自身生产的情况下拨出杂役兵40人赴四粮审院弹压，说明此时拥有的厢兵生产者人数是很可观的。

民间工匠到文思院做工，可以每天出入大门。但因其生产产品的重

---

① 《咸淳临安志》卷八《行在所录·院辖》。
② 《宋会要辑稿》职官二九之五。
③ 《咸淳临安志》卷八《行在所录·院辖》。
④ 《宋会要辑稿》职官二七之五八。
⑤ 《宋会要辑稿》职官二九之二。

要性，宋政府的管理是十分严格的。工匠入院，要"具人数单于监门官，点名放入"，制造产品后，"委监官检察功程及造到名件，仍各置历，即日钞上结押，每旬申少府监点检。违者各杖一百"。①

入院做工的工匠一般由民间招募，依各自擅长的手艺分入不同的作，工匠中又依技艺高低分为不同的等级。诸作由作头、作家等技艺高超的工匠指挥劳作者进行生产，这些作头、作家大多是家境富有者。此外，宋政府还差派都城金银铺户轮流入院检验金银成色、重量，监视造作金银器物。淳熙九年七月十三日，将作监条具措置文思院革弊7条举措中，大多就是针对工匠、铺户及管理人员的规定：

　　一、两院造作虽有作家、官工掌管，监官、专、副监视，往往关防不尽，致行人匠偷盗。今乞应人匠各令送饭，不得非时出作，及令监作亲事官专一在两院作下机察监视，遇晚看验秤盘，点对数足入库讫，方得放作。不得于作下别立小库寄收。如有违犯密切，令监作赴省部陈告。

　　一、打造器物系临安府籍定铺户一十名监视钑销，交付作匠，以免夹杂。近缘前界作弊，止差浮泛牙人。（令）［今］欲下临安府拘集元来铺户，周而复始。日后遇（閗）［阙］，从本院报临安府踏逐拨填，各正身赴院有验。

　　一、作匠入作时合用金银，各支一色，令铺户看验色额、秤盘。遇晚收作，令铺户将器物再行看验元色额、秤盘数足，方得入库，同专、副封锁。

　　一、两院各用工钱，乞委官同文思院官躬亲监视，当官支散。

　　一、两院手分近来往往令兼权专、副，致通同作弊。乞自今并不许兼权专、副。其秤、库子、门司、手分合干人等，并不许亲属在院执役。及作过曾经断勒人、并私名，不得入院。

　　一、昨礼物局制造正旦生辰礼物人使衣带，自来系户部牒临安府使臣院长火下及本地分都监巡警造作，机察工匠。今乞照应礼物

────────────

① 《续资治通鉴长编》卷四九五，元符元年三月辛酉。

局礼例，每遇造作，具申省监，牒临安府仍旧差拨。

　　一、文思院上界打造金银器皿，自来止凭作家和雇百姓作匠承揽掌管金银等，拘辖人匠造作，以致作弊。今乞将合用打作作头等，令本院招募有家业及五百贯以上人充，仍召临安府元籍定有物力金银铺户二名委保，如有作过人，令保人均陪。若招募未足，即令籍定前项铺户，权行隔别，承揽掌管。①

这 7 条举措中，"两院各用工钱，乞委官同文思院官躬亲监视，当官支散"是官府保护工匠利益、防范官员克扣工钱的举措；禁止手分等公吏的亲属进院执役是杜绝管理人员勾结亲属中饱私囊的举措；其他 5 条都是如何对工匠和金银铺户加强监管的措施。工匠吃饭要在文思院生产场地内，不能非时出作，完工后必须交回原料和加工品，经官核验无误，方可放行。文思院上界因生产的大都是贵重的金银器皿，为防作弊，特令铺户监视生产，负责对支领和回收物品进行成色、重量的审验。还特地规定招募家业达 500 贯以上者任打作金银器皿的作头，并由两名富有的金银铺户为之担保，作头在文思院工作中一旦出现过错，保人共同负责赔偿。这样，官府可以最大限度地减少损失，并将损失转嫁到作头和保人身上。

由于招募制已成为召集劳力从事手工业生产的重要方式，宋政府在尽可能获取最大利益的同时，也不得不顾及工匠的经济利益。高宗绍兴二十六年十二月三日，文思院请求："本院逐时造作诸官司应奉生活，最为重害。即日对工除豁，所支工钱低小，其手高人匠往往不肯前来就雇。缘上界已免对工除豁，其下界亦合一体。今欲依已降指挥，立定工限、作分、钱数，与免对工除豁，支破工钱，庶得易为和雇手高人匠造作生活。"得到批准。②"对工除豁"语义不明，但明显带有强制色彩，且支付工钱很少。这种规定造成艺高技专的民间工匠往往不肯前来就雇，影响了文思院的生产，故上界、下界先后免去对工除豁，提高工钱的支付

---

① 《宋会要辑稿》职官二九之四至五。
② 《宋会要辑稿》职官二九之三。

额度，以招徕高手艺工匠。

宋孝宗淳熙十三年三月十日，应新除将作监何澹之请，工匠获得的工钱再次得到提高：

> 工部言："乞令文思院遇支请到料次工钱，即申将作监，从本监转委丞簿，同本院提辖、监官监视支散。于旧来循例桩留二分半工钱之内，以半分给还工匠，其余二分以头子钱为名，一分专备工匠急阙借兑，一分充诸杂缘公靡费使用，不许妄乱从私支破。各置赤历分明，抄转日书，提辖、监官月终申解将作监驱磨点对结押。其工匠急阙借兑一分钱数，正料到院，日下拨还。委本监常切检察，如于已存留三分之外别有分文减克，许工匠径赴本部陈诉。"从之。新除将作监何澹："文思院有所谓杂支钱者，每工钱一贯，桩留二百五十文在院，谓之二分半钱，以充诸杂靡费。如般担脚剩、补填折阅、额外庸雇、缓急犒设，非时修整之类，皆是缘公之费，势不能免。乞将上件钱以半分给还工匠，二分存留在院。"下工部勘当，而有是请。①

此前，文思院工匠每工钱一贯，只能得到 750 文，其余 250 文称作"二分半钱"，被"循例桩留"，用以支付"般担脚剩、补填折阅、额外庸雇、缓急犒设，非时修整之类"诸杂靡费，也就是说，工匠只能得到四分之三的工钱。何澹提出文思院只留二分，另半分还给工匠。工部勘当后，改为留院一分充诸杂缘公靡费，以半分给还工匠，另有一分专备工匠急阙借兑；诸杂靡费钱禁止官员私下支破，钱额登记入簿，每月月末须将账簿上交将作监核查。这一改变一方面体现在进一步以经济核算为资金支出依据，并加强了支出管理，另一方面提高了工匠的收入所得，并抽取工匠工钱的十分之一设立了救济金，帮助急需钱的贫困工匠渡过难关。无论从哪方面看，这一举措都是值得称道的。

---

① 《宋会要辑稿》职官二九之五至六。

（四）对出入文思院大门者严加搜检

北宋前期，文思院大门曾一度由本院差工匠把守监管。宋仁宗天圣三年（1025）十二月下诏，令皇城司差亲事官四人，"于文思院销镕所把门搜检"，不许再差本院工匠①，皇城司亲事官是禁军兵卒，被派把守文思院大门，意在防范金银等贵重原材料或产品被造作工匠与守门工匠通同作弊私带出门。两个月后的天圣四年二月，又依勾当文思院李保懿的建议，"依拱辰门外西作例，差识字亲事官与在院人员同共监作，主掌官物，随界交替"。此时，派去的亲事官增加到10人，他们不仅要具备一定的文化程度，其职责也由"把门搜检"改为监视生产、掌管官物。这10名亲事官中"打、钑、（稜）〔棱〕、镐、镀金五作各一人，钉子、拔条、场裹、剑四作共二人，生色、装銮、摖洗、腰带、杂钉、扇子、平画、碾砑、藤、漆、小木、牙、玉、旋、校、糊粘、结绦、错磨、铁、玳瑁、花、面花、真珠、银涅、雕木二十五作共三人"，前5作生产贵重物品，故每作都配备1名亲事官监视生产。另外，把守院门者"依旧例，令监门使臣二人分监中、大门，至晚放作绝后一人止宿者，却管（句）〔勾〕两门公事"。②后来，又将监门使臣改为"系步军司差厢军一十人，每月一替"把守监管。这一制度，何时实行的，没有明确系年。但从以下史料可知，是在北宋时期。

南宋重新设置文思院后，绍兴三年（1133），干办文思院上界于淙提出："本院系造金银等生活，其门阙人守把、搜检出入。缘在京系步军司差厢军一十人，每月一替，欲乞依例差拨。"③"京"指北宋都城开封府。宋高宗政府采纳了于淙的建议，恢复了北宋时期差厢军守门的制度。其后，让皇城司亲事官监视生产之制也得到恢复。绍兴十二年（1142）六月十四日，工部言："乞下皇城司，依已降指挥差拨识字亲事官四人充上下界监作祗应，仍每季一替。分番止宿，隶属本部。以造作金银、犀玉、

---

①　《宋会要辑稿》职官二九之一。

②　《宋会要辑稿》职官二九之一至二。

③　《宋会要辑稿》职官二九之二。

绫罗、锦帛生活，尽系贵细宝货物色，全籍览察关防，庶几有以革绝奸弊。"① 但是，宋孝宗淳熙十二年（1185）十一月五日，前将作监朱安国对上述做法提出异议："皇城司差亲从官二名充本院监作，每一季一替。自以与监官不相统摄，动辄胁持，及与合干人兵共为奸利。乞自今后，[罢] 差亲从官监作，以除去奸盗之根本。"② 他认为，亲从官监作时间只有 3 个月，又不受监官管辖，甚至与工匠役兵合谋偷盗，不如罢去。他的提议得到采纳。这一措施施行不到 7 年，又有变化。宋光宗绍熙三年（1192）五月二十六日，提辖文思院林复提出："本院旧差皇城司亲事官四名守把搜检，不合使之监视打造，逐（遂）致反有偷盗，因而罢去。见今止令临安府厢军守把，无足倚伏。工部、将作监看详，差皇城司兵士四名，专一搜检两门出入，其食钱欲于两院一分杂支钱内依史馆把门亲事官例支破。所有见差步军司临安府守把厢军，欲依旧存留充两门守把，遇夜巡防。"这一建议即为张贵谟记述的林复采取的第二条措施"复亲事官而夺其监视之权"。从此，除厢军负责看守大门和夜间的巡逻外，皇城司亲事官专门负责对出入大门的工匠行搜检之制。工匠生产时不再受监视，但门禁管理更为严格。③

　　总之，宋代通过设置提辖官、监官、监门官、亲事官等各级管理官吏，制定严密的管理制度，保障了文思院的生产。其运作虽不可避免地带有强权统治、官僚政治的特点，但生产过程中采取了订立各类产品的料例功限、检验产品的质量、注重经济成本的核算、提高工匠的雇值等种种措施，为皇室、各级政府部门及普通民众提供了规范划一、制作精良的手工业产品，在各类手工业部门中起到了引领的典范作用，促进了手工业技艺的提高和生产的发展。

　　　　　　　　　　　　　　　　（原载《河北大学学报》2010 年第 1 期）

---

① 《宋会要辑稿》职官二九之三。
② 《宋会要辑稿》职官二九之五。
③ 《宋会要辑稿》职官二九之六。

宋代金银加工技术的传承与发展

宋代金银的生产地域及产量均比唐代有了较大幅度的增长。在此基础上，除了金银作为贵金属货币的价值尺度的功能在商品流通领域得到了更多的体现外，用金银制作各种器饰服饰的活动也十分活跃。笔者曾探讨过宋政府屡下禁令，限制私人生产和使用金银服饰器饰，却禁而不止、殆成虚文的现象。① 本文拟再具体地探究宋代金银加工技术的传承与发展情况。

齐东方先生对我国古代金银工艺进行过精深的研究，他在《中国早期金银工艺初论》一文中依据考古发现的实物，详细介绍了锤揲、贴金、包金、金银错、掐丝、金珠、铸造、錾刻、镂空等各种金银制作工艺，并指出：上述工艺"是早期金银工艺最常用的制作和装饰手法"②。

锤揲、贴金、包金，这是中国早期金银器制作中最常见的工艺。锤揲属于锻造技术，可以冷锻，也可以经过热处理，有时也叫打制，是利用金、银质地比较柔软、延展性强的特点，将自然或冶炼出的金银锭类的材料锤打成各种形状，再进一步加工使用。锤揲可以将金银直接加工成器具，也可以锤出各种花纹。锤揲出的金片、金箔，根据需要裁剪出各种形状，以供不同的使用目的，其中主要是用于贴饰。

鎏金又叫火镀金、烧金或汞镀金。鎏金工艺是将纯金和汞约按金一

---

① 王菱菱：《论宋代的销金禁令与实施效果》，载中国 10—13 世纪历史发展国际学术研讨会暨中国宋史研究会第十四届年会《宋史研究论文集》（2010），邓小南、杨果、罗家祥主编，湖北人民出版社 2011 年版。

② 齐东方：《中国早期金银工艺初论》，《文物季刊》1998 年第 2 期。

汞七的比例混合成金汞（俗称金泥），涂抹在器物上，然后加热烘烤器物，汞遇热蒸发，金则留存于器物表面。目前考古界已出土了丰富的宋代鎏金器物，命名为"南海一号"的南宋海船上发现的金制品中就有1.72 米长的鎏金腰带和鎏金虬龙环，鎏金腰带重 566 克，极具西域风情，是极为珍贵的文物。鎏金虬龙环通身金黄，略有褐痕，环身有精美龙纹。这两件金制品，前一件是宋人制作还是西域人制作，尚不敢判定；但后一件饰有精美龙纹，而这种纹样的作品，在我国出土的古代各种金属器中十分常见，因此鎏金虬龙环无疑应是宋朝工匠制作的。

根据传世文献和出土文物来看，宋代仍然承继了上述诸制作手法。由于当时更为流行的是用金银制作成各类器皿和妇女妆奁物品，故锤揲、铸造、錾刻等工艺更为成熟，但在器物纹饰与造型上出现了以下变化。

一　金银器物纹饰的变化

扬之水先生对考古发现的湖南宋元窖藏金银器实物进行了全面细致的研究，她认为："目前发现和已经发表的宋元金银首饰，多是出自民间工匠之手，其纹样主题差不多都是含了喜庆吉祥之意"，首饰纹样多取材于花、果、蜂、蝶等生活化的物象，并"以新的造型把它重新组织为各种图示，且以灵活自然的运用而成为流畅的艺术语汇，因使它不过小作变化即成一种新样"[1]。

不仅湖南出土的宋元金银首饰造型多取材于自然界万物，1996 年在四川彭州市出土的宋代金银器中，许多器物也都体现了上述特征。例如：空心金钗，其钗头自上向下装饰牡丹、莲花、桃花等折枝花，钗头用葵花形盖相扣连，钗头纹饰采用高浮雕技法。钗身饰双凸弦纹，弦纹下用小碎点连成卷草纹。其制法为将金锤揲成金皮后，卷成空心筒。

金簪 1 件，簪头饰一周联珠纹，内饰缠枝牡丹，衬以碎点纹。簪身用碎点纹连成卷云纹两朵。簪头纹饰采用高浮雕技法，锤揲成形。树叶

---

[1]　扬之水：《湖南宋元窖藏金银器丛考》，载湖南省博物馆《湖南宋元窖藏金银器发现与研究》，文物出版社 2009 年版，第 338 页。

形银盖，盖身呈菱形，为四片相互叠压的叶子，叶缘较薄，且微上翘。叶面饰细线叶脉纹，并满饰小碎点纹。

六曲葵口银盏，盏体被 S 形分成六瓣，每瓣相互叠压。在每瓣边缘的几何形宽带内，分饰莲花、葵花、梅花、牡丹、石榴、桃花等六种不同的缠枝花，衬以小碎点纹地。底内中心饰一朵六瓣团花，花瓣尖弧。中心有花蕊，高凸且中空，呈圆柱状，顶部边缘饰鱼子纹。蕊顶又有一小圆蕊，周边有六瓣，瓣上刻叶脉纹。蕊下腹底有六片弧形花瓣，每瓣内均满饰鱼子纹。器内底的团花采用了镀金工艺，使之成为"金花银器"。

凤鸟纹银温碗，腹饰双凤纹和缠枝花纹。双凤展翅穿行于花丛之中，缠枝花由莲花、葵花、菊花等多种花卉组成。足口上饰一周缠枝纹。

十曲银盘中，有的盘沿为十瓣荷叶纹，相互叠压，盘内壁也有相互叠置的十瓣小荷叶。叶面均饰曲形叶脉纹。盘中心凸起圆形花蕊，上饰叶瓣纹和鱼子纹。有的口沿面上饰缠枝莲花纹一圈，鱼子纹衬底。[①]

根据上述出土文物可知，宋人金银器物的纹饰花样，在取材上突破了传统的龙凤螭虎纹样，采用了寓意吉祥、种类繁多的动物植物纹样，特别是各种花的纹样，从纹饰造型上反映出清新活泼的气息。宋代金银器物纹饰的变化，表现出制造工匠与实际社会生活和自然界万物更加贴近，这与世俗民众的喜好有密切的关系，反映了金银器的使用阶层从宫廷和上层官僚贵族向普通官绅和社会民众扩展的历史现实。

二　金银器物从平面镂空工艺向锤揲打造凹凸立体工艺的转变

镂空是指在金、银制品上，运用不同形状的錾刀，在器物表面剔刻出各种透空的图案。这种技术盛行于宋以前各个朝代。宋代，仍然传承了这一技术，皇家的后苑造作所和官营手工业作坊文思院均设置了"镂

---

① 以上诸器物详见彭州市博物馆、成都市文物考古研究所《成都市彭州宋代金银器窖藏》，《文物》2000 年第 8 期。

金作"，镂金作就是专门从事各类金银制品的镂空工艺过程的。

与此同时，宋人的生产工艺更多地倾向于在平面材质上利用锤揲手法打制出凹凸有致的立体图案。锤揲，宋人称之为"打""打造"。这种加工手法，在欧阳修的《归田录》中有明确的记载："世俗语讹，君子小人同其谬者，惟'打'字。其义本谓'考击'，故人相殴、以物相击，皆谓之'打'。而工造金银器，亦谓之'打'可矣，盖有捶击之义也。"①宋代官营作坊文思院及宫廷作坊后苑造作所中都分别设置了生产金银器物的"打作"，宋人史料中也常见"打造金银"、"打造器物"、销镕打造②等记载。可见，以锤揲方式加工金银器是当时很流行的技艺。

现代考古发现也提供了许多锤揲打造的宋代金银器实物。四川彭州市出土的宋代金银器共 350 件，其中，金器共 27 件，有杯、碗、盏以及首饰金钗、金簪等。银器共 323 件，多为容器，有碗、盘、杯、盏、瓶、壶、盆、钵、茶托、熏炉及各类首饰等。其中的菊花金碗、五曲金盏、瓜形金盏、如意云头纹银梅瓶、龙纹夹层银杯以及多种银杯、执壶、温碗、银盘、熏炉等都是采用的锤揲打造工艺，形成凹凸有致的造型。例如，龙纹夹层银杯器身为内外两层构成，中空。此器纹饰采用多种加工技法，杯口回纹及腹下部团云纹采用锤揲成微凸的浅浮雕技法，杯腹中部的云纹和足上的卷草纹为錾刻而成。杯腹外壁上附有双龙，一龙身横爬于杯腹上，两前爪攀在杯沿，头伸于杯口内，龙头与龙身分制成形，可活动。另一龙横爬于杯腹上。两条龙身上以鱼子纹饰以整齐的鳞片，为锤揲成形，再焊接于杯体之上，为立雕技法。③

扬之水先生分析湖南宋元窖藏金银器实物加工工艺的特点时指出："以花鸟为装饰的簪钗，唐代多用镞镂，即在一枚银片上镂空做出平面式图案，宋元时代却是以锤鍱亦即时人之所谓'打造'为主，辅以镞镂，

----

① 孙奕《示儿编》卷二三《字说·集字三》与曾慥《类说》卷一三亦引录此条，个别文字有出入。

② （宋）徐梦莘：《三朝北盟会编》卷七七，靖康元年正月二十五日；《宋会要辑稿》职官二九之四至五、二九之一；《宋史全文》卷二七下《宋孝宗八》。

③ 成都市文物考古研究所、彭州市博物馆编著：《四川彭州宋代金银器窖藏》，科学出版社 2009 年版，第 62—63 页。

而做出有浮雕效果的立体式图案。若作一个大致的比较，那么可以说，唐代金银簪钗的纹样风格是精细纤巧的，宋元则丰满富丽，而后者其实体量更小，用材其实更为轻薄。"① 四川彭州市出土的宋代金银器虽然多为杯、碗、盏饮食器具，与小巧的簪钗工艺不尽相同，但从以锤揲为主，"做出有浮雕效果的立体式图案"来看，应该说这两类大小不同、用途各异的金银制品都具有相同的特点。

由此可见，宋代将金银器物的平面镂空线条改成经捶打形成的浮雕状的凹凸线条，赋予了产品更为立体、更为丰富的观赏效果。从唐代到宋元的这一技术变化，除了技艺本身的发展外，还与宋代社会大众的文化艺术水平包括鉴赏能力的整体提高有密切的关系。另外，宋代以锤揲加工技术生产的金银簪钗，正像扬之水先生所说"体量更小，用材其实更为轻薄"，这说明，每件产品的用料量减少了，随之而来的是单件产品制造成本的降低，销售价格亦出现了下调的空间。这样的产品，既能够最大化地迎合社会上消费人群对金银产品美观性的需求，又能够通过节约成本降低交易价格，引发购买者、消费者人数的增加；而消费者人数的增加，也会使金银制造业及工商业者获得更多的收益，从而带来良性互动，推动金银器生产、交易和消费活动的兴盛。②

（原载《科学史研究论丛》第 2 辑，科学出版社 2016 年版）

---

① 《湖南宋元窖藏金银器发现与研究》，第 338 页。

② 关于宋代金银消费情况，可参见拙文《论宋代的销金禁令与实施效果》，载邓小南、杨果、罗家祥主编《宋史研究论文集》（2010），湖北人民出版社 2011 年版。

论宋代的销金禁令与实施效果

两宋期间，宋政府对金制品的使用者有着社会身份和官品等级的限制，并频繁发布禁止民间违法制造、交易和使用各类金饰用品的禁令。这类禁令，本文统称为销金禁令。从执法实效看，两宋期间金制品的使用者已从皇亲国戚、高官显宦向一般臣僚士庶之家扩散，中心都市中出现奢侈、攀比之风，以拥有和使用花样翻新的金制品而矜夸、炫耀。民间违法销金活动的盛行，凸显了政府销金禁令难以推行的窘境。本文拟对两宋时期的销金禁令及其实施效果进行探讨，错谬之处，敬请指正。

一 北宋时期的禁令与实效

北宋初期，君王崇尚简朴，宋太宗"性节俭，退朝常著华阳巾，布褐、绅縚，内服惟絁绢，咸屡经浣濯。乘舆给用之物，无所增益"①。是时，以金银为器饰之服用者，主要局限于皇族、贵戚、高官、命妇等社会中的上层人士。

端拱二年（989）十一月九日，宋太宗颁下诏令，规定："其销金、泥金及真珠装缀衣服，除命妇许服外，余人并禁"②。淳化元年（990）八月乙巳，宋太宗又"令左藏库籍所掌金银器皿之属，悉毁之。有司言中有制作精巧者，欲留以备进御。上曰：'将焉用此？汝以奇巧为贵，我以

① 李焘：《续资治通鉴长编》卷三一，淳化元年八月乙巳，中华书局1995年版，第704页。

② 徐松辑：《宋会要辑稿》舆服四之五，中华书局1957年版，第1796页。

慈俭为宝。'卒皆毁之。左正言、直史馆谢泌贺曰：'圣意如是，天下大幸。'"① 宋太宗的节俭行为，成为后世皇帝尊崇效仿的家法准则。南宋高宗初期，沈与求曾向宋高宗盛赞宋太宗曰："臣闻元德皇后尝用销金缘皂襜，太宗皇帝怒曰：'近日宫中用度不足，皆缘皇后奢侈所致'。以此见祖宗以恭俭得天下，自是家法。"②

宋真宗即位后，随着民间销金活动的渐趋流行，官方开始频繁发布禁销金令。咸平四年（1001），禁民间造银鞍瓦、金线、盘蹙金线。③ 当时，"辇毂之下，廛肆相望，竞造金箔，用求厚利"。大中祥符元年（1008）二月，开封府民吴遂违制绣造蹙金服，被决狱配隶。宋真宗以吴遂之事对臣下言："京师士庶迩来渐事奢侈，衣服器玩多镕金为饰，虽累加条约，终未禁止。工人炼金为箔，其徒日繁，计所费岁不下十万两。既坏不可复，浸以成风，良可戒也"，于是，"诏三司使丁谓申明旧制，募告者赏之；自今乘舆服御涂金绣金之类，亦不须用"。④ 丁谓上奏曰："自今金银箔线、贴金、销金、泥金、间金、蹙金、线金、装贴什器土木玩用之物，并请禁断。非命妇不得用为首饰，（治）[冶] 工所用器悉送上官。违者，所在捉搦，许人纠告，并以违制论。告者给赏钱，仍以犯人家财充。"⑤ 同年五月戊子，宋真宗又专门针对宫廷、皇亲、各级政府下诏："教节俭、戒奢侈，有司除衮冕、仪仗、法服及宴会所设依旧外，自今宫禁、皇亲、臣僚应进奉物，勿以销金文绣为饰，或须创造，必候进止，诸司无得起样进呈。仍录诏赐皇亲家一本。"⑥ 此令颁发不久，昭宪皇后的侄女、真宗后宫杜氏就触犯了法令，在宋真宗自东封还京时，她身穿销金服迎候圣驾，宋真宗"见之，怒，遂令出家为道士。由是天

---

① 《续资治通鉴长编》卷三一，淳化元年八月乙巳，第704页。

② 李心传：《建炎以来系年要录》卷八三，绍兴四年十二月乙亥，赵铁寒主编《宋史资料萃编》，台北文海出版社1980年版，第2643页。

③ 《宋史》卷一五三《舆服志五》，中华书局1977年版，第3574页。

④ 《续资治通鉴长编》卷六八大中祥符元年二月乙巳，第1526页。

⑤ 赵汝愚：《诸臣奏议》卷九八《刑赏门·禁约·丁谓〈上真宗乞禁销金〉》，《宋史资料萃编》，台北文海出版社1985年版，第3295—3296页。

⑥ 《续资治通鉴长编》卷六九，大中祥符元年五月戊子，第1547页。

下无敢犯禁者"。① 从这条记载可以看到，宋真宗禁销金的决心十分坚定，即使面对身为后宫的杜氏也不姑息。在两宋诸帝中，能够做到秉公处罚违禁特权者仅有此一例。

大中祥符年间，对犯禁者强调重法处置，大中祥符二年正月九日下诏："禁镕金以饰器、服，犯者重绳之"②，四年，"诏后苑销金者，并刺配"③，八年五月壬午，宋真宗因民间效法内廷，"销镕浸广，耗蠹实多"，再下《禁销金诏》，明确规定以金为原料的销金、贴金、镂金等 17 种工艺生产的各类服饰器物"上从中禁，下暨庶邦，靡限等差，同其条约"：

> 其乘舆法物，除大礼各有旧制外，内庭自中宫以下，并不依销金、贴金、镂金、间金、戗金、圈金、解金、剔金、陷金、明金、泥金、楞金、背金、影金、栏金、盘金、织撚金线等。但系装著衣服，并不得以金为饰。其外庭臣庶之家，悉皆禁断。三京诸路臣民旧有者，限一月许回易为尊像前供养物。应寺观自今装功得所用金箔，须具殿位尊像显合增修创造数，经官司陈状勘会诣实闻奏，方得给公凭，诣三司收买……如敢有违，本犯人及工匠干连人并当重断。皇族诸亲大臣等，固宜奉诏，率乃舆民，苟或有逾，必行严宪。仍令御史台、皇城左右街司常切觉察，如不切纠举，致别处彰露，并真其罪。其论告人，赏钱百贯，以犯事人家财充。不足者，以系省钱支给，仍令诸路转运司遍牒管内，揭榜告示。④

---

① 此段文字载于《续资治通鉴长编》卷七二大中祥符二年八月癸巳条下，第 1629 页。李焘自注云："杜氏入道事迹，《国史》不载，今据江休复《杂志》编入。江云太和宫，误也。"今本《嘉祐杂志》已失此条。孔平仲的《孔氏谈苑》卷二有此条记载。但江、孔二人均记为"太和宫"而非洞真宫。

② 诏令内容引自《宋会要辑稿》舆服四之六，但系时于大中祥符"二年正月十日"，第 1796 页。今据《续资治通鉴长编》卷七一大中祥符二年正月乙丑条"申镕金以饰器之禁"（第 1588 页）之时间记载，乙丑日应该是正月九日．缘此，诏令系时以《续资治通鉴长编》之记载为准。

③ 袁说友：《东塘集》卷一〇《禁戢销金札子》，影印文渊阁四库全书，台湾商务印书馆 1986 年版，第 1154 册，第 261 页。

④ 《宋大诏令集》卷一九九《禁销金诏》，中华书局 1962 年版，第 736 页。

《禁销金诏》规定内廷中官以下人员、外廷官员和全国百姓严禁使用各类金饰物。其中虽未明确说出"并当重断""必行严宪"的具体惩处条款，但是据后来韩琦所言"大中祥符八年敕，犯销金者斩"①，可知是指对犯销金者采取了严厉的死刑刑罚。在严刑的威慑下，民间的销金活动在宋真宗后期大为收敛。

宋仁宗即位后，由于没有严格执行宋真宗"犯销金者斩"的敕令，销金活动又逐渐肆行开来。景祐二年（1035）五月颁布的《禁镂金诏》中提道："宵人末工，放利矜巧……靡坏至珍，崇华首服，浸相贸鬻，阴长奇衺，官司因循，曾未呵纠……应市肆造作缕（镂）金为妇人首饰等物，并严行禁断。"②可见因官府放松了稽查和处罚的力度，民间违禁的现象又重新抬头。宋仁宗宝元元年（1038），因民间复作销金服玩等违禁物品，右司谏韩琦"请以先朝旧制禁绝之。乃下诏申谕。未几，有犯者，开封以刑名未明，申请审刑院议，止徒三年"③。对此，韩琦再次上言："大中祥符八年敕，犯销金者斩。比下诏申警，其捕获者固宜准敕从事，而审刑院创意定罪止徒三年，恐坏先朝之法，启奢僭之渐。请复用祥符旧敕。"④韩琦反对审刑院止徒三年的决定，建议恢复宋真宗时期的死刑刑罚，以遏制民间销金活动。对于韩琦的建议，宋仁宗下诏让御史台、刑部与审刑院大理寺详定以闻，此后竟无下文。

从韩琦的奏言我们可以看到，宋仁宗宝元年间，对违法从事销金者的惩处已从宋真宗时期的死刑减轻为徒三年。这一变化，减弱了遏制违法犯禁者的作用，助长了非法销金活动的肆行。庆历二年（1042）五月戊寅，宋仁宗不得不颁布《禁销金诏》，禁止销金、贴金、镂金、间金、蹙金、解金、剔金、明金、泥金、楞金、栏金、盘金、织撚金线等，"令

---

① 朱熹：《三朝名臣言行录》卷第一之一《丞相魏国韩忠献王》，《四部丛刊》，上海商务印书馆1912年版。

② 《宋大诏令集》卷一九九《禁镂金诏》，第737页。

③ 《三朝名臣言行录》卷第一之一《丞相魏国韩忠献王》。

④ 《续资治通鉴长编》卷一二二，宝元元年五月甲寅，第2873页。

宰司申明前后条贯指挥"①。李觏、包拯、钱彦远等官员也纷纷指斥销金的危害，希望朝廷采取严厉措施，以绝臣庶好奢之渐。

李觏在《富国策》中指出：

> 古者以金银为币，与泉布并行，既而稍用为器饰，然亦未甚著也。今也翕然用之，亡有品制。守闾阎者，唯财是视，自饮食類沐之器，玩好之具，或饰或作，必以白金。连斤累钧，以多为惬。财愈雄者，则无所不至矣。举天下皆然，故金虽尽出而用益不足也。②

包拯上《请断销金等事》，痛陈销金之风行：

> 臣窃见中外臣僚士庶之家衣服首饰之类多用销金，工匠于阛阓之中任意制造，殊不畏惮。臣伏详编敕节文，除大礼法物外，上从中禁，下暨庶邦，但系衣服装著之类，土木玩用之物，并不得以金为饰，如违，并科违制之罪。其元业匠人辄更造作犯者，当行处斩，此盖真宗皇帝躬行俭德，以化天下，故自中禁以及庶邦，凡衣服玩用以金为饰者，一切禁断，工匠置于极典，致数十年间，中外绝无犯者。而自近年以来，时俗相尚，销金之作寝以公行，近日尤甚，其戚里及臣僚士庶之家，衣服首饰并用销金及生色内间金之类，并无避惧。盖是匠人等故违条制，厚取工钱，上下相蒙，无敢言者。若不速行禁止，切虑糜坏金宝，扇长浇风，竞事浮华，大损圣化。欲乞严赐指挥，申明旧制，上以遵先帝崇俭之意，下以绝臣庶好奢之渐。③

钱彦远上奏也指出：

---

① 《宋大诏令集》卷一九九《禁销金诏》，第737—738页。
② 李觏：《直讲李先生文集》卷一六《富国策第三》，《四部丛刊初编》。
③ 包拯：《孝肃包公奏议》卷五《请断销金等事》，《丛书集成初编》，第0902册，第56页。

臣伏见真宗皇帝诏书以涂金冗费，上自宫掖、下及庶民，一皆禁止。三十年间，不敢有犯。陛下奉以俭约，遵守祖宗旧章。虽申明涂金之敕岁下，而近日戚里诸亲、权要族党并以涂金衣服首饰相尚，日增盛丽。以至三朝庆会被服入宫，蔑视刑典，习为惯事。①

从以上情况看，宋仁宗时期社会上以金银饰衣作器奢靡之风远甚于宋真宗时期，并且已从皇族戚里之家蔓延到臣僚士庶之家。

宋英宗时期，可以看到三例对违法销金者的处理记录：

其一，宋英宗"素愤戚里之奢僭，初即位，殿前马步军都指挥使李璋家犯销金，即日下有司，必欲穷治。知开封府沈遘从容奏曰：'陛下出继仁宗，李璋乃仁宗舅家也。'英宗惕然曰：'初不思也，学士为我平之。'遘退坐府，召众匠出衣示曰：'此销金乎？销铜乎？'匠曰：'铜也。'沈即命火焚衣而罢"②。在宋英宗的默许下，知开封府沈遘迫使工匠指鹿为马，并迅速销毁了物证，从而使违法者堂而皇之地逃脱了罪责。

其二，济州防御使李珣是章懿太后之侄，李璋之弟。马默曾弹奏李珣"犯销金，并匠人送开封府，官吏不能正其罪③"，刘庠也上章弹劾李珣犯销金法，强调"法行当自贵近始④"，才能收到惩戒之效。英宗却与处理李璋案一样，恐怕对自己不利，说："朕岂私一李珣邪？珣乃仁宗外家，若行之，天下谓朕何？"⑤ 此事终究不了了之。

其三，宋英宗时期，皇城司从宫中捕获到违禁品销金衣，送到开封府，开封府"推官窦卞上殿请其狱"。由于事关内廷，大臣们处理意见不同，窦卞以"真宗禁销金自掖庭始，今不正以法，无以示天下，且非祖

① 《诸臣奏议》卷九八《刑赏门·禁约·钱彦远：〈上仁宗乞禁戚里权要之家涂金〉》，第3302—3303页。

② 魏泰：《东轩笔录》卷十，中华书局1983年版，第114页。

③ 《续资治通鉴长编》卷二〇八，治平三年九月乙丑，第5062页。

④ 《宋史》卷三二二《刘庠传》，第10450页。

⑤ 《东都事略》卷九一《刘庠传》，《宋史资料萃编》，台北文海出版社1979年版，第1398页。

宗立法禁之意"为据，力主严格依法治罪。宋英宗采纳了窦卞的请求，将违法者绳之以法。①

以上第一例、第二例中的李璋、李珣兄弟是皇室外戚，他们凭借特权可以公然免于法律的约束与制裁。第三例犯案者是宫内人，很可能是个嫔妃。虽然她的身份特殊，但连名字都没有被记录下来，可见既没有得到皇上的宠爱，其等级地位也不高，所以，没能逃脱刑罚制裁。从这些个案中，我们可以清楚地看到，宋代法律的施行毫无公平可言，受到处罚的违禁者往往只是普通民众而已。

从现存史料记载看，整个北宋时期，禁金诏令的发布主要集中在宋真宗和宋仁宗两朝，其中宋仁宗时期的销金活动最为严重。宋神宗以后直至北宋末期，朝廷虽然时有销金之禁②，但发布诏令的次数明显减少，对销金种类的限制也不如宋真宗时期那么严格。例如，宋哲宗元祐八年（1093）四月戊午，御史中丞李之纯言："臣僚上言，乞严立制度，以绝奢僭之源；杜绝邪侈，以成风俗之厚。至于闾巷庶人，服锦绮、佩珠玑、屋室宏丽，器用僭越，皆可禁止。诏令礼部将见行条贯行下……民间服用诸般金饰之物，浮侈尤甚，而条贯止禁销金。其镂金、贴金之类，皆是糜坏至宝，僭拟宫掖，往年条禁甚多，亦乞修立如销金之法。"对于李之纯的建议，宋哲宗也只是诏令"镂金、贴金之类，令礼部检举旧条"③。至于是否明确遵行旧法，目前看不到此类记载。另外，从记述北宋后期都城城市风貌的《东京梦华录》中，可以看到市井交易金银和销金花样的活动："东华门外，市井最盛，盖禁中买卖在此，凡饮食、时新花果、鱼虾鳖蟹、鹌兔脯腊、金玉珍玩、衣着，无非天下之奇。"④ 街市中，"南通一巷，谓之界身，并是金银彩帛交易之所，屋宇雄壮，门面广阔，望之森然，每一交易，动即千万，骇人闻见。"⑤ 在每月五次开放交易的相

---

① 《续资治通鉴长编》卷二〇八，治平三年九月乙丑，第5062页。

② 《宋史》卷一四《神宗纪一》，第269页；卷二三《钦宗纪》，第428页。

③ 《续资治通鉴长编》卷四八三，元祐八年四月戊午，第11482—11483页。

④ 孟元老撰、伊永文笺注：《东京梦华录笺注》卷一《大内》，中华书局2006年版，第41页。

⑤ 《东京梦华录》卷二《东角楼街巷》，第144页。

国寺里，"占定两廊，皆诸寺师姑卖绣作、领抹、花朵、珠翠、头面、生色销金花样、幞头、帽子、特髻冠子、絛线之类"①。汴京是四方辐辏之地，市面上可以公开交易金银，人们可以自由地购买销金所需原料，相国寺里的尼姑甚至可以出售生色销金花样。这些现象表明，北宋后期，官府对民间的销金活动似乎不再严加惩治。

二　南宋时期的禁令与实效

南宋初期，虽然宋金之间战事频仍，政局尚未稳定，但地方官员仍然流行崇奢进献之风，这一现象遭到宋高宗的斥责。绍兴二年（1132）五月戊子，两浙转运副使徐康国向宋高宗进献销金屏障，宋高宗诏有司毁之，夺徐康国二官②，以此让各地官员引以为戒。十二月，宋高宗阅韩琦家传，看到韩琦对戚里多用销金衣服的批评，闻"近来行在销金颇多"，于是，"御笔批出，令举旧制，禁民间绝销金事"。③绍兴五年，宋高宗谓辅臣曰："金翠为妇人服饰，不惟靡货害物，而侈靡之习，实关风化。已戒中外，及下令不许入宫门，今无一人犯者。尚恐士民之家未能尽革，宜申严禁，仍定销金及采捕金翠罪赏格。"④销金罪赏格现已不见记载，而翠羽罪赏格保留了下来，"以翠羽为服饰者依销金罪赏，并徒三年，赏钱三百千，许人告；工匠同之；邻里不觉察者，抵罪，赏钱二百千；已造者，三日不毁弃，同此。"⑤绍兴七年，"禁中有衣销金者，罚俸三月。"⑥绍兴九年五月丙申，针对民间公开制造和交易行为，宋高宗诏令加大惩罚力度："铺翠销金之饰，屡诏禁止。今宫中虽无敢犯，而有司奉行不虔，市肆公然为之，权贵之家至有销金为舞衫者。可重立告赏，

① 《东京梦华录》卷三《相国寺内万姓交易》，第288页。
② 《宋史》卷二七《高宗纪四》，第498页。
③ 《中兴小纪》卷一三，绍兴二年十二月，《宋史资料萃编》，台北文海出版社1968年版，第377页。参见《建炎以来系年要录》卷六一，绍兴二年十二月甲午，第2034页。
④ 《宋史》卷一五三《舆服志五》，第3579页。
⑤ 《建炎以来系年要录》卷九六，绍兴五年十二月乙巳，第3096页。
⑥ 《东塘集》卷一〇《禁戢销金札子》，第1154册，第261页。

［务］在必行。"①

从上述禁销金条令看，宋高宗前期仍然遵循了北宋仁宗时期"徒三年"的刑罚力度，只是加重了对违禁者的经济惩罚力度，效果甚微。

绍兴二十六年九月，沈该等上奏提到安南人欲买撚金线缎时，宋高宗指斥曰："华奢之服，如销金之类，不可不禁，近时金绝少，由小人贪利，销而为泥，甚可惜。天下产金处极难得，计其所出不足以供销毁之费，虽屡降指挥，而奢侈之风终未能绝，须申严行之。"②

张纲向宋高宗"极言销金之费……为患甚大，宜速禁止"。曰："陛下恭俭爱物，出于天性，固尝念庶俗侈靡，屡敕销金之禁。然而比年民物阜康，骄奢所习，殊未衰止，器服之饰，过制尤甚。销金之外，又有泥金、贴金、剔金、缕金为丝为线之类，号名非一，偿不重其赏罚。而申严之，示以必行，则因循岁月，未见其能止也。"③ 高宗"遂下诏如公言"④。

王十朋也以上策或通过监司官转达的方式屡次请求宋高宗"申明金翠服色之禁"：

> 迩者，近臣献言，谓州县尚用金翠为衣服首饰，贵贱之分混然无别，请加禁止。圣训丁宁，命有司以前后诏条申明之。德至渥也。议者尚虑远方富民狃于循习未能遽革，射利之徒兴造贩鬻而不知畏，又虑州县奉行之吏不能遵守教条，或暂禁而辄纵之，无以仰副吾君敦朴之化，必欲令行而禁止。⑤

> 伏睹主上躬示，敦朴为天下先，近日尤严销金之禁。似闻远方弊尤未革，盖有以装佛为名，而州县不能禁止；又有以销鍮为名，

---

① 《建炎以来系年要录》卷一二八，绍兴九年五月丙申，第4072页。原文无"务"字。今参考《中兴小纪》卷二六绍兴九年五月丙申条高宗令文中的"可重立赏，务在必行"之句，补入"务"字。

② 《建炎以来系年要录》卷一七四，绍兴二十六年九月辛丑，第5625—5626页。

③ 张纲：《华阳集》卷二三《进故事·四》，文渊阁四库全书，第1131册，第142页。

④ 《华阳集》卷四〇《附录·张公行状》，第249页。

⑤ 王十朋：《梅溪集》前集卷一五《策问》，文渊阁四库全书，第1151册，第239页。

而亦莫辨真伪。今欲乞申明金翠服色之禁，并装佛销输之弊革之，以赞一人之躬行，以厚天下之风俗。①

绍兴二十七年三月，宋高宗重申"仍禁宫人服用销金翠羽"，"焚交趾所贡翠羽于通衢"，又采纳王十朋之言，加重了对宫人的处罚："自今宫人以销金铺翠为服饰者，令会通门讥察犯人，追赏钱千缗；经手转入皇院子等，并从徒二年科罪。"② 其后，从义郎、阁门祗候王彦升因"不毁销金服饰，为女奴所告"，而被贬秩二等。③ 但是，上述处罚只施于官卑位低者，身为"贵近"的特权阶层则可以毫发无损。绍兴三十年九月丁亥，"诏申严销金铜器之禁。时行在之人复有鬻二物于市者，论者以为贵近导之"④，这些"贵近"者就是引领消费风尚的主力军。

宋孝宗即位后，民间销金活动中随意用金箔装饰佛像等现象增加了，宋真宗大中祥符八年对寺观用金箔装饰佛像必须报经官府批准的规定此时已形同虚设。隆兴元年（1163），上封者言："乞诏有司，自今拍造金箔、金线之家尚敢取金以糜坏器用，衣服与神佛之像尚敢取金以粧饰，皆论如法，仍许人告"，得到宋孝宗的采纳。⑤ 乾道六年，端明殿学士汪应辰上奏提到，宫中禁金已有成效，但民间多用金箔装饰佛像，"窃见所在道宫佛寺，造作经藏、装饰像貌，所用金箔动以万计。虽法所不许，而令未必行，公然抵冒，视为常事。日甚一日，岁甚一岁，浸浸不已，岂特销金服饰之靡费而已哉！"⑥ 用金箔装饰佛像的流行，导致民间的耗金量又增长了。

宋孝宗时期，行都地区的销金活动仍然十分活跃。淳熙八年

---

① 《梅溪集》后集卷二五《与邵提刑》，第569—570页。
② 《建炎以来系年要录》卷一七六，绍兴二十七年三月丁亥，第5704页。
③ 《建炎以来系年要录》卷一七七，绍兴二十七年八月甲辰，第5740页。
④ 《宋史全文》卷二三上《宋高宗十八》，文渊阁四库全书，第331册，第230页。
⑤ 《宋会要辑稿》刑法二之一六二，第6576页。另据《宋史》卷三三《孝宗纪一》记载，隆兴元年五月壬辰，"申严铺翠销金及神祠借拟之禁"（第622页），此条记载可补《宋会要辑稿》月、日之缺。
⑥ 杨士奇等：《历代名臣奏议》卷一九二《节俭》，文渊阁四库全书，第438册，第484页。

（1181）五月丙子，宋孝宗曰："近日都下销金铺翠复行于市，不必降指挥，只谕王佐严加禁戢，若有败露，京尹安能逃责耶！朕以宰耕牛、禁铜器及金翠等事刻之记事板，每京尹初上，辄示之。"① 淳熙十一年，又特令临安府严禁销金。② 从淳熙年间两次专门戒谕临安府来看，朝廷开始强调主管官员禁戢销金的职责，但仍然没有针对官员是否尽职制定奖惩条款。

从宋宁宗到宋理宗时期，是销金违法活动更加公开、更为肆无忌惮的时期。

行都临安是南宋诸处城市中最繁华之地，宋光宗时（1189—1194），"其侈日盛，豪贵之家固习于此，而下至齐民稍稍有力者，无不竞以销金为饰，盖不止于倡优被服之僭也。今都人以销金为业者不下数十家，货卖充塞，相望于道。积日累月，毁坏金宝何可数计！"③

宋宁宗嘉泰元年（1201）三月，各地屡遭雨雹灾害，临安府恰于此时失火，连烧四天，城内军民被火之家达五万多户。宋宁宗下诏自责，戒官、民营造房舍逾度，并仿效高宗故事，"内出销金铺翠，焚之通衢，禁民无或服用"④。但是，这种示范并未收到成效。宋宁宗嘉定年间（1208—1224），"京城内外有专以打造金箔及铺翠销金为业者，不下数百家。列之市肆，藏之箧盝，通贩往来者往往至数千人。"⑤

对比上述两条记载，仅宋光宗至宋宁宗时期的二三十年间，临安府以销金为业者竟然从数十家迅速发展到了数百家，这恐怕是行都违法销金活动发展最为迅速的时期。

宋理宗淳祐四年（1244），徐元杰痛感社会上流行的奢侈风气，一针见血地指出："（今）不贵桑麻谷粟而贵金银之器用，匹夫之家亦越分而求之，畿甸为尤甚。比年金银踊直……今流风交煽，侈习竞趋，渡江以

---

① 《宋史全文》卷二七上《宋孝宗七》，文渊阁四库全书，第 331 册，第 451 页。

② 《东塘集》卷一○《禁戢销金札子》，第 261 页。

③ 《东塘集》卷一○《禁戢销金札子》，第 260—261 页。

④ 《宋史》卷三八《宁宗纪二》，第 730 页；参见《两朝纲目备要》卷七宁宗嘉泰元年四月辛卯条，《宋史资料萃编》，台北文海出版社 1967 年版，第 421 页。

⑤ 《宋会要辑稿》刑法二之一三九，第 6565 页。

前穷奢极娱之祸，厥鉴犹不远也。"①

直到南宋末期，销金活动仍无衰减。咸淳六年（1270）三月，宋度宗发布禁珠翠销金诏令曰："群臣之言崇俭者屡矣，朕听其言而行之者亦屡矣……然必自宫掖始，斯可以息人言。其珠翠销金之饰，实崇俭之大者。远而艺祖，以至列圣，家法可考。一越乎此，皆祸所伏。近而先帝率而从之，尤表表在人耳目，朕乌可不仰遵诒谋！其自宫禁，敢以珠翠销金为首饰服用，必罚无贷；臣庶之家，亦宜体悉；工匠犯者，一如景祐之制，定从重典。"② 此时，宋度宗不得不重拾宋真宗时期的法典，寄希望于使用重刑来遏制销金活动的蔓延。但是，直到南宋政权灭亡，禁缉销金一直没有取得成效。

综上所述，两宋时期，宋政府频繁发布销金禁令，禁止宫廷和民间违法制造、交易和使用各类金饰用品。但从执法实效看，除了北宋前期取得较好的成效外，北宋仁宗时期和南宋中后期则是违法销金活动的盛行期。宋政府一直不能遏制越来越盛行的销金风气。之所以如此，有许多原因。从执法角度看，销金禁令得不到严格地、公平地贯彻执行，特权阶层可以公然逃脱处罚，宋政府既没有进一步对官员稽查违法销金职责予以明确的规定，也没有对官员绩效和失职予以奖惩。从社会发展角度看，宋代金制品生产及其消费的流行是建立在经济发展、科技进步、社会需求增长等多方面支撑之上的。金矿开采与产量的增加为销金活动的盛行提供了必要的物质基础；纺织、漆器、陶瓷器、金属器、绘画等传统工艺技术的进步，为各类销金工艺的发展提供了吸收、交融、创新的广阔空间。与此同时，社会各阶层人们的尚美心态与多样化消费需求的扩展也促进了销金活动的发展。③ 由于宋代销金风气的主要引导者是与皇帝有着密切联系的皇亲国戚、宫内侍臣以及高级官员，他们居住在引

---

① 徐元杰：《楳埜集》卷三《淳祐甲辰上殿第二札》，文渊阁四库全书，第1181册，第646页。

② 佚名：《咸淳遗事》卷下，文渊阁四库全书，第408册，第824页。《宋史》卷四六《度宗纪》中也有此条诏令（第909页），但文字简略，系时于咸淳八年正月庚申。

③ 限于篇幅，本文仅探讨了宋代的销金禁令与实施效果，至于其他因素的影响，拟作他论。

领全国文化、社会风尚中心地位的都城，享受并展示着各类花样翻新的金银饰品与器具，再经由自身任官外地或往来于都城的官员、商人、科考举子、平民百姓将销金风尚传播到全国各地。正如南宋韩元吉所说："方今天下虽并侈靡，而辇毂之下为最甚，四方来观，归而效之，惟恐不及。"①

总体而言，两宋时期金制品的使用者已从皇亲国戚、高官显宦向一般臣僚士庶之家扩散，从中心都市向全国各地扩散，社会中出现了奢侈、攀比之风，加之宋政府立法不严、执法不力，故销金禁令往往成为难以执行、难见实效的一纸虚文。

[原载《宋史研究论文集》(2010)，湖北人民出版社 2011 年版]

---

① 韩元吉：《南涧甲乙稿》卷九《集议繁冗虚伪弊事状》，《丛书集成初编》，第 1980 册，第 155 页。

考证与其他编

明代陆容《菽园杂记》所引
《龙泉县志》的作者及时代

——兼论宋代铜矿的开采冶炼技术

明代人陆容的《菽园杂记》中有五条引自《龙泉县志》的记载，记录了采银、采铜、青瓷、韶粉（铅粉）、香蕈等生产及生长情况。长期以来，人们对《龙泉县志》的作者和写作时代从未进行过考证，不少学者往往视其为明代的材料而加以引证，然而如果细加推敲，则实际情况并非如此。本文即是对《龙泉县志》的作者及写作时代的考证，同时利用其中的采铜记载对宋代铜矿的开采冶炼技术进行论述。

一 《龙泉县志》的作者及时代

陆容，字文量，号式斋，太仓人。《明史》中他的传是附在张泰传中的，内容十分简略，亦未提到他的生卒年代。据陆容在《菽园杂记》中的自述："景泰间（1450—1456）崑学教谕严先生敏妻病，予时为学生……""予游崑庠八年……"① 可知陆容曾为昆山县学学生。他于天顺三年（1459）中应天府乡试②，明成化二年（1466）始登进士第，历任

---

① （明）陆容：《菽园杂记》卷二、卷十四，影印文渊阁四库全书，台湾商务印书馆1986年版。

② （明）吴宽：《家藏集》卷七六《明故大中大夫浙江等处承宣布政使司右参政陆公墓碑铭》，影印文渊阁四库全书。

南京吏部验封司主事、武库司员外郎、职方郎中、武选司郎中、浙江布政司右参政，"后赍捧还京，又疏漕渠利病，缅缅万言，未报，谗口铄之，遂致其仕。卒年五十九。"① 关于陆容的生卒年代，梁廷燦早在 21 世纪 30 年代就在他所编纂的《历代名人生卒年表》中记为生于明英宗正统元年，卒于明孝宗弘治七年，但没有注明材料的来源。② 其后，姜亮夫的《历代人物年里碑传综表》中又将陆容的辞世年代记为弘治九年（甲寅），公元纪年为 1494 年，并标注参考了"吴宽浙江参政陆公墓碑文"和《明史》中陆容的传。③ 1985 年中华书局出版的由佚之点校的《菽园杂记》点校说明中关于陆容的辞世年代也记为"卒于孝宗弘治九年（一四九六）"，但未作任何说明。根据姜亮夫的提示，笔者查阅了吴宽为陆容撰写的墓碑铭，铭文中明确提到"弘治七年七月戊申，浙江右参政致仕陆公以疾卒于家。……卒年五十九"④。可见陆容并不是卒于弘治九年而是弘治七年（1494），弘治七年即农历甲寅年。因此，姜亮夫、佚之两部书的记载是错误的。

　　陆容编撰《菽园杂记》的年代不详。书中既载有前人所记之事，又有自己逐年亲历或所闻之事，但是记录年代最晚的是弘治七年（1494）六月的内容，而且载于最后一卷。因此，陆容的辍笔大概与他辞世的时间相距不远。

　　陆容在《菽园杂记》卷十四中的采铜、采银、青瓷、韶粉、香蕈等五条记载后面专门注曰："已上五条出《龙泉县志》"。陆容的注清楚地表明，上述五条内容并不是陆容自己亲见亲闻，而是出自前人撰写的《龙泉县志》。那么，从查清《龙泉县志》是何时人所撰入手，就可以大体上确定上述采铜与采银技术所属的朝代。

　　地方志的编撰，盛行于宋代。虽然宋代编写的大量地方志早已湮没散佚，但不少书名仍保留在明清地方志和目录书的记载中，为查找考证

① （明）张大复：《梅花草堂集》卷四《皇明崑山人物传·陆容》，四库全书存目丛书，齐鲁书社 1996 年版。
② 梁廷燦：《历代名人生卒年表》，万有文库，第一集，商务印书馆 1934 年 7 月再版。
③ 姜亮夫：《历代人物年里碑传综表》，中华书局 1959 年版，第 428 页。
④ 《家藏集》卷七六《明故大中大夫浙江等处承宣布政使司右参政陆公墓碑铭》。

提供了依据。经查找，笔者发现宋、明两代各有一人撰写过《龙泉县志》，而这两部书均已无存于世。其中一人是明代龙泉县人叶溥，撰《龙泉县志》二十卷。① 那么，《菽园杂记》中的《龙泉县志》是不是叶溥写的呢？让我们看一下叶溥的生平。叶溥《明史》无传，其生卒年代不详，根据一些地方志的零散记载，他于明朝弘治八年（1495）中乡试举人，十八年（1505）始登进士第，嘉靖五年（1526）知大名府，后官至江西左布政②。虽然叶溥的生卒年代和其所著《龙泉县志》的成书时间史无记载，但是，将叶溥与陆容的生平年代作一对比，就会看出叶溥不是《菽园杂记》引录的《龙泉县志》的作者。叶溥中乡试举人的前一年，陆容辞世。如果以当时人一般的学业时间推算，叶溥中乡试举人时的年岁恐怕是在二十多岁，以他当时的年龄、学识和阅历而论，无论如何不可能在他中举人前就已写出《龙泉县志》并被录入陆容的《菽园杂记》中。因此，陆容《菽园杂记》中所引的《龙泉县志》无疑是生活在叶溥之前的人撰写的。

　　另一个撰写了龙泉县志的人是宋代的陈百朋。据明代的《嘉靖浙江通志》记载，宋人陈百朋（此书误将"朋"写为"明"）著有包括《龙泉志》在内的《括苍续志》、《嘉志》、《绍定青田志》、《嘉泰括苍志略》、《咸淳缙云志》等多部南宋处州地区的州县志。③ 虽然《嘉靖浙江通志》将书名记为《龙泉志》，比《菽园杂记》所记书名少一"县"字，但实际上，有无"县"字并无大碍。书名记载的不同，可能是陈百朋原书名并无"县"字而被后人加入，也可能是原书名有"县"字而后人在辗转传抄时漏掉"县"字的结果。现存宋人所编书目中未见《龙泉志》的记载。其所以如此，不外乎两种原因：一是因为《龙泉志》成书的时间较晚，未能收入现存宋人书目中；二是刻印数量少或未进入市场，没能流传开来。但是，陈百朋其人和他的其他一些书目在宋人和明清书籍中均

① （清）黄虞稷：《千顷堂书目》卷七，影印文渊阁四库全书。

② （明）薛应旂：《嘉靖浙江通志》卷五一《选举志》，天一阁藏明代方志选刊续编，上海书店 1990 年版；（明）熊子臣、何镗：《栝苍汇纪》卷六《选举表》、卷一二《往哲纪》，四库全书存目丛书；（清）唐执玉、李卫：《畿辅通志》卷七〇《名宦》，文渊阁四库全书。

③ 《嘉靖浙江通志》卷五四《艺文志》。

有记述。例如，宋人陈振孙的《直斋书录解题》中有"郡人陈百朋"撰写了《括苍志续》的记载①；明代何镗在其所撰《栝苍汇记》序中也提道："嘉泰初（注：嘉泰元年为 1201 年），郡人陈百朋始为栝苍志"，同一书中的《选举表》内还有宋理宗淳祐辛丑年（1241）陈百朋获特奏名进士的记载②。从以上记载中作者均作"陈百朋"看，《嘉靖浙江通志》作"陈百明"，应属字形相近之误写。此外，清代《浙江通志》中也提到宋代人撰有《咸淳缙云志》一书，但失撰者姓名。总之，陈百朋的《龙泉志》虽然只被记入《嘉靖浙江通志》中，但上述其他记载却表明：南宋处州确有编写了多部地方志的陈百朋其人，他曾屡试不第，终于在数十年后获得特奏名进士。③ 从《嘉泰括苍志略》及《咸淳缙云志》等以编撰时的年号作为书名来看，陈百朋是一个高寿之人，他的著书生涯至少从宋宁宗时期至宋钦宗时期，长达七十年左右。明陆容所引的《龙泉县志》应即指陈百朋的《龙泉志》。此为《龙泉县志》是南宋时期撰写的依据之一。

依据之二：在《龙泉县志》的采铜条中有几处地名可以证明此书作于南宋期间。现将采铜条全文照录如下：

> 采铜法，先用大片柴不计段数，装叠有矿之地，发火烧一夜，令矿脉柔脆。次日火气稍歇，作匠方可入身动鎚尖采打。凡一人一日之力，可得矿二十斤或二十四五斤。每三十余斤为一小箩。虽矿之出铜多少不等，大率一箩可得铜一斤。每烊铜一料用矿二百五十箩、炭七百担、柴一千七百段、雇工八百余。用柴炭（粧）[桩]叠烧两次，共六日六夜，烈火亘天，夜则山谷如昼。铜在矿中既经烈

---

① 收入丛书集成初编的《直斋书录解题》卷八《地理类》曰："《括苍志续》十卷，郡人陈百朋撰。"而收入四库全书的《直斋书录解题》则称此书为一卷。另外《文献通考》卷二〇四《经籍考》记为"《括苍续志》一卷"，书名、卷数互有异同。

② 《栝苍彙纪》卷六《选举表》。

③ 宋代录取特奏名有应举次数和年龄方面的规定，因此获特奏名者一般都在五六十岁以上，有的甚至在七十岁以上。参见苗书梅《宋代官员选任和管理制度》，河南大学出版社 1996 年版，第 37—41 页。

火，皆成茱萸头出于矿面。火愈炽，则熔液成驼。候冷，以铁锤击碎，入大旋风炉连烹三日三夜，方见成铜，名曰生烹。有生烹亏铜者，必碓磨为末，淘去麄浊，留精英，团成大块，再用前项烈火，名曰烧窖。次将碎，连烧五火，计七日七夜。又依前动（入）大旋风炉连烹一昼夜，是谓成矿。矿者，粗浊既出，渐见铜体矣。次将矿碎，用柴炭连烧八日八夜，依前再入大旋风炉连烹两日两夜，方见生铜。次将生铜击碎，依前入旋风炉烊炼，如烊银之法，以铅为母，除滓浮于面外，净铜入炉底如水。即于炉前逼近炉口铺细砂，以木印雕字作"处州某处铜"印于砂上，旋以砂壅印，刺铜汁入沙匣，即是铜砖，上各有印文。每岁解发赴梓亭寨前，再以铜入炉烊炼成水，不留纤毫滓杂，以泥裹铁杓，酌铜入铜铸模匣中，每片各有锋窠，如京销面，是谓十分净铜，发纳饶州永平监应副铸。大率烊铜所费不赀，坑户乐于采银而惮于采铜。铜矿色样甚多，烊炼火次亦各有异，有以矿石径烧成者，有以矿石碓磨为末如银矿烧窖者，得铜之艰，视银盖数倍云。

《龙泉县志》的采铜条中提道：炼成的铜砖要印上"处州某处铜"的印文，每年将铜发赴梓亭寨前，还须精炼成"十分净铜"，然后再运到永平监铸钱。这里提到处州、梓亭寨两个地名和永平监名，为我们考证《龙泉县志》提供了朝代范围。

经考证，处州原名括州，唐大历十四年（779）"以括州犯太子名，改为处州"，两宋时期一直沿袭此名；元至元十三年（1276，即宋端宗景炎元年）攻克南宋两浙路地区，遂改称处州为"处州路"；元至正十九年（1359），朱元璋部攻克处州路，先改名为安南府，"寻曰处州府"。① 饶州之名，隋朝已有，屡被更名，唐乾元元年（758）复称饶州②，两宋时期亦一直沿袭此名；"元至元十四年，升饶州路总管府"③；明代，"太祖

①　《嘉靖浙江通志》卷一《地理志》；（清）张廷玉等：《明史》卷四四《地理志五》，中华书局1974年版。

②　《太平寰宇记》卷一〇七《江南西道五·饶州》。

③　《元史》卷六二《地理志五》。

辛丑年八月为波阳府……寻改为饶州府"①。上述材料证明，符合《龙泉县志》所述"处州"称呼的不是元、明时期，而是唐大历以后至南宋端宗景炎元年的近五百年时期。因此，《龙泉县志》的写作时间必定在元代以前。

唐时处州属下丽水县境的豫章、孝义二山曾产铜②。北宋前期处州亦产铜③；宋英宗和宋神宗时期处州则仅有产银记录；南宋孝宗乾道八年（1172），出现处州库山等处"银铜场"的记载，淳熙二年（1175），处州"岁收铜十万斤，铅十五万斤"④，其后至宋宁宗庆元元年（1195），仍有处州库山场的记载⑤。嘉定十四年（1221）七月，臣僚上言中又提到处州的其他一些产铜场："产铜之地，莫盛于东南。如括苍之铜廓、南弄、孟春、黄涣峰、长技、殿山、炉头山庄等处……"⑥ 以上种种记载表明，唐、宋时期的处州确为产铜之地。

永平监是一个铸造铜钱的钱监，始建于唐代，《元和郡县图志》中已有记载。宋太宗平江南时，又从南唐手中接收下来⑦，两宋时期一直是重要的铸钱监之一。

综合上述几点，从处州名称的沿革及变化上看，元、明两朝可以排除在外。但是唐、宋时期均有"处州""永平监"之名称，两个时期当地又都产铜，那么，《龙泉县志》中的采铜技术反映的到底是唐朝时期还是他本人所处的南宋时期呢？弄清"梓亭寨"的设置时间就成为解决这一问题的关键所在。据《宋史》卷一九二《兵志六·建炎后砦兵》记载："处州二砦（砦是'寨'的异体字）：管界、梓亭。"这一记载证明，梓亭寨始设于南宋建炎时期，是驻扎军队的营寨。另外，明代的《嘉靖建宁府志》卷二十《古迹》中也明确提道："梓亭寨，在（松溪）县北七

---

① 《明史》卷四三《地理志四》。

② （宋）欧阳修等：《新唐书》卷四一《地理志五》，中华书局 1975 年版。

③ （元）马端临：《文献通考》卷一八《征榷考五·坑冶》，清光绪丙申年浙江书局本。

④ （清）徐松辑：《宋会要辑稿》食货三四之二三，新文丰出版公司 1976 年版。

⑤ 《宋会要辑稿》职官四三之一六六，四三之一七八。

⑥ 《宋会要辑稿》食货三四之二三。

⑦ （唐）李吉甫：《元和郡县志》卷二八，文渊阁四库全书；（宋）王存：《元丰九域志》卷六，宋代地理书四种之一，台北文海出版社 1971 年版。

十里，即处州龙泉县松源乡之地，宋时建，兼管龙泉、遂昌、松溪、政和四县境。"依据梓亭寨的设置时间，我们最后可以确定《龙泉县志》撰于南宋，因而其记述的采铜冶炼方法也就真实地反映了南宋时期铜矿业的技术水平。此外，梓亭寨应该是处州境内汇合各县矿产品（主要是铜、铅等铸钱原料）的集结地，在这里编组成纲，再由厢兵将矿产品运往饶州永平监铸钱。

以上分析表明，《菽园杂记》引用的《龙泉县志》是南宋人陈百朋撰写的，其中采铜、采银等内容是南宋处州地区矿业生产的真实写照，反映了宋代矿业生产的技术水平。基于此，将《龙泉县志》的记载与宋人的其他记载联系起来看，就可以对宋代矿铜的熔炼过程及技术状况获得一个比较清楚的认识。

二　宋代铜矿的开采冶炼技术

宋代的铜矿生产在中国古代矿业开发史上占有辉煌的篇章。北宋一百六十多年间，政府岁课铜额均在数百万斤以上，宋神宗熙宁后期竟高达二千一百七十多万斤[①]，充分显示了宋代铜矿开采活动的兴旺发达。然而遗憾的是，现存标明是宋人记载的铜矿开采冶炼技术的材料不仅少而且简略，只能使人们粗略地了解当时的技术状况。

现将宋人记载中对铜矿采掘冶炼过程记录较多的几条材料照录如下：

孔平仲的《地中变怪》曰[②]：

> 韶州岑水场往岁铜发，掘地二十余丈即见铜。今铜益少，掘地益深，至七八十丈。役夫云：地中变怪至多，有冷烟气，中人即死。役夫掘地而入，必以长竹筒端置火先试之，如火焰青，即是冷烟气也，急避之，勿前乃免。有地火自地中出，一出数百丈，能燎人；

---

① 王菱菱：《宋代"山泽之入"矿课时间考》，《中国史研究》1989年第2期。

② （宋）孔平仲：《孔氏谈苑》卷一《地中变怪》，文渊阁四库全书。

役夫亟以面合地，令火自背而过，乃免。有毒气至腥恶，人间所无也；忽有异香芬馥，亦人间所无也……

《宋会要辑稿》曰①：

（嘉定十四年七月十一日臣僚言）旧来铜坑必差廉勤官吏监辖，置立隔眼簿、遍次历，每日书填：某日有甲匠姓名几人入坑及采矿几箩出坑；某日有矿几箩下坊碓磨；某日有碓了矿末几斤下水淘洗；某日有净矿肉几斤上炉（火＋平）炼；然后排烧窖次二十余日。每铜矿千斤用柴炭数百担，经涉火数敷足，方始请官监视，上炉匣成铜。其体红润如（烟）[胭]脂，谓之山泽铜，鼓铸无折而铸出新钱灿烂如金。

洪咨夔的《大冶赋》曰②：

伏羲以来，铜山四百六十有七，今之大要不过厥色之有三。其为黄铜也（指矿铜），坑有殊名，山多众朴。蜿蟺扶舆，欝积磅礴。……矿纹异彩，乍纯遽驳。燻苗殊性，欲断还络。……乌胶缀，金星烁，薇花淡，丹砂渥。鼠结聚团，鸡燋散泊。糍饵膏油，英润濯濯。宿炎炀而脆解，纷剖剧而巧斲。批亢轰博浪之椎，陷坚洞混沌之凿。岩云欲起而复坠，石火不吹而自跃。磅磅驰霆，剥剥洒雹。……徙堆阜于平陆，矗岑楼于炉步。熺炭周绕，薿薪环附。若望而燎，若城而炬。始束缊于毕方，旋鼓鞴于熛怒。鞭火牛而突走，骑烛龙而腾骛。战列缺霹雳于炎庑，舞屏翳丰隆于烟雾。阳乌夺耀，荧惑逊度。石迸髓，汋流乳，江镍融，脐膏注。鈣再炼而粗者消，瓶复烹而精者聚。排烧而汕溜倾，吹拂而翻窠露。利固孔殷，力亦良苦。

---

① 《宋会要辑稿》食货三四之二四。
② （宋）洪咨夔：《平斋文集》卷一《大冶赋》，文渊阁四库全书。

　　《地中变怪》记录了宋代采矿活动中人们面临的许多艰难险境；《宋会要辑稿》侧重于记述采矿、碓磨、淘洗选矿等前期采选工序；《大冶赋》则侧重于展现采矿、焙烧和冶炼等工序。这几段记述的内容可以互补，总起来看概括了采铜冶炼的全过程。然而，由于写得最为详细的《大冶赋》由骈体文写成，注意文字的对仗修饰，又多借用典故，因此要想准确理解，并非易事。1997 年出版的《国学研究》登载了华觉明、游战洪、李仲均的《〈大冶赋〉考释与评述》一文，对《大冶赋》全文进行了注释，尤其是其中对宋代矿冶采炼技术的说明十分精当，有助于推动宋代矿冶技术研究工作的进展。[①] 但是文中仍将《菽园杂记》的记载视为明代的技术状况，因此对宋代采炼技术的探讨缺少过硬的佐证材料。而现在《龙泉县志》作者及写作时代的确定，则为我们解决了这一难题。

　　将通俗易懂的《龙泉县志》与宋人记述相对照，特别是与《大冶赋》相对照，我们就可以对宋代矿冶业生产技术状况获得更为清晰的认识：

　　首先，《龙泉县志》确凿地证明了宋代的采矿过程中已普遍采用先进的火爆法生产技术。南宋人洪咨夔的《大冶赋》中记载采银时提到"炮洌骈石之胁"，记载采铜时又提到"宿炎炀而脆解"，两句均含有采用了火爆法之意，但语义简略。而《龙泉县志》在记载采银时提到"旧取矿，携尖铁及铁锤竭力击之，凡数十下仅得一片。今不用锤尖，惟烧爆得矿"，记载采铜时又有"发火烧一夜，令矿脉柔脆。次日火气稍歇，作匠方可入身动锤尖采打"之句，则清晰地描述了使用火爆法采矿的方法。从而确凿地证明火爆法采矿技术已在宋代井下采矿生产中普遍应用。火爆法的普及，大大地提高了宋代采矿者的劳动生产率。宋代各类矿业开采量之所以大大超越前代，与火爆法技术的应用，应是密不可分的。

---

　　① 华觉明、游战洪、李仲均：《〈大冶赋〉考释与评述》，载《国学研究》第四卷，北京大学出版社 1997 年版。此文关于《大冶赋》的写作地点、宋代矿冶机构及钱监等的考释多有失误，汪圣铎已在《〈大冶赋〉注释商榷》（载《中国钱币》1999 年第 1 期）一文中加以指正。

其次,《龙泉县志》表明:宋代劳动者在选矿熔炼过程中已能熟练地根据矿石质量或种类的不同而采取不同的选矿、熔炼工序。华觉明等人在《〈大冶赋〉考释与评述》一文中指出:"早期炼铜多使用易于熔炼的自然铜和表层易开采的次生氧化铜矿物如孔雀石、蓝铜矿等。自然界贮存的铜矿藏大都是原生的硫化矿床,次生的氧化铜矿物多位于矿体上部,由长期风化淋滤所生成。随着社会对铜料需求的增长,采铜规模不断扩大和向深层推移,必然要面对如何用硫化矿炼铜,从而保障铜料供应的技术难题。"① 《龙泉县志》和《大冶赋》详细描述了硫化铜矿石先经过粉碎成末、淘洗精选,再将精选出的矿肉用米糊等团块焙烧、多次熔炼后出铜的工艺流程,其中,《龙泉县志》对"烧窑"和"矺"的叙述正好弥补了《宋会要辑稿》和《大冶赋》有关记载的不足。这些记述不仅为后人研究古代矿业生产技术状况提供了极为珍贵的文字资料,而且标志着硫化矿炼铜技术在宋代已达到了普及和谙熟的程度。

总之,《菽园杂记》中《龙泉县志》作者和年代的确定,否定了这些材料是反映明代矿业开采技术的论断,为研究宋代矿业生产技术的发展水平及特点提供了重要的依据。

最后,由于上面论述了宋代矿铜开采冶炼的特点,这里再连带谈一下宋代史料中"黄铜"名称的起因及内涵。在两宋时期,对矿铜的称呼可以划分为两个阶段。从北宋初期到宋哲宗绍圣以前为第一阶段,这一时期由于仅开采矿铜,故史料中一概将矿铜直呼为铜。从宋哲宗绍圣以后到南宋时期为第二阶段,这一时期由于推广了以胆水浸铁置换出铜的胆铜生产法后,为了与胆铜相区别,也为了便于分别统计各自的生产成本和产量,始将矿铜以"黄铜"呼之。赵匡华在《中国历代"黄铜"考释》一文中对宋代"黄铜"的名称作过解释:"其实它是以铜矿石为原料用火法冶炼所得到的赤铜,之所以称它为'黄铜',是因为冶炼这种铜所用的原料为黄色的硫化铜矿,即黄铜矿($CuFeS_2$),也就是说,它是按冶炼原料的颜色来命名的。……所谓'胆铜',当然一方面由于它是以胆矾($CuSO_4 \cdot 5H_2O$,实际上是利用天然胆水和胆土)为原料制取的,但

---

① 《国学研究》第四卷,第580页。

'胆'也还含有胆矾、胆水与胆土所具有的蓝绿色的意思"①。赵匡华从两种冶炼原料的不同颜色上进行解释是合理的，但还忽视了对胆铜颜色的描述。上面引用过的《宋会要辑稿》材料中已提到，用铜矿石冶炼成铜后，"其体红润如（烟）［胭］脂，谓之山泽铜，鼓铸无折，而铸出新钱灿烂如金"。而胆铜由于以铁作原料，虽经过胆水浸泡置换出铜，但其中的含铁量仍远高于矿铜，故颜色大不相同，五代轩辕述的《宝藏畅微论》中就有"铁铜：以苦胆水浸至生赤煤，熬炼成而黑坚"② 之句。正是由于矿铜与胆铜原料的来源不同，颜色又有很大的差别，因此宋代的一些记载中常提到"二色"或"两色"铜课。如李心传在《建炎以来系年要录》中提道：南宋高宗绍兴三十二年虞部统计的岁收铜课"系黄、胆二色"③。宋孝宗乾道八年六月，提点官上奏陈述韶州岑水场黄铜、胆铜生产情况时也提道："递年以来，两色铜课皆不敷额……"这些词句，表明宋代正是以铜的颜色的不同而分称黄铜与胆铜的。因此，"黄铜"一词，在宋代有特定的含义，是指开采硫化矿石熔炼出的铜，与明代黄铜（铜锌合金）的含义是不同的。

（原载《中国经济史研究》2001 年第 4 期）

---

① 赵匡华：《中国历代"黄铜"考释》，载《自然科学史研究》1987 年第 4 期，第 327—328 页。

② 引自赵匡华等人《南宋铜钱化学成分剖析及宋代胆铜质量研究》，载《自然科学史研究》1986 年第 4 期，第 327 页。

③ （宋）李心传：《建炎以来系年要录》卷一四八，绍兴十三年闰四月丁酉，《宋史资料萃编》第二辑，台北文海出版社 1980 年版。

对南宋《龙泉志》及其作者的
重新解读

——兼论南宋《青田志》、《缙云志》的编纂

一　重新解读之缘起

笔者曾在《中国经济史研究》2001 年第 4 期上发表《明代陆容菽园杂记》所引《〈龙泉县志〉的作者及时代——兼论宋代铜矿的开采冶炼技术》（以下简称《〈龙泉县志〉的作者及时代》）一文。在这篇文章中主要探讨了以下两部分内容：（1）推断明代陆容撰写的《菽园杂记》中引用的《龙泉县志》的作者是南宋人陈百朋；（2）通过分析《龙泉县志》采铜条中"饶州""处州""永平监""梓亭砦"的记载，推断其采铜冶炼内容是南宋处州地区矿业生产的真实写照，反映了宋代矿业生产的技术水平。在第一部分内容中，笔者提出"宋人陈百朋著有包括《龙泉志》在内的《括苍续志》、《嘉志》、《绍定青田志》、《嘉泰括苍志略》、《咸淳缙云志》等多部南宋处州地区的州县志"，"从《嘉泰括苍志略》及《咸淳缙云志》等以编撰时的年号作为书名来看，陈百朋是一个高寿之人，他的著书生涯至少从宋宁宗时期至宋度宗时期，长达七十年左右。明陆容所引的《龙泉县志》应即指陈百朋的《龙泉志》"①等观点，上述观点

---

① 见拙文《明代陆容《菽园杂记》所引《〈龙泉县志〉的作者及时代——兼论宋代铜矿的开采冶炼技术》，《中国经济史研究》2001 年第 4 期，第 97—98 页。

后来被收入拙著《宋代矿冶业研究》第二章之中。①

　　本文之所以对南宋陈百朋与《龙泉县志》的关系进行重新解读，是由于笔者对陈百朋撰写处州地区多部地方志的推论出现了重大的错误。当时，笔者收集的陈百朋和龙泉县地方志的史料均有遗漏，特别是没有看到明代编纂的（成化）《处州府志》这一关键性的重要文献，而在解读《嘉靖浙江通志》卷五四《艺文志·图志类》中文字"陈百朋（《嘉靖浙江通志》中'朋'误写为'明'）括苍续志嘉志龙泉志绍定青田志嘉泰括苍志略咸淳缙云志"时，犯了一连串的错误，没有意识到"嘉志龙泉志"乃"嘉定龙泉志"之误②，而以为是《嘉志》、《龙泉志》两部志书，又因没有查找到《绍定青田志》、《嘉泰括苍志略》、《咸淳缙云志》的作者，遂将各志都视为陈百朋所作，并进而依据书名上的年号推测陈百朋是个高寿之人。

　　关于宋代何人撰写过《龙泉志》，清代乾隆二十七年（1762）知县苏遇龙主修的《龙泉县志》例言中提道："宋志，嘉定二年县人何澹著。"何澹，字自然，南宋处州龙泉县人，宋孝宗乾道二年登进士第，宋宁宗时期官至参知政事、知枢密院，嘉定十二年（1219）去世。其子后来将其遗作汇编成《小山杂著》一部。1962 年，张国淦先生的《中国古方志考》就是依据清乾隆版《龙泉县志》例言将何澹列为《嘉定龙泉志》的编纂者。③ 1994 年浙江省龙泉县志编纂委员会编纂出版的《龙泉县志》也将何澹列为《嘉定龙泉志》的编纂者④。

　　2013 年，北京大学邓小南教授发表《何澹与南宋龙泉何氏家族》⑤一文，在谈到何澹与《龙泉县志》关系时引用了已故台湾学者宋晞先生的《明成化处州府志纂修考——兼论处州府志暨处属各县县志之纂修与

---

　　① 王菱菱：《宋代矿冶业研究》，河北大学出版社 2005 年版，第 78—79 页。

　　② 张国淦先生在遗著《中国古方志考》中早已指出："《嘉靖浙江通志》五十四：嘉志龙泉志 案此嘉志当嘉定之误。"中华书局 1962 年版，第 411 页。宋晞先生也持这一观点。

　　③ 《中国古方志考》，第 411 页。

　　④ 林世荣主编，浙江省龙泉县志编纂委员会编纂：《龙泉县志》，汉语大辞典出版社 1994 年版。

　　⑤ 邓小南：《何澹与南宋龙泉何氏家族》，《北京大学学报》2013 年第 2 期，第 113—130 页。

流传》一文。宋晞先生在他的文章中依据（成化）《处州府志》的记载，明确指出南宋主持修撰《龙泉志》的人是"知县林应辰与县丞潘桧"①，何澹则为《龙泉志》书写了序言。

依据这一线索，笔者在国家图书馆查到了收入宋晞先生《方志学研究论丛》中的这篇文章。

宋晞先生（1920—2007）是浙江丽水人，长期从事宋史、史学史、方志学研究。他在《明成化处州府志纂修考》中提道："《处州府志》存世者，据所知以明惠宗成化二十年（一四八四）郭忠、刘宣所纂修的为最早，凡十八卷。国内收藏此志的只有三处，即北平图书馆、上海图书馆与宁波天一阁，但皆残缺不全。天一阁存卷一一二、五一六，卷九至十二，卷十六至十八。上海图书馆存卷三与卷四。北平图书馆所藏卷三、四、七至十、十三至十八，共计十二卷，分装五册。"② 1967 年，宋晞先生通过检阅日本学者山根幸夫所编的《日本现存明代地方志目录》，发现日本保存有完整版本的（成化）《处州府志》，遂借赴美出席第二十七届国际东方学者会议之机，途经东京，借朋友帮助，申请摄成胶卷，携回研究，撰成《明成化处州府志纂修考》一文。该文原刊于 1968 年出版的《庆祝蒋复璁先生七十岁论文集》中，后经修正，收入宋晞先生于 1990 年出版的《方志学研究论丛》论文集中。

由于笔者当时搜集资料疏漏，没能看到宋晞先生和张国淦先生的研究成果，导致得出错误观点。拜读宋晞先生文章后，笔者从浙江省庆元县香菇研究会甘长飞处获得（成化）《处州府志》卷首和卷一部分内容的影印件③，并查阅了国家图书馆保存的残本［成化］《处州府志》，遂得以在前辈学者研究的基础上对南宋《龙泉志》、《青田志》、《缙云志》等地方志的编纂情况作进一步的分析，并对陈百朋的生平、《龙泉县志》书名所反映的编写朝代再作探讨。

---

① 宋晞：《明成化处州府志纂修考——兼论处州府志暨处属各县县志之纂修与流传》，载氏著《方志学研究论丛》，台湾商务印书馆 1990 年版，第 54 页。

② 《明成化处州府志纂修考》，第 34 页。

③ 甘长飞先生曾与笔者就《龙泉县志》的编纂年代通过邮件进行讨论，并赠笔者（成化）《处州府志》卷首和卷一部分内容的影印件。在此特致谢忱！

二 南宋时期《龙泉志》、《青田志》、
《缙云志》的编纂情况

（成化）《处州府志》的卷首部分除有成化二十年的修志序言外，还包括有《处州府志目录》、《处州府志卷目》、《处州府志凡例》、《处州府修志事由》、《处州府志引用书目》等许多内容。其中，最为珍贵的是《处州府修志事由》，记载了宋、元时期修撰处州《括苍志》、《括苍续志》、《处州路志》及下属《龙泉志》、《青田志》、《缙云志》、《松阳志略》等各县方志的作者姓名和作序者序言。这些内容，仅存于〔成化〕《处州府志》中，现存的明清方志书中均未刊载，因此为探究宋、元时期处州地区修志活动提供了极其珍贵的史料依据。

下面，我们依据《处州府修志事由》分别探讨南宋编修《龙泉志》、《青田志》、《缙云志》的情况：

1. 《龙泉志》

《处州府修志事由》曰：

> 嘉定二年修龙泉志，时知县林应辰编，参政何澹序云：
> 郡国有志，始于成周，大司徒职方氏皆掌焉。其严且详如是。今天下郡邑皆有之，往往详于郡而略于邑，邑有人民社稷，与其山川所宜，风俗所尚，人物所出，顾略焉可乎？略其小者可也，略其壮者可乎？邑之隶括苍者七，而龙泉为壮，旧志疏略，十遗七八，漫不可考。邑宰林君应辰与邑丞潘君桧病焉，约以公余，力加会粹。潘君旁搜博取，逾年将就，秩满不得竟，以授林君，芟烦撮要，订讹补漏，且择邑之士，尽其力之所至，厘为六卷。书始告备，会林君亦迫替，属余为序，使来者有考。余谓二君子既相与善治其域，又能排倥偬以成其邑之志以遗后人，且使其邑之增重，岂刀笔吏之所能办！

《处州府修志事由》保留的何澹序文，似乎并不完整，但何澹已将嘉

定二年（1209）修志的起因和过程交代得十分清楚。据何澹言，龙泉县
曾编修过县志，但内容疏略。至南宋宁宗嘉泰年间时，旧志已十遗七八，
漫不可考。于是，知县林应辰、县丞潘桧决定纂修县志，潘桧在繁忙公
务之余，旁搜博取，倾心修志，一年后《龙泉志》即将编成时，潘桧离
任，由知县林应辰接续主持编修，挑选编修人员，芟烦撮要、订讹补漏，
终于在卸任前编成《龙泉志》六卷。此时，曾在朝廷担任过参知政事的
何澹正因丁母忧奉祠家居①，遂受林应辰委托为《龙泉志》撰写了序文。
据此，我们可以确定，嘉定二年成书的《龙泉志》是由县丞潘桧、知县
林应辰先后主持修撰、并请何澹作序完成的。

　　那么，为什么乾隆二十七年所修《龙泉县志》卷首例言会出现"宋
志，嘉定二年县人何澹著"的讹误呢？据例言记述：宋代修嘉定龙泉志
后，明代有嘉靖乙酉（嘉靖四年，1525）邑人叶溥、李溥所修县志②和万
历戊戌（万历二十六年，1598）县令夏舜臣所修县志，清代有顺治乙未
（顺治十二年，1655）邑人徐可先所修县志，而至乾隆二十七年（1762），
宋嘉定志和明嘉靖志"均已阙佚，所据仅夏、徐二志，复以他书参校
之"，才修成《龙泉县志》，当时，"邑鲜藏书家，殊恨考订未详"。③ 从
例言所述可以确定，清代乾隆二十七年修志时，南宋嘉定志和明代嘉靖
志早已失传，记载《嘉定龙泉志》何澹序言的（成化）《处州府志》在
当地亦无存本，因可资参校的书籍太少，乾隆志主要依据明代夏舜臣和
清代徐可先二志的内容编修而成，无法作详细地考订，以致出现了将作
序者何澹视为嘉定志作者的错误。其后，清光绪四年（1878）顾国诏编
修的《龙泉县志》中也有"宋邑人何澹《龙泉县志》：近境有剑池湖，
湖世传欧冶子于此铸剑，其一号'龙渊'，以此名号"④ 的记载。这段记
载将南宋的《龙泉志》写作《龙泉县志》，可见是辗转传抄而来，不足

---

① 详见《何澹与南宋龙泉何氏家族》，第126页。
② 清齐召南在乾隆《龙泉县志》卷首的《重修龙泉县志序》中提道："更宋、元，图经不
传，其志创自明正德时邑人叶方伯溥……"所言叶溥修志时间为正德年间（1506—1521），早于
"例言"所言嘉靖乙酉。
③ （乾隆）《龙泉县志》卷首《例言》。
④ （光绪）《龙泉县志》卷一《舆地志》。

为据。

2. 《青田志》

《处州府修志事由》曰：

绍定五年修《青田志》，时邑人程顿编，运使郑如冈序云：

文物冠于旁壤，曾无以纪其盛，阙典甚矣！天台王君濩治邑三年，政以简成，暇日以文会友，相与会稡考覈，编秩粲然。余方官居，不克窥名其间，君以书来，求一言为之序，余复之曰：是举也，夫岂务为美观，殆有深意存焉！凡官府之废置，山川草木之品汇，皆有一定而不可易。至于户口而课登耗，人物而纪盛衰，典邑佐政，因刊姓字而较其臧否，将于是有考焉。此闰岁之所以必上图志也。谓此书成于王君，可；谓此书止于王君，则不可！故持是以诏方来。

《处州府修志事由》提到，绍定五年（1232）《青田志》，是邑人程顿所编，运使郑如冈作序。郑如冈的序言进一步提到《青田志》是知县王濩在"治邑三年"间主持编修的。那么郑如冈是何人？作序时又任职于何路转运司呢？

郑如冈，处州青田人，郑汝谐之子，何澹的"表弟兼妹婿"①。据明代徐象梅编纂的《两浙名贤录》记载："郑如冈，字山甫，青田人。以父汝谐荫，历官新淦、金华令，守衢、婺二州，江东提刑，福建转运使。一以简静为治，入为吏部侍郎……"② 郑如冈在南宋宁宗庆元年间（1195—1200）至嘉泰年间（1201—1204）曾任新淦县县令，增修县学，建金川驿。③ 嘉定十四年（1221）时，为"朝奉郎、江淮等路都大提点坑冶铸钱公事"④，据明代《福建通志》记载，宋理宗绍定年间（1228—1233）郑如冈曾担任过福建路转运司判官兼知建宁府、福建路提刑官、

---

① 转引自《何澹与南宋龙泉何氏家族》，第129页。

② 徐象梅：《两浙名贤录》卷二七《吏治·宋二》。

③ 郝玉麟等监修：《江西通志》卷一七《学校志一》，卷三十五《驿盐志》。

④ 何处仁撰：《何澹扩志》，详见《何澹与南宋龙泉何氏家族》，第129页。

提举常平茶盐公事等职①；而明代何乔远撰写的《闽书》中则记载郑如冈在绍定中任福建路转运使。②

目前，最重要的证据是郑如冈本人留下的亲笔记录。郑如冈在《青田志》撰成的绍定五年（1232），将其父郑汝谐撰写的《易翼传》刻印发行并作跋，跋中透露了他的职任情况③：

> 岁在壬辰，如冈持节闽峤，以藁本求是正于西山真公贰卿，且论叙于篇首。公雄文大册，焜耀斯世，不靳渊源之论，为之发挥，所得不既多乎。已而谓如冈曰：先君子没已久矣，精力已毕见于此书矣，讵可不使流布以示学者？如冈拜手而谢曰：谨受教！是岁仲夏刻于漕司之澄清堂。

郑如冈所言"壬辰"岁即绍定五年，此时郑如冈正"持节闽峤"任福建路转运使，他将其父《易翼传》的写本呈真德秀审阅，在真德秀"使流布以示学者"的督促下，当年仲夏于福建转运司澄清堂刻印了其父的《易翼传》。

因此，我们可以确定，《青田志》是绍定五年由青田县知县王濩主修、邑人程顿执笔编纂而成。应王濩书信请求，时任福建路转运使的青田人郑如冈为《青田志》作序。

3. 《缙云志》

《处州府修志事由》曰：

> 咸淳七年修《缙云志》，时县令陈绍若委邑士孙择之编。邑屡经兵火，志既不传，序亦莫详何人作。

关于作者孙择之，清代乾隆三十二年（1767）令狐亦岱编修的《缙

---

① 谢旻等监修：《福建通志》卷二一《职官志二·总部》。
② 何乔远：《闽书》卷四三《文莅志·宋·转运使》。
③ 朱彝尊编：《经义考》卷三四《易三十三》。

云县志》进士条在宋理宗淳祐七年（1247）张渊微榜下有"孙友益，字泽之，乐清教授，咸淳中修县志"①的记载。（康熙）《缙云县志》在卷二《选举·进士》中有"孙友益、樊万、吕应梦"等人，并在吕应梦下标注"淳祐丁未"。另外，明代《栝苍汇记》选举表中在孙友益名字下面标注"特奏名"。（道光）《缙云县志》在《艺文录》中"无名氏《咸淳缙云志》"下有一段按语："令狐《志》选举有孙友益，字泽之，乐清教谕，咸淳中尝修县志。《汇记》特奏名内有孙友益，所修当即是书。"②

以上各种记载有几点不同：第一，《处州府志》记孙友益为"择之"，《缙云县志》为"泽之"。"择"与"泽"字形相近，目前没有更多的证据证明哪个正确，哪个错误。第二，清代乾隆与康熙年间编修的两部《缙云县志》均记载孙友益在南宋淳祐七年中进士，而明代《栝苍汇记》则在孙友益名字下面特别标注"特奏名"。关于这一不同记载，目前也还无法判断真伪。第三，令狐亦岱编修的《缙云县志》提到，孙友益曾任"乐清教授"，而（道光）《缙云县志》则错写成"乐清教谕"。

综合上述记载可知，孙友益，字择（或"泽"）之，缙云县人。宋理宗淳祐七年中进士第（或特奏名进士），之后曾任乐清县学教授。宋度宗咸淳七年（1271），孙友益受缙云县令陈绍若委托，撰成《缙云志》。明代成化年间修处州府志时，《缙云志》已无传本。

明代（成化）《处州府志》记录下来的上述三县县志，就是明代《嘉靖浙江通志》中未标注作者姓名的《嘉定龙泉志》、《绍定青田志》、《咸淳缙云志》三部地方志，这些地方志均为南宋中后期由当地官员主持并组织人员编修而成，亦请本地籍贯的官员为之作序。于此可见南宋中后期处州地区官方修志活动的兴盛。

三 陈百朋其人

陈百朋是南宋时期处州人。《宋史》、《直斋书录解题》、《文献通考》

---

① 令狐亦岱：（乾隆）《缙云县志》卷五《选举·进士》。

② （道光）《缙云县志》卷一四《艺文录》。文中提道：明代的《括苍汇记》把孙友益放入特奏名中。

等书均记有陈百朋编写了处州方志《括苍续志》一书，然成书时间无记载，编写卷数也分为十卷与一卷两种不同记载。① 明代何镗在《括苍汇记》序中追述历代编纂地方志时指出："余郡栝苍，自汉始元肇域回浦以来几二千年所矣。宋以前故无辑志，往事盖莫详焉。绍兴间始为《处州图经》；嘉泰初，郡人陈百朋始为《栝苍志》；至胜国皇庆凡再修辑；皆湮没无可考见……"② 何镗将陈百朋的《括苍续志》书名错写成《栝苍志》，但明确提到成书时间是南宋"嘉泰初"。

以上诸书中关于陈百朋撰写《括苍续志》的信息十分简略，而《处州府修志事由》中则保留了陈百朋为《括苍续志》所写的序言，提供了处州修志的更多信息：

> 嘉泰二年修《括苍续志》。时守胡澄委主簿陈百朋编。百朋序云：栝苍有志，绍兴丁丑，郡太守谢公少卿所编也。乾道庚寅，楼公工部始命郡博士重加参订，镂板公库。垂三十余年，中间贤守兴发补弊，惠利此邦，不为无人，然旧志所载，其于一代名流，千载胜槩，尚多缺遗。倘续志弗修，亦后来考古者之愧。百朋念此久矣，因衰撷前后所闻见者，辑而广之，以备观览。惧未详尽，姑俟他日博识云。

此外，《处州府修志事由》还收入了宋孝宗乾道六年（1170）处州知州楼璩委教授曾贲编《括苍志》所作的序言，楼璩序云："余守括苍，得旧图经甚详，惜其猥酿讹舛，不足以传久，乃属郡博士与乡之老成，更加是正，而为之志，刊为七卷，庶来者有考焉。"

对陈百朋和楼璩的序言再加追索，我们可以获得以下几点认知：

---

① 《宋史》卷《艺文志》作"陈柏（百）朋，《括苍续志》一卷"；《文献通考》卷二〇四《经籍考》亦为"《括苍续志》一卷"；收入四库全书的陈振孙《直斋书录解题》称此书为"《括苍志续》一卷，郡人陈百朋撰"；而收入丛书集成初编的《直斋书录解题》卷八《地理类》则曰"《括苍志续》十卷，郡人陈百朋撰"，《直斋书录解题》"志续"当为"续志"。宋晞先生认为《括苍志续》应为十卷，而不是一卷。见第36页。

② （明）熊子臣、何镗：《括苍汇纪》序言。四库全书存目丛书。

第一、处州志书编成于宋高宗绍兴“丁丑年”，即绍兴二十七年（1157），作者是知州“谢公少卿”。“谢公少卿”即谢伋，“字景思，参知政事克家之子，官至太常少卿、知处州”。[①] 他于绍兴二十五年（1155）十二月知处州，绍兴二十七年十一月由处州离任提举两浙西路常平茶盐公事[②]，可见，谢伋于处州任内编成此书。南宋尤袤的《遂初堂书目》中有《新修绍兴图经》[③] 一书，应该就是谢伋主持编写的志书。

第二，乾道六年（1170）楼璩知处州，看到绍兴年间编写的图经虽然内容详细，但“猬酿讹舛，不足以传久”，乃令曾贲等人重新订正，编成《栝苍志》七卷。

第三，曾贲编修的《括苍志》，虽纠正了《绍兴图经》的错谬，但所录内容“其于一代名流，千载胜概，尚多缺遗”，于是，距乾道六年三十多年后，在处州知州胡澄的授意下，由早有续志之心的主簿陈百朋主笔，“裒摭前后所闻见者，辑而广之”，于嘉泰二年（1202）撰成《括苍续志》。从上述情况看，《括苍续志》很可能是编写了十卷，而非区区一卷。

从宋高宗绍兴二十七年经孝宗乾道六年再到宁宗嘉泰二年，仅仅45年间就先后编写了3部处州志，这种不断辑录、修订、缀补的修志活动也正是南宋处州官方修志活动兴盛的体现。

陈百朋除了撰写《括苍续志》外，据《宋史》记载，他还继詹渊《括苍集》之后撰写了《续括苍集》五卷。[④]

关于陈百朋的科举及仕宦经历，笔者曾在《〈龙泉县志〉的作者及时代》中根据明代《括苍汇纪》卷六《选举表》内宋理宗淳祐辛丑年（淳祐元年，1241）陈百朋获特奏名进士的记载指出：“他曾屡试不第，终于在数十年后获得特奏名进士。”清代光绪三年（1877）修纂的《处州府

---

① （宋）陈耆卿《嘉定赤城志》卷三四《人物门三》。

② 《建炎以来系年要录》卷一七〇绍兴二十五年十二月乙酉，卷一七八绍兴二十七年十一月己巳。

③ （宋）尤袤：《遂初堂书目·地理类》。

④ 《宋史》卷二〇九《艺文志八》。陈振孙的《直斋书录解题》卷一五《楚辞类》则曰：括苍集三卷，后集五卷，别集四卷，续一卷，郡人吴飞英、陈百朋相继纂辑。

志》选举条中亦有"出自州学"的陈百朋等人获得"奏名"的记载①。然而这些记载却与《处州府修志事由》所言相违，如果陈百朋是在宋理宗淳祐元年获特奏名进士，那么，又如何解释陈百朋在宋宁宗嘉泰二年修《括苍续志》前就已进入官场，做到主簿了呢? 关于这一点，南宋吴子良为林师蒇撰写的《四朝布衣竹邨林君墓表》中的一段内容提供了可资辨别的证据，现将原文引录如下②：

> 君（林师蒇）生事薄，莱田不足支丰岁，然酷嗜书，质衣货家具，购书至几千卷，名帖亦数千卷。每一卷入手喜津津，校雠考订忘日夜，可谓贫而富于书。君卧穷巷，声援绝然，师友皆名辈胜流。王公卿月、虞公似良、李公庚、徐公似道、钱公象祖、谢公深甫、张公布、商公飞卿、丁公可、徐公大受、林公宪、桑公世昌，君陪从于乡邦者也；陈公傅良、楼公钥、张公孝伯、万公锺、龚公颐正、王公厚之、巩公丰、真公德秀、杨公长孺，君承接于他邦者也，可谓约而广于交。君屡试屡跌以老，然不自忧而忧人，忧龙舒吴栗、长乐王作、古栝陈百朋、会稽潘方谪台州，君馆置其家，接岁踰时，经纪之后，皆成名去，可谓困而勇于谊……君名师点，字咏道，临海人，自号竹邨居士，死年七十五，葬浮江……

另外，陈耆卿为林师蒇作《竹邨居士林君墓碑》，提道：

> 君孝友孚达，广学而苦成，少所从，多有道师儒，壮所交，多有道，未遇卿相。跨郡所接识，多海内名胜；居家所振胆，多境外旅穷。好客如馋，耽士如醉，而尤嗜书。传扶奇劚，眇近购远，求家已卷数千，犹典衣抄传，恐晚丹铅，勘点蝇头蛰然。至遇古帖、秘文、断刻、坠简，不啻虞箫振耳，商彝夺目，积之久，亦余千卷焉。

---

① （清）潘绍诒修，周荣椿等纂，丽水市地方志编纂委员会整理：《处州府志》卷一六《选举志上》，方志出版社 2006 年版，第 1100—1101 页。

② （宋）林表民：《赤城集》卷一六，吴子良《四朝布衣竹邨林君墓表》。

篆、隶尤留心，以张谦中、虞仲房为法……如君聚人所难聚，而工人所不工，非爱古博雅能然哉……君死以甲戌七月十八日……①

从吴子良和陈耆卿的记述中，我们可以看到：台州临海县人林师蒇，一介布衣，嗜书如命，他一生倾其所有四处购求书籍，甚至典衣抄传，家藏图书至数千卷。虽然赴科举考试"屡试屡跌"，终其一生也未能中第，但日常结交多文人志士、地方官员，亦倾力接济与他志同道合的被贬谪到台州的官员。吴子良撰写的墓表中提到的"古括陈百朋"应该就是撰写了《括苍续志》的处州人陈百朋，他在被贬谪台州期间得到林师蒇的接济，其被贬谪的时间必定是在林师蒇嘉定七年（1214）七月十八日去世之前。这证明，陈百朋确实早在宋宁宗时期就已进入官场。明代《括苍汇纪》中关于陈百朋于宋理宗淳祐元年获特奏名进士的记载极有可能是在时间上出现差误。

综上，我们可以简要地勾勒出陈百朋的人生轨迹：青年时期的陈百朋曾入州学读书，以科举中第为不懈的追求，屡经挫折，终于了此心愿，获得特奏名进士，从而进入仕途。陈百朋于宋宁宗嘉泰二年撰写《括苍续志》时，已出任处州附郭下的丽水县主簿，嘉定七年以前，曾被贬谪到台州，得到林师蒇的相助。目前所知，陈百朋著有《括苍续志》、《续括苍集》等书。此外，从陈百朋与林师蒇兴趣相投、心意相通，以及喜好撰述来看，陈百朋应该是个学识渊博之文人。

四　《菽园杂记》记述的《龙泉县志》写作时间

宋代编纂的州（府、军、监）县志书，书名大都标为《××志》，不加"州（府、军、监）"或"县"字，如：《景定建康志》、《新安志》、《会稽志》、《括苍庆元志》、《咸淳临安志》以及上述《龙泉志》、《青田志》、《缙云志》等等，不胜枚举。元代的书名，已开始出现《××县

①《赤城集》卷一六，陈耆卿《竹邻居士林君墓碑》。

志》的写法。到了明代，明成祖朱棣于永乐十六年（1418）六月乙酉
"诏纂修天下郡县志书"，"命礼部遣官，遍诣郡县博采事迹及旧志书。"①
为了保证编纂质量和格式体例的统一，同年还颁布了《纂修志书凡例》②，
详细规定了修志的内容和要求。自此，明代志书的编纂体例呈现出规范
划一的特点，府、县志书也统一以《××府志》、《××县志》命名。从
这一点看，陆容《菽园杂记》引录的《龙泉县志》书名正与明代志书书
名的特点相合。

笔者曾以为在明孝宗弘治七年（1494）陆容逝世之前只有宋人编写
过《龙泉县志》，这一推断也是错误的。明英宗正统六年（1441）杨士奇
编纂的《文渊阁书目》中有《处州府志》及其下属《丽水县志》、《青田
县志》、《遂平县志》、《龙泉县志》、《松阳县志》、《缙云县志》、《庆元
县志》7 县志，这些志书均收藏在"往字号第一书橱"中，标示为"新
志"。③ 清代馆臣在《四库全书总目提要》中提道：

> 臣等谨案文渊阁书目四卷，明杨士奇编。士奇有三朝圣谕录，
> 已著录。是编前有正统六年题本一通，称"各书自永乐十九年南京
> 取来，一向于左顺门北廊收贮，未有完整书目，近奉旨移贮于文渊
> 东阁，臣等逐一打点清切，编置字号，写完一本，总名《文渊阁书
> 目》。请用广运之宝，钤识备照，庶无遗失"。盖本当时阁中存记册
> 籍，故所载书多不著撰人姓氏，又有册数而无卷数，（帷）[惟]略
> 记若干部为一橱，若干橱为一号而已。考明自永乐间取南京藏书送
> 北京，又命礼部尚书郑赐四出购求，所谓锓板十三、抄本十七者，
> 正统时尚完善无缺。此书以千字文排次，自"天"字至"往"字，
> 凡得二十号五十橱……

可见，"往"字号书橱中包括《龙泉县志》在内的这些"新志"很

---

① 明俞汝楫编：《礼部志稿》卷六五《纂修备考·纂修事例·遣官诣郡县求志》。
② 详见刘纬毅《试论明代地方志》，《社会科学战线》1983 年第 2 期，第 160—161 页。
③ 《文渊阁书目》卷四《往字号第一厨书目·新志》。

有可能就是明永乐十六年下诏纂修郡县志书后各地所编新志，最晚编成年代应在明英宗正统六年（1441）以前。

那么，陆容《菽园杂记》中引录的《龙泉县志》内容是否出自明英宗正统六年以前即明代前期纂修的《龙泉县志》呢?

如前所述，清代乾隆二十七年所修《龙泉县志》卷首例言只提到宋代嘉定志和明代嘉靖志已阙佚，当时能看到的最早版本是万历二十六年夏舜臣所编。这一信息间接说明从明英宗正统六年到万历二十六年的157年间，明代前期纂修的《龙泉县志》可能已经佚失，夏舜臣编纂志书时并没有见到明代前期纂修《龙泉县志》的任何内容。因此，陆容《菽园杂记》中引录的《龙泉县志》内容是否出自明代前期的县志，目前还缺乏可靠的证据，无法查清。

然而，不管《菽园杂记》中引录的《龙泉县志》内容是否出自明代前期的县志，其采铜条的记述无疑真实地反映了南宋时期处州这一地区铜矿业生产的技术水平。关于这一点，笔者的论文和书中已有详细地考证，此不赘述。

此文不仅仅是为了修正自己的错误观点，另一方面，也希望更多的学人能借助我国古代保留下来的众多地方志中的珍贵记载，去探寻和解决尚未厘清的历史真相。

（原载《宋史研究论丛》第十八辑，河北大学出版社 2016 年版）

对《宋会要辑稿》几则史料年号错误的订正

《宋会要辑稿》食货三四之二七至二九中有连续三条记载记录了洪迈等臣僚针对信州铅山县采铜情况所提的建议以及宋政府的处理意见。其中，第一条记载标注的时间为宋高宗绍兴十二年（1142）七月十二日，主要内容是洪迈引述永康县知县余瑮对信州铅山县采铜情况进行的调查及建议。第二条记载标注的时间是十一月十四日，永康县知县余瑮奉旨赴都堂陈述建议，皇帝诏令耿延年前去信州铅山县勘察，相度利便。第三条记载标注的时间是十三年（1143）正月二十八日，内容为江淮等路提点坑冶铸钱耿延年汇报勘察结果及采取的措施，以及户部、工部的处理意见。

由于这三条记载按时间顺序围绕同一事件进行了阐述，所以在这三条记载中，最关键的是第一条记载，它的“绍兴”年号，限定了这三条内容所述事件的时间范围。然而，恰恰是关键的第一条记载因标注为“绍兴十二年”而出现了错误。有些研究者在论述南宋信州铅山场胆铜生产时对这些材料未加考证，直接引用，从而作出了不恰当的结论。[①] 为了纠正史料中年号的舛误，现特将第一条记载全文录入，以便进行分析：

绍兴十二年七月十二日，敷文阁待制、提举佑神观、兼侍讲、

① 华山《宋代的矿冶工业》一文，载《宋史论集》，齐鲁书社1982年版，第128页。参见夏湘蓉等《中国古代矿业开发史》，地质出版社1980年版，第102页。

兼同修国史洪迈言："臣家居饶州，实提举坑冶铸钱官置司去处，故亦采闻：冶铸所仰，莫如铅山之铜，而比年以来常以乏少为患。臣比守婺，有管下永康知县余䵮言：'顷年任严州淳安县丞，被差铅山体访坑冶利病。见每岁所得铜数比往昔十无一二，因咨访耆老，皆云昔系是招集坑户，就貌平官山凿坑取垢淋铜。官中为置炉烹炼，每一斤铜支钱二百五十。彼时百物俱贱，坑户所得有赢，故常募集十余万人昼夜采凿，得铜铅数千万觔（斤），置四监鼓铸，一岁得钱百余万贯。数十年以来，百物翔贵，官不增价收买，坑户失利，散而之他，而官中兵匠不及四百人，止得铜八九万斤，人力多寡相去几二百倍，宜乎所得如是之辽绝也。"其说欲乞专委提点官就铅山县置局，采访旧例，兴复坑户，每一斤铜增钱收买，若旋募得千百人穿坑取垢，得铜必多，价既增旧，人自毕力，所得精铜必多。详观䵮此说，殊为有理。乞详酌专委耿延年使知䵮策，议其可否。

确定第一条记载系年是错误的，有如下几点依据：

首先，在第三条记载的末尾有小字标注："以上《孝宗会要》"。这说明上述三条材料出自《孝宗会要》。然而，《孝宗会要》记录的是在宋孝宗即位期间发生的事情，即从绍兴三十二年起至淳熙十六年（1162—1189）间的事情，绝不可能出现宋高宗绍兴十二年的记录。依此推断，出现"绍兴"年号肯定是错误的。

其次，从洪迈的仕宦履历进行考察，亦有数条材料可以直接纠正"绍兴十二年"之误。据《宋会要辑稿》职官六二之二五记载，淳熙十一年（1184）二月七日，"诏集英殿修撰、知婺州洪迈除敷文阁待制"，这里提到的洪迈"知婺州"的时间是淳熙十一年，而上述第一条记载中洪迈自言"臣比守婺"，可见第一条记载的时间应在淳熙十一年之后。《宋史》卷三八四《洪皓传附洪迈传》中也提到，洪迈于淳熙十一年时知婺州，十二年"提举佑神观兼侍讲、同修国史"。而《宋会要辑稿》职官一八之五九至六○中的记载更确切地指出：淳熙十二年（1185）七月九日，洪迈正在国史院供职，他当时的名衔是"通议大夫、充敷文阁（侍）

[待]制、提举佑神观、兼侍讲、兼同修国史",将这一名衔与上述第一条记载中的名衔相比,除多了"通议大夫"这一寄禄官名外,其余完全相同。以上三条记载明确地勾勒出洪迈在淳熙十一年至十二年(1184—1185)间的任官经历,足以表明,《宋会要辑稿》食货三四之二七至二九中三条记载的年号应该是"淳熙",而不是"绍兴"。

再次,洪迈奏言中提到"乞详酌专委耿延年使知椠策,议其可否"。耿延年何许人也?在第三条记载中有明确的表述:"十三年正月二十八日,江淮等路提点坑冶铸钱耿延年言:'……臣交领职事三年有五月,晨夕疾心,惟务与民共利,经久可行……'"此时,耿延年已就任提点坑冶铸钱公事三年多了。如果标注"绍兴"的年号无误,耿延年应该是在绍兴九年九月起开始任提点坑冶铸钱公事之职并在此职位上至少持续到十三年正月的。但是,在绍兴十一年三月至绍兴十二年十月之间,一直都有韩球任提点坑冶铸钱之职的确凿记载。① 因此,耿延年不可能与韩球在同一时间段内任同一职位。据《宋会要辑稿》职官六二之二四上的一条记载,淳熙十一年正月二十七日,都大提点坑冶铸钱耿延年除直敷文阁。又据《宋史全文》卷二七上记载:"淳熙十一年三月辛卯,进呈耿延年状,翻铸到淳熙十一年钱样,上曰:'且用旧样,不必频改。'"② 这两条记载,证明了在淳熙十一年正月至三月期间,耿延年正在提点坑冶铸钱官的职位上。因此,耿延年实际上是从淳熙九年(1182)九月起开始担任江淮等路提点坑冶铸钱公事一职的。此外,《宋史》卷四〇一《刘爚传》中也提到,刘爚任饶州录事参军时,"都大坑冶耿某闵遗骸暴露,议用浮屠法葬之水火",刘爚认为这样处理不妥,"使死者有知,祸亦惨矣。"于是,改为"择高阜为丛冢以葬"。刘爚于乾道八年(1172)举进士,之后才进入仕途,从他的履历时间推算,他任饶州录事参军时的那位"都大坑冶耿某"无疑是指淳熙年间的耿延年。③

最后,再看一下洪迈提到的余榘。从洪迈的奏言中可知,淳熙十一

① 《宋会要辑稿》职官四三之一四九至一五〇。
② 《续资治通鉴》卷一四九淳熙十一年三月也有此条记载。
③ 据《弘治徽州府志》卷四《职制·郡邑官属》中记载,耿延年绍熙二年六月知徽州,"三年六月除都大提点坑冶铸钱公事"。估计此次应该是继淳熙年间之后第二次就任提点坑冶官。

年洪迈任婺州知州时，余槔是属他管辖下的永康县知县。明代编修的《正德永康县志》卷四《历宦·县令》条记载了宋代历任永康县知县的名字，其中"翁孟麟"被注明是在淳熙八年任知县的，列在翁孟麟之后的是一个名叫"余槔"的人，名下没有任何注解。虽然如此，从时间顺序上来看，《正德永康县志》记载的永康县知县"余槔"，与洪迈提到的"余槔"应该是指同一人。

　　根据以上对洪迈等数人仕宦履历的分析，可以确定《宋会要辑稿》食货三四之二七至二九的三条记载中，年号写为"绍兴"是错误的，正确的时间应该是淳熙十二年和淳熙十三年。据此还可以进一步推断，洪迈所言"数十年以来，百物翔贵，官不增价收买，坑户失利，散而之他，而官中兵匠不及四百人，止得铜八九万斤，人力多寡相去几二百倍"的现象，大概是从南宋高宗时期开始的。① 窥一斑可见全貌，从信州铅山场的情况不难看出，宋高宗时期，政府对矿山生产采取了竭力搜刮的政策，导致了长期以来矿冶业生产的衰败，而这一局面，直到宋孝宗时期，仍然没有得到有效的改进。

（原载《宋史研究论丛》第六辑，河北大学出版社 2005 年版）

----

　　① 据《宋会要辑稿》食货三三之一九记载，乾道二年铸钱司统计胆铜产量中信州铅山场在北宋徽宗时期产额 380000 斤，南宋高宗末期降到 96536 斤。高宗时期的数字恰与上述内容相互印证。

宋人吴应龙与刘才邵不是同时期人

——匡正刘才邵《樴溪居士集》之误

现存史料记载中，宋代同姓同名的吴应龙共有两人。

第一个吴应龙，字云翔，宋代江南东路广德军建平县人，任官于宋宁宗至宋理宗时期。《宋史》无传，宋代史料只在刘才邵的《樴溪居士集》中有为吴应龙授官撰写的制词，明代、清代地方志中则保留了较多的记载。

第二个吴应龙，据《淳熙三山志》中的记载：字复之，福建路侯官县人，吴均的侄孙，吴文龙之弟，登开禧元年（1205）毛自知榜进士。①清代的《福建通志》中有与《淳熙三山志》同样的记载②。

本文要探究的是建平县人吴应龙的生活年代及仕宦生涯，借以匡正为吴应龙作的授官制词收入刘才邵《樴溪居士集》中之误。故此，有必要分别对刘才邵、吴应龙这两人的生活年代作一考查。

刘才邵，字美中，吉州庐陵人。《宋史》中有刘才邵传，其入仕后的经历如下：

> 大观二年上舍释褐，为赣、汝二州教授，复为湖北提举学事管干文字。宣和二年，中宏词科，迁司农寺丞。靖康元年，迁校书郎。

① （宋）梁克家：《淳熙三山志》卷三一《人物类六·科名》。

② （清）郝玉麟等：《福建通志》卷三五《选举三·宋科目》。

高宗即位，以亲老归侍，居闲十年。御史中丞廖刚荐之，召见，迁秘书丞，历驾部员外郎，迁吏部员外郎，典侍右选事。先是，宗室注官观、岳庙，例须赴部，远者或难于行。才邵言：许经所属以闻于部，依条注拟。行之而便。迁军器监，既而迁起居舍人，未几，为中书舍人兼权直学士院。帝称其能文，时宰忌之，出知漳州。即城东开渠十有四，为闸与斗门以潴汇决，溉田数千亩。民甚德之。两奉祠。绍兴二十五年，召拜工部侍郎兼直学士院，寻权吏部尚书。以疾请祠，加显谟阁直学士。卒，赠通奉大夫。才邵气和貌恭，方权臣用事之时，雍容逊避，以保名节。所著《椭溪居士集》行世。①

从上述记载看，刘才邵生活于北宋徽宗至南宋高宗统治时期，他曾在高宗时期就任中书舍人兼权直学士院。另据李心传的《建炎以来系年要录》记载：刘才邵于绍兴十三年（1143）八月丙午由军器监任上守起居舍人兼权中书舍人②，绍兴十四年（1144）二月己酉从中书舍人职位上罢与外任③，卒于宋高宗绍兴二十八年（1158）二月癸丑④。因此，收入《椭溪居士集》中的外制当出自刘才邵任中书舍人时的绍兴十三年八月至绍兴十四年二月期间。

为吴应龙所作的授官制词被收入刘才邵《椭溪居士集》卷五《外制》中。制词标题是：《朝请大夫直秘阁江湖荆浙福建广南路都大提点坑冶铸钱公事兼知饶州吴应龙除直宝谟阁广西运判兼提举制》。制词全文如下：

广右分百粤之半，漕计莫重焉。岭海之民倚盐筴为命，急之辄去而为盗，纵之则失公上之利。并持双节，俾轻重适平，公私俱便。使者之选，岂不难哉？以尔政术吏能，居官可纪。鄱阳迭组，曾未暖席；将输南服，又俾乘轺。一杜杞奔命之劳，以才选也晋升内阁，益重外台，往钦哉！养民莫如德，理财莫如义，毋匮斯指，益图

① （元）脱脱等：《宋史》卷四二二《刘才邵传》。
② （宋）李心传：《建炎以来系年要录》卷一四九，绍兴十三年八月丙午。
③ 《建炎以来系年要录》卷一五一，绍兴十四年二月己酉。
④ 《建炎以来系年要录》卷一七九，绍兴二十八年二月癸丑。

尔庸。

从上述制词中，我们只能得知吴应龙被除授为广西运判兼提举之前的官阶为朝请大夫，贴职为直秘阁，外任差遣为江湖荆浙福建广南路都大提点坑冶铸钱公事兼知饶州。至于这一制词作于何时，从制词内容中则是看不出来的。由于吴应龙的授官制词收入刘才邵的文集中，故如果未加考究，很容易想当然地将吴应龙也视为是与刘才邵生活于同一时期的官员，吴应龙的制词是刘才邵任中书舍人时所作。然而从下面的分析可以看出，恰恰在这些方面出了差错。李之亮在《宋代路分长官通考》一书中将吴应龙任职为提点坑冶铸钱公事的时间确定在绍兴十三年①，可能就是依据刘才邵的制词得出的结论。实际上，从绍兴十一年起到绍兴十五年，提点坑冶铸钱公事一职一直是由韩球担任的。②

吴应龙的生平，虽然在宋代史料中寻觅不到踪影，但在明代的《嘉靖建平县志》、《明一统志》和清代的《江南通志》等地方志中都有记载，特别是《嘉靖建平县志》卷六《人品志》里的多处条目下都提到他。《举人》条记载：吴应龙于嘉泰元年（1201）中式；《进士》条记载：吴应龙于嘉定四年（1211）中赵建大榜；《恩例》条记载：吴应龙之子吴震以父任补将仕郎。此卷《人物》条中的记述最为详细，可补《宋史》无吴应龙传之缺。现将《人物》条中对吴应龙的记述照录如下：

> 吴应龙，字云翔。生有异质。年十八举于乡，三举登进士。初尉武进县，值岁凶，应龙多方赈恤，民赖以无捐瘠。改知江陵县。清慎自持，仅及报政，以父丧归，囊无留镪。府帅重之，临其丧，且为些曰：平生无愧事，有子作清官。服阕，改知都昌县。大书于庭曰：为朝家培植根本，为生民爱惜膏血。故其为政不茹柔、不吐刚，勤以集事，宽以爱民，庭无滞讼。嘉熙元年升知兴国军。适时多艰，日不暇给，而修泮宫、崇教化，以次毕举，治以最闻。四年

---

① 李之亮：《宋代路分长官通考》，巴蜀书社 2003 年版，第 196 页。
② 详见拙著《宋代矿冶业研究》，河北大学出版社 2005 年版，第 277 页。

趣命入奏，应龙以八事为言，曰：振纲纪、信政令、惜名器、厉人材、择牧守、选将帅、安流离、恤饥寒。理宗异其对，翼日擢拜监察御史。寻与同列议不合，乃以淮漕去国。恬然家食日，辟源溪书院，与宾友游息其中。淳祐三年复起为饶州郡守。饶，江右名郡，宿逋山积。应龙至，宽无慢令，急无趣办，惟以中正行之，逋赋无衍期。次年，除镇江淮荆浙福建广南路都大提点。是岁，复迁直宝谟阁、广南西路转运判兼提本路盐事。于是，有退志。三辞，不获命。会言者尼之，乃老归。则却扫，聚书万卷，手不停披，油然有自得意。时论宗之。①

　　从《嘉靖建平县志》的记载看，吴应龙于宋理宗淳祐三年（1243）知饶州，淳祐四年除任江湖荆浙福建广南路都大提点坑冶铸钱公事兼知饶州，同年迁直宝谟阁、广南西路转运判官兼提举本路盐事。《嘉靖建平县志》记载的吴应龙官职名衔与刘才邵《樵溪居士集》中的制词标题记载完全相符。可见，《嘉靖建平县志》记载的吴应龙和刘才邵《樵溪居士集》中提到的吴应龙是同一人。而且，从制词标题中还可得知：吴应龙升迁前的官阶为朝请大夫，贴职为直秘阁。由于提点铸钱司官署设置于饶州，因此吴应龙被除授为都大提点坑冶铸钱公事时仍兼任饶州知州。

　　将《嘉靖建平县志》和《樵溪居士集》制词中对吴应龙的全部记载综合起来看，可以清晰地看到吴应龙的入仕、升职生涯是在宋宁宗至宋理宗时期。吴应龙于宋宁宗嘉泰元年（1201）年仅十八岁就获得乡贡举人，经三举于嘉定四年（1211）登进士第，之后步入仕途。先后任武进县县尉、江陵县知县、都昌县知县。宋理宗嘉熙元年（1237）升知兴国军，治绩称最。嘉熙四年（1240）奉命入朝上奏，因所言深得理宗赏识而被擢拜监察御史。后遭受排挤，由淮南转运司任上离职。在家暇居期间，致力于家乡的教育事业，创办了源溪书院。淳祐三年（1243）复被起用，知饶州。淳祐四年（1244），被除授江湖荆浙福建广南路都大提点坑冶铸钱公事，仍兼任饶州知州。此时，其官阶为朝请大夫、贴职为直

---

① （明）连镶：《嘉靖建平县志》卷六《人品志·人物》。

秘阁。同年，迁直宝谟阁、广南西路转运判官兼提举本路盐事。

　　由以上记载可知，吴应龙与刘才邵完全是两个不同时期的人，他们的生活年代相差了八九十年。因此，为吴应龙除官撰写的制词理应由宋理宗淳祐四年的中书舍人所作，无论如何也不应该收入宋高宗时期任中书舍人的刘才邵《橄溪居士集》中。这一差错缘何出现，已很难查清。据《四库全书总目》记载，刘才邵的《橄溪居士集》"自明以来传本甚稀"，到清代，"旧本久亡"。清康熙年间修四库全书时，"谨就《永乐大典》所载，裒辑编次，厘为诗三卷，内外制四卷，杂文五卷"。① 可知，刘才邵的《橄溪居士集》原本早已湮灭，现在的版本是从明朝编撰的《永乐大典》中裒辑的。所以，为吴应龙作的制词，可能早在明朝人编《永乐大典》时就被张冠李戴，错录入刘才邵名下，沿袭至今；也可能是清朝人从《永乐大典》中裒辑《橄溪居士集》时出的差错。

（原载《史林》2005 年增刊）

---

① （清）永瑢等：《四库全书总目》卷一五六《集部九·别集类九》。

论宋政府对遗孤财产的检校与放贷[*]

20 世纪 20 年代日本学者加藤繁先生的《论宋代检校库》一文曾探讨了宋代检校库的基本情况，指出"检校库是中国十世纪乃至十三世纪左右所实行的一种官营信托"[①]。因其掌握的检校库史料仅寥寥数条，论述极为简略。80 年代李伟国先生发表《略论宋代的检校库》[②] 一文，对宋代检校库的始末和作用作了进一步地研究和匡正，但仍有不少内容尚未涉及。本文拟在前人研究的基础上，系统地分析宋代遗孤财产检校与放贷制度的发展及实施过程，并对宋政府的作用予以评价。

一 汉、唐时期已有对遗孤财产的检校

"检校"之意是指"查核"、"清点"。此词使用范围很广，中国古代各个时期，官府派遣官员处理各类须经查验、核实的事务时，常命其"检校"。例如：隋文帝开皇五年（585），度支尚书长孙平上奏建议："令民间每秋家出粟麦一石已下，贫富为差，储之当社，委社司检校，以备凶年，名曰义仓。"[③] 唐太宗贞观元年（627）御史大夫杜淹提出："诸

---

* 此文为河北省 2007 年社会科学发展研究课题项目《辽宋金元国有借贷研究》（编号：200703053）系列成果之一。

① 原文最初发表于 1927 年 9 月《史学》第六卷第三期，收入加藤繁《中国经济史考证》卷二，台湾华世出版社 1981 年版。

② 李伟国：《略论宋代的检校库》，收入邓广铭、徐规等主编《宋史研究论文集》，浙江人民出版社 1987 年版。

③ 司马光：《资治通鉴》卷一七六《陈纪十》，至德三年三月戊申。

司文案恐有稽失，请令御史就司检校。"① 南宋时期，"豫章自建炎兵余，民多死徙，赋租罅漏，贫富倒植，公私俱病。公（张奭）白府，请检校冒耕之田而实其主名。有田此有人，有人此有赋。府以武宁、新建之二邑命公检校之。暮月得实，以报府。下其法于诸邑，郡赋始均，邦民始有生意。十邑绘公像而祠之。"② 仅从以上三例已可获知，检校活动涉及的范围或类别是十分宽泛的。另外，从东晋太元年间（376—396）起，官衔中设有"检校御史"一职。唐置检校官，有实职，含有代办某官事、点检某官事之意。唐玄宗以后直至宋代，检校官变为虚衔，表示迁转经历和尊崇的地位。③ 因本文探讨的问题只针对孤儿财产的检校活动，故与上述其他各类检校活动及检校官有关的问题，均不涉及。

根据现存汉代《郑子真宅舍残碑》的内容，汉代已经出现官府检校遗孤财产的现象。

郑子真，姓郑，名朴，字子真，是汉代著名的隐士。他"修道静默，世服其清高，成帝时，元舅大将军王凤以礼聘之，遂不屈。扬雄盛称其德，曰：'谷口郑子真，耕于岩石之下，名振京师。'冯翊人刻石祠之，至今不绝"。④

南宋时期，洪适见到了汉代《郑子真宅舍残碑》，当时碑文已破损不全，他在其金石学著作《隶释》中考释了此碑残存的文字，曰：

右郑子真宅舍残碑，所存其上［百］数十字⑤，余石碎矣。首云所居宅舍一区，直百万，继云故郑子真地中起舍一区，七万，

① 司马光：《资治通鉴》卷一九二《唐纪八》，贞观元年正月己亥。
② 杨万里：《诚斋集》卷一一九《朝奉大夫知永州张公行状》。
③ 详见龚延明《宋代官制辞典》，《检校官》，中华书局1997年版，第606页。
④ 皇甫谧：《高士传》卷中《郑朴》，台北商务印书馆影印文渊阁四库全书。
⑤ 洪适原文为"所存其上十数字"，这与他记录下来的残碑文字一百八十多字相差悬殊。清朝人倪涛《六艺之一录》卷五三《石刻文字二十九·郑子真宅舍残碑》中引洪适《隶释》的记载则为"所存其上数十字"。今依《六艺之一录》记载，改为"数十字"。疑"数十字"前漏掉"百"字，故再加"百"字。

凡宅舍十有二区。其次有辞语，有岁月。云"平四年"，上存四点，必"熹平"也。官吏有郎中及贼曹与掾史，又有左都字彦和，及胡恩、胡阳、陈景等姓名，似是官为检校之文。其中有宅舍、奴婢、财物之句，其云"妻无适嗣"，又云"未知财事"，其前的"为后"二字，则旋立婴孺为嗣也。其云"精魂未臧而有怨"，其上有一字从"女"，当是其母，则知其亲物故未久也。末云"春秋之义，五逊为首"，所以戒其宗姓或女兄弟之类，息争窒讼也。①

洪适认为：《郑子真宅舍残碑》应是东汉灵帝熹平四年（175）"官为检校之文"，碑文的内容记载了官府为亡故者后代清查家财、立碑明示于众、避免亲戚间争财起讼的情况。

清朝人黄生进一步明确地指出，此碑所记不是郑子真后代争财之事，而是他人争财之事：

此碑残缺殊甚，推求字句，似某甲死无嗣，而立一继嗣。其祖之传，婢有子，求分其祖所遗财物，讼之于官，官为估直其财产，为分析以平其讼，因立此碑，以杜后日之争尔。因前有"故郑子真地中起舍一区"，又云"故郑子真舍中起舍一区"，盖本其所从来，与下文潘盖楼舍、吕子近楼一例。后人遂题以《郑子真宅舍残碑》。乍阅似若郑之子姓有此事者。子真当时高士。争财事极鄙薄，而猥冒其名，何古人之不幸耶。②

不管此碑所记是否为郑子真后代争财之事，其内容都透露了汉代官府在平息族人遗产纷争时为之主持查核与分配财产的情况。

唐至五代时期，官府已有对户绝之家的财产进行检校的规定："诸身丧户绝者，所有部曲、客女、奴婢、店宅、资财，并令近亲转易货卖，

①　洪适：《隶释》卷一五《郑子真宅舍残碑》，影印文渊阁四库全书。
②　黄生：《义府》卷下《隶释·郑子真宅舍残碑》，影印文渊阁四库全书。

将营葬事及量营功德之外，余财并与女。无女，均入以次近亲；无亲戚者，官为检校。若亡人在日，自有遗嘱处分、证验分明者，不用此令。"① 但此种法律条文只反映了对户绝人家的财产处理情况。

以上汉、唐二例证实，自古以来，对亡故者财产或户绝之家财产，官府有权清查检校及负责亲族间的分配，以避免亡故者遗孤这类弱幼群体的权益遭他人侵夺。唐代还制定了检校财产的相关法律，但内容过于简略。

二　北宋前期官府对遗孤财产的检校

两宋时期，各地官府检校遗孤财产的记载大量出现。此时，凡涉及清查遗孤财产的"检校"一词，已有明确的含义，即指官府为亡故公民（包括官员和有财产的平民）的未成年子女即遗孤儿女查核、籍记、保管财产，并逐时从保管的财产中定量向遗孤儿女发放生活费的行为。待遗孤儿女长大成人，官府将保管的财产给还，检校行为即告终结。② 例如："所谓检校者，盖身亡男孤幼，官为检校财物，度所须，给之孤幼，责付亲戚可托者抚养，候年及格，官尽给还。"③ "诸有财产而男女孤幼，官为抄札寄库，谓之检校。俟该年格，则给还之。"④ 最晚至北宋仁宗庆历八年（1048），在居住人口数量首屈一指的开封府，还出现了专门保管遗孤财产的机构——检校库。⑤

目前所见，宋代最早的官府处理民间遗孤财产即"官为检校"的记

① 窦仪：《宋刑统》卷一二《户婚律·户绝资产》，中华书局 1984 年版，第 198 页。上述引文标点略有改动。

② 官府为之检校的财产不仅包括房屋、土地、各类浮财等经济财产，甚至包括兼有游乐享受的精神财富。范成大在乾道八年记录的"自石林回，过小玲珑，岩窦益奇，昔为富人吴氏所有，今一子尚幼，山检校于官"的"小玲珑"，可能就是人工堆砌修建的"胜绝此无对"的假山。见《石湖居士诗集》卷十三，四部丛刊。

③ 《名公书判清明集》卷七《不当检校而求检校》，中华书局 1975 年版，第 228 页。

④ 徐松辑：《宋会要辑稿》职官七九之三六，中华书局 1975 年版。

⑤ 唐人欧阳询在《艺文类聚》中记录了晋人裴启《语林》的内容，即"王右军为会稽令，谢公就乞笺纸，检校库中有九万笺纸，悉以予谢公"。这段内容中的"检校"是动词，"库"为宾语，与宋代"检校库"之意不同。

载是在宋太宗太平兴国二年（977）五月。① 当时，"泾州言，安定民妻怒其夫前妻之子妇，断其喉而杀之。上谓左右曰：'法当原情。此必由继嫡之际爱憎殊别，固当以凡人论也。'乃诏：'自今继母杀伤夫前妻之子及其妇，并以杀伤凡人论。尝为人继母而夫死改嫁者，不得占夫家财物，当尽付夫之子孙，幼者官为检校，俟其长然后给之，违者以盗论。'"② 这条记载明确提到父死继母改嫁之家的财产尽归父系子孙，如子孙年幼，官府为之检校财产，负责保管，待其成人后给还。违反法令者，要受到刑法制裁。

宋真宗咸平五年（1002）二月"庚午，户部使、右谏议大夫王子舆奏事长春殿，疾暴作，仆地，命中使掖之，至第而卒。上甚悼焉，赙赐加等，以其子道宗方幼，诏三司判官朱台符检校其家。子舆止一子，而三女皆未笄。道宗寻卒，家属寓居楚州，子舆妻刘还父母家，子舆犹旅殡京畿。后五年，从弟上言愿借官船载枢还乡里，鬻京师居第，以钱寄楚州官库，备三女资送，上怜而许之"③。王子舆是朝官，在都城拥有房产，其死后，官府对其都城的财产加以检校，由幼子继承。但幼子亦死亡，这些财产又兑换成钱运至王子舆家乡楚州官库保存，以供其三个女儿成长及备办嫁资。

宋仁宗时期，武成军节度使、同中书门下平章事、驸马都尉柴宗庆于庆历四年（1044）二月辞世，宋仁宗特辍朝三日，于二月九日幸柴宗庆第临奠。"其家人言，宗庆遗言：'久受禄赐，家给外，并上进'。诏以宗庆之后幼弱，其家财官为检校，不须进纳。"④ 之后，"四月三日，令入内内侍省刘从愿与三司勾当公事陈宗古检点柴宗庆家财现数，约度支给外，官为检校。以宗庆二女尚幼，故也。"⑤ 柴宗庆是驸马，为其遗产进行检点的官员一为内侍官，一为三司属官。从派遣检点的官员职衔看，

———————

　　① 李伟国认为，"这类事始见于真宗咸平时"。见《略论宋代的检校库》，载《宋史研究论文集》，第 224 页。

　　② 李焘：《续资治通鉴长编》卷一八，太平兴国二年五月丙寅，中华书局 2004 年版。

　　③ 《续资治通鉴长编》卷五一，咸平五年二月庚午。

　　④ 《宋会要辑稿》礼四一之三九，四一之一七。

　　⑤ 《宋会要辑稿》帝系八之四九。

庆历四年，开封府检校遗孤财产事务之机构——检校库——可能尚未建立。

根据上述北宋前期的几个事例可以获知，不论是官员之家还是平民之家，不论是在都城还是在地方，宋代官府都有对遗孤财产进行检校的职责。[①] 这一职责已比汉唐时期的内容更为明确：不仅为遗孤清点家财，还代为保管家财，并负责从保管的财物中支付其未成年时的生活费用。

三　宋仁宗时期开封府检校库的建立与恤孤事业的制度化建设

开封府是北宋都城所在地，聚集着大批官员、士兵、行商、市井人户，人烟稠密，遗孤丧亲之事常有发生，因此，在这里建立专门的保管遗孤财产的检校库成为宋政府恤孤事业的重要任务。

开封府检校库的创建时间，史籍缺载。上面提到，宋仁宗庆历四年时，检校库可能尚未建立。但从下述记载看，最晚在宋仁宗庆历八年（1048）八月以前，检校库已经存在了。宋人强至为李中师撰写的行状中提到，李中师曾"管勾本府（开封府）检校库"，因"宰相荐公文章，召试入等，充集贤校理"。[②] 李中师被宰相陈执中推荐充任集贤校理的时间是在宋仁宗庆历八年八月[③]。可见，最晚在此时间之前，开封府检校库已经建立。[④]

继李中师之后，宋仁宗时期任职于开封府检校库的还有陈习。陈习

---

① 李伟国认为："检校库制度，大概也算一种'仁政'。但检校的范围，主要限于有相当财产的命官之孤幼，并未推及于贫寒之家……"见《略论宋代的检校库》一文，载《宋史研究论文集》，第226页。总体上看，我赞同他的观点，但需要强调的是，"贫寒之家"不能等同于无财产的人户，检校遗孤财产的制度涵盖了官员、地主、自耕农等不同的社会阶层，具有比较广泛的社会功能。

② 强至：《祠部集》卷三四《龙图阁直学士朝散大夫给事中充同群牧使兼知审官东院权发遣开封府事上柱国陇西郡开国侯食邑一千二百户食实封四百户赐紫金鱼袋李公行状》，影印文渊阁四库全书。

③ 《续资治通鉴长编》卷一六七，皇祐元年七月戊申注文。

④ 李伟国认为："检校库之名，始见于熙宁间。"见《略论宋代的检校库》一文，载《宋史研究论文集》，第225页。

"中庆历二年甲科，调武昌军节度推官，掌永兴军书记，改著作佐郎，勾当开封府检校库……翰林侍读杨公察治长安，幕中皆名辈，蕃总之务，悉以委公，深加礼敬，期以远到"①。陈习科举中第之后，历任武昌军节度推官、掌永兴军书记；改京官后，勾当开封府检校库。陈习掌永兴军书记时正在杨察手下做事。据查，杨察曾"坐前在府失出笞罪，虽去官，犹罢知信州。徙扬州，复为翰林侍读学士，又兼龙图阁学士、知永兴军，加端明殿学士、知益州。再迁礼部侍郎，复权知开封府"。②杨察被罢知信州是在庆历八年八月③，其历知扬州、永兴军、益州的时间均较短，皇祐五年（1053）闰七月时，杨察已复知开封府。④依此推测，陈习勾当开封府检校库的时间也应在皇祐年间。

宋仁宗时期开封府检校库的建立，标志着官府对遗孤群体的关爱与体恤开始进入制度化的发展时期。宋哲宗时期，知亳州吕希道曾对宋仁宗时期的恤孤事业大加赞誉："孤幼财产尽录以寄官，俟长而给之，此仁圣惠恤之至也。"⑤

其后，两宋历朝政府陆续针对检校过程中出现的问题发布了一系列的法令，实行于全国各地。例如：

　　　准敕：州、县不应检校辄检校者，许越诉。⑥

　　　准敕：诸身死有财产者，男女孤幼、厢耆、邻人不申官抄籍者，

　　杖八十。⑦

　　　准敕：辄支用已检校财产者论如擅支朝廷封桩钱物法，徒

　　二年。⑧

---

①　吕陶：《净德集》卷二三《朝散大夫致仕陈公墓志铭》，影印文渊阁四库全书。

②　脱脱：《宋史》卷二九五《杨察传》，中华书局 1977 年版。

③　《续资治通鉴长编》卷一六五，庆历八年八月丁丑。

④　《长编》卷一七五，皇祐五年闰七月壬辰。

⑤　范祖禹：《范太史集》卷四二《左中散大夫守少府监吕公墓志铭》，影印文渊阁四库全书。

⑥　《名公书判清明集》卷七《不当检校而求检校》。

⑦　《名公书判清明集》卷八《叔父谋吞并幼侄财产》。

⑧　《名公书判清明集》卷八《侵用已检校财产论如擅支朝廷封桩钱物法》。

　　（宋哲宗元祐五年七月乙亥）刑部言："应抵当所并州县寄纳人户物色在官库者，若有毁失，乞并依弃毁亡失及误毁官私器物律备偿。"从之。①

　　前三个敕令见于《名公书判清明集》，失年代记载，估计应发布于北宋时期，南宋沿用。这些法令表明：不符合检校条件而被官府检校之家，可以越级上诉；符合检校条件者，遗孤本人、当地吏人和邻居必须申报官府检校，如不申报官府，要受到杖刑处罚；如管理人员擅自支用已经检校的财产，依"擅支朝廷封桩钱物法"的处罚条令服役两年；官库保管的财产（包括遗孤财产在内）如有损失，管理人员必须依法赔偿。

　　需要指出的是，两宋时期，开封府检校库和地方官库除保管遗孤财产外，也保管民间法律纠纷之财、盗贼赃物、户绝财产、无主货物、人户存入等各类财产。例如，元丰四年（1081）九月，原鄜延路钤辖刘绍能因被诬告与西夏交通，"诏令沈括付管押军器内臣周珪同本路走马承受霍丙押赴阙，系御史台狱听旨"。后查明并无此事，元丰五年"七月五日甲申，枢密院奏勘会到鄜延路将副，奉旨刘绍能与移环庆路将官差遣。十三日壬辰，鄜延路钤辖刘绍能带到银器、衣物等见在府司校库寄纳物色，候有便使臣管押往环庆路交付本人"。② 由于押送刘绍能来京，其所带财物暂时保管于开封府检校库。又如，京城有欲投换军将者，须先行纳钱于检校库充抵当。元符元年（1098）十一月庚申，刑部言："投换军将人如无家业者，许将见钱五十贯已上愿纳赴官收管充抵当，许行投换。在京於府司检校库，在外於所属州府军资库寄纳。"从之。③ 另外，官员或平民因种种原因犯罪违法、被制裁者，常被籍没财产或罚俸没官，开封府检校库也收有这部分财产。例如：蔡絛提道："政和时有司上言，天府所籍吴氏资居检校库，而吴氏者，王丞相之姻家也，且多有王丞相文书。于是朝廷悉命藏诸祕阁，用是吾得见之（指王安石手写之《周礼新

---

　　① 《续资治通鉴长编》卷四四五，元祐五年七月乙亥。
　　② 《续资治通鉴长编》卷三一六，元丰四年九月庚子；卷三二五，元丰五年四月甲寅注文。
　　③ 《续资治通鉴长编》卷五百四，元符元年十一月庚申。

义》）。"① 蔡絛所言"吴氏"，指吴充家族，吴充之子即吴安持，是王安石的女婿。"吴氏资"是吴家被籍没入官的财产。大观元年（1107）五月，吴安持之子吴侔与其堂兄吴储"坐与妖人张怀素通谋诛死"②，故两家财产（其中就包括王安石的手稿）均被籍没入官，保存在检校库。政和年间，王安石的手稿被拣出移入秘阁收藏，蔡絛才得以见之。检校库和地方官库保管的上述此类财产情况因与本文主题无关，不再赘述。

四　宋神宗至宋徽宗时期检校库放贷业务的出现与放贷条文的变化

宋神宗熙宁四年（1071），检校库由单纯保管与发放遗孤财产的职能衍生出了放贷职能。熙宁四年五月戊子，"同勾当开封府司录检校库吴安持言：'本库检校孤幼财物，月给钱，岁给衣，逮及长成，或至罄竭，不足推广朝廷爱民之本意，乞以见寄金银见钱，依常平仓法贷人，令入抵当出息，以给孤幼。'诏千缗以下如所奏施行。"③ 从此，遗孤之家每户寄存的财产凡不足 1000 缗的，可作为本钱，由官府依常平仓法贷出，贷者必须押入抵当物才可借钱，官府以贷者还本付息之息钱补贴遗孤儿童日常生活开支。长此以往，可有效解决遗孤财产不够支赡的问题。

检校库开展放贷业务后，开封府所在的中央各部门看到此法可获得盈利，于是陆续将本部门的经费存入检校库委托放贷生息。第一笔经费有七万贯，于熙宁四年（1071）十一月十一日以杂供库名下拨入，"权发遣开封府推官晁端彦言：杂供库支费浩大，岁均（约）九千余贯，已裁减三分之一。乞下左藏库借钱为本，依古公廨钱支今检校库，召人借钱出息，却候偿剩拨还。诏左藏库支钱七万贯为本。"④ 这笔本钱拨到开封

---

① 蔡絛：《铁围山丛谈》卷四，中华书局 1983 年版。
② 《宋史》卷三一二《吴充传》，参见《宋史》卷二〇《徽宗本纪二》。
③ 《续资治通鉴长编》卷二二三，熙宁四年五月戊子。《宋会要辑稿》职官二七之七、二七之六四亦有此条记载，文字略有不同。
④ 《宋会要辑稿》职官二七之六四至六五、职官二七之七及《续资治通鉴长编》卷二三二熙宁五年四月甲戌均有此条记载，文字略有不同。

府检校库，"召人情愿借贷，依常平出息，充捕贼赏钱。"① 这之后，宋神宗又陆续下诏赐钱送检校库放贷，用于律学、武学、国子监的教育开支，都水监和军器监也将自有经费送检校库或抵当所放贷②：

> （熙宁五年）七月二十二日，诏给武学钱万贯，送检校库出息，以供公用。九年七月，武学请收还本钱。遂罢。③
>
> （熙宁五年）十一月二十七日，诏给国子监钱二万贯，送检校库出息，以供公用。
>
> （熙宁六年四月己亥），以朝集院为律学，赐钱万五千缗，於开封府界检校库出息，以助给养生员。④
>
> （熙宁六年）十二月十八日，都水监言：乞将本监钱一万五千贯送抵当所出息供用。从之。
>
> （熙宁六年十二月）二十六日，军器监言：乞将本监钱一万九千余贯依武学例送府司出息供用。从之。

由于贷放本钱增加，用途又与遗孤财产有别，建立专门机构进行管理就成为当务之急。熙宁五年（1072）正月，宋神宗下诏，差开封府检校库吴安持与本府户曹孙迪专一置局，管勾息钱支给。同年四月三日，已出现"抵当所"这一机构，"抵当所言：在京人户系属司录司，乞令司录司 [同] 共管勾催促本所钱。从之。"⑤ 此话虽语焉不详，但《宋会要辑稿》中一条记载简要述及了抵当所的早期沿革及职能："抵当免行所在

---

① 《续资治通鉴长编》卷二三二，熙宁五年四月甲戌。

② 以下资料未出注者，均出自《宋会要辑稿》职官二七之六四至六五。

③ 《宋会要辑稿》职官二七之六五。《宋会要辑稿》二七之八亦有此条记载，但日期、系年等时间记载有误。

④ 《续资治通鉴长编》卷二四四，熙宁六年四月己亥。同条李焘注文提道："据墨本，熙宁六年八月癸酉，国子监丞杨完言：近诉给钱万缗送检校库，召人抵保收息给律学。今生员滋多，乞增赐本钱五千缗，从之。朱本削去，云已见六十卷内。盖墨本误以五千缗并入初给时故也。"又据《宋会要辑稿》职官二七之六五曰："六年四月二十四日，诏给律学钱万贯，送检校库出息以供公用。"因此，给律学的15000缗本钱，是在四月和八月分两次拨下的。

⑤ 《宋会要辑稿》职官二七之六五。依同书职官二七之八此条记载补入"同"字。

府司检校库，旧隶府，后属都提举市易司，以官钱召人抵当出息，凡五窠：检校小儿为一，开封府杂供库为一，国子监、律、武学为一，军器、都水监为一，市易务为一。并受免行钱。"① 从抵当所"在府司检校库，旧隶府"来看，此机构应该是检校库官吴安持与开封府户曹孙迪奉宋神宗熙宁五年正月诏令建立的，专门管理本钱出贷和收息事务。初成立时，设在检校库，属开封府管辖。当时，因免役法尚未推行，抵当所还没有收受免行钱。

免行钱作为抵当所的放贷资金，应该是在熙宁六年（1073）十二月抵当所被划归都提举市易司管辖之后。宋神宗于熙宁六年十二月二十七日发布诏令："诏市易司市利钱量留支用外，十万贯并送抵当所出息，准备支充吏禄。其抵当所令都提举市易统辖，罢（句）［勾］当曹官一员，却置（句）［勾］当公事二员，专切检估。"② 自此，抵当所从隶属于开封府管辖转归都提举市易司管辖，吸收了市易司市利钱十万贯作为放贷资金。后来，抵当所又将免行钱纳入放贷资金的范围，故被称之为"抵当免行所"。

抵当所转归都提举市易司管辖后，即与检校库分离，但此时检校库是否还管理包括检校遗孤财产在内的中央各部门的放贷事务呢？目前仅找到一条资料可供分析：

> （熙宁九年五月六日）都提举市易司言："本司统辖抵当官钱，然检校库自隶开封府，若本库留滞差失，无缘检举，乞拨属本司。其事关开封府，即依旧隶府，其余应干事务，并归本司统辖。"从之。③

这里虽然没有明确指出开封府检校库经营的放贷资金来自何处，但

---

① 《宋会要辑稿》职官二七之六四。
② 《宋会要辑稿》职官二七之六四；另《宋会要辑稿》职官二七之九、《续资治通鉴长编》卷二四八熙宁六年十二月丙申亦有记载，《续资治通鉴长编》记载有缺漏。
③ 《宋会要辑稿》职官二七之六五；《续资治通鉴长编》卷二七五熙宁九年五月辛酉条亦有记载，文字略有不同。

从都提举市易司以其"统辖抵当官钱"为由，请求将与开封府无关的检校库"其余应干事务""并归本司统辖"来看，开封府检校库在熙宁六年底至熙宁九年五月以前这一时期仍在经营抵当放贷业务。其中，仍应有遗孤财产的抵当放贷，也有其他官钱的抵当放贷。熙宁九年五月的调整，进一步将检校库中官钱的抵当放贷业务统统拨属都提举市易司管辖。至于遗孤财产的检校与放贷，因是私人财产，且"事关开封府"，故依旧归开封府检校库管理。①

宋神宗元丰年间，遗孤财产放贷条例被加以修改，形成元丰令。宋哲宗绍圣三年（1096）二月十日，提举梓州路常平等事王雍言："元丰令，孤幼财产，官为检校，使亲戚抚养之，季给所需，资蓄不满五百万者，召人户供质当举钱，岁取息二分，为抚养费。"②王雍奏言中提到的"五百万"即5000缗。元丰令将熙宁时期不足1000缗的财产可放贷的规定改为5000缗以下，并明确提出年收息额为本钱的20%。这样，不仅大大拓宽了对外放贷的遗孤财产额的限制，使拥有5000缗以下财产的遗孤都可获得有保障的生活资金，而且促进了库存资金的利用和流动。

宋哲宗元祐初年，元丰令曾因监察御史孙升反对而一度被罢，但遗孤财产仍然被地方官作为贷放之资，而所获盈利往往挪作他用。元祐五年（1090）三月之前，知亳州吕希道曾上言朝廷："孤幼财产尽录以寄官，俟长而给之，此仁圣惠恤之至也。今之诸路监司不能上体朝廷意，往往假贷藉以为他用，民有终身垂白不能得者，请立法，毋辄贷用。"③为了保护遗孤财产不被侵耗，元祐五年七月，刑部建议："应抵当所并州县寄纳人户物色在官库者，若有毁失，乞并依弃毁亡失及误毁官私器物

---

① 李伟国认为，熙宁九年的调整，是将检校库交"都提举市易司管辖"，而检校孤幼财产等事，"应仍由开封府管"。见《略论宋代的检校库》一文，第227页。
② 《宋会要辑稿》食货六一之六三。
③ 据《范太史集》卷四二《左中散大夫守少府监吕公墓志铭》记载，吕希道在知亳州之后，即"入为少府监"。又据《续资治通鉴长编》卷四三九元祐五年三月丁亥记载，"左中散大夫吕希道为少府监"，故吕希道的上奏当在元祐五年三月之前。

律备偿。"获得批准。① 绍圣三年，王雍建议恢复元丰令："窃详元丰法意，谓岁月悠久，日用耗竭，比壮长，所赢无几，故使举钱者入息，而资本之在官者自若无所伤，所以收恤孩稚，衿及隐微，盖先王美政之遗意。请悉复元丰旧令。"② 他的建议得到采纳。

宋哲宗元符年间（1098—1100）和宋徽宗政和元年（1111），在元丰令的基础上又陆续进行了两次修订，据宋徽宗政和元年四月六日官员上奏所言：

> 幼孤财产并寄常平库。自来官司以其寄纳无所专责，转运司又以寄它司，漫不省察，因致州县得为奸弊，财物不可留者估卖，则并其帷帐、衣衾、书画、玩好，幼孤莫能自直。诏于元符令内"财产官为检校"注文"估卖"字下添入"委不干碍官覆验"字，又于"财物召人借请"字下添入"须有物力户为保"，又于"收息二分"字下添注"限岁前数足"字，又于注文"勾当公人量支食钱"字下添入"提举常平司严切觉察"字。③

从奏疏中可知，继元丰令后，宋哲宗时期又出台了元符令。但各地遗孤财产寄托在常平库内，并没有指定专门的管辖机构，转运司和常平司均掉以轻心，管理散漫，给下层官吏舞弊以可乘之机。因此，政和元年，官员上奏要求再予以修订，并提出具体的修改意见。这些意见是否得到采纳？据下面慕容彦逢的奏札内容看，答案是肯定的。慕容彦逢在政和元年十二月《理会抵当孤幼札子》中指出：

> 臣伏睹：州县孤幼财产，官为检校，不满五千贯，召人供抵当，量数借请，岁收二分之息，资以赡养，候其长立而还之。法意慈恻，尽于事情。然间缘形势户虚指抵当，或高估价值，冒法请领，不唯

---

① 《续资治通鉴长编》卷四四五，元祐五年七月乙亥。
② 《宋会要辑稿》食货六一之六三。
③ 《宋会要辑稿》食货六一之六二。

亏欠岁息，乃至并本不纳。迫其长立合给还之时，元检校钱物，并无见在。其冒法请领之人，或从官远方；或徙居它所；或不知存在；或妄托事端，唯以空文来往。因致合给还之人饥寒失所。近虽降朝旨，添立"须有物力户为保"，及"限岁钱数足"等条，然于形势之家未有惩革。臣愚欲乞检校孤幼财产，不许形势户借请及作保。其所供抵当，委官验实估定价直，方许给借。余依见行修令。所贵州县遵守，实惠及民，如蒙圣允，乞诏有司施行。①

元符令和政和令的内容体现了以下几方面的变化：第一，元符令允许估卖不便保留的遗孤财产，政和令则规定：估卖物品时必须有本职之外的其他无牵连的官员覆验，以防主管官员疏忽渎职。第二，为保障遗孤财产不被耗失，政和令规定，借贷遗孤财产者，必须有物力户为其作保，每年借贷的利息要于岁末以前交足。第三，元符令规定，管理检校与放贷业务的公人可以适量获取食钱，政和令特意改为：此举须纳入各路提举常平司严切把关监控之下。

遗孤财产借贷法虽屡经修订，却没有对舞弊的主体——形势户加以惩戒。慕容彦逢认为：遗孤财产借贷中形成的恶意借贷的主体是形势户的借贷，其手段是虚指抵当或高估抵当物的价值，一旦请领到本钱，不仅亏欠利息，甚至亏欠本钱。官府催债时，常面临借贷者或远地做官，或迁移他处，或销声匿迹，或赖账不还等各种问题。由于形势户是地方豪强，称霸乡里，官府对之无可奈何，致使遗孤长大，拿不到自己的财产而饥寒失所。政和元年四月特意修改法令，增加"须有物力户为保"，及"限岁钱数足"等条款，但是没有针对形势户制定惩戒条令。因此，应下令禁止形势户借贷和作保，提交的抵当物需经官员查验核实并估价，才可借贷遗孤财产。

慕容彦逢的建议是否被接纳，不得而知。但是，在当时的社会下，即使制度规定禁止形势户等地方强权势力借贷和作保，仍难禁绝上述现象的发生。李纲曾提到这样一件事："孤幼钱寄官帑法，许保任以贷民，

---

① 慕容彦逢：《摛文堂集》卷一〇《理会抵当孤幼札子》，影印文渊阁四库全书。

俾出息。有士人者负贵人势，贷而不肯偿，君（张端礼）捕治甚急。或讽之，君不为止。士人迫遽逃去，竟以忧畏死他郡。"① 借贷者已死，欠款追回之事，只能是不了了之。

五 南宋时期检校与放贷的实施状况

南宋以后，临安府是否仿照开封府设置检校库，目前没有查到相关记载。但是，临安府仍应保有检校本府遗孤财产与放贷的业务。由于临安府设有常平库，官府检校的遗孤财产也有可能保管在常平库中。

南宋时期，各地官府检校遗孤财产并代为保管的现象仍然存在，《名公书判清明集》中有较多此类记载。兹举几例：

> 李介翁死而无子，仅有一女，曰良子，乃其婢郑三娘之所生也。官司昨与之立嗣，又与之检校，指拨良子应分之物产，令阿郑抚养之，以待其嫁，其钱、会、银器等，则官为寄留之，所以为抚孤幼计者悉矣。②

> 闻通判平生清苦自立，乡曲所共知之。今不幸殁于官所，其家惟一妇一孙……目今所失一箱物，委官验之……见委察推躬亲屈致季知县、王宗教、潘县尉、汤将仕集会其家，点对元检校数目，严与封桩。将来准备襄（丧？）事支遣之外，以其余金悉为买田，活其孤幼，如见留日用婢仆之类，亦合量为支给，其他蚕食于旁，一切屏去之，毋以姑息为事。③

> 帖县尉同曹隅官照单状所载，将三家物力除田产之外，应系米谷，孳牲之类，并混作三分，内牛俚（注：孤幼）一分，分明具单

---

① 李纲：《梁溪集》卷一《宋故朝请郎主管南京鸿庆宫张公墓志铭》，影印文渊阁四库全书。
② 《名公书判清明集》卷七《官为区处》。
③ 《名公书判清明集》卷八《检校闻通判财产为其侄谋夺》。

入官，责阿陈收掌抚育。所有契照就李春五兄弟索出，封寄县库，给据与照，候出幼日给还。①

李文孜蕞尔童稚，怙恃俱亡……李细二十三为其叔父，……据其田业……莫不奄而有之。……李细二十三决脊杖十五，编管五百里，……监还所夺去李文孜财物、契书等。李文孜年齿尚幼，若使归乡，必不能自立于群凶之中……当职昨唤李文孜至案前，问其家事，应对粗有伦叙，虽曰有以授之，然亦见其胸中非顽冥弗灵者，合送府学，委请一老成士友，俾之随分教导，并视其衣服饮食，加意以长育之。其一户产业，并从官司检校，逐年租课，府学钱粮，官与之拘榷，以充束脩服食之费，有余则附籍收管，候成丁日给还。②

从以上诸例可以看到，南宋时期，地方州县长期执行了对遗孤财产的检校业务。有的用遗孤钱财购买农田，以其收入充养育之费；有的将田产契约封寄县库，待其长大给还；有的见孺子可教，送入府学加以培养，官府为之管理产业。这些事例，都是南宋官员断案的记载。由此也可以看到，当时宗亲族人侵吞遗孤财产的现象较为常见。故官府检校遗孤财产，不仅具有保护遗孤群体权益的作用，亦对净化社会风气，维护安定、和谐的社会局面具有积极的作用。

由于保管和贷放大量的钱物，负责检校遗孤财产的官员官职操守是否廉洁，就成为官府恤孤事业能否健康发展的重要因素。北宋官至宰相的韩忠彦、曾布等人在其仕途早期都曾担任过开封府检校库监当官③，这种经历对他们从政经验的积累和仕途的进取无疑是有裨益的。然而，宋代监当官吏借职务之便贪污、挪用检校财产的现象屡见不鲜。南宋以后，此类现象日益严重。这一点，在南宋各朝皇帝敕文和臣僚奏文中均有

---

① 《名公书判清明集》卷八《同业则当同财》。
② 《名公书判清明集》卷八《叔父谋取吞并幼侄财产》。
③ 毕仲游：《西台集》卷一五《丞相仪国韩公行状》，影印文渊阁四库全书；杜大珪：《名臣碑传琬琰集》下卷二○《曾文肃公布传》，影印文渊阁四库全书。

反映：

乾道元年正月一日南郊敕："州县检校孤幼财产，官司侵用，暨至年及，往往占吝，多不给还。仰州县日下依条给付，仍令提刑司常切觉察，如有违戾，按劾以闻。"三年十一月二日、六年十一月六日、九年十一月九日南郊赦文并同此制。①

（绍熙元年九月敕）民间或有纷争未决之财，或有取赎未定之讼，孤幼财产未该年格……如是之类，则其财皆寄于官，谓之寄库钱。今之州县幸其在官，不复给还。又其甚者，不应检校辄检校……强入之官，洎至翻诉明白，其财已不复存矣。可戒郡县应民间寄库钱，皆令刷具，别置簿历，专作库眼，俟其陈请，即时给还。或非理没入，既经翻诉给还者，亦仰依限支给。如或循习弊，并许人户越诉。委自省部、御史台取其违慢悖理尤甚者，具职位姓名取旨责罚。②

嘉定六年二月二十七日，臣僚言：窃见令甲所载："孤幼财产官为检校"，注云"并寄常平库"。所以爱护甚至、堤防甚密矣。民间孤幼责在州县，其家于乡村者，县之专责。应办窘迫，苟且目前，罕不于此移借。西南两外宗子孤幼，责在宗司，宗司自行拘收，吏辈既因以侵欺，用度务侈，遂视为公帑之储。且其在孩提之时，不能自有其有而委之官，须其及令而归之，谓不啻局（扃）钥之固。至于执券就索，以岁月久远拒之；否则婉辞以款之，十或不能还一二。彼其初籍之，已有利之之心，盖自籍而至于给还，近亦不下十载。而居官不过二三年为任，前者以非我给还而敢于用，后者以非我移用而吝于还。县令如此，甚非父母斯民之意。宗司如此，其亦盍以公族枝叶为念乎？乞诏户部，行下州郡，毋容县道互用民间孤

① 《宋会要辑稿》食货六一之六七。
② 《庆元条法事类》卷三六《给还寄库钱物·申明》，台北：新文丰出版公司1976年版。

幼寄库财物。今后有法，应检校之家，其财物并拘椿本县常平库。西南外宗司令大宗正司行下两司，如有孤幼宗子合检籍者，移文于寓居处本州施行，亦寄常平库。如拘椿之物及续入地利，并须簿历分明收附，月委官点检，具申大宗正司，庶几给还以时，宿弊可革。从之。①

（嘉定十五年）九月二日，臣僚言：臣闻立法所以为民，其始也未尝不善。未流一失，则善意泯，而弊独存。是非法之罪，有诸负法之罪也。诸有财产而男女孤幼，官为抄札寄库，谓之检校。俟该年格，则给还之。法非不善也。今检校之财一入州县，则视同官物，季给所须则多方要阻，年及有请则故意占吝，而必待宛转。或支移他用者有之，或侵欺规隐者有之，此检校之法弊也……已检校而辄支用者，论如擅支朝廷封椿钱物法，乞严饬有司申明前禁，应检校、寄库钱物，官司不得妄自侵移，合给还而不给还者，许民户经台省越诉，其官吏必罚无贷，庶几不失立法之初意。从之。②

（宋理宗景定元年九月赦）州县检校孤幼财产，往往便行侵用，泊至年及陈乞，多称前官用过，不即给还。自今如尚违戾，以吏业估偿官，论以违制，不以去官赦降原减。③

仅宋孝宗乾道元年至九年间（1165—1173）的四次南郊赦文就都提到"官司侵用"已经检校的孤幼财产要"按劾以闻"；宋光宗、宋宁宗、宋理宗时期也一再申明"许人户越诉"，"官司不得妄自侵移"，"吏业估偿官，论以违制，不以去官赦降原减"，说明了南宋时期遗孤财产常被各级官吏侵占挪用和有法不依的腐败状况。这种侵占挪用行为破坏了正常的借贷秩序，损害了遗孤群体的利益，阻碍了检校财产放贷事业的健康

---

① 《宋会要辑稿》帝系七之二二。
② 《宋会要辑稿》职官七九之三六至三七。
③ 《宋史》卷一七三，《食货上一·农田》。

发展。

南宋后期，遗孤财产仍以 5000 缗以下为允许贷放的限额标准，但实际执行时似已不再那么严格。宋理宗宝祐三年（1255），欧阳守道议论道：

> 昨见某氏卑幼之讼，谓掌管者不照常平法，不于逐年理算二分营运出息养赡。心窃疑之。若法果如此，则掌管者更与孤幼作干人也。恐法意不然。今日读法，乃知卑幼财产籍记于官，季一给之。若家资不满五千贯者，入词召保抵当给借，每岁营二分之息，出入有常平司常览察之语。盖法意以其原财有限，若今季给若干，明季给若干，则有时而尽。故于此少者给借，此营运之本也。可谓虑之周矣。倘执此为说，便谓凡掌管卑幼者，于其所有财产之数万则出息二千，十万则出息二万，百万则有二十万，是卑幼安坐役其尊长作干人也。十数年未成丁，则息钱多至于无算。成丁自立之后，皆可以讼其尊长取息钱也。法岂使如此多财者更须营运乎？今世此讼甚多，仕初入官不肯读法，词状到前，每为所惑。不可不戒也。①

欧阳守道的议论透露了两个变化。第一个变化，"法岂使如此多财者更须营运乎？"说明当时的贷放情况与法律的规定已有不同。法律规定，遗孤财产在 5000 缗以下的才许出贷营运取息，主要目的在保障拥有足够的恤孤养孤的费用，而不在获利，但是南宋后期，官吏因追逐盈利，已冲破这一界限。第二个变化，遗孤长大后凭借着官府的法令要求获得足额息钱的官司增加了。此类诉讼的增多，一方面反映了遗孤者维权意识的增强；另一方面也凸显出在唯利是图风气的浸淫下尊卑长幼传统道德观念已被破坏。

总之，宋代是中国古代社会中政府恤孤慈幼事业显著发展的时期。宋仁宗时期，政府检校遗孤财产的活动已经制度化，不仅首都开封府设立了检校库，地方各州县也都执行对遗孤财产的检校制度。宋神宗熙宁

---

① 欧阳守道：《巽斋文集》卷二四《掌卑幼财产说》，影印文渊阁四库全书。

时期进一步地开发出遗孤财产的放贷收息业务。之后，遗孤财产的放贷收息法规在北宋元丰、元符、政和年间不断修改，经南宋孝宗、光宗、宁宗、理宗时期一直存在。可以说，遗孤财产的放贷收息业务已在宋代资金融通的经济活动中占据了一席之地。毋庸讳言，在此类资金的借贷过程中出现了营运官吏贪污、挪用、渎职以及贷借者欺诈骗贷、拖延不还等情况，致使不少遗孤儿童的财产遭到侵吞。这种现象，南宋更为严重。但总体上看，在当时的历史条件下，宋朝政府对遗孤财产的检校和放贷业务是面向社会积累恤孤慈幼事业经费的有益探索，也是适应宋代商品货币经济发展的有益探索，其积极作用和意义应予肯定。

（原载《中国经济史研究》2008 年第 4 期，中国人民大学书报资料中心复印报刊资料《宋辽金元史》2009 年第 2 期全文转载）

宋代永州、邵州经济发展考析

——从"湘南名郡，旧称甲永乙邵"说起

研究湖南地方史的学者论述宋代湖南永州文化发展、人才鼎盛时，经常引用南宋人杨万里记载的"湘南名郡，旧称甲永乙邵"之言，认为永州"作为'名郡'，其显著特点之一，就是人才多、影响大"。① "作为'名郡'，最显著的标志之一，就是人才众多。"② 以上研究主要是从文化史角度进行的解读。然而，杨万里引用"甲永乙邵"时的本意其实是指永州（治今湖南永州市）、邵州（治今湖南邵阳市）的经济发展位居荆湖南路前列。关于这一点，目前的研究十分薄弱。鉴于此，本文欲对宋代永州和邵州的经济发展状况作一考析。如有不当之处，敬请方家指教。

一 "甲永乙邵"之语境与内涵

"湘南名郡，旧称甲永乙邵"③ 一说见于杨万里于南宋宁宗庆元六年（1200）十二月为当年九月故去的知永州张奭所作的《朝奉大夫知永州张公行状》中。

"湘南"即湘江之南。湘江，又称湘水，是长江中游南岸的一条重要

---

① 陶用舒：《零陵古代人才的兴盛及其原因》，《零陵师专学报》1998 年第 1 期。

② 张伟：《永州历史上的状元、进士知多少》，《湖南科技学院学报》2009 年第 1 期。

③ （宋）杨万里撰，辛更儒笺校：《杨万里集笺校》卷一一九《朝奉大夫知永州张公行状》，中华书局 2007 年版。

支流，发源于湖南省永州市海拔近 2000 米的九嶷山地区，上游称潇水，零陵以北开始称湘江，流经永州、衡阳、株洲、湘潭、长沙，至湘阴县入洞庭湖后归长江。汉代长沙郡国下曾设有湘南县，故古代狭义的"湘南"一词指湘南县，广义的"湘南"即指湘江南部地区。古代，湘江以南地区因荒瘠偏远，常常是被贬谪官员的流放之地。战国时期，屈原被谗，"遂遭放湘水之南"①。唐代，柳宗元"得罪朝列，窜身湘南"②，被贬为永州司马。

古籍文献中，"湖南"一词晚出于"湘南"，意指洞庭湖以南地区。唐肃宗上元二年（761）二月癸未下诏贬中书侍郎、同中书门下三品李揆为袁州长史③，诏令中已出现"湖南"称谓："端居相府，潜构祸胎。扇湖南之八州，阻江陵之节制……"④ 延至宋太宗至道三年（997），天下分为十五路，洞庭湖以南地区设置为荆湖南路，简称"湖南"，管辖潭州、衡州、道州、永州、邵州、郴州、全州和桂阳监 8 个行政地区。此后，"湖南"与"湘南"词义均可互代，只是由于"湖南"成为荆湖南路政区之简称，"湘南"一词使用趋少，但两宋时期仍屡屡可见。例如：北宋熙宁年间（1068—1077），"湘南八州之境，岁度僧数百"⑤，北宋人沈辽提道："长沙为湘南会府，诸吏小大咸集，号多士"⑥，这两条史料中的"湘南"都是指荆湖南路行政地区。南宋也是如此，宋孝宗淳熙十五年（1188），年方六岁的岳珂"侍先君漕挽湘南，及识公之子，知常帖得之，是时盖淳熙戊申岁"⑦。杨楫于宋宁宗嘉定三年（1210）与张淏（字清

---

① （梁）萧统编，（唐）李善等注：《六臣注文选·序》，中华书局 1987 年版，第 2 页。

② （唐）柳宗元：《柳河东集》卷三六《上江陵严司空启》，上海人民出版社 1974 年版，第 574 页。

③ 刘昫《旧唐书》卷一〇《肃宗本纪》，中华书局点校本，1975 年。

④ 董诰等编，孙映逵等点校：《全唐文》卷四三，山西教育出版社 2002 年版，第 289—290 页。

⑤ （宋）惠洪：《禅林僧宝传》卷一八《兴化铣禅师青原十一世》，佛光出版社 1994 年版，第 362 页。

⑥ （宋）沈辽：《云巢编》卷九《东安县尉王君墓铭》，线装书局 2004 年版，第 562 页。

⑦ （宋）岳珂：《宝真斋法书赞》卷二四《折枢密子友帖》，影印文渊阁四库全书。据同书卷一三《薛道祖马伏波事诗》记载"先君在湘南得此帖于成都使者折知常，时登湘山观阅帖，予方六龄，先君执卷叹且顾曰：小子识之！盖淳熙戊申之六月"。据此推断，岳珂时年六岁。

源）相识，喜其学问才识与处理政事之才能，曾想在赴任湖南提刑时收张淏为属官："会予持宪湘南，欲请于朝以清源自随，清源以不便亲为辞，予亦不敢强，相别于宿松道中"。① 上述南宋时期人岳珂、杨楫提到的"湘南"亦均指荆湖南路。据此，杨万里所说的"湘南名郡"，其含义就是指享誉于荆湖南路的州郡。

张奭，字叔保，江南西路吉州人（治今江西吉安市），南宋高宗绍兴二十年（1150）得中乡举，赴省试科举不第，于孝宗朝以门荫入仕，宁宗庆元四年（1198）知永州，庆元六年九月五日卒于永州任所。② 张奭辞世前特意嘱咐家人要请已致仕的杨万里和周必大为他书写行状和墓志铭。为什么请这两人书写呢？据杨万里在为张奭所作行状中所说："万里与公同生丁未，而公为长，又同乡举于绍兴庚午，且相好。"③ 周必大在为张奭所作墓志铭中也提道："当绍兴庚午，与君同试秋闱，见其记问文采俱过人，遂与计偕，以是知君之学。"④ 从中可知，同为吉州人的杨万里、周必大与张奭早在五十年前的绍兴二十年秋季乡试时相识，均得中乡举，周必大还与张奭结伴赴临安参加省试。自此，他们的友情日益深厚。在张奭看来，能为他写行状和墓志铭的人，非杨万里、周必大莫属，而杨万里、周必大亦因挚友弥留之际的嘱托，欣然受命。

那么，杨万里的"甲永乙邵"是在什么语境中提到，又有什么内涵呢？我们还得将杨万里在《朝奉大夫知永州张公行状》中对张奭知永州时期的政绩记录转引如下，以便分析：

---

① （宋）张淏：《云谷杂记》卷末杨楫序文，影印文渊阁四库全书，台湾商务印书馆1986年版。

② 关于张奭永州上任时间，周必大在《文忠集》卷七三《永州张使君奭墓志铭》中记载为："知永州，转朝请大夫，庆元四年至郡，六年秋，引疾主管台州崇道观，命未至而卒，九月五日也，享年七十四。"李之亮《宋两湖大郡守臣易替考》记载张奭知永州时间为庆元三年至五年（1197—1199），见氏著《宋两湖大郡守臣易替考》，巴蜀书社2001年版，第362页。本文采用周必大之言。

③ （宋）杨万里撰，辛更儒笺校：《杨万里集笺校》卷一一九《朝奉大夫知永州张公行状》，中华书局2007年版。

④ （宋）周必大：《文忠集》卷七三《永州张使君奭墓志铭》，影印文渊阁四库全书。

（张栻）除通判隆兴军府事，绍熙五年至隆兴，以考绩及覃恩三转至朝请郎。时赵公巩、蔡公戡相继帅豫章，事无大小一以属公。帅每阅文书，公未书名，则吏不得以进。秩满，诸部使者以最闻。除知永州，转朝奉大夫。湘南名郡，旧称"甲永乙邵"。公至，则帑庾赤立。是岁复蝗，捐瘠载路。公节浮费，籴邻郡，控于诸部使者，得粟十万石，博谕劝分，活饥民九万有奇。封公帑，尘厨传，觞酒豆肉，一钱粒米必靳也。有以客主礼望公者有啧语，谓永之荒政有实费无实惠。常平使者李公楫闻而疑焉，阴遣人微伺之，又行部往省之。饥民所廪，其籍无浮；常平所储，其粟无缩。愧且叹曰："吾为不知贤矣"，乃同今漕使陈公研俱荐公于朝。少傅丞相益国周公以书贺之曰："过客责备，动辄兴谗。若非庾公亲往观风，岂能知治行第一，氓谣蔼著也？"嗣岁大稔，公封公帑如初，永之富复甲湘南云。

从行状所述可以看到，杨万里特意强调"湘南名郡，旧称甲永乙邵"，说明了永州、邵州可能早在北宋后期至南宋前期时就已在湖南地区的经济发展中位列前茅，府库财物充盈。张栻曾在宋光宗绍熙五年（1194）通判江南西路隆兴府，在任期间，因治绩突出，得到赵巩、蔡戡等官员的信任和举荐，被朝廷擢任知荆湖南路永州，转官朝奉大夫。然而，张栻上任伊始，被誉为"湘南名郡，旧称甲永乙邵"的永州却已呈现出府库空虚、"帑庾赤立"的局面，加之当年当地又发生了严重的蝗灾，粮食歉收，饥民"捐瘠载路"。面对这一状况，张栻除迅速上报灾情外，还采取了果断的措施：一方面厉行节约，紧缩官府各项开支，严格控制迎送官员的厨传接待费用；另一方面又从邻郡购买到十万石粮食，并发动民间富户粜粮济民。在救济过程中，张栻既保证灾民每人分到救济粮，又保证常平仓留有应急储备粮。这些措施多管齐下，使永州九万饥民不致流离失所，田园不致荒废，成效显著，从而为灾后农业生产的持续进行提供了劳动力和土地资源的保障。在张栻的治理下，庆元五年，庄稼获得了丰收，府库充盈如初，"永之富复甲湘南"。

杨万里通过展现张栻治理前永州"甲永乙邵"之风貌的中落及治理后"永之富复甲湘南"地位的恢复，褒扬了张栻救济永州饥民、充实库藏、促进农业经济发展的突出政绩。

永州为"名郡"的说法，在周必大为张疐写的《永州张使君疐墓志铭》中也有提及："（张疐）庆元四年至郡，六年秋引疾主管台州崇道观，命未至而卒，九月五日也，享年七十四……永本名郡，比岁空乏，因之蝗旱，君劬躬苦节，劝分告籴，赈饥民以万计。常平使者疑不实，单车按临，反加叹服，率漕臣论奏。明年岁稔，官府侵还旧观，而君病矣。"①周必大所写墓志铭明确记载了张疐知永州的时间是在庆元四年至六年，所述救灾内容虽然较为简略，但与杨万里所言除在饥民数量上不同外，并无其他出入。从周必大行文可以看出，"永本名郡"也是指在荆湖南路各州中永州曾以经济发展好、财物丰实而著称。这一点，与杨万里所言是相互印证的。

永州被誉为宋代荆湖南路的"名郡"。这一说法通过曾长期在仕途任职的官员杨万里与周必大之口说出，说明一定是当时社会上的共识，反映了永州、邵州在宋代荆湖南路地区社会经济发展中处于前列的事实。

二　宋代永州、邵州社会经济的发展

宋代永州管辖零陵、祁阳、东安三县，其中，东安县于宋太宗雍熙元年（984）以零陵县之东安场升为县。邵州曾先后管辖邵阳、武冈、新化、莳竹等县，"崇宁五年，升武冈县为军，以莳竹县分为绥宁、临冈二县隶焉"②，此后邵州只管辖邵阳、新化二县。南宋理宗宝庆元年（1225），邵州因曾作为理宗潜藩升为宝庆府。

衡量古代社会经济发展水平的重要指标之一就是农业劳动力人口数量的增长与否。从唐到宋，永州、邵州发展的最直接体现就是人口的增长，这一点可以从当地户数增长、属县等级提升等方面印证。

---

① 《文忠集》卷七三《永州张使君疐墓志铭》。
② （宋）李攸：《宋朝事实》卷一九《升降州县二》，台北文海出版社1967年版。

现将史籍所载唐代和宋代的永州、邵州户数列表于下，以作比较①：

表1

时间	永州户数	邵州户数
约唐朝前期	6348	2856
唐开元年间 （713—741）	27590	12320
唐天宝年间 （742—755）	27494	17073
唐元和年间 （806—820）	894	10800
宋元丰年间 （1078—1085）	主户：58625 客户：28576	主户：61841 客户：35393
宋崇宁年间 （1102—1106）	89387	98861

从表中数字可以看出，从唐到宋，永州、邵州人口数量得到明显的增长，唐代，永州户数最高为唐开元年间的 27590 户，邵州户数为唐天宝年间的 17073 户，而北宋元丰年间永州为 87201 户，邵州为 97234 户，已分别达到唐代天宝年间最高户数的 3 倍和 5.69 倍。北宋崇宁年间，两州的户数仍在持续增长，永州 89387 户，邵州 98861 户。

北宋时期当地人口的迅速增长，大致有以下几方面的原因：一是唐宋时期北方地区人口的大规模流入。《旧唐书》中提道："至德后，中原多故，襄、邓百姓，两京衣冠尽投江、湘。"② 唐中期安史之乱后，因北方地区藩镇割据，社会动荡，大量人口南迁寻求和平安定的生活，导致江湘地区人口迅速增长。二是北宋中期荆湖南路西部原本未属中央政权管辖的少数民族部众纳入宋朝户籍。元丰年间邵州总户数达到九万七千

---

① 表中数字源自《旧唐书》卷四〇《地理志三》、（唐）李吉甫《元和郡县志》卷三〇、（宋）王存《元丰九域志》卷六《荆湖路·南路》、（元）脱脱等《宋史》卷八八《地理四·荆湖南路》，中华书局 1977 年版。

② 《旧唐书》卷三九《地理志二》。

多户，就与熙宁年间章惇奉命开梅山将当地瑶族大量人口纳入宋王朝户籍直接相关。据《宋史》记载，熙宁六年（1073），宋王朝"得其地东起宁乡县司徒岭，西抵邵阳白沙砦，北界益阳四里河，南止湘乡佛子岭，籍其民得主客万四千八百九户、万九千八十九丁，田二十六万四百三十六亩，均定其税，使岁一输。乃筑武阳、开峡二城，诏以山地置新化县，并二城隶邵州"。①《续资治通鉴长编》记载的丁口数与《宋史》记载差距很大："得主客万四千八百九户，丁七万九千八十九口……"② 而刘挚为当时执行"变瑶为汉"政策的荆湖南路转运副使蔡弈撰写的墓志铭中提供了又一组不同的田亩、户数数字："授冠带，画田亩，分保伍，列乡里，筑二邑隶之。籍其田以亩计者二十四万，增赋数十万。遂招怀、邵之武冈峒蛮三百余族，户数万，岁输米以万计"③。上述不同数字记载孰对孰错，虽已不可查证，但至少应有将近一万五千户的少数民族人口纳入邵州户籍统计之中。三是本地人口的持续繁衍增长。这一点，从永州、邵州崇宁年间的户数均比元丰年间增长可以得到印证。另外，宋徽宗崇宁五年（1106），原属邵州管辖的武冈县与莳竹县脱离邵州，升为武冈军④，这一变动也表明了邵州辖区内的人口数量一直在持续增长。

南宋时期永州、邵州的户数虽然阙如，但北宋末期至南宋初期，为躲避金朝的入侵和统治，中原地区大量人口南迁入湘，正如南宋人庄绰在《鸡肋编》中指出的："建炎之后，江浙、湖湘、闽广，西北流寓之人遍满。"⑤ 这一移民潮无疑提升了永州、邵州两地的人口数量。此外，薛政超还提出："从绍兴末至孝宗朝时，南方民户移民才掀起迁移湖湘的高潮。在整个南宋前期，民户移民主要是因为开垦迁来湖南，而非因避难而迁。"⑥ 也就是说，在北方民户迁入湖南后，又有大量南方民户移入湖

---

① 《宋史》卷四九四《蛮夷二·梅山峒》。
② 《续资治通鉴长编》卷二四五，熙宁六年五月癸亥。
③ （宋）刘挚：《忠肃集》卷一二《直龙图阁蔡君墓志铭》，影印文渊阁四库全书。
④ （宋）欧阳忞：《舆地广记》卷二六《荆湖南路》。影印文渊阁四库全书。
⑤ （宋）庄绰撰，萧鲁阳点校：《鸡肋编》卷上《各地食物习性》，中华书局1983年版，第36页。
⑥ 薛政超：《南宋前期湖南民户移民研究》，载《河北大学学报》2009年第2期，第25—29页。

南，其目的是迁狭就宽，垦辟田土。目前，只保留有南宋宁宗嘉定十六年（1223）荆湖南路户数，当年荆湖南路共有 1251202 户，这一数字比北宋元丰年间荆湖南路 876411 户①增长了 42.76%，以此推测，南宋宁宗时期永州、邵州的人口数量也应该呈继续增长的态势。

衡量古代社会经济发展水平的另一个重要指标就是田地的垦辟程度。在古代农业社会，人口增长的物质经济基础主要依赖于扩大对土地资源的开发和改造，即土地面积的扩大和土地效益的提高。宋神宗时期，在新收纳的梅山地区采取了一系列促进农业生产的措施，毛渐在《开梅山颂》中赞曰："弛禁释罪，为锡土田。贷牛种粮，教之耕犁。以衣以食，无寒无饥"②，这些措施不仅使这一地区瑶族原始的刀耕火种的农业方式得以改进，还促进了农田面积的扩大。熙宁九年（1076），察访荆湖南、北路蒲宗孟言："沅州官田并山畬、园宅等荒闲甚多，闻全、永、道、邵州人户往请射，其官吏以既籍充逐处保甲，遂令遣归。……乞下诸处，如人户往沅州请田土，毋得以保甲为名勾抽。"③ 这也反映出永州、邵州地区经宋初以来一百多年的开发，农业可耕地的扩增已难以满足当地人口增长的需求，从而出现农户外迁到沅州垦田的情况。熙宁变法时期，全国掀起兴修水利田的生产活动，至熙宁九年终，荆湖南路兴修水利田 1473 处、1151 顷 14 亩④，元丰年间（1078—1085），荆湖南路的田亩数达到 324267 顷 96 亩，其中官田 7772 顷 59 亩。在当时的四京十八路中，荆湖南路田亩数仅次于陕西、淮南、两浙、江东、江西路，居全国第六位。⑤

当地社会经济的发展，还与国家推行的经济政策密切相关。宋太祖在收复荆湘之时，于乾德元年（963）十月"令襄州尽索湖南行营诸军所

① 嘉定十六年户数见《文献通考》卷十一《户口考二》，元丰年间户数根据《元丰九域志》卷六所载荆湖南路各州户数相加得出。

② （宋）毛渐：《开梅山颂》，载《全宋文》卷一八四七，上海辞书出版社、安徽教育出版社 2006 年版，第 85 册，第 99 页。

③ 《续资治通鉴长编》卷二七四，神宗熙宁九年四月庚寅，第 6704 页。

④ 《宋会要辑稿》食货六一之六九，第 5908 页。

⑤ （元）马端临：《文献通考》卷四《田赋考四》，中华书局 2011 年版，第 105 页。

掠生口，遣吏分送其家，放潭、邵州乡兵数千人归农"①。乾德三年正月，因"荆南民多流移，诏长吏招抚复业"②。除了督促农户复业外，宋太宗时，鉴于"江北之民杂植诸谷、江南之民专种秔稻"，难以抵御水旱之灾的现实状况，诏令"江南、两浙、荆湖、岭南、福建诸州长吏，劝民益种诸谷，民乏粟、麦、黍、豆种者，于淮北州郡给之。江北诸州，亦令就水广种秔稻，并免其租"③。永州地区适宜种麦，面食也成为当地的日常主食，"范忠宣公尧夫谪居永州，以书寄人云：'此中羊面无异北方，每日闭门飧餺飥，不知身之在远也。'"④ 两宋时期这里还实行了蠲免赋税和减免五代时期遗留下来身丁钱米的政策。开宝八年（975）五月，"诏邵州武冈等三县、潭州长沙等七县应遭梅山洞贼房劫人户去年所欠租税及今年夏税，并与除放。"⑤ 宋真宗大中祥符四年（1011），下令"除两浙、福建、荆湖、广南旧输身丁钱岁凡四十五万四百贯"⑥。宋仁宗皇祐三年（1051）七月，宋廷下诏每丁特减三斗二升丁身米，每年蠲免粮米亦不下十万石。⑦ 嘉祐四年（1059）十月，宋仁宗又下令"湖南郴、道、永州、桂阳监及衡州茶陵县夏秋二税外，每丁别纳钱、绢、米、豆、药物、箭杆者令转运司检勘，无业者与除放，有业者特与减半，自今进丁更不添纳"⑧。南宋初年，面对宋金战争给社会经济发展带来的巨大创伤，为了恢复生产，减轻民丁负担，不少官员纷纷指出收缴身丁钱米给民户带来的弊端，有的建议减少缴纳数额，有的建议将丁钱随田税代纳。面对"永、道、郴三州、桂阳监及茶陵县民多不举子"以规避缴纳身丁钱米的情况，宋高宗在绍兴十四年（1144）十月下令"永蠲其身丁钱绢米麦"⑨。这一苛税的最终废除，减轻了人们的赋役负担，调动了农业生产

---

① 《续资治通鉴长编》卷四，乾德元年冬十月癸未，第107页。
② 《续资治通鉴长编》卷六，乾德三年正月己丑，第145页。
③ 《宋史》卷一七三《食货志上一》，第4159页。
④ （宋）张邦基：《墨庄漫录》卷四，影印文渊阁四库全书。
⑤ （清）徐松辑：《宋会要辑稿》食货七〇之一五五，中华书局1957年版，第6448页。
⑥ 《宋史》卷一七四《食货志上二》。
⑦ 《宋会要辑稿》食货七〇之八，第6374页。
⑧ 《续资治通鉴长编》卷一九〇，嘉祐四年十月癸酉。
⑨ 《宋史》卷三〇《高宗本纪七》，第562页。

积极性，促进了人口的增加与社会经济的发展。

永州、邵州劳动人口的增加、耕地面积的扩大，以及官府减负措施的施行，直接促进了当地的粮食生产。在农作物种类多样化和产量增加的基础上，粮食不仅满足了本地需求，还大量输出外地。北宋皇祐四年（1052）五月，广源州侬智高发起叛乱，迅速占领了广南西路的大片区域。十月，枢密副使王尧臣请析宜、邕、容三州为三路，各领屯兵有差，"益募澄海、忠敢、雄略等军以足旧数"，并增调北方部队到南方防守，"运全、永、道三州米以馈军食"。^① 可见，全州、永州、道州三个输出地的粮食储量必然不少。南宋绍兴三年（1133）四月，湖南宣谕使薛徽言奏"郴（州）、道州、桂阳监去年旱，民乏食"，高宗下诏户部"划刷本路诸州米二万斛付提刑司充赈济"，命令还没传到，薛徽言："即谕漕臣发衡、永州米赈粜，而以经制银市米偿之，民赖以济。"^② 荆湖南路内部的这一次粮食调拨，显示出永州地区拥有丰厚的粮食储备，也反映出当地粮食生产对湖南地区灾荒赈济、社会稳定的巨大作用。

在农业发展的基础上，宋代永州、邵州的手工业也出现了名牌产品。永州采石业发达，石制品声名远扬，零陵县产石磬，祁阳县出石屏。^③ 乾道九年（1173）二月十八日，范成大宿于永州祁阳县，看到当地新推出一种石屏，"新出一种板，襞迭数重，每重青白异色，因加人工为山水云气之屏，市贾其多"^④。这种石屏，经过石匠的技艺加工，成为市场上的抢手货。荆湖南路矿藏资源十分丰富，早在北宋仁宗庆历八年，永州就设置了鲁家源银场。^⑤ 永州还富产金。政和六年五月中书上言提道："刘芑计置万、永州产金，甫及一岁，收二千四百余两。"^⑥ 邵州也有金矿资源，宋仁宗时期，权知岳州朱寿昌出使湖南，当时有人上言"邵州可置

---

① 《宋史》卷二九二《王尧臣传》，第 9775 页。
② （宋）李心传：《建炎以来系年要录》卷六四，绍兴三年四月庚子，第 1092 页。
③ （宋）祝穆：《方舆胜览》卷二五《永州》，影印文渊阁四库全书。
④ （宋）范成大：《骖鸾录》，影印文渊阁四库全书。
⑤ 《宋会要辑稿》食货三三之二。
⑥ 《文献通考》卷一八《征榷考五》。

冶采金”，仁宗下诏开采，朱寿昌却提出反对意见，他说："州近蛮，金冶若大发，蛮必争，自此边境恐多事，且废良田数百顷，非敦本抑末之道也。"虽然宋仁宗采纳了朱寿昌的意见，下诏"亟罢之"①，但私下开采的行为很难禁止。由于荆湖南路地区远离中央机构所在地，地处多民族居住区，开矿活动易引惹各民族间的纠纷与争夺，需要当地政府官员及时实施高效率的监督管理职责。对此，宋神宗熙宁三年十二月特意下诏："全、道、郴、潭、衡、邵、永州与桂阳监有溪峒蛮猺处县分主簿、县尉，及逐州监银、铜、铅、锡坑冶监官，令转运司依川广七路指射员阙就差条贯施行。"② 这一诏令的实施解决了荆湖南路地区矿冶监官由中央注官，不能及时上任管理的弊病，促进了矿冶生产的发展。

北宋时期，永州、邵州的商业贸易活动也很活跃。从《宋会要辑稿》记载的北宋各地商税杂录数据看，荆湖南路永州州城、祁阳、东安县三务，旧额岁 3973 贯，熙宁十年（1077）：州城 4727 贯 611 文，祁阳县 3986 贯 230 文，东安县 1340 贯 647 文；邵州州城、武岗、白沙三务，旧额岁 3602 贯，熙宁十年：州城 9035 贯 730 文，武岗县 3203 贯 670 文，白沙场 774 贯 147 文。③ 在上举数字中，较之旧额，熙宁十年永州增长了 1.53 倍，邵州增长了 2.61 倍。其中，邵州商税增长的速度超过永州，应该与梅山地区纳入邵州管辖后，商品交易范围扩大、数量增长有密切的关系。

随着永州、邵州社会经济的发展和区域地位的提高，宋政府对这一区域的管理也在加强。北宋徽宗大观元年（1107）十一月对南方各地帅府、望州设都作院制造武器的数量发布了新的规定：

> 大观元年十一月御笔：东南州军军器，以承平日久全不修治，亦多阙数。仰帅府封桩三将军器，望州两将，非军须、盗贼不得支用。仍三年一修讫，申提刑司。帅府、望州未有都作院，各许一处

①　（明）王心编，邵时敏刊正：《嘉靖天长县志》卷四《人事志·人才》，天一阁藏明代方志选刊，上海古籍书店 1981 年版。

②　《宋会要辑稿》职官四八之六四，第 3487 页。

③　《宋会要辑稿》食货一六之一三，第 5079 页。

置立。①

大观元年十一月御笔发布后，同年十二月十二日宋徽宗又诏令在南方增设帅府和望州：

> 东南久安，兵寡势弱，人轻易摇，或遇水旱，巨盗窃发。当谨不虞之戒，用消奸萌。可以扬、杭、越、江宁、洪、荆南、福、潭、广、桂为帅府，选侍从官或带职人为帅，仍兼总管。真、润、明、江、虔、靖、邵、泉、封、邕为望郡，选曾任监司郎官卿少以上人为守。②

上述两条材料的内容表明，邵州在宋徽宗大观元年十二月升为望州。按照御笔规定，升为望州的邵州应设置都作院，生产足够装备两将兵士的军器。③ 这样一来，"最处极边，外制溪洞"④ 的邵州，就拥有了"谨不虞之戒，用消奸萌"的武器装备，目的是为了维护当地社会经济发展的需求，保障民生，防备"或遇水旱，巨盗窃发"⑤ 现象的发生。

由于社会经济的发展，地方政府财富累积有余，有益社会民众的工程建设也得以开展。宋理宗淳祐年间（1241—1252），邵州将旧长三十丈的跃龙桥"视旧加长，命工伐石，增甃驾梁，其上为屋凡三十楹，规置雄丽，气象显设"，此项工程所费"钱以缗计，二千五百有奇；米以斛计，千二百有奇"，并未征调本地民工，也没有动员百姓捐助，而是"木市于诸乡，工僦于他郡，夫取于佃官田之丁，役成而民不知"。⑥ 跃龙桥

---

① （宋）梁克家：《淳熙三山志》卷一八《兵防类一》，台北：大化书局1990年版。

② 《宋会要辑稿》方域六之一〇，第7410页。邵州升为望州的时间，在《宋史》卷八八《地理志四》中记为"大观九年"。因"九"与"元"字形相近，估计很可能是元人编写《宋史》时将"元"误写成"九"。

③ 参见拙文《宋代都作院设置考》，载《中国经济史研究》2007年第3期，第130—131页。

④ 《宋会要辑稿》方域六之二八，第7419页。

⑤ 《宋会要辑稿》方域六之一〇，第7410页。

⑥ （宋）高斯得：《耻堂存稿》卷四《跃龙桥记》，中华书局1985年版，第81页。

的建成得益于地方政府的丰厚财力，也是邵州经济富庶的有力证明。

综上可见，两宋时期永州、邵州人口得到增长、土地资源得到开发，粮食总量增加。在农业经济迅速发展的基础上，手工业、商业也随之发展起来。杨万里"湘南名郡"、"甲永乙邵"之说具有丰富的经济内涵，是对两宋时期永州、邵州已初步甩掉自古以来的蛮荒落后之地形象，在荆湖南路区域经济发展中进入领先地位的高度概括和充分肯定。

（原载《河北大学学报》2014 年第 3 期，原文有删节，今全文录入）

一部大型的断代经济史

——读漆侠著《宋代经济史》

　　著名历史学家、河北大学教授漆侠先生撰写的《宋代经济史》一书，最近已由上海人民出版社出版。全书分上、下两册，共九十余万字，是一部全面系统地叙述宋代农业、手工业、商业、城市经济的发展，进而分析宋代社会经济关系和经济思想的大型断代经济史著作。

　　在人们的心目中，宋代是一个"积贫积弱"，国势衰微的皇朝，然而这只是事物的一个方面，如果从社会经济角度看，情况就大不相同了。随着近年来对宋史研究的不断深入，学术界已普遍认为：宋代是继唐代之后中国封建社会经济大发展的时期，在中国封建社会的进程中占有承前启后的重要历史地位。因此，应大力加强对宋代社会经济的研究。目前，国内外虽已发表了一批有相当学术价值的文章和专著，但多属专题式的研究，而缺乏对宋代经济作全面的、动态性的阐述和理论上的概括。漆侠先生从七十年代中期就已潜心于系统地研究宋代经济，经十余年淘沙拣金，终于撰成《宋代经济史》一书，此书不仅凝聚着作者的心血，而且填补了中国古代经济史断代研究的空白，对探索整个中国封建经济制度的发展演变有十分重要的参考价值。

　　《宋代经济史》上册为第一编，专门论述宋代农业生产与土地诸关系。其中包括农业生产力的发展、商业性农业及多种经营的展开、社会经济制度不同发展阶段在各地区的表现、土地所有制形式、官私地租形态、国家赋役制度，以及地主阶级和农民阶级两大对抗阶级的状况等内容。下册包括第二编至第五编，第二编论述了手工业生产及诸关系，凡矿冶、铸钱、纺织、建筑、陶瓷、造纸、印刷、农产品加工等诸行业，无不具载；第三编专门探讨宋代茶、盐、酒、矾的生产以及与此密切相关的封建国家专利制度；第四编论述了宋代商业的发展，包括城镇商品经济的发展、商税征收、宋与周边各族及海外诸国的贸易、金属货币的流通和纸币的发行、物价变动、商业资本和高利贷资本的活动等内容；第五编专述宋代社会经济思想，主要对地主阶级改革派、保守派、浙东事功派、以及农民阶级的经济思想进行了探讨。全书气度恢宏，结构谨严、编排有序、布局合理，足见作者深厚的学术功底。

作者认为，经济史研究的任务是探讨"各个历史时代的社会经济关系是在什么样的社会生产力水平制约下发展起来的，以及在其发展过程中对社会生产力的发展产生什么样的反作用。"（《宋代经济史》上册第1页。以下凡引此书只注书册和页码）纵览全书，作者正是紧紧把握住生产力与生产关系之间的矛盾运动，通过分析两者之间的相互制约、相互影响、相互促进，揭示出宋代社会经济活动的丰富内涵。皇皇巨著，创见颇多，其主要学术观点，可归纳为以下几个方面：

一、在中国封建社会时期，两宋统治的三百年中，"我国经济、文化的发展，居于世界的最前列，是当时最为先进、最为文明的国家。"（上册，第2页）那种认为我国封建社会自宋代即开始走下坡路的论谈，是缺乏事实根据、不符合历史实际的。应该说，在中国封建经济制度演进的总过程中，"宋代社会经济的发展，具有划时代的意义，占有极为突出的地位。"（上册，第35页）对这一问题，作者在《宋代社会生产力的发展及其在中国古代经济发展过程中所处的地位》（载《中国经济史研究》1986年第1期）一文中作了更加形象化的表述。简言之，中国封建时代社会生产的发展，大体上经历了逐次升高的两个马鞍形过程，宋代正处于第二个马鞍形的最高峰。

二、学术界普遍认为，中国封建社会发展到宋代，经济重心已自北方转移到南方。作者通过对南方各地区农业生产及其土地制度更深一层的分析，认为还应得出另一个结论，即"以峡州（湖北宜昌）为中心，北至商雒山秦岭，南至海南岛，划一南北直线，在这条线的左侧——宋代西部地区，除成都府路、汉中盆地以及梓州路遂宁等河谷地（即所谓的'坝子'）的生产都相当发展、堪与两浙等路媲美外，其余如夔州路、荆湖南路湘江以西地区以及广南西路许多地区，都非常落后，农业生产停顿在'刀耕火种'的耕作阶段，远远落后于该线右侧——宋代广大东方地区。"受这种落后的生产力水平的制约，西部各民族地区的社会经济制度亦无法与东部广大地区的封建租佃制相比：海南岛黎族还处于原始共有制阶段；湘桂地区的瑶、苗、壮等族正处于以村社土地制度为特点的奴隶占有制阶段，川边诸族已从奴隶制向封建制过渡；以夔州路为中心、包括利州路和梓州路的部分地区，则处于庄园农奴制阶段。可见，宋代社会经济发展中的"北不如南，仅仅是同一经济制度下的量的差别；而西不如东，则不仅是量的差别，而且是表现了质的差别。"（上册，第44页）这种差别也同样表现在手工业、商业的发展方面。它深刻地说明了宋代社会生产力对经济制度的制约作用，反映了宋代广大地区社会经济的高度发展与某些地区落后状态并存的不平衡性。

三、宋代封建土地私有制继唐代之后进一步发展而居于绝对的优势地位。在土地私有制诸表现形态中，最能适应生产力发展性质的，是自耕农民的小土地所有制。作者指出：自均田制破坏后而形成的自耕农民阶层，有了一块真正属于自己的土地和人身自由，有了决定耕垦种作的权力，在国家赋役剥削较轻时期，他们中间土地较多的人则向小商品生产的道路上发展，同市场的联系密切了。根据资料推算，北宋神宗熙宁五年，"自耕农大概上升到北宋的最高点，可能占全部户口百分之五十以上"，拥有田亩最高可能达总亩数的百分之四十，为人佃作的客户户数则降至最低点；到南宋，自耕农民诸等级所占比数至少下降百分之十，占有的土地亩数随之下降，相反，客户比数则上升了。上述变化与社会经济的发展关系甚大，"宋代社会经济之所以超过以前任何一个时代，经济文化之所以居于当时世界的最前列，自耕农民数量之多以及占有相应的一小块土地是一个极为重要的因素"；"而这个阶层的衰落，又是宋代社会经济萎缩的一个重要因素"。（上册，第343—344页）究其原因，在于国家赋税剥削不论是薄赋还是重敛，都以直接生产者为主要对象。南宋以来赋税剥削量的直线上升，严重破坏了社会劳动力的再生产，自耕农减少，社会经济趋于萎缩。可见，中国封建社会的长期性与封建租税剥削有着更为直接紧密的关系，"那种认为中国封建社会长期停滞是由小农经济造成的这一见解，是值得考虑的"（上册，第391页）。

四、宋代社会经济的基础—农业生产—获得了前所未有的全面发展。主要标志有劳动人口的增长、垦田面积的扩大、水利的兴修、生产技术的提高、粮食亩产量的增长以及商业性农业、多种经营的展开等方面，特别是在商品化粮食生产基础上发展起来的蚕桑、甘蔗、果树、蔬菜、漆楮林木等多种经营的专业化生产，"不但为前此历史上所未有，而且由于这些专业的商业化，走上了商品经济发展的道路，意义更加重大，因而成为宋代农业生产全面发展的一个突出的标志"（上册，第175页）。资料表明，宋代粮食生产发达的地区，提供的商品粮就多，经济作物的多种经营也开展得好，从而为手工业生产的发展打下基础；而手工业生产发展的地方，商品经济、货币流通也发展活跃起来。这种一系列的连锁反应说明，农业是整个国民经济赖以发展的基础，而粮食生产是占第一位的生产。对这一点，应给予充分的重视。

五、宋代封建政权制定和实施的经济政策，对社会生产的反作用极大，政策对头，就会促进生产力的发展；反之，则阻碍或破坏了生产力的发展。例如，两宋三百年间，农业垦田面积的扩大，自耕农比数的增长，矿冶产量、解盐产量、铸钱额的提高，均在宋神宗变法时期达到最高点；而土地兼并的涨落，客户比数的增减，地租、地价、物价的升降，赋税剥削、茶、盐、酒税的轻重等等，则基本上经历了北宋初至宋仁宗时期的低—高、宋神宗至宋徽宗时期的低—高，以及南宋初至南宋末年的高—更高这一变化过程，其中宋神宗时期处于波动线的低点。这就证明，宋神宗时期一高一低的反方向运动与变法派推行的抑兼并、轻赋薄敛、鼓励生产等政策有着密切的内在联系，是新法适应和反作用于生产力发展的具体体现。而宋仁宗、徽宗、南宋年间许多经济政策的实施，则对社会生产造成了严重的破坏。

六、与前代相比，宋代官府手工业和私人手工业生产均有大幅度的提高。官府手工业生产的提高，不仅表现为生产规模的扩大、分工细密、技术精熟、产品质量的提高等方面，手工匠人的社会地位和经济地位也得到提高，它表现为官府与手工匠人之间强迫与依附关系的国家劳役制逐步削弱，代之以更先进的招募制生产关系。民间私人手工业的发展尤为突出，除了以家庭手工业商品性生产的多样化为标志外，更重要的是，不少原依附于农业的家庭手工业已开始转向独立的商品性手工业生产，涌现出各类专业经营者和生产者，雇工生产亦随之广泛发展起来。作者认为，"雇工的广泛发展，是宋代社会经济关系发展中一个值得注意和研究的问题，它与新的经济因素亦即资本主义的因素有着直接的密切的联系。"（下册，第734页）由于社会生产力发展的不平衡性，"这个新的经济关系因素只能在当时生产最发达的两浙、江东、福建等路孕育萌生"，那里农业劳动生产率较高，地少人多，相对人口过剩，而手工业生产、商品经济又十分活跃，从而为成批劳动者从土地上游离出来形成雇工大军创造了一个极其重要的前提条件。至于在什么生产部门中能够孕育新的经济因素，作者指出：宋代大约有十万个机户或机坊，分布在两浙诸路的为最多，其中如"育蚕有数百箔，兼工机织"的这类机户，单靠家庭成员劳力远不足以应付，必须依靠出卖劳动力的雇工从事生产，因此，"纺织业生产最有可能产生这种新的经济因素"（下册，第740页）。

七、封建国家历来把征榷制度作为控制某些重要生产部门、垄断贸易、获取厚利的手段。在宋代，不仅征榷的范围扩大了，而且制度更加严密和完备，其中茶、盐、酒等征榷制甚至为元、明、清各代所继承，影响重大。为此，作者专以一编四章的篇幅对宋代征榷制度及其封建国家控制下的茶、盐、酒、矾、醋、香的生产和贸易活动进行了探讨，并对各项产品产量、官府收买价、专卖价、税收、贸易额等历年变动情况作了大量的统计，据此得出以下结论：宋代封建国家对征榷范围的扩大和对征榷产品从生产领域到流通领域的全面控制，意味着它已不满足于传统的农业赋税和征商的剥削方式，而是扩大了对生产者、消费者的直接剥削；征榷之税逐年增长，到宋仁宗以后，越来越占有重要的地位，使封建国家原以农业税为主的财政税收结构发生了重要的变化，宋徽宗以后直到南宋，封建王朝通过征榷制获取了高额收入，"宋专制主义中央集权制之所以能够维持下去，与征榷之利是分不开的"（下册，第924页）；在征榷制度下，封建国家与商人共同瓜分各项专利，从而存在着矛盾斗争，但在更长的时期内，封建国家同一部分大商人则结成亲密的伙伴关系，通过专利制度，使大商人同封建国家结合，转化为官商。"这是自宋以后，形成官僚、地主和商人（高利贷者）三位一体的重要渠道之一"（下册，第923页）。

八、作者论述宋代商业和城市经济的发展时指出："商业的发展是有其相当坚实的基础的，并不是所谓的'虚假的繁荣'"（下册第927页）。除西方诸路自然经济依然居于绝对的支配地位外，东方诸路的商品货币经济则有显著的发展。从全国范围看，商业发展的广度主要表现为由一系列的城市、镇市和城市组合而成的区域性市场自小而大地发展起来，这些区域性市场主要包括以汴京为中心的北方市场，以东南六路为中心的东南市场及其附属下的两广市场，以成都府、梓州为中心的蜀川市场，由永兴军、太原、秦州三角地区组成的关陇市场。其中，镇市成为州县和乡村间进行贸易的中间环节，它的大量增加，完全是由于商品经济发展的结果，某些镇市的经济地位甚至比州府城市还重要得多。虽然宋代还没有形成一个统一的国内市场，但已形成了较大的地方市场和区域性市场，商品交换的中心集中在中等以上城市，这些现象充分说明，宋代商品经济和城市的发展已达到封建社会所能容纳的较高阶段。

九、本书最后一编，论述了宋代社会诸经济思想。既有对不同阶级之间对抗性思想的阐述，亦有对同一封建地主阶级内部不同社会集团即改革派、保守派、浙东事功派等经济思想的分析。其中，值得重视的是改革派思想家吕惠卿和事功派代表陈亮的经济思想。由于吕惠卿的变法思想，作者曾在《王安石变法》（上海人民出版社1959年第1版）中作了叙述，本书则着重分析了吕惠卿在宋哲宗元符二年有关货币问题的议论，认为吕惠卿针对当时西北诸路铁钱贬值、物价腾涌而提出的措施和设想，独具远见卓识，"它是变法派后期为解决社会经济问题而创作的一篇极具色彩的历史文献"（下册，第1158页），值得人们注意和研究。陈亮的功利主义经济思想，讲实际、重事功，反对儒家正统派要"义"不要"利"的义利观，极力强调"利"是"义"赖以存在的物质基础。因此，陈亮不仅重视商人，提高商人的社会地位，而且站在暴发起来的商人以及某些手工业主的立场上，对时政提出批评。陈亮的思想虽然终究

没有越过封建地主阶级改良主义的界限，但他本人仍不失为"是最早的历史进化的利欲推动论者！"（下册，第1178页）

作者力图以马克思主义基本理论为指导，揭开在宋代社会经济错综复杂的表象之下的历史事实。这种研究方法不仅表现在作者阐述的宋代社会生产力与生产关系之间的矛盾运动，各地区经济发展的不平衡性以及阶级分析等方面，而且表现在对土地兼并与地租、地价的关系，农业、手工业社会分工的发展，货币流通等等方面，从理论上高度地概括出宋代社会经济中具有典型特征的、带有普遍规律的结论，显示了作者的马克思主义理论水平。这是本书的一个重要特点。

作者对宋代经济的宏观研究，是与大量的微观研究紧密结合的。作者得力于传统的考据学方法，对繁芜的史料进行了去粗取精、甄别真伪的工作，并善于从细微之处发现问题、解决问题。在研究某些问题缺乏第一手资料的情况下，作者还充分利用和挖掘其他有关资料中有价值的证据，作出令人信服的结论。例如，根据元代的《至元嘉禾志》、《元典章》等书中有关"木棉"的记载，确定至迟在南宋后期棉花生产已从岭海闽广传播到两浙、江东诸路，从而弥补了因南宋后期史料缺载而出现的空白；又如熙宁时期市舶司抽解税率，北宋史料记载阙略，作者根据《宋会要辑稿》中南宋孝宗时期对北宋抽解制度的追忆，确定北宋熙宁初对市舶抽解制度作了重要的调整，将以前对进口商品的"十税其一"改为"十五取一"，从而证明熙宁初的市舶抽税比率降至两宋三百年间的最低点。对全面认识王安石变法的经济作用颇有益助。如此例证，书中屡现，毋庸赘述。

《宋代经济史》一书共编制了七十七个图表，对大量的数字材料进行了各种形式的统计。上述两宋年间农业垦田、人口、主客户比数、矿产量、铸钱、茶盐生产、地价、物价、币值等等的变化波动都是借助图表统计直接展现出来的。这种对事物进行精确地定量分析的方法不仅描绘了事物自身的发展曲线和各事物之间互为因果、互相制约的有机联系，而且为事物的定性提供了充实可靠的依据。这种研究方法是值得称道的。

作者学风谨严，为撰写《宋代经济史》一书，单是阅读的宋代史料就在七百八十种以上，抄录了一百四十万字的资料，言之有据，不作空泛之谈。对国内外学者的研究成果，不仅吸收其精到之处，而且加以充分的尊重，凡书中引用之处，必加以注明。对不同意见，作者也以商榷、讨论的语气提出自己的见解。

诚然，对社会历史的探索是永无止境的。《宋代经济史》的出版当然并不意味着这一研究已可终止，相反，正如作者所说的那样，"由于探讨的范围是如此其广泛，如此其繁杂，因而好多问题有的只是开了个头，有的仍然没有弄清楚。因此，还有待于更多的宋史研究工作者，不惮繁难，致力于这方面的探讨。"（下册，第1218页）总之，《宋代经济史》是一部具有开拓性的、有很高学术价值的书。它的出版，标志着我国对中国古代经济史的断代研究特别是对宋代经济的研究已出现一个新的开端。相信读者从这部著作中会得到不少的启示。

（原载《河北学刊》1988年第3期，笔名：史宇）